기후변화의 정치경제

: 국제통상, 기업, 기술

이태동 편저

김경민 • 김민정 • 김서용 • 김선희 • 김유철 • 박진원 • 박혜윤
손효동 • 이유현 • 이재영 • 이혜경 • 임은정 • 최원용 • 한희진

박영사

머리말

기후변화는 정치경제의 문제이다. 정치경제는 시장(경제)과 국가(정치)의 상호작용을 다룬다. 화석연료를 기반으로 한 경제 시스템에서의 온실가스 배출이 기후변화의 원인이다. 온실 가스를 저감하고 기후 위기에 적응하는 경제 시스템의 변환(transform)은 정치경제, 즉 시장과 국가의 상호 작용을 통한 노력이 필요하다. 본서의 목적은 기후변화의 문제를 정치경제의 시각에서 분석하고 해법을 제시하는 것이다. 기후변화 문제를 국제정치와 정책의 입장에서 연구해 온 연구자들이 기후변화를 둘러싼 기술이전, 탄소가격제, 미중 관계, 개발, 에너지 협력, 녹색분류체계, 순환경제, 자동차 산업, 녹색 기술 분야의 정치경제를 깊이 있게 분석한다. 이를 위해 파리협약과 같은 국제 체제와 더불어 미국, 중국, 유럽, 일본 등 주요국의 기후변화 관련 정치경제, 개발도상국의 입장에서 본 기후변화 문제, 기업과 산업의 관점에서의 최신 동향을 소개한다. 기후 변화 문제에 관한 시장의 다양한 행위자와 정치의 행위자 간 상호작용을 분석하여, 독자들에게 이론적, 정책적 함의를 전달할 것으로 기대한다.

이 책은 기후변화의 정치경제를 이해하기 위해 크게 세 가지 질문에 답하려고 한다. 첫째, 기후변화의 정치경제 논의, 특히 국제 협약, 탄소가격제는 어떻게 진행되고 있는가? 빠르게 변하고 있는 기후변화 국제협력 분야의 현황을 파악하기 위한 질문이다. 둘째, 기후변화에 대한 정치경제 정책이 성공하기 위한 조건은 무엇인가? 미중 간 경쟁이 격화되는 시점에서 각 국가는 기술 협력과 경쟁을 위한 전략들을 도입하고 있다. 셋째, 기후변화 대응은 에너지, 순환경제, 기업의 활동에 어떤 영향을 끼치는가? 기후변화는 본래적으로 환경-에너지-폐기물 문제와 밀접하게 연계되어 있다. 아울러 타 분야와의 연계(Nexus)와 기술(녹색기술, 탄소포집과 활용 기술)발전은 기후변화의 정치경제를 이해하는 단초를 제공한다.

이 질문에 답하기 위해, 환경-에너지-기후변화-기술 전문가 15명이 공동으로 이 저서를 작성하였다. 국제협약에서의 기후변화 정치경제, 미중 기후변화 정치경제, 글로벌 사우스 시각에서의 정치경제와 기후변화 국제개발협력의 정치경제를 우선 다룬다. 구체적인 사례로 전력망 연계를 통한 에너지 협력, 한국과 프랑스의 순환경제 정책 비교, 한국과 일본의 녹색기술 비교를 고찰한 후, 기업의 지속가능성 보고, 탄소 포집과 활용 기술을 소개한다.

이 책은 환경정치연구회 회원과 온실가스저감인재양성 사업 참여 연구진이 함께 만들었다. 환경정치연구회는『지구환경정치의 이해』,『기후변화와 세계정치』,『탄소중립과 그린뉴딜』,『미세먼지의 과학과 정치』와 같은 책을 공동연구의 결과물로 출판해왔다. 본 저서 출판으로 기후변화의 정치경제 논의가 한층 풍부해지기를 기대한다.

많은 분들의 노력과 지원으로 이 책의 출판이 가능했다. 무엇보다 환경을 사랑하고 걱정하는 마음으로 공동 연구를 함께해 주신 필진분들께 감사드린다. 또한 꼼꼼히 원고 교정을 도운 이희도, 심시은 조교에게 감사를 표한다. 책의 출판을 흔쾌히 진행해 주시고 꼼꼼하게 교정해 주신 박영사 장규식 차장님, 양수정 대리님께 감사드린다. 이 연구는 온실가스감축인재양성 사업(KCCUS20220001), 환경부 신기후체제 대응 환경기술개발사업(RS-2023-00221109), 한국연구재단 인문사회분야 중견연구자지원사업(NRF-2022S1A5A2A01044532)의 지원을 받았다.

이 태 동

목차

제3장 미중 기후변화 경쟁과 협력: 기후변화 국제협상과 탄소중립 정책의 정치경제

제4장 기후변화의 정치경제: 글로벌 사우스(Global South)에 미치는 영향과 대응

제5장 기후변화 대응을 위한 국제개발협력의 정치경제

제6장 전력망 연계의 정치경제: 유럽 에너지 협력 제도

제7장 탄소중립 시대의 플라스틱 순환경제: 한국과 프랑스 정책비교

제8장 기후변화 대응의 한·일 비교: 녹색기술 관련 정책을 중심으로

제9장 그린워싱에서 친환경으로: EU 녹색분류체계와 기업 지속가능성 보고지침

제10장 한국인의 기후변화 인식과 대응 행동

제11장 탄소포집과 활용 기술

나가며

들어가며

이태동

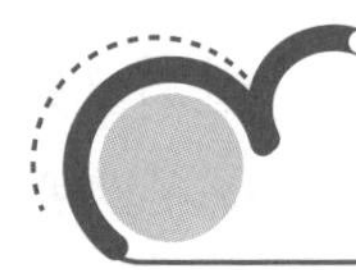

도서의 구성

본서는 기후변화의 정치경제에 관한 11장으로 구성된다.

제1장 『파리협약상 재정지원 및 기술이전 조항의 이행 현황 및 전망』(김유철)은 파리협약체제의 성공 여부에 큰 변수로 작용할 수 있는 기후재정 기술이전 조항의 이행 현황을 분석하고, 향후 전망을 제시한다. 현 국제공동체의 기후변화 대응의 근간을 이루는 파리협약체제는 '공동의 그러나 차등적 책임 및 개별 역량의 원칙(Common but Differentiated Responsibilities and Respective Capability, CBDR-RC)'으로 요약되는 선진-개도국 간의 타협에 기초하고 있다. 산업화를 먼저 이룬 선진국들이 누적 온실가스배출량의 면에서 기후변화에 온실가스에 더 높은 역사적 책임을 진다는 전제하에 개도국들 역시 부족한 역량에도 불구하고, 기후변화 대응에 '공동의' 책임을 진다는 것이 동 원칙의 핵심이다. 이러한 배경하에 파리협정 제9조는 선진국의 개도국의 감축 및 적응을 위한 재정 지원의무, 조성된 기후재원의 전진의무, 기후재정에 대한 정성적 · 정량적 정보의 격년 통보의무, 전지구적 이행점검(GST)에서 기후재정 관련 정보의 포함 등의 의무를 규정하였다. 또한, 파리협정 제10조는 기후변화에 대한 회복력 실현을 위한 기술개발 및 이전의 중요성을 강조하면서, 기술 메커니즘의 설립을 통한 개도국으로의 기술이전, 연구개발에 대한 협업, 전지구적 이행점검에 기술 개발 및 지원에 관한 정보 반영 등의 의무를 규정하였다. 이러한 선진국의 재정지원 · 기술이전은 개발도상국 입장에서 '공동의' 감축의무를 부담의 전제 조건이었다고 볼 수 있다.

제2장 『주요국 탄소가격제 도입동향 및 시사점』(이혜경)은 기존의 탄소가격제 도입 논의가 국내 정치경제의 문제에 국한되었으나, 유럽연합(이하, EU)의 탄소국경조정제도(Carbon Border Adjustment Mechanism, 이하 CBAM) 도입이 예정된 탄소가격제는 국제통상이슈로 대두되고 있다는 점을 지적한다. 2026년부터 CBAM은 철강, 시멘트 등 탄소집중산업 수입 품목에 부담금을 부과, EU-ETS(유럽연합 배출권거래제) 가격 수준과 동등한 수준의 탄소가격을 부담하게 할 것

으로 보인다. 이를 통해 역내 기업이 EU-ETS로 인해 불이익을 받지 않도록 하고, EU-ETS 탄소 가격으로 인해 역내 제품의 비용이 상승해 탄소 가격을 부과하지 않는 국가로 생산이 이동하는 이른바 '탄소누출(carbon leakage)'을 방지하려는 목적이다. CBAM이 입법 목적대로 타국의 탄소가격제 도입이나 강화를 유도하게 될지, 아니면 국제정치경제의 현실에서는 통상 갈등을 유발하게 될지 귀추가 주목되고 있다. 이러한 탄소가격제 도입 관련 국제동향이 국내에 시사하는 바는 무엇인지 검토한다.

제3장 『미중 기후변화 경쟁과 협력: 기후변화 국제협상과 탄소중립 정책의 정치경제』(이재영)는 기후변화를 둘러 싼 미국과 중국 간의 협력과 갈등을 다룬다. 미국은 27차 유엔 기후변화협약 당사국 총회, 15차 생물다양성 협약 당사국 총회, 국제 메탄 서약 등 국제사회에서 선진국의 책무뿐만 아니라 전 세계 최대 온실가스 배출국인 중국에 대한 배출량 감축 압박을 강화하고 있다. 특히 바이든 정부 들어 유럽 및 민주주의 동맹과 파트너 국가를 중심으로 기후 외교를 대중국 압박 수단의 하나로 활용하기 시작했다. 그뿐만 아니라 미국의 「인플레이션감축법(IRA)」 제정으로 청정에너지, 특히 전기차 배터리 분야 공급망에서 중국을 배제함으로써 미중 공급망 경쟁이 친환경, 즉 탄소중립 정책으로까지 확대되었다. 미국의 이러한 조치는 IPEF와 칩4 등을 통해 공급망과 전략 기술 경쟁의 가속화를 초래했다. 결국 미중은 국제사회에서 기후협상을 통한 협력과는 별도로 중국은 남남협력과 친환경 일대일로를 중심으로, 미국은 탄소중립 관련 공급망 강화를 중심으로 서로 경쟁하게 되었다. 특히 미국과 중국은 개도국들에 청정에너지 설비나 기술을 지원하는 과정에서 자국의 기술과 표준이 확대되는데 총력을 기울이고 있다. 이러한 미중 간 경쟁이 쉽게 격화될 수밖에 없는 이유는 미중 간 체제 경쟁이 이러한 공급망과 기술 경쟁과 연관되어 있기 때문이다. 본 연구는 미중 기후변화의 정치경제를 다루면서 탄소중립과 관련된 공급망과 기술 정책과 국제사회에서의 기후변화 협상에서 미중 간 경쟁과 협력이 어떤 양상으로 벌어지는지, 그리고 그러한 경쟁과 협력이 일어나는 요인이 무엇인지를 분석하고 있다.

제4장 『기후변화의 정치경제: 글로벌 사우스(Global South)에 미치는 영향과 대응』(한희진)은 후변화의 정치경제에서 글로벌 사우스의 시각을 종합하고 정리해 보고자 한다. 물론 글로벌 사우스는 다양한 대륙에 위치한 경제, 사회, 정치적 상황 등이 상이한 국가들을 포괄적으로 일컫는 개념이다. 기후변화에 있어 남반구라고 불리는 거대 카테고리(meta category)안에 속한 국가 간의 차이가 남반구와 북반구 국가 간 차이보다 클 수도 있다. 그러한 가능성을 포함해 일반화의 오류를 저지를 수 있음에도 불구하고 사우스의 시각을 기후변화의 정치경제라는 관점에서 조망해 보고자 한다. 물론 남반구의 배출량 60%를 차지하는 중국과 인도, 78%를 차지하는 개도국 배출 상위 10개 국가와 배출량이 적은 개도국, 취약국과의 차이점과 각각의 입장을 차별화하여 접근하도록 할 예정이다. 특히 본 장에서는 우선 기후변화가 글로벌 사우스 국가들에 미치는 영향을 특히 경제적 영향을 중심으로 개괄한다. 기후변화는 남반구 국가들의 경제 발전 및 전망에 어떠한 새로운 도전과제를 제기하며 기후변화가 남반구의 다양한 집단 사이에 또 어떻게 승자와 패자를 낳는지도 간단히 언급한다. 이러한 기초적 논의 다음 본 챕터는 1992년 유엔기후변화협약(UNFCCC)의 발족을 통해 국제적 차원에서 기후변화 대응 논의가 본격 시작된 이래 총 27회에 걸친 당사국총회(COP), 교토의정서, 그리고 파리협정에 이르기까지의 약 30년의 과정에서 개도국을 포함한 글로벌 사우스 국가들은 이들 기후변화 국제레짐의 합의 내용과 접근법에 대하여 어떠한 인식과 태도, 대응을 보여왔는가를 다룬다. 특히 차별화된 책임의 강조, 기후변화 대응을 촉진하기 위한 선진국의 개도국 재정 및 기술 지원 논의, 그리고 가장 최근 대두된 손실과 피해(loss and damage) 관련 논의에서 글로벌 남반구의 시각과 주장, 요구는 무엇이었으며 이들의 시각과 요구가 현재까지 기후변화를 둘러싼 국제적 논의과정에서 어떻게 반영되어 왔는지 분석한다. 또한 국제사회의 기후변화 대응 과정에서, 특히 글로벌 생산과 무역 부문에서, 글로벌 남-북 관계 및 상호작용이 어떻게 진행되고 있는지 살펴본다. 특히 EU와 미국 등 소수 북반구 선진국을 중심으로 진행되는 탄소국경조정 제도의 도입 및 기후변화 대응을 위한 글로벌 밸류체인 재편 등 일련의 흐름을 글로벌 남반구 국가들은 어떻게 인식하고 대응하고 있는지 등도 다룬다.

제5장 『기후변화 대응을 위한 국제개발협력의 정치경제』(박혜윤)는 현재 국제개발협력체제가 당면한 기후원조의 문제를 개발협력의 정치경제적 특성을 통해 설명한다. 이를 위해 OECD-DAC 회원국을 주축으로 하는 선진 공여국의 이해 관계를 살피는 공급의 측면(demand side)과 기후원조의 수원국에서 기대하는 원조효과성(aid effectiveness)을 살피는 수요의 측면(supply side)으로 이분화된 접근법을 채택한다.

제6장 『전력망 연계의 정치경제: 유럽 에너지 협력 제도』(이태동, 손효동)는 전력망 상호교환(Electricity Network Interconnection) 체제의 추진요인을 중심으로 유럽 에너지 협력을 연구한다. 사회경제적 조건과 전력시스템 통합의 편익비용을 고려할 때, 왜 일부 국가들의 전력 시스템은 전력망에 연계되어 있는 반면, 다른 국가들은 그렇지 못한가? 나아가 유럽 국가들 간의 전력망 연계 수준에 영향을 미치는 정치적, 제도적, 경제적 동인 무엇인가? 기존의 연구들은 대부분 에너지 협력의 역학관계에 중점을 두고 살펴보고 있으나, 전력 네트워크 협력과 통합을 이해하는 연구는 미비한 편이다. 이러한 격차를 메우기 위해 본 연구에서는 2013년 유럽 41개국의 상호 관계 데이터(Dyadic data)를 분석하여 전력망 연계의 변인을 설명하고자 한다. 통계적 분석을 통해 지역 송전 시스템 운영자 네트워크(Transmission System Operator Network) 제도 운영 정도가 현재의 전력망 연계 수준에 긍정적 영향을 끼침을 밝히고 있다. 이러한 연구 결과는 효과적인 제도 운영을 통한에너지 협력의 경험이 지리적 근접성과 무역 부분의 경제적 이익과 함께 전력망 네트워크 연결성을 증가시킨다는 것을 의미한다.

제7장 『탄소중립 시대의 플라스틱 순환경제: 한국과 프랑스 정책비교』(김경민, 이유현)는 탄소중립 시대의 플라스틱에 대한 규제는 다방면으로 환경적 성과를 이룰 수 있고, 포스트코로나 시대를 준비할 수 있는 대비책을 마련할 수 있다는 점에서 중요성을 가진다고 주장한다. 이에 더해 강화되는 글로벌 환경규제에 대비하기 위해 국민들에게 녹색시그널을 줄 수 있다는 점에서 시의적절한 논의주제이다. 플라스틱 환경규제의 적절한 방향성을 모색하기 위해 국외사례 비교를 통해 함의를 얻을 수 있는데, 특히 프랑스의 경우 유럽 국가 중 경우 플라스틱 재활용률이 가장 저조했던 국가였지만 혁신적인 법제 개

선을 통해 이니셔티브를 가지게 된 국가이기 때문에 향후 국내 정책 설계 시 참고할 부분이 많다.

제8장『기후변화 대응의 한 · 일 비교: 녹색기술 관련 정책을 중심으로』(임은정)은 한국과 일본이라는 아시아의 두 거대 산업국가들이 기후변화 대응을 위한 녹색기술의 개발과 보급을 위해 어떠한 노력을 기울이고 있는지, 두 나라의 정부와 기업을 조명하며 비교 분석을 진행한다. 특히 이 장에서는 재생에너지와 전기자동차, 그리고 수소에너지, 이렇게 세 분야에서 두 나라의 동향을 비교하고, 각 분야에서 한국과 일본이 어떤 차이를 보이고 있는지, 이러한 차이는 무엇에서 비롯된 것인지를 해설한다. 에너지원을 수입에 의존할 수밖에 없는 두 나라가 복합적인 경제 위기 상황을 극복하기 위해 녹색기술을 어떻게 인식하고 활용하는지를 보여줌으로써 장차 비슷한 도전에 직면하게 되는 국가들에게도 정책적 함의를 제시할 수 있으리라 기대한다.

제9장『그린워싱에서 친환경으로: EU 녹색분류체계와 기업 지속가능성 보고지침』(김민정)은 EU 녹색분류체계와 기업 지속가능성 보고지침이 기업들을 직간접적으로 규제하고 평가하여 기업들의 단기적 손익계산 구조를 근본적으로 변화시킬 수 있는지를 각국 정부의 유사한 규제 및 정책 도입 현황 분석과 유럽 시장 진출 기업 및 국내 기업들의 전략 변화 분석 등을 통해 탐색한다. EU는 탄소중립 목표 달성에 가장 적극적인 지역인 동시에 거대한 시장으로, 전세계 정부의 환경정책과 통상정책에 영향을 주고, EU 시장과 거래하는 기업들의 전략에도 막대한 영향을 미친다. EU 녹색분류체계는 환경적으로 지속가능한 경제활동에 대한 일관적이고 명확한 정의를 제공하여 투자자들을 그린워싱으로부터 보호하고 안전한 투자를 할 수 있도록 돕는 것을 목표로 2020년부터 발효됐다. 이 규정은 기후 변화 완화, 기후 변화 적응, 수자원의 지속 가능한 보전, 순환 경제, 환경 오염 방지 및 관리, 생물 다양성 보전이라는 6개의 환경 목표를 설정하고 경제 활동이 이 6개 환경 목표 중 한 개 이상의 달성에 기여하고, 다른 환경 목표에 심각한 피해를 주지 않으며, 최소한의 사회적 보호 장치인 법규를 위반하지 않고, 기술 심사 기준에 부합해야만 이를 환경적으로 지속 가능한 경제 활동으로 인정한다. EU 녹색분류체계는 명확하고 일관적인 지속가능성의 기준을 제공함으로써 그린워싱을

하는 기업들을 실제로 친환경적 경영을 하는 기업들과 구분할 수 있도록 한다. 유럽 외 국가들에서도 해당 분류체계와 유사한 나름의 녹색분류체계들을 도입하고 있기 때문에 유럽 내 기업들과 유럽 시장에 진출한 기업들은 물론이고 다른 국가의 국내 기업들 역시도 유사한 기준으로 평가받을 수 있다.

제10장 『한국인의 기후변화 인식과 대응 행동』(김서용, 김선희)은 기후변화 정치경제의 근간이 되는 개인 차원의 인식과 행동을 이해하는데 도움을 주는 연구 결과를 제시하고 있다. 기후변화에 대한 전 지구적 차원에서 관심이 고조되고 있으며, 기후변화 문제를 해결하는 데 있어 기후변화에 대한 개인적 차원의 의식 제고와 대응행동의 필요성이 요구되고 있다. 이와 같은 기후변화 의식과 대응행동이 가지는 의미에도 불구하고 한국민을 대상으로 한 실증연구가 부족하였다. 본 장의 목적은 한국민이 가진 기후변화 의식과 대응행동 의도의 결정요인을 분석하는 데 있다. 설문조사 결과에 기반하여 분석한 결과 첫째, 지각된 위험, 지각된 편익은 기후변화 의식과 대응행동 의도에 正(+)의 영향을 미치고 있으며, 물질주의는 負(-)의 영향을 미치고 있는 것으로 나타났다. 둘째, 기후변화 의식과 대응행동 의도의 결정구조가 상이한데, 비난귀인(+), 회의적 환경주의(-), 환경주의(+), 과학기술낙관주의(+)는 기후변화 의식에만, 지식(+), 물질주의(-)는 대응행동 의도에만 영향을 미치고 있다. 셋째, 기후변화 의식과 대응행동 의도 결정에 지각적 요소뿐만 아니라 가치적 요소가 영향을 미치고 있다.

제11장 『탄소포집과 활용 기술』(최원용, 박진원)은 탄소감축 기술을 소개한다. 국제 에너지기구(International Energy Agency, IEA) 가 2020년 발표한 에너지 기술전망(Energy Technology Perspective, ETP)의 지속가능발전 시나리오에 따르면 탄소 중립 달성을 위해서 필요한 이산화탄소 감축량 중 19% 가량은 탄소포집과활용 CCUS(Carbon Capture Utilization and Storage) 기술을 통해 확보해야 한다고 설명하고 있다. 온실가스 감축 기여도는 전환 Electrification이 가장 높고 재생에너지, CCUS순으로, 이는 탄소배출을 줄이기 위한 다양한 기술 중 CCUS 기술이 중요한 역할을 담당하게 됨을 의미하고 있다. IEA 보고서에 따르면, 단기간 안에 화석연료로의 완전한 탈피는 불가능하며, 탈탄소 경제로의 전환을 위한 가교역할을 위한 기술로서 대기로 방출되는 이산화탄소를

저감하는 기술인 CCUS 기술이 필수적으로 동반되어야 한다고 한다. 이 글에서는 탄소배출을 줄이기 위해 다양한 기술들의 개념과 원리에 대해 설명하고, 특히 이산화탄소 저장 기술을 통해 기후변화 문제를 해결하기 위한 국제적인 노력과 온실가스 감축 기술에 대한 최신 동향을 살펴보고자 한다. 이를 통해 이산화탄소 감축을 위한 기술적 함양의 중요성에 대해 논의한다.

Chapter

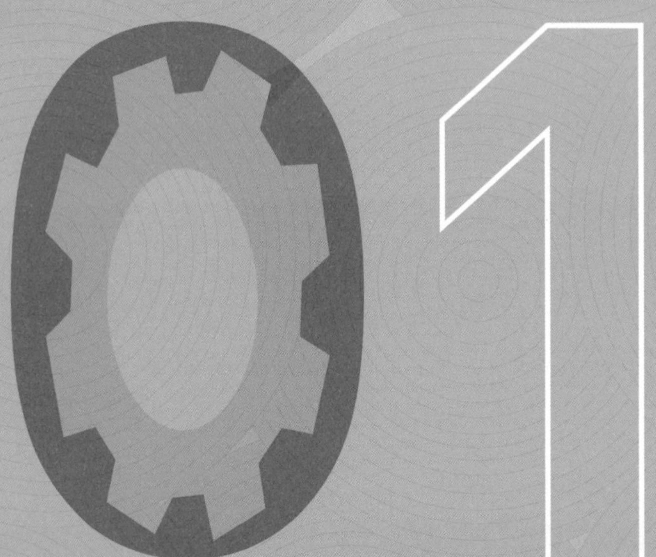

파리협정상 재정지원 및 기술이전 조항의 이행 현황 및 전망*

김유철

1 들어가며

현대 산업사회의 과학 · 기술은 여러 유형의 환경문제 및 기후변화의 원인이기도 하지만, 동시에 그 해결책을 제공해 주기도 한다. 기계산업 기술의 총아인 자동차 내연기관이 내뿜는 매연은 초미세먼지 유발물질이자 기후변화를 일으키는 온실가스의 주범 중 하나이지만, 이러한 문제를 해결할 수 있는 대체재로 인식되는 전기 자동차 역시 기술혁신에 의해 탄생하고 보급되고 있다. 석탄 · 석유 등 온실가스 다 배출 화석연료를 대체할 수 있는 태양광·풍력·지열 · 바이오매스 등 신재생 에너지 사용의 확산 역시 기술 혁신 및 이를 뒷받침하는 재정 투자 없이는 이루어지기 어렵다. 이처럼 '친환경 기술'의 범주에 묶이는 여러 혁신 기술은 인류가 누리는 현 수준의 경제적 윤택함을 크게 희생하지 않으면서도 기후 위기 및 여러 환경문제를 경감 · 해결하기 위한 핵심적 열쇠라고 할 수 있다.

문제의 소재는 초 국경적 성격을 띠는 여러 환경문제, 특히 기후 위기와 같은 전 지구적 환경위기에 대응하기 위해서는 모든 국가의 공동대응이 필요하지만, 친환경 기술의 개발·보급을 위한 국가 역량에는 상당한 격차가 존재한다는 점이다. 태양광 패널, 풍력터빈, 에너지 저장시스템(Energy Storage System, ESS), 탄소포집저장(Carbon Capture and Storage, CCS) 등 온실가스 저감을 위해 필요한 여러 필수재·신기술은 자본집약적 · 기술집약적 특성을 가지고 있다. 따라서, 이들 기술에 대한 투자 및 혁신은 미국, 독일, 일본, 중국, 한국 등 전통적 산업 강국이 주도하고 있으며, 개발도상국의 역량은 대단히 제한적인 것이 현실이다. 이러한 역량 격차는 친환경 기술의 확산 격차로 이어질 수 밖에 없고, 이는 파리협정의 대기중 온실가스 농도 안정화 및 산업화 이전 대비 기온 상승 2.0℃ 이하 수준 유지 및 1.5℃로 억제 하기 위해 노력한다는 목표에 위험요인으로 작용할 수 있다.

---

* 이 글은 김유철의 논문, "파리협정의 CBDRRC 원칙에 나타난 경쟁적 규범 클러스터: 기후재정 및 기술이전 이슈를 중심으로" 『OUGHTOPIA』 제37권 3호를 재구성 · 수정한 것이다.

이러한 배경에서, 구테헤스 유엔사무총장은 최근 구테헤스 유엔사무총장은 재생에너지로의 전환을 위한 다섯 가지의 핵심 행동을 적시하면서 그 중 첫 번째로 신재생 에너지를 '세계적 공공재(global public good)'로 만들자는 제안을 하였다(United Nations Climate Actions 2022). 이러한 제안은 물론 환경 건전성을 강조하는 근본적 입장에서 국가 간 재정 격차에 관계없이, 또 지적재산권의 제약 없이 기후변화대응을 위한 일련의 기술에 모두가 접근 가능해야 한다는 이상을 담은 구상이라는 점에서 높게 평가할 수 있다. 그러나, 주요 기술 선도국에 의해 사실상 과점되는 친환경 산업의 현실 및 이들 국가들 간 경쟁 양상과는 다소 거리가 있는 것이 사실이다. 또한, 최근 주요 선진국이 경기 불황에 대응하기 위해 전개한 '그린딜(Green Deal)'의 경우 국내 친환경 일자리 창출이 주요 성과 지표라는 점에서 협력의 범위 및 그 효과가 반드시 국경을 넘는다고 전제하기 어렵다.

사실, 파리협정을 포함한 여러 기후변화 및 환경 협정은 선진국-개도국 간 근본적 역량 격차와 비대칭적 역사적 책임을 고려하여, 문제 해결을 위한 '공동의' 대응을 추구하되, 그 책임의 정도에는 차등을 두는 방식으로 타협점을 모색하였다. 이러한 타협점은 파리협약의 '공동의, 그러나 차등적 책임 및 개별역량의 원칙(Common but Differentiated Responsibilities and Respective Capabilities, CBDRRC)' 에 잘 드러나 있다. 동 원칙은 선진-개도국은 모두 '국가별 결정 기여(Nationally Determined Contribution, NDC)' 의 제출을 통해 '공동의' 온실가스 감축 목표를 지지만, 선진국들은 개도국에 대한 재정 및 기술이전의 의무를 지는 '차등적 책임'을 지는 일종의 의무의 교환 형태로 실현되도록 디자인되었다.

이러한 파리협정의 기본 구조와는 별론으로, 선진국의 기후재정·기술이전 지원-개도국의 감축 참여라는 파리협정의 기본 목적이 실제 실현되고 있는가의 여부는 실증적 분석을 요하는 주제라고 할 수 있다. 모든 국제협약은 조문의 존재만으로 이에 대한 준수(compliance)를 담보하지는 않으며, 비 준수국의 '이름을 밝히고 창피를 주는(naming and shaming)' 방법 이외에 별다른 강제집행(enforcement) 수단이 없는 파리 협약의 경우 이러한 준수과정을 추적하는 것은 더욱 큰 중요성을 지닌다. 기후재정 및 기술이전 조항의 준수 현실은 본 장의 일부 결과가 보여주는바와 같이, 기후재정의 흐름은 여전히 개발도상국 그룹이 만족할 만한 수준이라고 보기는 어려우며, 친환경 기술을 전략산업으로 인식하고 있는 선진 기술 선도국들은 일부 국제 플랫폼을 통해 선택적으로 기술이전을 실행하고 있는 것으로 보인다.

물론, 기후재정 · 기술이전과 관련된 일부 선진국 그룹의 의지 재확인 등 일부 긍정적 현상이 관측되는 것도 사실이며, 2023년 첫 전 지구적 이행점검(Global Stocktaking, GST)등을 통해 향후 한층 강화된 기후재정·기술이전 공약이 제시될 가능성도 있는 만큼, 향후 관련 동향을 예의주시할 필요가 있다. 이에 이하에서는 우선, 파리협정상 기후재정·기술이전 조항을 중심으로 선진-개도국 간 대립적 이해 관계가 어떻게 균형을 이루고 있는지 밝히고, 그 현황 및 쟁점에 대해 분석한 후, 대안의 하나로 '협력기반 분업구조'의 필요성을 제시하도록 하겠다.

2 기후위기 대응에 있어 기후재정 및 기술이전의 중요성: 기후변화 대응 조약의 진화와 파리협정의 구조

국제사회는 초 국경적 환경위협에 공동으로 대응하기 위하여 다양한 환경규범 및 다자조약 체계를 발전시켜 왔다. 예를 들어, 1972년 스톡홀름 유엔 인간환경회의 및 선언은 여러 국가의 상이한 정치·사회적 이해관계에도 불구하고 환경문제에 대한 공통의 원칙을 도출해 낼 수 있다는 가능성을 보여주었다. 또한, 염화불화탄소(Chlorofluorocarbon, CFC)와 같은 오존층 파괴물질의 단계적 전폐를 규정한 비엔나 협약 및 몬트리올 의정서는 최근 관측 위성 사진이 보여주는 바와 같이 남극 오존홀 크기의 감소시키는데 큰 역할을 한 것으로 평가 받는다. 기후변화 대응의 맥락에서는 92년 리우환경회의를 계기로 협의 체결된 유엔기후변화기본협정(United Nations Framework Convention on Climate Change, UNFCCC), 이를 모(母)조약으로 하는 교토의정서(Kyoto Protocol) 및 이의 후속 조약이라고 할 수 있는 파리협정(Paris Agreement)이 가장 핵심적 조약체계라고 할 수 있다.

이러한 기후변화 협약 체결을 협상에서 가장 큰 갈등축은 역사적으로 온실가스 배출에 책임이 큰 선진국 그룹과 순 배출량이 급증하여 현재와 미래에는 선진국 못지않은 책임을 지는 개발도상국 간의 이해관계를 어떻게 조화롭게 융합할 수 있을것인가의 여부였다. 이러한 갈등 양상은 여러 기후변화협상에서 반복적으로 관측되며, '공동의 그러나 차등화된 책임의 원칙 및 개별역량의 원칙(Common but Differentiated Responsibilities and Respective Capabilities, CBDRRC)'이라는 균형적 타협점을 마련하여 봉합되어 있다고 할 수 있다. CBDRRC의 원칙의 원형은 이미 리우선언 원칙 7의 문언에도 잘 나타나는데, 동 원칙은 "지구의 환경 악화에 대한 제각기 다른 책임을 고려하여 각 국가는 공동의 그러나 차별화된 책임을 가진다. 선진국들은 그들이 지구환경에 끼친 영향과 그들이 소유하고 있는 기술 및 재정적 자원을 고려하여 지속가능한 개발을 추구하기 위한 국제적 노력에 있어 분담하여야 할 책임이 있다"라고 규정하고 있다. 이러한 규정에서 드러나듯, CBDRRC 원칙은 결국, '공동의 책임'을 통해 선진국과 개발도상국 모두 온실가스 감축 의무를 지는 대신, '차등화된 책임'을 통해 재정지원 · 기술개발 및 이전 · 역량배양 등과 같은 지원이 동시적으로 이루어져야 한다는 것을 의미한다(송인욱 · 송동수 2019, 422).

기후변화에 관한 국제연합 기본협약(UNFCCC) 역시 선진-개도국 간 갈등의 균형점을 CBDRRC 원칙에서 찾고 있는데, 특히 협정 전문 및 제 3조 1항 등에서 이를 확인할 수 있다. 우선, 협약 전문은 "기후변화의 세계적 성격에 대응하기 위해서는 모든 국가가 그들의 공통적이면서도 그 정도에 차이가 나는 책임, 각각의 능력(common but differentiated responsibilities and respective capabilities) 및 사회적 · 경제적 여건에 따라 가능한 모든 협력을 다하여 효과적이고 적절한 국제적 대응에 참여하는 것이 필요함을 인정하며..."라고 규정하고 있다. 이에 더하여, "기후변화에 대한 대응은 사회적 및 경제적 발전에 대한 부정적인 영향을 피하기 위하여, 특히 개발도상국의 지속적인 경제성장 달성과 빈곤퇴치를 위한 정당하고 우선적인 요구를 충분히 고려하여 사회적 및 경제적 발전과 통합적인 방식으로 조정되어야 한다는 것을 확인하고..."라고 규정하여, 개발도상국의 발전권을 재확인하고 있다.

유엔기후변화협약 제3조 1항은 재차 CBDRRC 원칙을 강조하면서 선진당사국의 선제적 책임 의무를 강조하고 있는데, 동 조항은 "당사자는 형평에 입각하고 공통적이면서도 그 정도에 차이가 나는 책임과 각각의 능력에 따라

인류의 현재 및 미래 세대의 이익을 위하여 기후체계를 보호해야(should take lead) 한다. 따라서, 선진국인 당사자는 기후변화 및 그 부정적 효과에 대처하는 데 있어 선도적 역할을 해야(should) 한다."고 규정한다. 동 조항은 CBDRRC 원칙에 의한 기후체계 보호 의무를 규정한 문장 뒤에, '따라서'라는 술어를 사용하여 그 논리적 귀결로 선진국의 '선도적' 역할을 의무 지우고 있다는 점에서 선진국의 선제적 행동이 개도국의 기후변화체계 참여의 전제조건이 된다는 것을 알 수 있다. 동 협약 제4조 3항은 선진 당사국의 선제적 '행동'에 해당하는 재정지원 의무에 대해, "부속서 2에 포함된, 선진국인 당사자와 그 밖의 선진 당사국은 개발도상국이 제12조 1항에 따른 공약을 이행하는데에서 부담하는 합의된 만큼의 모든 비용을 충족시키기 위하여 제11조에 따라 개발도상국인 당사자가 필요로 하는 새로운 추가적 재원을 제공한다."고 규정하였다.

파리협정은 선진국-개도국 간 그룹핑이 부속서에 기반하여 엄격히 나뉘어 있는 유엔기후변화기본협약-교토의정서와 달리 완화, 적응, 재정, 기술, 역량 강화 및 투명성 등 협정의 주요 조항의 개별 목적을 고려한 맞춤형 방식으로 CBDRRC 원칙을 실현하였다(Bodansky 2017, 319). 이는 협정의 전문, 주요 목적을 규정하는 제2조 2항, 국가결정기여(NDC)를 규정한 제3조, 재정지원을 규정한 제4조 및 제9조, 기술이전을 규정한 제10조 등에서 개도국의 감축의무 분담 등 '공통의' 책임이 강조된 표현과 선진국의 개도국에 대한 재정지원 · 기술이전이 조항과 같은 '차등화' 책임이 부각된 내용이 교차하여 있다는 데서 알 수 있다.

구체적으로 감축의무를 부과하는 제4조의 경우, 모든 국가에게 적용하는 감축의무 조항의 경우 높은 법적의무를 표현하는 'shall' 조동사로 사용함과 동시에 제5항이 개발도상국에 대한 지원 강화를 재확인함으로써 개도국이 여전히 차등적이기는 하지만 상당한 의욕 수준의 감축을 실현할 수 있는 조건을 규정하고 있다. 반면에 '공동이지만 차등적 책임' 원칙 자체를 언급하거나 개발도상국 또는 선진국에 대하여 차등적 책임을 담고 있는 조항은 권고적 조항으로 'should'를 조동사로 사용하거나 구속력을 부여하기 보다는 기대를 담고 있는 용어(aim to)를 사용하고 있다(이재곤 2018, 221). 결국, 파리협정은 선진국의 입장에서는 개도국 역시 국가결정기여(NDC) 방식에 의한 감축

그림 1-1

국가 그룹별 친환경 관련 기술특허 현황: 1999년-2011년

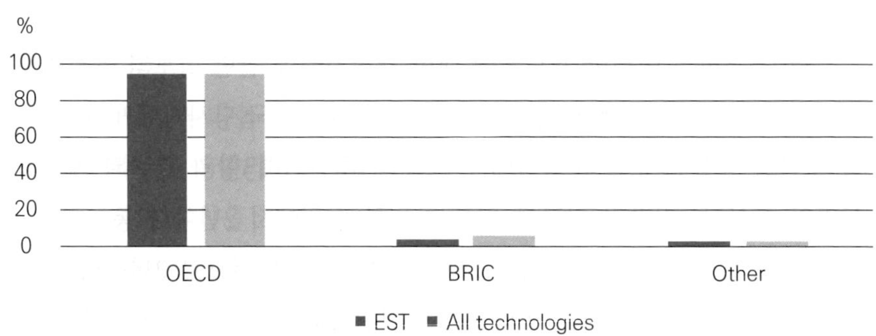

출처: OECD REGPAT Database(Zhuang 2017)에서 재인용

이러한 개도국의 주장은 그러나, 의약품 관련 기술보다 친환경 기술의 다양성 및 범위가 훨씬 크고 기술간 대체 가능성 역시 큰 점 등 두 영역 간 상이성이 두드러질 뿐 아니라, 여러 선진국들이 친환경 관련 산업을 전략적 산업으로 육성하고 이를 위해 특허제도를 활용하고 있는 현실과의 괴리로 인해 큰 진전을 이루어지 못하였다. 선진국 그룹은 현재의 기술상황을 고려할 때, 기후기술에 대한 독점력이 그렇게 강하다고 간주하기 어렵고, 특허제도 자체가 기술이전을 저해하는 요인이라고 보기 어렵다는 주장을 전개하는바, 결국 이러한 입장이 크게 힘을 얻으며 파리협약상의 문구는 전략적으로 모호하게 처리되었다고 볼 수 있다(이일호 2017, 139-140).

물론 파리협정이 기술이전의 중요성을 도외시하는 것은 아니며, 제10조 2항은 "당사자는, 이 협정상의 완화 및 적응 행동의 이행을 위한 기술의 중요성에 주목하고 기존의 효율적 기술 사용 및 확산 노력을 인식하면서, 기술의 개발 및 이전을 위한 협력적 행동을 강화한다"고 규정하여, 선진국-개도국 간 기술협력의 중요성을 재확인하고 있다. 또한, 제10조 3항은 "협약에 따라 설립된 기술메커니즘은 이 협정을 지원한다"고 규정하여, 별도 협력기구 혹은 플랫폼 설립을 통해 기술이전 촉진을 도모할 것을 규정하고 있다. 강제실시와 같은 기술 사용에 대한 접근 확대가 이루어지지 않는 상태에서 기술이전은 결국 선진국의 재정지원을 수반할 수밖에 없고, 이러한 재정지원-기술이전 간의 연계를 위해 파리협정 제10조는 "연구개발에 대한 협업적 접근을 위하여 그리고 특히 기술 주기의 초기 단계에 개발도상국 당사자가 기술에 쉽게 접근할 수 있도록 하기 위하여, 기술메커니즘 등에 의하여, 그리고 재정적 수단을 통하여 협약의 재정메커니즘 등에 의하여 적절히 지원된다"고 규정한다. 이에 더하여, 동조 제6조는 "개발도상국 당사자가 기술에 쉽게 접근할 수 있도록 하기 위하여, 기술메커니즘 등에 의하여, 그리고 재정적 수단을 통하여 협약의 재정메커니즘 등에 의하여 적절히 지원된다"고 재정지원-기술이전의 연계를 강조한다.

파리협정의 이러한 구조를 도식화하면 다음 〈그림 1-2〉와 같이 나타낼 수 있는데, 이는 파리협정을 메타규범(meta-norm), 구성규범(constitutive norm), 실행규범(practical norm)의 세 층위에서 구분하여 나타낸 것이다. 메타규범이란 목적 지향적 열망의 형태로 표현되는 상위규범으로서, 기후변화 · 환경문제의 맥락에서는 '지속가능한 목표(Sustainable Development Goals, SDGs)'와 같은 원칙이 이에 해당한다고 볼 수 있다. 구성규범(constitutive norm)이란 관련 행위자들에게 '최적 관행을 제공하는 정책적 정치적 과정'에 관한 원칙을 의미하며, 정당성, 투명성, 포괄성 등의 원칙이 이에 해당한다고 볼 수 있다. 실행규범(practical norm)은 개인 혹은 집단의 작위 혹은 부작위를 규정하여 특정 행동의 확산 혹은 억제를 담보하는 원칙을 의미한다(Lawless et al. 2020, 3).

그림 1-2

파리협정의 규범 클러스터 구조도

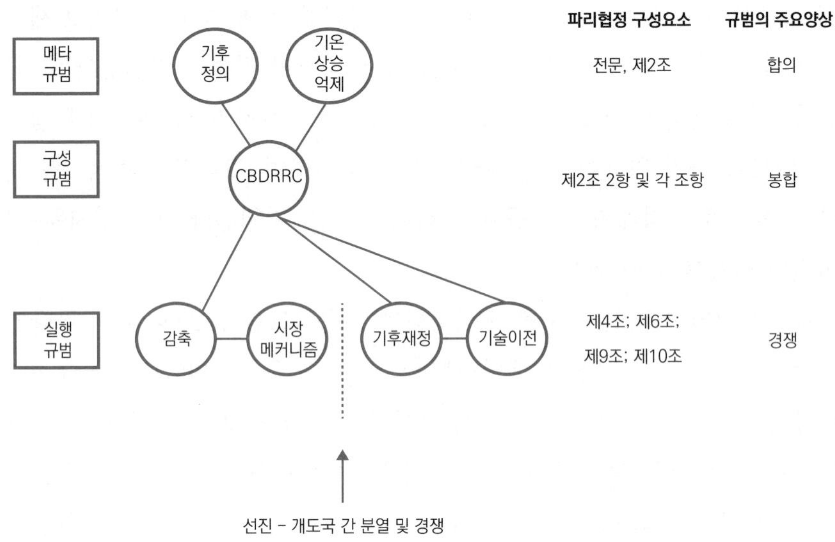

출처: 김유철 2023, 56

우선, 파리협정의 서명 · 비준 당사국이 대부분 수용하는 메타규범(meta-norm)은 파리협정 전문 및 제2조 등에 반복적으로 표현된 기후변화 현상의 심각성 및 이에 대한 대응의 시급성, 기후정의, 산업화 이전 대비 2℃ 상승억제 목표(1.5℃로 억제하는 의욕적 목표달성 노력 추구) 등 UNFCCC 및 파리협정의 존재 이유라고 할 수 있는 근본 목표규정을 들 수 있다. 물론, 성안과정에서 과연 2℃ 상승억제 목표가 충분한 것인가 등에 대한 과학적 · 정책적 논쟁이 없었던 것은 아니지만, 이러한 목표규정은 당사국의 컨센서스가 비교적 용이하게 이루어졌다고 할 수 있다(김유철 2023, 57).

구성규범에 해당하는 요소로는 '공통의 그러나 차등적 책임 및 개별 역량의 원칙(Common but Differentiated Responsibilities and Respective Capability, CBDR-RC)'을 들 수 있다. 소득수준과 환경대응 정책 수준 간에는 역-U형 곡선(Reverse U-Shape Curve)의 관계가 존재한다는 환경 쿠르네츠 곡선이 시사하는 바와 같이, 선진국과 개도국 간에는 기후변화에 대응 가능한 역량에 근본적 차이가 존재한다. 또한, 산업화를 먼저 이룬 서구 선진국들이 누적 온실가스배출량의 면에서 기후변화에 온실가스에 더 많은 책임을 지며, 따라서 더 높은 수준의 의무를 부담할 수밖에 없는 형평의 논리 역시 동 원칙에 녹아나 있다(Will and Cornelia Manger-Nestler 2021, 397-420). 물론 일부 선진국 그룹은 역사적 책임의 기산점을 최초 다자협정 체결 시점이 아닌 산업혁명 이후시기까지 거슬러 올라가는 것이 과연 타당한지의 문제, 과연 그러한 긴 시점에 걸쳐 누적된 온실가스 배출 추정량이 정확한가의 문제, 그러한 역사책임을 차치하고 개도국의 온실가스 배출량이 급증하고 있는 현실적 이유 등을 들어 '공통의' 책임을 강조해 왔다.

상기한 바와 같이 CBDRRC 원칙은 이러한 선진-개도국 그룹 간 하나의 타협점으로서 기후변화 협상 초기부터 등장, 강조된 개념이다. 동 원칙은 이미 UNFCCC 제3조에서 규정된 바 있으며, 교토의정서-파리협정에서도 반복적으로 강조되었다. 이는 모든 당사국의 공통의 의무를 법적 형식으로 규정하는 통상 조약의 접근방식으로부터 다소 일탈한 것으로도 평가할 수 있으며, 기후변화 대응체제의 보편성 담보를 위해 불가피한 선택이기도 하였다(Bodansky et al. 2017, 27). 즉, 이러한 정치적 타협 없이는 보편적 기후변화 대응규범 패키지가 형성·확산할 수 없는 현실에 의해 이러한 원칙이 하나의 '구성적 규범'으로 자리매김한 것이다. 이러한 의미에서 선진-개도국 간 갈등을 CBDRRC 원칙에 의해'봉합'된 것으로 평가할 수 있다.

파리협정은 또한 모든 체약 당사국의 구체적 행동을 규정하는 '실행규범'과 관련된 조항으로 이루어져 있다. 물론, 모든 체약 당사국이 모든 실행규범을 '공동으로' 이행할 의무를 지는 것이 사실이지만, 선진-개도국이 각기 강조하는 실행규범에는 현실적 차이가 존재한다. 선진국 그룹의 경우, 비록 감축이 '국가결정기여(Nationally Determined Contribution, NDC)'라는 자발적 시스템에 의해 이루어진다 하더라도 이것이 방법론적 엄밀성이 담보된 방식으로 집계되어 투명하게 보고되어야 함을 강조한다. 또한, 감축을 실현하기 위한 경제적 기회비용의 차이를 고려하여, 지속가능한 발전 메커니즘(Sustainable Development Mechanism, SDM) 및 국제적으로 이전된 감축 결과물(Internationally Transferred Mitigation Outcomes, ITMO) 등 시장메커니즘의 활용을 강조하는 경향이 있다.

개발도상국은 이에 반해, 환경 건정성을 달성하기 위한 역량 부족의 현실을 강조하면서, 선진국으로부터의 재정 및 기술이전의 중요성을 강조한다.

파리협정 제9조는 선진국의 개도국의 감축 및 적응을 위한 재정 지원의무, 조성된 기후재원의 전진의무, 기후재정에 대한 정성적 · 정량적 정보의 격년 통보의무, 전 지구적 이행점검(Global Stocktake, GST)에서 기후재정 관련 정보의 포함 등의 의무를 규정하였다. 또한, 파리협정 제10조는 기후변화에 대한 회복력 실현을 위한 기술개발 및 이전의 중요성을 강조하면서, 기술 메커니즘의 설립을 통한 개도국으로의 기술이전, 연구개발에 대한 협업, 전 지구적 이행점검에 기술 개발 및 지원에 관한 정보 반영 등의 의무를 규정하였다. 이러한 선진국의 재정지원 · 기술이전은 개발도상국 입장에서 '공통의' 감축의무를 부담의 전제 조건이었다고 볼 수 있다.

문제의 소재는 이러한 '경쟁적' 실행규범이 실제 이행 과정에서 어떠한 규범이 우선적으로 적용되느냐는 것이다. 물론, 동시적 · 호혜적으로 모든 실행규범이 이행되는 것이 선진국-개도국 간의 불안한 갈등의 봉합 위에 성립된 파리협정의 목적 달성을 위해 가장 바람직하겠지만, 이는 실증적 분석을 요하는 작업이라 할 수 있다. 국제기구 · 제도 중에는 그 설립시의 의도와 달리 강대국 · 선진국의 이익이 비대칭적으로 반영되어 그 역할에 의문과 비판이 제기되는 경우를 빈번히 찾아볼 수 있다.

3 기후재정 및 기술이전의 현황 및 쟁점

기후재정 · 기술이전 분야에서 파리협정의 목적인 선진국 공여 증대를 통한 개도국의 역량향상 실현을 위해 여러 진전이 관측되는 것이 사실이다. 그러나, 이러한 진전이 선진국이 강조하는 감축 및 이의 실현을 위한 투명성 확보 등의 목표에 비교해 그 진전이 폭이 큰 것인지, 혹은 선진-개도국이 강조하는 실행규범의 총체가 메타규범인 지구기온 상승억제 목표 달성을 위해 충분한 것인지에 대해서는 상당한 의문을 품을 수밖에 없다. 무엇보다 기후재정 및 기술이전은 선진국의 가치와 기준이 반영된 제도적 디자인에 따라,

매우 선택적이고, 제한적으로 이루어지고 있다.

우선, 기후재정 분야의 성과를 살펴보면, UNFCCC 기후재정에 관한 상설위원회(Standing Committee on Finance)는 제4차 격년 검토보고서(the 4th Biennial Assessment and Overview of Climate Finance Flows)에서 기후변화 관련 재정의 흐름이 점진적으로 개선되고 있다는 점을 강조한다. 2017년 기준, 전 세계 기후재정흐름의 총액은 전년 대비 16% 증가한 7천7백50억 달러로 추정되며, 특히 신재생에너지 분야에서의 성과가 두드러진다는 것이다(UNFCCC Standing Committee on Finance 2020, 7). 이러한 기후재정 흐름의 양상은 아래 〈그림 1-3〉에 정리되어 있는데, 다소간의 등락은 있으나, 총액 측면에서 기후재정 흐름은 증가 경향을 보인다고 동 보고서는 적시하고 있다. 기후재정 흐름에 대한 개발도상국들의 인지도 및 관리 의욕 수준도 제고되어, 이를 격년 갱신보고서(Biennial Update Report, BUR)에 반영하는 개도국의 수가 증가하는 현상 역시 고무적이라고 동 보고서는 평가한다.

그림 1-3

세계적 기후재정의 흐름

(단위: 미화 십억달러)

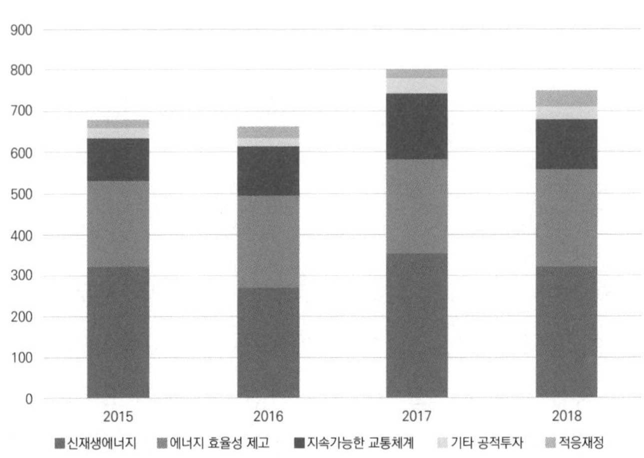

출처: 김유철 2023, 61

그러나, 이러한 성과는 대단히 과장된 것이라는 비판 역시 거세다. 2020년까지 연간 1000억 불의 기후재정을 조성하겠다는 코펜하겐 의정서의 실현은 여전히 요원하며, 현재의 불충분한 수치마저 과대계상 되었다는 것이 비판의 주요 골자이다. 중복 계상 등 과대 계상된 금액을 제하면, 2017-2018년 총 기후재정 흐름은 5천9백억 달러 정도이며, 이마저 비 양허성 차관이 대거 포함된 수치로 옥스팜(Oxfam)은 추산한다. 심지어, 비 양허성 차관을 제외한 수치는 1900억불에 불과한 것으로 추산된다(OXFAM 2020, 8). 2018년 파리협정의 이행규칙(rule-book) 협상에도 불구하고 기후재정 산정을 위한 회계 기준은 여전히 국가 간 교차 검증을 위한 일관성이 부족하고, 이러한 불일치는 주요국 NDC의 기후재정 관련 기술을 단순 비교해 보아도 확인할 수 있다.

표 1-1 선진국에서 개도국으로의 기후재정 흐름에 대한 네 주체의 상이한 추정치

(단위: 미화 십억달러)

연도 / 출처	2013	2014	2015	2016	2017	2018
OECD	37.9	43.5	42.1	46.9	54.5	62.2
UNFCCC 격년보고서	25.4	26.6	33	37.5	NA	NA
Oxfam	11-21		15-19.5		19-22.5	
인도 재무성	1-2.2	NA	NA	NA	NA	NA

출처: Roberts et al. 2021, 180

더욱이 이러한 기후재정 흐름을 계상하는 방법론의 문제는 기관 간 산정 액수의 차이가 극단적으로 크며, 이에 대한 개발도상국의 불신이 매우 크다는 데에 문제점이 있다. 〈표 1-1〉은 선진국에서 개도국으로의 기후재정 흐름에 대해 선진국 중심의 국제기구인 OECD, UNFCCC의 격년 보고서, INGO인 옥스팜, 개도국인 인도의 재무성이 각기 다르게 평가하고 있으며, 그 수치의 차이가 매우 극단적임을 보여준다. 2013-2014년도 기후재정 흐름에 대한 평가를 예로 들자면, OECD의 경우 공공 민간 기후재정 흐름 총합이 미화 570억 달러에 달했다고 평가했지만, 인도 재무성은 여러 방법론적 결함을 지적하며, 이 중에서 10~20억 달러만이 진정한 기후재정지원액으로 계상되어야 한다고 평가한 바 있다 (Roberts et al. 2021, 180).

이러한 극단적 괴리는 구성규범으로서 CBDRRC 원칙에 의해 봉합된 선진-개도국 간 갈등과 이익 균형이 실행규범 형성·이행 과정에서 결국 기후재정 지원의 공여 주체인 선진국 그룹의 판단이 비대칭적으로 반영될 수 있는 현실을 보여주는 것이다. 공여액 판단의 명확한 기준이 없고, OECD는 물론 UNFCCC 사무국과 같은 국제기구에서 선진국들의 판단을 제척할 수 있는 정치적 동력이 부재한 상황에서 선진국들의 평가는 상당 부분 기후재정 흐름에 대한 '현실 판단'으로 자리매김할 개연성이 크다.

기술이전 분야에서 역시 파리협정에 참여할 당시 개발도상국의 기대가 온전히 충족되고 있다고 보기 어려운 구조적 제약이 관측된다. 문제의 핵심은 미국·독일·일본·프랑스·영국·한국 등 기술 선도국들은 친환경 산업을 일종의 전략산업으로 인식하고, 각종 보조금 등 육성정책을 통해 자국 친환경 기술을 진흥하기 위한 노력을 경주하고 있다는 점이다. 또한, 이미 2010년대 초중반부터 중국·인도 등 신흥국이 제조업 기술력 향상을 바탕으로 태양광 패널, 풍력 발전장비 등 일부 대표적 재생에너지 관련 상품의 수출을 늘림에 따라 통상마찰이 발생하고 있다(Nahm 2017). 이러한 국가 간 기술 경쟁은 선진국들이 적극적인 친환경 기술의 이전을 주저하게 만드는 제약요인으로 작용한다고 볼 수 있다.

이러한 국가 간 현실적 경쟁의 구조 속에서 '실행 규범'에 해당하는 파리협정 조문의 추상성은 선진국들이 실질적 행동을 취함에 있어 상당한 정도의 자율과 선택을 가능하게 한다는 문제점을 안고 있다. 파리협정의 제10조 2항은 "당사국들은 파리협정을 이행하기 위해 기술개발 및 이전에 대한 협력행동을 강화해야 할 의무"를 가지지만, 문제는 그 구체적 행동 방식에 대한 내용을 결여하고 있다는 것이다. 선진국 그룹은 주로 기술이전 조항 실현을 위해 일종의 초국적 정책 플랫폼을 구축하고, 이를 통해 여러 정부-민간 주체들 간의 자발적 기술 확산 공유를 촉진하려 노력하고 있다(Rimmer 2019, 2-4).

예를 들어, UNFCCC 기술 메커니즘의 주요 이행기구인 기후기술센터

네트워크(Climate Technology Center, CTCN)의 경우, 개발도상국이 기후변화 관련 프로젝트 단위의 사업을 신청하면, CTCN이 이를 중개하여, 선진국이 이를 지원하는 방식으로 운영되고 있다. 또한, 세계지식재산권기구(World Intellectual Property Organization, WIPO) 역시 유사한 형태의 온라인 시장확산 플랫폼인 'WIPO Green'을 통하여 친환경 기술의 확산을 도모하고 있다. 이러한 메커니즘을 통한 개별 프로젝트는 물론, 선진국 기후재정 공약과 결합하여, 개도국의 기후변화 대응을 위한 역량향상에 이바지하는 측면이 있다.

그러나, 이러한 메커니즘은 엄밀히 말하자면 기후변화 대응을 위한 '시설'의 선택적 이전을 담보할 수는 있어도, 개도국이 애초에 원한 '기술'자체의 이전을 담보하기는 어렵다. 주로 70~80년대 강조되던 개도국이 발전할 권리(right to develop)의 연장선상에서, 여러 개도국들은 친환경기술을 지식재산권으로 보호하는 것에 반대하거나, 이러한 기술에 대한 강제 실시권 발동에 대해 자신들의 입장이 배려될 수 있는 제도적 장치가 필요하다고 주장하기도 하였다(이일호 · 김병일 2019, 146-147). 현재, 탄소포집 및 저장 기술(CCS)과 같은 선도적 기후변화 대응 기술이 일련의 특허권에 의해 보호받고 있고, 지적재산권 관련 국제협정 및 주요국의 국내법 체계가 공고화되어 있는 현실을 감안할 때, 개도국이 당초 바랬던 형태의 기술이전이 실현될 가능성은 희박하며, 선진-개도국 간 기술역량 격차는 향후에도 지속될 가능성이 높다.

물론 파리협정과 같은 국제조약상의 의무를 별론으로 최근 주요국이 자국 기후변화 대응정책과 연동하여 개도국에 대한 기후재정 지원 확대 의지를 천명하고 있는 것은 고무적인 현상이다. 미 바이든 행정부는 국제수준에서 기후재정 흐름을 촉진하기 위한 준비작업을 주요 골자로 하는 '국 · 내외 기후위기에 대응하기 위한 행정명령(Tackling the Climate Crisis at Home and Abroad)'을 발동한 바 있으며, 이에 근거하여 개도국에 제공하던 적응기금(Adaptation Fund)의 규모를 2024년까지 세배 증액하기로 결정하였다(The White House 2021). 유럽연합 집행위원회 역시 유럽 그린딜의 주요 방향성 및 목표 중 하나로 개도국 기후대응 재정지원 및 기술이전 확대를 제시한 바 있다(European Commission 2021). 이는 이들 국가가 협정상의 구조적 제약이 야기할 수 있는 정당성 위기 가능성을 직시하고, 천억 불 기금조성 실현에 대한 개도국의 의구심을 불식

시키기 위해 노력하고 있다는 점에서 평가할 만하다.

이에 더하여, 파리협정의 이행규칙이 성립된 후, 기술매칭-사업계획-사업실행-영향평가의 기술협력의 전 주기에서 명확한 목표 설정과 이행을 위한 제도적 환경이 마련된 것 역시 주목할 만하다(오채운 2020, 259-283). 그러나, 기술이전의 수요를 파악하고, 이러한 기술수요를 실현할 구체적 사업계획을 실행하고, 그 효과를 평가하는 기본적 주체가 선진국이라는 사실에는 변함이 없다. 많은 개발협력 프로젝트들이 공여국의 정치 · 외교적 동기 및 이를 수행하는 기관들의 경제 · 상업적 동기를 고려하여 본래의 인도주의적 가치 실현에서 벗어난다는 비판에 직면해 있듯이, 기후변화 관련 기술이전 협력 역시 현재의 틀에서는 개발도상국의 필요를 온전히 구현하기에는 여러 구조적 제약요인이 따른다. 선진국 일각에서도 이러한 구조적 제약요인에 대한 반성으로 UNFCCC 조직과 독립된 제3의 기관의 활동을 통해 재정지원 기술이전에 대한 자문 · 평가를 수행해야 한다는 주장은 파리협정 출범 이전부터 꾸준히 제기되어온바, 이러한 목소리가 향후 제도 개선으로 이어질지 향후 전개양상에 주의를 기울일 필요가 있다(Diringer 2009).

4 나가며: 경쟁에서 협력으로의 전환과 재정지원 · 기술지원 조항에 대한 의지 재천명의 필요

국제공동체에서 기후변화 대응이 하나의 시대정신으로 자리잡고 UNFCCC-교토의정서-파리협정체제로 진화한 협약체계에 따라 전 세계 모든 국가가 감축의무를 지게 됨에 따라, 친환경 관련 기술 - 산업은 구조적으로 수익성이 기대되는 유망산업으로 부상하고 있다. 이에 따라, 상기한바와 같이 미국, 일본, 독일, 그리고 친환경 관련 기술에서도 부상하고 있는 중국 등의 국가는 상당한 재원을 친환경 기술 혁신에 투입하고 있으며, 치열한 기술 경쟁을 전개하고 있는 상황이다. 이러한 기술 경쟁이 지나치게 과열될 경우, 온실가스 감축이라는 환경 건전성보다는 산업 경쟁력 우위 확보가 재정 투입의 주요 동기로 작용하는 주객이 전도된 상황이 전개될 위험성마저 있다.

치열한 기술 산업 경쟁은 기술'혁신'을 촉진시킬지는 모르지만 기술의 빠른 '확산'에는 악영향을 미칠 수도 있는데, 일부 산업에서 관측되고 있는 국제분업구조의 와해는 그 대표적 악영향으로 손꼽을 수 있다. 태양광 패널·풍력터빈 산업을 예로 들면, 미국은 랩 수준에서의 초기 발명, 독일은 정밀부품 및 맞춤형 생산(customization), 중국은 공정관리의 우위에 바탕을 둔 대량생산에 각기 강점을 가지며 이들 국가 간 분업 구조는 비교적 단기간에 성능향상과 단가 하락에 기여하는 주요 요인으로 작용하였다(Nahm 2021, 36-38; Lachapelle et al. 2016). 그러나, 2010년대부터 중국의 태양광·풍력터빈 생산기술이 비약적으로 성장하고 세계시장 점유율을 잠식하자, 미중 간 통상마찰의 주요품목 중 하나로 자리매김하게 되었으며, 미국은 최근 국내 정치-경제적 기조에 맞추어 자국산 태양광 패널·풍력터빈 사용을 강력하게 권장하는 추세이다. 이는 미국 국내에서 태양광·풍력 발전 설치의 단가를 높여 설치업자들의 반발을 일으켰으며, 지역 단위 에너지 전환 사업 확산에 장애요인으로 작용한 것이 사실이다.

여러 친환경 기술의 소비에 대한 가격탄력이 더욱 높을 수 밖에 없는 개발도상국의 입장에서는 친환경 기술을 둘러싼 기술 주도국 간 경쟁은 이에 대한 접근을 가로 막는 요인으로 작용할 수밖에 없다. 이에 더해, 상기한 기후 재정지원 산정에 대한 불투명성, CTCN 등 기술이전 메커니즘에서 보이는 선택성 등의 문제가 겹칠 경우 에너지 전환을 위한 정책적 동기가 낮아질 수 밖에 없고, 이는 파리 협정이 목표로 하는 친환경 기술의 확산, 나아가 온실가스 감축의 전 지구적 실현에 장애 요인으로 작용할 수 있다. 파리협정이 규정하는 재정지원·기술이전 의무에 재차 주목해야만 하는 이유이다.

상기한 바와 같이, CBDRRD 원칙에 따라 파리협정은 여전히 선진국들의 선도적 책임을 강조하고 있으며, 따라서 재정지원·기술이전의 완전한 이행은 개도국의 감축이행에 핵심적 연결고리라고 할 수 있다. 대한민국을 포함, 미국·유럽 주요국·일본 등 친환경 기술 선도국들은 이러한 재정지원·기술이전 조항의 중요성을 다시금 인식하여, 현재보다 진일보한 결과를 빠른 시일 내에 이룰 필요가 있다. 이는 파리협정이 궁극적 목표로 하는 대기

중 온실가스 농도 안정 및 산업화 이전 대비 1.5℃ 평균기온 상승 억제 목표 달성을 위해 필수적 전제 조건이다.

이러한 기후재정·기술이전에 관한 국제 구조는 대한민국 다자외교에 기회요인으로 작용할 수 있다. UNFCCC 출범시 비부속서 국가에 속했던 대한민국은 이제 명실상부한 G20의 일원으로서 친환경기술 혁신을 선도하는 입장에 있다. 이러한 역할 인식을 바탕으로 핵심 개도국 그룹과 온실가스감축 잠재성이 큰 친환경기술 이전사업을 발굴하고, 재정지원을 확대해 나갈 필요가 있다. '기후기술협력 중장기계획'이 2018년부터 수립된 이래, CTCN의 기술지원 사업을 수주하는 등 일부 성과를 보이고 있는 것은 매우 고무적인 현상이다(과학기술정보통신부 2018). 향후 이러한 사업을 규모를 확대하고, 성과관리에 힘을 쏟는다면, 우리 정부가 거시적 외교 목표로 상정하고 있는 '글로벌 중추국가'의 실현에도 크게 기여할 수 있을 것이다.

참고문헌

국내 참고문헌

간쥔셴. 2013.『중국의 기후변화대응과 외교협상』. 파주: 한국학술정보.

과학기술정보통신부. 2018. "대한민국 기후산업의 글로벌 진출 촉진'을 위한 기후기술협력 중장기계획(안)," https://policy.nl.go.kr/search/searchDetail.do?rec_key=SH2_PLC20180223845 (검색일: 2023년 1월 18일)

김유철. 2023. "파리협정의 CBDRRC 원칙에 나타난 경쟁적 규범 클러스터: 기후재정 및 기술이전 이슈를 중심으로,"『OUGHTOPIA』제37권 3호, pp.43-72.

손승우. 2010. "기후변화협약과 지적재산권 및 기술이전의 조화,"『지식재산연구』제5권 제1호.

송인옥 · 송동수, 2019. "기후변화 대응을 위한 CBDR원칙과 기후기술이전,"『홍익 법학』 제20권 제2호, pp.419-454.

이일호. 2017. "기후변화 대응을 위한 강제허락의 발동?-새로운 인센티브 모델의 구상-"『문화미디어 엔터테인먼트법』 제11권 제2호. pp.123-152.

오채운. 2020. "파리협정 이행규칙을 반영한, 한국 글로벌 기후기술 협력 전략 수립 연구: 기술이전사업 생애주기 접근법에 기반하여," Journal of Climate Change Research, Vol. 11, No. 4, pp. 259-283.

이일호 · 김병일, 2019. "기후변화 맥락에서 기술이전 논의를 위한 전제들: 지식재산권, 시장, 그리고 법,"『산업재산권』 제58호. pp.213-259.

이천기. 2018. "파리협정 제6조의 시장메커니즘에 관한 연구-교토의정서 유연성체제와의 비교 및 향후 전망", 한국 법제연구원,『기후변화법제연구』18-17-4.

해외 참고문헌

Acharya, Amitav. 2004. "How Ideas Spread: Whose Norms Matter? Norm Localization and Institutional Change in Asian Regionalism," International Organization 58. pp. 239-275.

Bodansky, Daniel Jutta Brunnée, and Lavanya Rajamani. 2017. International Climate Change Law. Oxford: Oxford University Press.

Cortell, Andrew P. 2000."Understanding the Domestic Impact of International Norms: A Research Agenda," International Studies Review, Issue 2, Vol.1. pp.65-87.

Clapp, Jennifer and Linda Swanston, 2009. "Doing away with plastic shopping bags: international patterns of norm emergence and policy implementation," Environmental Politics, Issue.18, No.3. pp. 315-332.

Diringer, Elliot. 2009. "Technology Transfer in a New Global Climate Agreement," Pew Center on Global Climate Change, Recommendations from the 2009 Blum Roundtable.

Elgström, Ole. 2000. "Norm negotiations: The construction of new norms regarding gender and development in EU foreign aid policy," Journal of European Public Policy, Issue 7, No.3. pp. 457-476.

Epstein, Charlotte. 2012. "Stop Telling Us How to Behave: Socialization or Infantilization?," International Studies Perspectives vol. 13. pp. 135-145.

European Commission, 2021. "Technology Transfer and Commercialisation for the European Green Deal," https://publications.jrc.ec.europa.eu/repository/handle/JRC124354 (검색일: 2023년 1월 15일)

Finnemore, Martha and Kathryn Sikkin, 1998. "International Norm Dynamics and Political Change," International Organization Issue, 52, Vol.4.

Haas, Peter M. 1992. "Introduction: Epistemic Communities and International Policy Coordination,"International Organization, Winter

Vol. 46, No. 1. pp. 1-35.

Harris. Paul G. 2009. The Politics of Climate Change: Environmental Dynamics in International Affairs. New York: Routledge.

Lantis, Jeffrey S. and Carmen Wunderlich, 2018. "Resiliency dynamics of norm clusters: Norm contestation and international cooperation," Review of International Studies. Vol. 44, part 3, pp. 570-593.

Lawless, Sarah et al. 2020. "Rights, equity and justice: A diagnostic for social meta-norm diffusion in environmental governance," Earth System Governance, Issue 6. pp.1-11.

Lord, Tim and Phil McNally, "COP26 Review: Glass Half Full?," Tony Blair Institute for Global Change 2021.

Nahm, Jonas. 2017a. "Renewable Futures and Industrial Legacies: Wind and Solar Sectors in China, Germany, and the United States." Business and Politics 19(1), pp. 68-106.

______. 2017b. "Exploiting the Implementation Gap: Policy Divergence and Industrial Upgrading in China's Wind and Solar Sectors." The China Quarterly 231, September, pp. 705-27.

______. 2021. Collaborative Advantage: Forging Green Industries in the New Global Economy. New York: Oxford University Press.

OXFAM, Climate Finance Shadow Report 2020, "Assessing Progress Towards the $100 Billion Commitment,"https://policy-practice.oxfam.org/resources/climate-finance-shadow-report-2020-assessing-progress-towards-the-100-billion-c-621066/

Rimmer, Mattew. 2019. "Beyond the Paris Agreement: Intellectual Property, Innovation Policy, and Climate Justice," Laws, vol. 8. no.7, pp. 1-24.

Risse, Thomas, Stephen C. Ropp, and Kathryn Sikkink, The Power of Human Rights: International Norms and Domestic Change. Cambridge: Cambridge University Press, 1999.

Roberts, J. Timmons, Romain Weikmans, Stacy-ann Robinson, David Ciplet, Mizan Khan and Danielle Falzon. 2021. "Rebooting a failed promise of climate finance," Nature C limate Change Vol.11. March 2021., pp.180-182.

UNFCCC Standing Committee. 2020. Fourth Biennial Assessment and Overview of Climate Finance Flows. https://unfccc.int/topics/climate-finance/resources/biennial-assessment-and-overview-of-climate-finance-flows?gclid=CjwKCAiAxP2eBhBiEiwA5puhNYgRuOW6chWHbJ20yWkbWTGkrh5WCSVKoIuPfvdd6sujAi4n8fODFhoCepgQAvD_BwE (검색일: 2022년 12월 15일)

United Nations 2022. "Climate Action: Five Ways to Jump-start the RenewableEnergy Transition Now,"https://www.un.org/en/climatechange/raising-ambition/enewable-energy-transition (검색일: 2023년 1월 15일)

Will, Ulrike and Cornelia Manger-Nestler, 2021."Fairness, equity, and justice in the Paris Agreement: Terms and operationalization of differentiation,"Leiden Journal of International Law. Volume 34, Issue 2, pp. 397-420.

The White House, 2021. "Executive Summary: U.S. International Climate Finance Plan," https://www.whitehouse.gov/briefing-room/statements-releases/2021/04/22/e xecutive-summary-u-s-international-climate-finance-plan/ (검색일: 2023년 1월 15일)

Winston, Carla. 2018."Norm structure, diffusion, and evolution: A conceptual approach," European Journal of International Relations,Volume 24, Issue 3, pp. 638-661.

Chapter

주요국 탄소가격제 도입동향 및 시사점

이혜경

들어가며

1.1. 논의의 배경

유럽연합(European Union, EU)의 탄소국경조정제도(Carbon Border Adjustment Mechanism, CBAM) 도입이 확정됨에 따라 탄소가격제가 국제통상이슈로 대두되고 있다. 2023년 4월말 EU이사회가 최종 승인한 법안에 따르면 CBAM은 철강·시멘트 등 탄소집중산업 수입 품목에 일종의 관세를 부과하여, 역내 배출권거래제(Emission Trading System, ETS)의 가격 수준과 동등한 수준의 탄소가격을 부담하게 할 것으로 보인다. EU-ETS 배출권가격으로 인한 역내 생산 비용 상승으로 탄소 가격을 부과하지 않는 역외 국가로 생산이 이동하는 이른바 '탄소누출(carbon leakage)' 현상을 방지하고, 역내 기업이 EU-ETS로 인해 불이익을 받지 않도록 하기 위함이다. 역내기업이 EU-ETS로 인해 불이익을 받는 이유는 시장가격에 탄소가격을 반영하는 이른바 탄소가격제(carbon pricing)를 도입하지 않은 나라도 많고, 도입하고 있더라도 EU-ETS의 탄소 가격이 상대적으로 높은 경우가 많기 때문이다.

이 글에서는 탄소가격제가 탄소중립 목표 달성을 위해 중요한 역할을 할 수 있음에도 불구하고, 왜 탄소가격제의 도입이 아직 보편화되지 않고 있으며, 왜 탄소가격이 적정수준 이하로 형성되는 경향이 있는가에 대해 살펴보고자 한다. 이를 위해 탄소가격제가 무엇인지 그 이론적 측면을 먼저 살펴보고, 탄소가격제의 도입·운영 사례를 통해 탄소가격제의 현실이 직면하고 있는 이슈들을 점검해보고자 한다.

1.2. 논의의 대상

탄소가격제는 다양한 분류로 구분해 볼 수 있다. 우선 환경 규제 방식에 따라 탄소가격제를 분류해보면, 직접규제(command and control)방식의 탄소가격제와 경제적 유인수단(economic incentives)을 쓰는 탄소가격제가 있을 수 있다.

탄소배출 행위를 직접적으로 금지하거나 제한하는 방식의 직접규제도 결과적으로 탄소배출에 암묵적인 탄소가격을 반영하게 한다는 의미에서 광의의 탄소가격제로 분류할 수 있지만(Farber 2023) 이 글에서는 경제적 유인수단을 쓰는 규제를 중심으로 살펴보고자 한다.

경제적 유인수단을 쓰는 탄소가격제는 법적 의무에 기반하였는가 여부에 따라 다시 분류될 수 있다. 예를 들어 탄소세는 법률에 근거하여 정부가 탄소세를 징수·부과함에 의하여 탄소가격이 책정되며, 법률에 기반하여 정부가 유·무상 배출권을 할당하는 배출권거래제에 의해 형성된 탄소시장도 법적 의무에 기반한 탄소가격제로 분류할 수 있다. 정부 규제에 기반한 탄소가격제와 달리 다양한 경제주체(개인, 기업, 정부, 비영리단체 등)가 법적 감축의무 없이 일정한 합의에 기초하여 감축성과를 거래하는 자발적 탄소시장도 운영되고 있다(하온누리 2022). 또한 자발적으로 내부의사결정과정에서 내부탄소가격(internal carbon pricing)을 설정하여 반영하는 기업이 늘고 있고(최민경 외 2023), 소비자가 자발적으로 시장 가격보다 높은 탄소가격을 선택적으로 지불할 수 있도록 하는 사례도 있다(이오성 2022). 기후변화대응에 있어 정부의 주도적 역할이 중요하지만, 정부에게만 책임을 전가할 수 없으므로(정내권 2022) 다양한 경제주체가 다양한 방법을 통하여 탄소가격을 정상화시키기 위한 노력을 하는 것은 바람직한 일이다. 하지만 지면의 한계상 이 글에서는 법적 의무에 기반한 경제적 유인수단을 활용하는 탄소가격제도인 배출권거래제와 탄소세를 중심으로 살펴보고자 한다.

또한 탄소가격제도는 관할권 내에서 설계·활용되는 탄소가격제와 국제적으로 설계·활용되는 탄소가격제로 나누어 볼 수 있다. 예를 들어 국제항공과 국제 선박의 탄소 배출은 각 국 정부의 관할권으로 규율하기 어려운 측면이 있어, 국제기구를 중심으로 별도로 배출량 관리 및 탄소가격제 활용방안이 논의되고 있다. 국제민간항공기구(International Civil Aviation Organization, ICAO)의 국제항공 탄소상쇄·감축제도(Carbon Offsetting and Reduction Scheme for International Aviation, CORSIA)는 항공사들이 감축량을 달성함에 있어 배출권거래제를 활용할 수 있도록 하고 있으며(구세주 2020), 국제해사기구(International Maritime Organization, IMO)의 해양환경보호위원회(Marine Environment Protection

Committee)는 국제선박의 감축목표를 상향하고 선박의 연료유에 탄소부담금을 부과하되 배출권거래제를 활용하는 방안 등을 논의(해양수산부 2022)하고 있다. 이 밖에도 교토의정서(6조,12조,17조)와 파리협정(6.2조, 6.4조, 6.5조)도 온실가스감축에 있어 시장 기반 접근법을 허용하고 있다. 이 글에서는 관할권 내에서 활용되는 탄소가격제를 중심으로 논의하고자 한다.

탄소가격제의 이론적 특징

2.1. 탄소가격제의 목적

탄소가격제는 자유롭게 형성되는 시장가격에 반영되지 않는 탄소 배출비용을 가격에 반영시킨다(문진영 외 2017). 특히 경제적 유인책에 기반한 탄소가격제는 탄소배출량이나 생산량을 직접적으로 규제하는 방법보다 탄소 배출자가 보다 유연하고 효율적인 방식으로 탄소감축을 할 수 있는 여지를 부여할 수 있다. 예를 들어 정부가 기업의 배출량을 제한하지만, 목표달성을 위해 배출권거래를 허용할 경우, 기업은 스스로 배출량을 줄이는 비용과 외부 배출량을 구입하여 제한된 배출량을 달성할 수 있는 방법을 비교하여 선택할 수 있다(Encyclopædia Britannica 2023). 또한 탄소가격은 생산자 · 소비자 · 투자자 등 경제활동의 주체들에게 합리적인 결정을 내리는 데 필요한 정보를 최소화해주는 역할을 할 수 있다(Nordhaus 2021). 탄소가격이 보편적으로 적용되면 우리가 치르는 가격 중 탄소 때문에 발생하는 비용이 얼마인지 굳이 신경 쓸 필요가 없이 탄소의 사회적 비용을 지불할 수 있기 때문이다(노드하우스 2017). 탄소가격제는 단기적으로는 산업생산비용을 상승시켜 가격경쟁력을 약화시킬 수 있지만, 선도적으로 혁신을 실현하는 경우 장기적으로 탄소 감축의 경제적 부담을 최소화하고 성장을 촉진하는 것도 가능하다(에너지경제연구원 외 2022). 국제통화기금(International Monetary Fund, IMF)은 2025년까지 화석연료가격이 환경 비용을 완전히 반영하여 인상된다면, 지구 온도 상승을 1.5°C 이내로 유지하면서, 전 세계 탄소 배출량을 3분의 1로 감소시키고, 전 세계 GDP도 4%까지 증가할 수 있다고 전망하고 있다(Georgieva 2021).

2.2. 탄소가격제의 종류

탄소가격제는 이산화탄소 1톤 또는 다른 온실가스의 지구온난화 영향이 이산화탄소 1톤에 상당하는 양(1tCO_2eq, 1이산화탄소상당량톤)에 화폐가치를 부여하여 배출행태변화를 유도한다. 그 유도수단이 가격(price)변수인 경우가 탄소세이고, 그 유도 수단이 수량(quanity)변수인 경우가 배출권거래제이다(송홍선 2021). 현실을 단순화한 모형에서 이를 설명해보면 다음 그림과 같다(IPCC 2015). 완전경쟁·완전정보·완전이동성·완전고용·다수의 동일한 소비자를 가정한 시장에서 아무런 제한이 없을 때 오염재의 가격과 양은 사적한계비용(Private Marginal Cost, PMC)과 사적한계편익(Private Marginal Benefits, PMB)이 일치하는 P^0와 Q^0에서 형성된다. 하지만, 사적한계편익(PMB)과 사회적한계편익(Social Marginal Benetifts, SMB)이 같다고 가정하고, 사적한계비용(PMC)와 한계외부비용(Marginal External Cost, MEC)의 합을 사회적한계비용(Social Marginal Cost, SMC)이라고 할 때, 오염으로 인한 외부효과를 고려한 균형은 사회적한계비용(SMC)과 사회적한계편익(SMB)가 만나는 P^g와 Q'가 된다.

그림 2-1

탄소가격제에 의한 새로운 균형

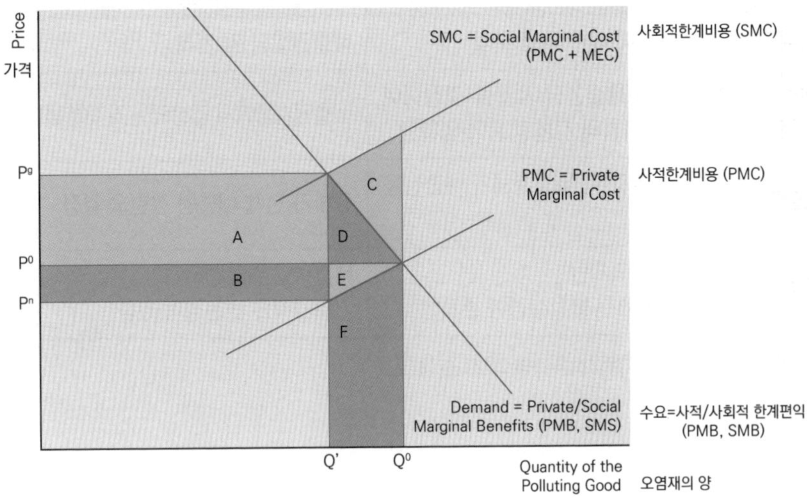

주: 완전 경쟁, 완전 정보, 완전 이동성, 완전고용 및 다수의 동일한 소비자를 가정한 시장 산출물의 비용과 편익에 대한 부분 평형 모델(모든 개인은 생산에서 동등하게 혜택을 받고 공해의 외부 비용을 동등하게 부담)
출처: IPCC 2015. Figure 3.3. p.235.

이 그림에서 탄소가격제는 정부가 시장에 개입하여 탄소세를 P^0에서 P^g까지 부과하거나, 배출량을 Q^0에서 Q'까지로 제한하여 사회적 한계비용을 내재화(internalization of social marginal cost)하도록 유도하는 제도로 설명될 수 있다. 물론 현실에서는 탄소세를 P^g까지 부과한다고 하더라도 배출량이 Q'를 달성한다는 보장이나, 배출량을 Q'으로 제한하고 총량내에서 배출권거래를 허용한다고 하더라도 가격이 P^g를 달성한다는 보장이 있는 것은 아니다. 이하에서는 탄소세와 배출권거래제의 특징을 자세히 살펴보고자 한다.

표 2-1 탄소세 및 배출권거래제 비교 I

	탄소세	배출권거래제
정의	탄소사용량에 따른 세금 부과	배출권할당 및 거래
탄소 가격	정부가 탄소배출톤당 세율을 결정하여 고정시켜, 기업의 지불 비용이 명확함	배출권시장에서 결정되어 가격이 불확실
배출량	세율을 근거로 각 배출주체가 배출량을 결정	정부가 전체 배출량 상한을 결정
특징	가격은 고정되지만 배출감소량에는 불확실성이 존재함	배출총량은 고정되지만 거래가격은 변동성이 있음

출처: 양일우 2022 및 日本貿易振興機構 2021 발췌 인용

2.3. 탄소가격제의 특징

2.3.1. 탄소세의 제도설계

탄소세는 온실가스 배출원에 대해 1tCO_2eq당 일정액을 세금으로 부과하는 제도로(태정림 2022) 석유 · 석탄 등의 화석연료 소비를 억제할 목적으로 도입되고 있다. 탄소세는 제도 설계가 쉽고, 기존 세금관련 행정조직을 활용할 수 있기 때문에 행정비용이 적게 든다. 또한 사실상 탄소를 배출하는 모든 주체와 대상에게 광범위하게 적용할 수 있어 그 효과를 극대화할 수 있으며, 안정성과 예견가능성은 지속적인 기술개발이나 장기적인 투자계획을 가능하게 하여 오염원 감축 노력을 유인할 수 있는 장점을 가지고 있다(김홍균 2014). 탄소세와 같은 피구세(Pigouvian Tax)는 부정적인 외부효과를 시장에 내재화시키기 때문에 다른 조세들에 비해 왜곡이 적고 효율적일 뿐만 아니라(윤여창 2021) 조세수입도 창출할 수 있다. 하지만 탄소세의 경우 배출량이 에너지수요 및 연료가격에 민감하기 때문에 최종배출량에 대한 불확실성이 존재할 수 있고, 조세저항 · 역진적인 소득분배 가능성 등의 단점이 존재할 수 있다(유동헌 외 2013).

그럼에도 불구하고 많은 경제학자들은 탄소세가 비용효율적인 탄소감축 정책이 될 수 있으며, 제도의 설계에 따라 탄소세의 단점들을 충분히 극복할

수 있다고 보고 있다. 2019년 월스트리트 저널에 28명의 노벨경제학상 수상자, 4명의 미국 연방준비제도 이사회 전 의장, 15명의 미국 대통령 경제자문위원회 전 위원장 등이 일간지에 기고한 '탄소배당금(carbon dividends)에 대한 성명서(Economists' Statement on Carbon Dividends)'가 그 예가 될 수 있다. 이들의 주장은 탄소세로 걷어들인 세수를 국민에게 배당금(dividends)의 형태로 환급하면 탄소세를 거두더라도 전체 세금 부담을 늘리지 않도록 하는 이른바 세수중립(revenue-neutral)을 이룰 수 있고, 국경탄소조정이나 탄소배당금 등의 제도설계를 통해 국제 경쟁력을 유지하여, 국내적 이행 가능성을 높일 수 있다는 것이다. 물론 탄소세는 비용 효과적인 탄소감축 유도수단이며, 기술혁신 및 투자 촉진에 기여하는 장점도 가지고 있다.

참고 **저명 경제학자들이 월스트리트 저널에 기고한 '탄소 배당금에 대한 성명서'**

지구의 기후변화는 즉각적인 국가적 행동을 요구하는 심각한 문제입니다. 건전한 경제 원칙에 따라 우리는 다음과 같은 정책 권고안을 제시합니다.

I. 탄소세는 필요한 규모와 속도로 탄소 배출을 줄이는 가장 비용 효율적인 수단을 제공합니다. 잘 알려진 시장 실패를 바로잡음으로써 탄소세는 시장의 보이지 않는 손을 활용하여 저탄소 미래를 향해 경제 행위자를 조정하는 강력한 가격 신호를 보낼 것입니다.

II. 탄소세는 배출량 감소 목표가 달성될 때까지 매년 인상되어야 하며 정부 규모에 대한 논쟁을 피하기 위해 세수 중립적이어야 합니다. 지속적으로 상승하는 탄소 가격은 기술 혁신과 대규모 인프라 개발을 장려할 것입니다. 또한 탄소 효율적인 제품 및 서비스의 확산을 가속화할 것입니다.

III. 충분히 강력하고 점진적으로 증가하는 탄소세는 덜 효율적인 다양한 탄소 규제의 필요성을 대체할 것입니다. 번거로운 규제를 가격 신호로 대체하면 경제 성장을 촉진하고 기업이 청정 에너지 대안에 대한 장기 투자에 필요한 규제 확실성을 제공할 것입니다.

IV. 탄소 유출을 방지하고 미국의 경쟁력을 보호하기 위해 탄소국경제도를 구축해야 합니다. 이 제도는 글로벌 경쟁사보다 에너지 효율이 높은 미국 기업의 경쟁력을 향상시킬 것입니다. 또한 다른 국가들이 유사한 탄소 가격을 채택하도록 인센티브를 제공할 것입니다.

V. 증가하는 탄소세의 공정성과 정치적 실행 가능성을 극대화하기 위해 모든 수익은 균등한 일시불 리베이트(equal lump-sum rebates)를 통해 미국 시민에게 직접 반환되어야 합니다. 가장 취약한 계층을 포함한 대다수의 미국 가정은 에너지 가격 인상으로 지불하는 것보다 "탄소 배당금"을 더 많이 받음으로써 재정적으로 이익을 얻을 것입니다.

출처: "Economists' Statement on Carbon Dividends." 2019. Wall Street Journal, (16 January).

이론상으로 모든 국가가 균일한 탄소세를 채택한 다음, 모두에게 균등하게 탄소세 수익을 돌려준다면 파리협정의 2°C 목표를 달성할 수 있을 뿐만 아니라, 경제적 불평등을 줄이고 빈곤을 완화하는 목적을 동시에 달성하는 것이 가능하다는 주장도 있다(Budolfson et al. 2021). IMF도 탄소가격제 수입을 잘 활용하면 형평성 증진과 빈곤 퇴치를 동시에 이룰 수 있다고 보고 있다(Black et al. 2021).

2.3.2. 배출권거래제의 제도설계

배출권거래제의 설계는 크게 배출권 '할당' 제도의 설계와 배출권 '거래' 제도의 설계로 나누어 볼 수 있다. 먼저 배출권(오탈자) '할당' 제도의 설계에서는 해당 정부(국가연합, 중앙정부, 지방정부 등)는 총배출량(cap)을 설정하고, 총배출량의 범위에서 개별 온실가스 배출업체에 할당되는 온실가스 배출허용량, 즉 배출권(permit)을 개별 배출업체에 무상이나 유상으로 할당(allocation)한다. 총배출량(cap)과 업종 · 부문별 유 · 무상할당량은 환경 및 경제 자료에 기반하여 다양한 이해관계자들의 논의 과정을 거쳐 결정된다.

다음 배출권 '거래'제도의 설계에서는 배출권거래시장을 설계하여 다양한 경제주체들이 배출권을 거래할 수 있도록 한다. 우선 할당업체들은 배출

기간동안 배출량이 할당량을 초과할 경우 배출권거래시장에서 배출권을 구입하여 배출량을 달성할 수 있고, 배출량이 할당량보다 적을 경우에는 초과달성한 배출량을 배출권시장에서 팔 수 있도록 한다. 배출권거래제가 시장기반 메커니즘(market based mechanism)으로 분류되는 이유는 배출권시장에서 수요와 공급의 법칙에 따라 배출권의 시장가격이 형성되고, 시장가격에 기반하여 배출권이 거래되기 때문이다. 시장에서 형성되는 배출권거래의 가격은 사업장이 스스로 배출량을 감축하는 것과 배출권거래시장에서 배출량을 구입하는 것의 비용을 비교하여 효율적인 방식을 선택할 수 있는 가격 신호의 역할을 한다. 정부는 원칙적으로 배출권거래시장의 시장원리를 존중하기는 하지만, 시장이 과열되거나 거래가 저조할 때 직접 개입하기도 하고, 시장조성자를 활용하기도 한다. 또한 배출권거래시장에서 자율적인 투자활동을 할 수 있는 배출권중개업자의 참여를 허용하여 시장의 활성화를 도모하거나, 지나친 투기를 방지하기 위한 장치를 마련해두기도 한다.

그림 2-2

배출권거래제 개념

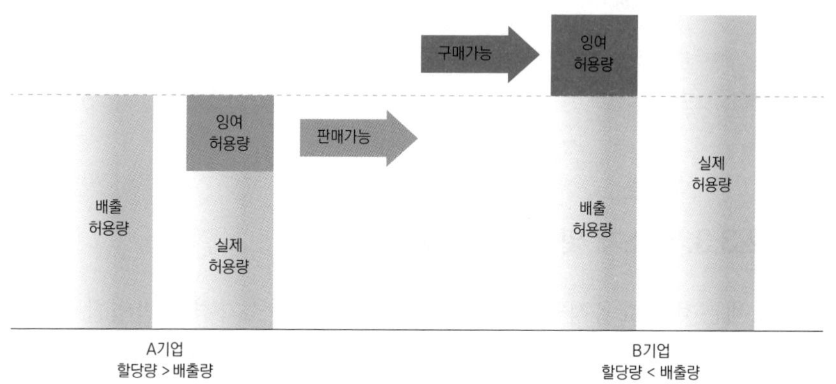

출처: 기후변화홍보포털

또한 사업장 밖의 온실가스 감축 사업을 통한 감축실적이 법령의 조건을 만족하는 경우 사업장 내의 배출량과 상쇄(offset)하는 제도를 마련하여, 사업장이 보다 유연한 방식으로 배출목표를 달성할 수 있도록 하기도 한다. 하지만 상쇄제도를 운영하는 경우에는 외부사업의 타당성평가 절차나 외부사업의 감축량 승인절차 등도 마련되어야 한다. 인위적으로 온실가스를 저감하기 위하여 일반적인 경영여건에서 실시할 수 있는 활동 이상의 추가적인 노력(additionality)이 있는지 여부와 타 사업에서의 중복 승인여부 등을 검증함으로써 배출권거래제의 건전성을 유지하는 것이 중요하기 때문이다.

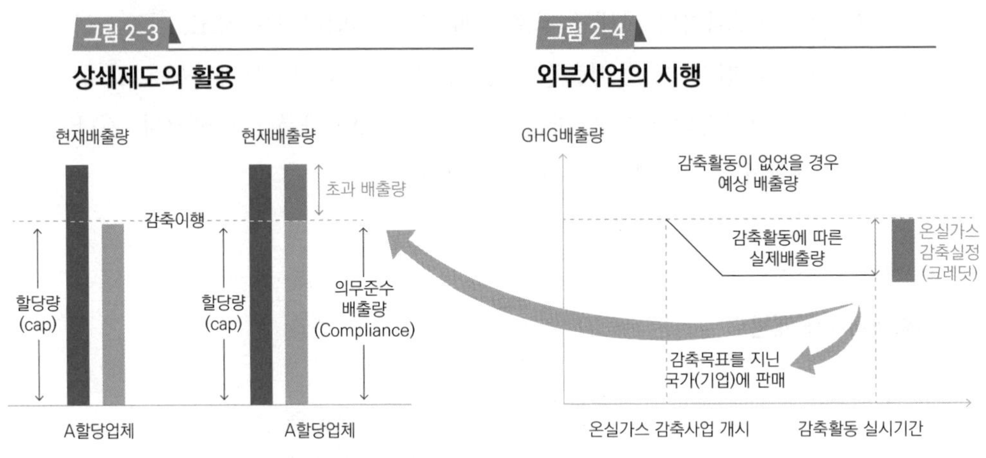

그림 2-3 상쇄제도의 활용

그림 2-4 외부사업의 시행

출처: 기후변화홍보포털

2.3.3. 탄소세 및 배출권거래제의 비교

탄소세는 비용효율적인 방식으로 시장가격에 탄소가격을 반영할 수 있다. 또한 탄소세의 가격확실성은 배출권거래제의 가격변동성에 비하여 보다 확실한 기술개발 유인이 될 수 있고 조세수입의 창출과 활용이 용이하다는 장점이 있다. 또한 탄소세가 화석연료에 포함된 탄소양을 기준으로 부과되기 때문에 화석연료를 사용하는 분야라면 난방·에너지 소비 등 소규모 영역에도 부과가 가능하다는 장점도 있다. 하지만 기업이나 국민의 조세저항이 클 수 있고, 가격 중심의 제도이기 때문에 감축량 관리가 용이하지 않을 수 있다는 단점이 있다.

표 2-2 탄소세 및 배출권거래제 비교 II

	탄소세	배출권거래제
가격 및 배출량 조정	배출목표에 맞추기 위해 주기적으로 평가되고 조정되어야 함	배출량 한도가 감축목표와 일치하는 경우 목표에 따른 가격조정이 자동으로 이루어짐
가격	가격 확실성은 기술개발에 강한 유인을 제공하고 기술개발은 탄소비용 절감을 가져올 수 있음	가격 변동성은 문제가 될 수 있음(가격 하한제 및 한도 조정으로 가격 변동성을 제한할 수는있음)
적용분야	탄소사용량에 따른 세금 부과방식이기 때문에, 화석연료를 사용하는 분야에 적용이 용이 (난방, 에너지 소비 등 소규모 영역도 부과 가능)	다양한 오염물질을 배출하는 부문 · 업종별 적용이 가능하나(소수의 대규모 업체에 적용 용이), 적용이 어려운 부문이 존재함
감축목표 달성	온실가스 감축목표를 설정하기 어려움(탄소세율과가 감축비율의 관계가 일정하지 않아 배출량이 불확실하지만, 세율을 주기적으로 조정할 수는 있음)	배출수준에 대한 확실성이 있으며, 소수의 대규모 사업체, 사업자를 대상으로 하기 때문에 감축 목표량 설정이 쉽고, 목표 달성도 효율적으로 가능하게 함
제도운영 비용	모니터링 및 감시 비용이 적게 듦	감시, 행정 및 거래비용이 많이 들어 공정거래를 위한 제도가 요구됨
관리	기존 조세 운영체계를 활용하면 관리가 용이	관리 역량이 제한되어 있는 나라에서는 실용적이지 않을 수 있음
수익: 효율성	수익은 많은 경우 일반적인 목적(예: 다른 세금 삭감, 일반투자)을 위해 사용됨	무상할당은 수용가능성에 도움이 될 수 있지만 수익을 낮추며, 유상할당의 경매수익은 특정목적에 배정되는 경향이 있음
수익: 분배	수익은 전반적 정책 분배를 중립적이거나 진보적으로 만들기 위해 활용될 수 있음	무상할당이나 특정목적에의 배당은 바람직한 분배의 기회를 제한할 수 있음
정치경제	새로운 세금을 시행하는 것은 정치적으로 어려울 수 있음(기업의 비용부담 및 경쟁력, 고용에의 영향 및 국민 부담 증가 등을 고려해야 함)	기업입장에서 비용효율적인 온실가스 감축방법을 선택할 수 있는 여지를 제공하며, 무상할당 뿐만 아니라 유상할당도 탄소세보다는 상대적으로 정치적 수용성이 높을 수 있음

출처: Parry et al. 2022 및 양일우 2022 발췌 · 편집

반면 배출권거래제는 기업 입장에서 비용효율적인 수단을 선택할 수 있고, 감축성과를 수익으로 연계할 수 있어 제도 수용성이 높을 수 있다. 국가 입장에서도 감축량목표 중심의 탄소중립 계획과의 연계가 쉽고, 배출권을 기반으로 하는 EU의 CBAM에의 대응이 용이하다는 장점이 있다(송홍선 2021). 배출권거래제는 다양한 온실가스를 배출하는 산업 부문 및 업종별 적용이 가능하고, 특히 소수의 대규모 업체를 대상으로 하는 것이 용이하다. 하지만 주택 · 국방과 같이 다소 적용이 어려운 부분도 존재한다. 또한 탄소세가 기존의 조세운영체제를 활용하면 상대적으로 관리가 용이한 것에 비해 배출권거래제는 관리 · 감독 비용이 많이 들 수 있는 단점이 있다. 예를 들어 배출권거래제 운영과정에서 발생할 수 있는 과잉평가(overestimation)나 이중계산(double counting) 등의 논란을 방지 하기 위해서는 배출권 관리역량을 강화하는 것이 필요하기 때문이다.

참고로, 노벨경제학상을 수상한 노드하우스는 교토의정서와 같이 설계가 미흡한 정책은 비효율적일 수 있으므로, 국제적으로 조화된 탄소세를 점진적으로 도입하는 것이 바람직하며, 가격형 접근 방식과 양적 접근방식의 장점을 결합할 수 있는 혼합형 절충방식의 도입이 필요할 것으로 보고 있다(노드하우스 2020).

3 탄소가격제 운영 현황

3.1. 탄소가격제 도입 현황

세계은행의 2023년 통계(World Bank Carbon Pricing Dashboard)에 따르면 전세계에서 73개의 탄소가격제도가 운영되고 있다. 이 중 국가 단위에서 이행되는 탄소가격제는 39개, 지자체 단위에서 이행되는 탄소가격제는 33개이다. 전체 지구온실가스 배출량의 23% 정도가 탄소가격제에 의해 규율되고 있다고 볼 수 있다.

그림 2-5

탄소가격제 (2023년 4월 1일 기준)

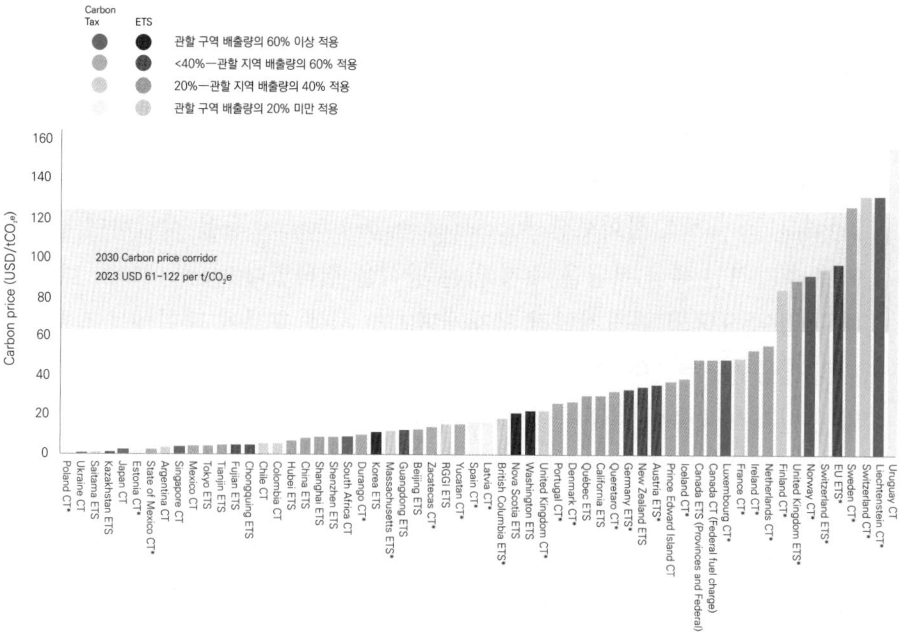

* 회색의 2030년 탄소 가격 범위(USD 61—122 per t/CO_2e)는 '탄소가격에 관한 고위급 위원회(High-Level Commission on Carbon Prices)'의 인플레이션을 반영한 권고사항을 표시함

주: 탄소가격은 기준시점에 따라 달라질 수 있는데, 2023년 4월 1일의 명목 가격을 설명 목적으로 표시함 (적용 부분과 할당 방법 등의 차이로 단순비교에 한계가 있을 수 있음)

출처: World Bank 2023

물론 탄소가격제는 시점에 따라 가격가 규모가 변화될 수 있지만, 2022년 4월 1일 명목가격을 기준으로 한 2023년 세계은행 자료(그림 2-5)에 따르면, 많은 관할권에서 탄소가격이 50US$ 이하로 거래되고 있다. 노벨경제상 수상자인 조셉 스티글리츠와 니콜라스 스턴경 등이 참여한 '탄소가격에 관한 고위급 위원회(High-Level Commission on Carbon Prices)'는 2030년까지 이산화탄소 톤당 50-100US$ 수준에 이르러야 파리협정(Paris Agreement)의 목표를 달성할 수 있다고 분석한 바 있으며(CPLC 2017), 최근 인플레이션을 반영하여 그 수치를 61—122 US$ 수준으로 조정하였다(World Bank 2023). IMF는 2030년 적정탄소가격을 75US$/t$CO_2$eq 수준으로 본 바 있다(IMF 2019).

3.1.1. 탄소세 도입사례

1990년대 스웨덴·덴마크·네덜란드·영국·노르웨이·독일·이탈리아 등에서는 세부담을 늘리지 않는 세수중립(revenue-neutral)원칙 하에서, 환경과 무관한 세제에서 환경관련 세제(탄소세 · 석유제품세 등)로 세부담을 이동시키는 환경친화적 세제개편(environmental tax reform, ETR)을 단행한 바 있다. 예를 들어 네덜란드의 경우 탄소세를 도입하면서, 법인소득세(corporate profits tax), 개인소득세(personal income tax), 사회보장세(social security contributions) 등을 삭감하여 납세자에게 추가적인 세금 부담을 주지 않는 방식을 취하였다(Bosquet 2000). 1990년대 유럽 주요국의 환경친화적 세재개편(ETR) 시행 효과에 대한 EU 집행위원회의 실증연구는 1994년부터 2012년 사이 대상 국가들의 최종 에너지소비와 온실가스 배출이 감소하였고, 나아가 고용 및 경제 지표도 대체로 개선된 것으로 나타났으며, 환경친화적 세재개편(ETR)이 이러한 성과에 긍정적인 영향을 미친 것으로 평가하고 있다(김승래 2007).

일본은 2012년 기존의 석유 · 석탄세에 추가하여 지구온난화대책세를 도입하는 과정에서 산업계의 부담을 경감하기 위해 면세 및 환급조치, 연료의 생산 · 유통비용의 절감 방안, 물류 · 교통에너지절약을 위한 지원책 등을 마련하였고(대한무역투자진흥공사 2011) 단계적으로 세율을 높이는 방식을 취하였다.

그림 2-6

일본 탄소세 구조

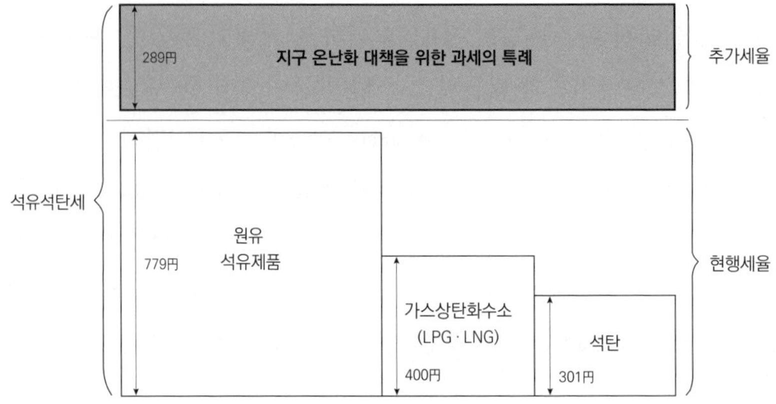

출처: 석선희 2017

표 2-3 일본의 과세대상별 단계적 세율 인상

	원유 · 석유 제품 (1kl당)		가스상탄화수소 (1t당)		석탄 (1t당)	
	세율	인상분	세율	인상분	세율	인상분
현행	2,040円	-	1,080円	-	700円	-
2012년 10월 1일~	2,290円	+250円	1,340円	+260円	920円	+220円
2014년 4월 1일~	2,540円	+250円	1,600円	+260円	1,140円	+220円
2016년 4월1일~	2,800円	+260円	1,860円	+260円	1,370円	+230円

출처: 석선희 2017

2019년 탄소세를 도입한 싱가포르도 일본과 같은 단계적 탄소세율 인상계획을 수립하고 있다. 현재 싱가포르는 온실가스 1톤 당 5싱가포르달러(한화 4,438원)의 탄소세를 대규모 기업들에 부과하고 있는데, 2024년에는 25싱가포르달러(한화 2만 2,191원), 2026년에는 45싱가포르달러(한화 3만 9,945원), 2030년에는 50~80싱가포르달러(한화 4만 4,389원~7만 1,024원)까지 단계적으로 인상할 계획이다(대외경제연구원 2022).

3.1.2. 배출권거래제 도입사례

배출권 거래제의 도입사례는 배출권거래제의 효율적인 설계가 쉽지 않고, 이행 비용이 많이 소요될 수 있음을 보여주고 있다. 특히 얼마만큼의 배출량을 허용할지, 무상으로 배출권을 분배할지(무상할당) 아니면 경매 방식을 통하여 분배할지(유상할당)를 결정하는 것은 관련 당사자간의 이해관계가 첨예하게 대립할 수 있는 민감한 이슈이다. 유상할당이 오염자책임원칙(polluter pays principle)에 보다 부합하는 방식이라고 할 수 있지만, EU · 우리나라 등에서는 100% 무상할당으로 제도를 도입하였다가 차츰 유상할당의 비중을 높여가는 방식으로 배출권에 참여하는 기업들의 부담을 점진적으로 늘리는 방식을 취하고 있다.

표 2-4 우리나라 배출권거래제 유 · 무상할당 비율

제1차 계획기간 (2015~2017년)	제2차 계획기간 (2018년~2020년)	제3차 계획기간 (2021년~2025년)
무상할당 (100%)	무상(97%), 유상(3%)	무상(90%), 유상(10%)

출처: 기획재정부 외 2020 관련 내용 발췌

배출권 무상할당은 기업의 탈탄소 노력을 저해한다는 우려가 있을 뿐만 아니라, 특히 과잉 무상할당이 이루어질 경우, 충분한 온실가스 감축노력없이 배출권을 팔아 상당한 수익을 얻는 이른바 횡재이익(widnfall profits)문제도 유발할 수 있다(신동윤 외 2021). 예를 들어 우리나라에서는 철강 3사의 온실가스 배출량이 274만톤(tCO_2eq) 증가하는 동안 늘어난 배출량보다 두 배 이상의 배출권을 무상으로 할당한 사례가 논란이 된 바 있다(장혜영 2022).

또한 각 국의 특성에 따라 배출권 거래제가 적용되는 분야나 비중이 다르게 나타나고 있다. 실제로 배출권거래제가 많이 적용되는 부분은 발전 · 산업 · 건물 · 수송 부문 등이다.

그림 2-7

주요 배출권거래제 적용 부문 및 비중

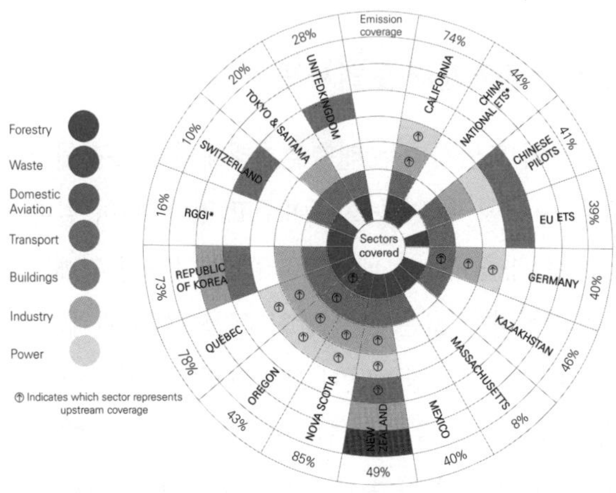

출처: ICAP 2022

또한 배출권거래가격의 변동폭이 클 때 정부가 어느 정도 배출권거래시장에 개입해야 하는지가 논란이 될 수 있다. 이에 각 국 정부는 개별적인 여건에 따라 상·하한 가격이나 물량기반기준에 따른 시장안정화 정책을 마련하여 정부의 시장개입 예측가능성을 높이고 있다.

그림 2-8

주요 배출권가격변동

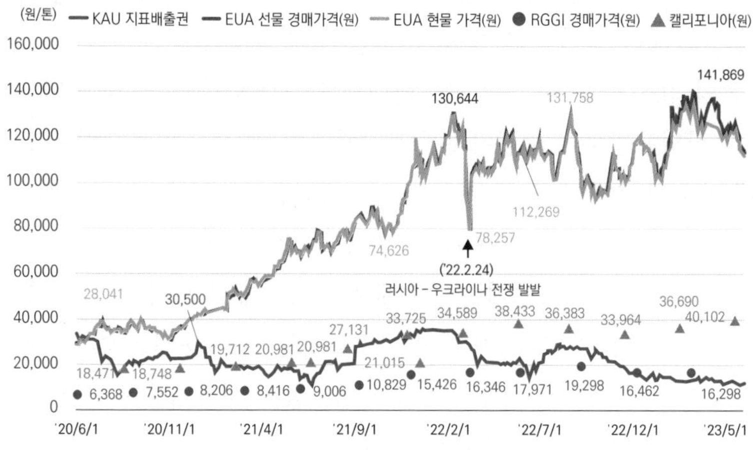

주: KAU(Korea Allowance Unit): 정부가 할당대상업체에 할당한 배출허용량
EUA(EU Allowance): EU-ETS에 참가하는 국가의 개별 참가자간에 거래되는 배출권
RGGI(Regional Greenhouse Gas Initiative): 미국 북동부의 10여개주가 참여하는 배출권거래시장
출처: 한국환경공단 2023

3.1.3. 병행 도입 사례

배출권거래제와 탄소세를 같은 분야에서 동시에 운용하고 있는 사례는 많지 않으며(정재현 2022) 병행하여 실시하는 경우에도 배출권거래제 참여대상 부문은 탄소세를 감면해 주는 방식으로 운영하는 경우가 많다. 또한 적정 가격의 유지를 위한 보조적인 수단으로 탄소세와 배출권거래제를 활용하는 경우도 있다. 예를 들어 영국의 탄소가격하한제도(carbon price floor)는 적정한 탄소가격을 유지하기 위해 배출권거래제와 탄소세를 병행하여 운영하는 사례이다. 즉 온실가스 배출량이 많은 화력발전과 열병합사업자에 대해 적정수준의 배출권 가격과 실제 배출권 가격의 차이만큼 탄소세를 부과하여 적정 탄

소가격을 유지하도록 하고, 나아가 재생에너지 등의 저탄소 발전방식에 투자가 이루어지도록 유도한다(한국조세재정연구원 2022). 또한 네덜란드에서는 산업시설과 폐기물 부문에서 탄소세를 부과하면서 기준 배출량보다 적게 배출한 경우 실적에 따라 면제권을 부여하고, 초과된 배출량에 대해 과세하는 방식(이동규 2020)으로 배출권거래제와 탄소세를 병행하여 운영하고 있다. 한편 싱가포르 환경청(National Environment Agency)은 탄소세를 운영함에 있어서 기업이 고품질 국제 탄소 배출권을 활용하여 2024년부터 과세 대상 배출량의 최대 5%까지 상쇄(offset)할 수 있도록 하고 있는 것이 특징이다.

일본의 경우 2012년 '지구온난화대책세'를 도입하였고, 2010년부터 동경도에서 상업용건물 배출권거래제를 실시하여 왔으나, 탄소중립 목표 달성을 위해 배출권 거래제의 본격 확대 실시방안을 논의하고 있다. 2023년 2월 일본 기시다 후미오 총리가 제시한 탄소중립 실현을 위한 녹색전환(Green Transformation, 일명 GX) 로드맵에는 다량배출 산업계에 대한 배출권거래제 본격 가동(2026년), 화석연료수입자에 대한 탄소부과금 제도 도입(2028년도), 발전 사업자에 대한 유상경매의 단계적 도입(2033년) 등의 성장지향형 카본프라이싱(탄소과금) 방안이 포함되어 있다(구혜경 2023).

참고로, 우리나라는 2015년부터 전국 단위의 배출권거래를 도입하여 실시하고 있으며, 탄소세의 도입을 위한 법률안도 논의하고 있다.

표 2-5 제21대 국회 계류중인 탄소세 관련 주요 발의 현황

[의안번호:2119131] 탄소세 기본법안(기동민 의원 등 15인 발의)	경제와 환경의 조화로운 발전을 위하여 기후위기의 원인인 온실가스 배출을 감축하고 신 · 재생에너지 기술개발과 기후변화 대책 마련 등에 필요한 재원을 확보하기 위하여 탄소세 제도를 신설하고 탄소중립 목표를 달성하고자 하려는 것임
[의안번호:2108733] 탄소세의 배당에 관한 법률안(용혜인의원 등 11인 발의)	탄소세의 수입을 전액 대한민국 국민 · 결혼이민자 · 영주권을 가진 외국인에게 균등하게 배분하는 탄소세배당을 탄소세와 함께 도입하여, 2050년 탄소중립을 달성하고 조세의 공정성을 실현하며 국민복지를 증진하고자 함

[의안번호:2108732] 탄소세법안(용혜인의원 등 13인 발의)	온실가스 배출 감축과 억제의 효과적인 방안인 탄소세를 신설하고, 동시에 저소득층 및 에너지 취약계층의 부담은 최소화함으로써, 국가 온실가스 감축목표에 따라 탄소세 세율을 탄력적으로 높여 2050년 탄소중립을 실현하고 전 지구적 기후위기를 극복하려는 것임

출처: 국회 의안정보시스템

3.2. 탄소가격제의 정치경제적 현실

배출권거래제는 대규모 배출시설을 대상으로 하는 경우가 많아 직접적 이해관계자(high-interest actors)가 시장지배력이 큰 행위자(high-power actors)인 경우가 많다. 그 결과 정부가 규제를 받는 이익집단에 오히려 포획되기 쉽다. 예를 들어 배출권거래제의 도입이 저지되거나, 소비자에게 탄소가격을 전가하기 쉬운 전력이나 산업부문에서 배출권거래제가 우선적으로 도입되는 것도 일종의 규제포획(regulatory capture)의 사례로 볼 수 있다. 대부분의 배출권거래제가 처음부터 유상할당을 전면 실시하지 못하고 있는 배경도 같은 맥락에서 이해해 볼 수 있는 측면이 있다. 또한 EU · 호주 · 뉴질랜드의 배출권거래제 도입 초기에 농업 부문의 의무적 참여가 면제되었던 것은 배출량산정이나 모니터링이 어려운 농업 부문의 특성에 농민단체의 반발이 더하여진 부분이 있었다(김창길 외 2010).

우리나라와 EU 등에서는 배출권거래제 할당량 산정 과정의 적법성 내지 적정성에 대한 법적 분쟁이 소송으로 비화하여 배출권제도의 신속한 이행을 지연시키고, 배출권 시장의 불안정성을 야기하는 사례도 발생하고 있다(최지현 2016). 예를 들어 우리나라의 경우 업계별 총량이 정해져 있고, 정부가 기존 배출량과 할당신청량을 고려해 업체별 할당량을 배정한다. 그런데 시멘트 부문에서 한 시멘트 회사가 부당한 방법으로 더 많은 할당량을 배정받아 다른 시멘트 업체들에 배정돼야 하는 할당량이 부당하게 배정되었다는 주장이 제기된 사례가 있었다. 관련 소송에서는 다른 시멘트 업체들의 주장이 인용되어 환경부가 업체별 할당량을 새로 배정하라는 판결이 내려진 바 있다(김남석 2023).

탄소세의 경우도 산업계의 로비나 국민의 조세저항으로 도입이 저지되거나, 원안보다 낮은 세율로 도입되는 경우가 있다. 예를 들어 미국의 탄소세 도입논의는 석유가스업계 등의 로비로 저지되고 있으며, 호주 정부가 2012년 도입했던 탄소세를 2년만에 폐지하자, 호주의 주요 경제단체들은 탄소세 폐지를 환영한 바 있다(BCA 2014). 우리나라에서도 탄소세가 경제성장 · 일자리 창출에 역효과를 가져올 것을 우려한 산업계의 반대(이윤재 2010) 등으로 도입논의가 지연되고 있다. 프랑스에서는 탄소세 도입 논의과정에서 2010년 위헌결정이 내려지기도 하였으나 2014년 탄소세가 도입되어 2017년 기준으로 이산화탄소 1t당 30.5유로(3만9150원) 상당의 세금이 부과되고 있다. 나아가 프랑스 정부는 2030년까지 탄소세 세율을 계속 올려 이산화탄소 1t당 100유로 수준으로 부과할 계획이었지만, 노란조끼 시위 등으로 인하여 인상이 유예된 바 있다(강찬수 2018). 높은 연료가격이 저소득층에게 더 많은 부담을 줄 수 있어 탄소세 설계시 저소득층 충격 완화 방안은 매우 중요한 과제가 되고 있다(OECD 2023). IMF는 탄소가격제로 인한 수입을 적절히 활용한다면 대부분의 가계에 큰 부담을 주지 않을 수 있으며, 이러한 메시지가 명확히 대중에게 전해져야 반대여론을 극복할 수 있다고 주장하고 있다(Parry 2019).

참고 **프랑스, 탄소세 도입법안 위헌결정(2010년)**

- 헌법위원회는 사회당 의원들의 제소로 시작된 2010년 예산법안에 대한 위헌성 심의 결정에서 많은 과세 예외로 인하여 기후온난화 대응이라는 제도의 도입목적에 부합하지 않고, 과세평등의 원칙을 훼손하고 있다'는 이유를 들어 탄소세 도입 부분에 대하여 무효결정을 내림
- 당초, 주재국 정부는 탄소세의 조속한 도입을 목표로 반대자들을 설득하고 세금 신설에 따른 기업 부담을 완화하기 위해 농림수산업자에 대한 부과 면제, 운송업자에 대한 환급 실시, EU CO_2 배출권 쿼터 적용 산업(제련, 시멘트, 화학 등) 및 전기발전산업에 대한 적용 제외 등 많은 부과 예외 규정을 두었는 바, 헌법위원회는 이로 인해 CO_2 배출산업의 93%가 탄소세 적용 대상에서 빠지게 되었다고 언급함
- 한편, 헌법위원회는 탄소세 도입부분과 함께 제소되었던 기업세(지방영업세) 폐지부분에 대해서는 일부 사항을 제외하고는 합헌결정을 내림

출처: 외교부 2010

3.3. 탄소가격제 도입 효과

탄소가격제가 현실에서 과연 얼마나 탄소감축에 기여하고 있는가에 대해서는 다양한 연구가 진행되고 있다. 하지만 개별 국가별 특수성이나 외부변수 통제의 어려움이 있을 수 있어, 개별 국가나 지역별 연구 결과를 일반화하는데 어려움이 있을 수 있다.

그런 맥락에서 OECD의 유효탄소가격의 탄소감축 연관성에 대한 연구는 다양한 탄소가격제에 대한 전반적 효과를 생각해볼 수 있게 해준다는 점에서 주목할 만하다. OECD의 유효탄소가격(Effective Carbon Rates, ECR)이란 에너지 사용으로부터 발생되는 이산화탄소의 가격으로 배출권 가격, 탄소세, 기타 에너지사용에 부과되는 특별세의 합을 의미한다. 에너지 사용 특별세(소비세)는 석탄 · 천연가스 · 휘발유 · 등유 등 온실가스를 배출하는 화석연료 제품별로 다른 세율을 적용하고, 해당 에너지원의 사용량이 과세표준이 된다. 이 점이 화석연료의 생산과 소비 과정에서 배출되는 탄소배출량에 부과하는 탄소세와는 차이가 있다. 우리나라의 경우 탄소세는 부과하고 있지 않지만, 휘발유와 경유에 대해서는 교통 · 에너지 · 환경세를 부과하고 있으며, 기타 에너지 사용에 대해서는 개별소비세를 부과하고 있다.

OECD는 전세계 에너지 사용량의 80%를 차지하는 42개국의 유효탄소가격과 탄소배출의 연관성을 분석한 결과 장기적으로 1tCO_2eq당 10유로의 탄소가격 상승은 약 3.7%의 온실가스 배출을 감소시킨 다는 결과를 발표한 바 있다(주오이시디대표부 2018). 그러나 유효탄소가격이 높은 국가일수록 탄소집약도가 낮다는 인과관계가 입증된 것은 아니며, 탄소집약도가 높은 국가일수록 지나치게 부담되지 않는 선에서 유효탄소가격을 낮게 정하고 있는 것으로 이해하는 견해도 있다(이동규 2020).

그림 2-9

OECD의 유효탄소가격(Effective Carbon Rates) **개념**

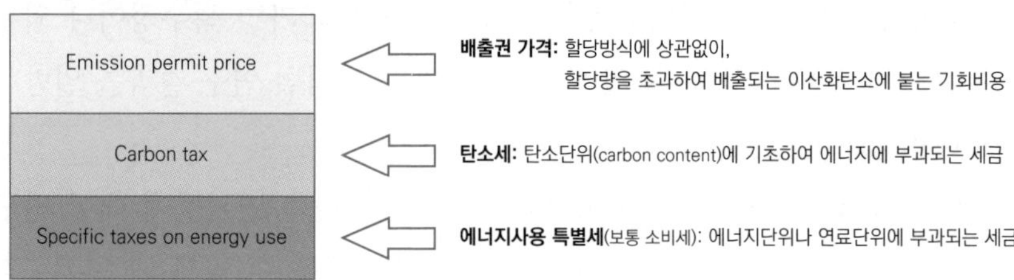

출처: 주오이시디대표부 2018

나아가 유효탄소가격(ECR)에 화석연료보조금까지 고려한 2021년의 순유효탄소가격(Net ECR)을 살펴보면, 약 60%의 온실가스 배출에서 순유효탄소가격이 0이거나 마이너스값을 가지는 수준으로 나타나고 있다. 이는 탄소가격을 현실화하기 위해서는 보조금의 친환경적 개선 또한 절실히 필요한 상황임을 보여준다. 2021년 유엔기후변화당사국총회(COP26)는 비효율적인 화석연료보조금의 단계적 폐지에 합의한 바 있지만, 우크라이나 전쟁 등으로 인한 에너지 위기로 2022년 전세계 화석연료보조금 규모는 오히려 증가하여 1조 달러를 넘어선 것으로 나타나고 있다(IEA 2023). 화석연료보조금을 없애기는커녕 줄이는 것도 기대하기 매우 어려운 상황이다(누리엘 루비니 2023).

그림 2-10

순유효탄소가격(Net ECR)

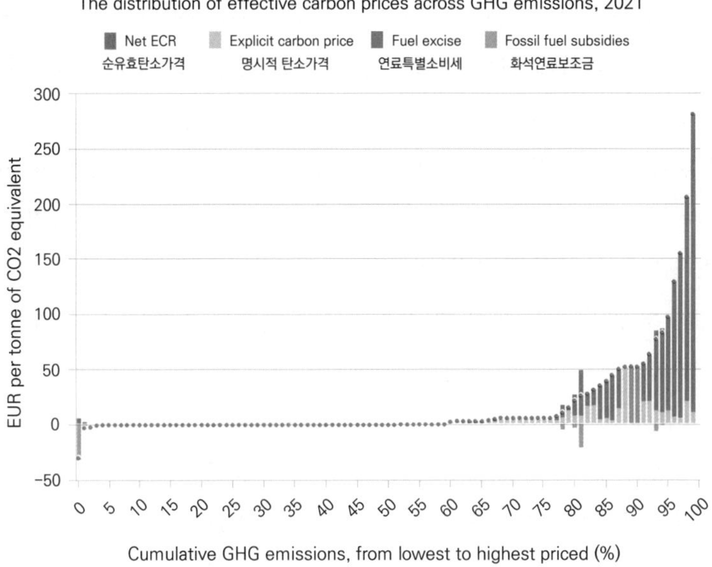

출처: OECD Statistics Blog

4 나가며

탄소가격제는 온실가스 배출을 시장가격에 반영하도록 하여 온실가스 감축을 유도하는 가장 효과적이고 효율적인 방식이다. 이 글에서는 법적 의무에 기반한 경제적 유인책인 배출권거래제와 탄소세를 중심으로 그 이론과 현실을 살펴보았다. 탄소가격제가 이론적으로 많은 장점을 가지고 있음에도 그 도입이 제한적으로 이루어지고 있고, 탄소가격제가 도입된 나라에서도 탄소가격이 적정수준 이하로 형성되고 있는 것이 현실이다. 성장이나 고용과 같은 거시경제적 요소나 경쟁력 악화 등을 이유로 탄소가격제의 도입이 지연되거나, 규제포획이 일어나는 사례도 발생하고 있다.

하지만 '기후변화에 관한 정부 간 협의체(Intergovernmental Panel on Climate Change, IPCC)'의 제6차평가종합보고서(The Sixth Assessment Report, AR6)가 세계가 치명적인 온난화 위기에 처해 있다는 강도 높은 경고를 하고 있는 만큼(IPCC 2023) 파리협정의 감축목표를 효율적으로 감축하기 위해서는 탄소가격제를 활용하여 탄소가격을 적정 수준으로 유지하는 것이 절실히 필요한 상황이다. 물론 탄소가격제가 탄소 감축을 위한 만병통치약이 될 수는 없지만(CPLC 2022) 탄소가격제가 매우 중요한 역할을 할 수 있는 만큼 그동안의 시행착오를 바탕으로 더 많은 나라에서 더 실효적으로 이행될 수 있도록 지혜를 모아가야 할 것이다.

국제사회에서 탄소감축의 책임은 회피하면서 탄소감축의 혜택은 함께 누리려는 무임승차(free riding)현상을 방지하기 위해서는 탄소가격제를 실시하는 나라들에게 특권과 의무를 부여하는 기후클럽(climate club)이 필요하다는 주장이 있다(Nordhaus 2015). 하지만 CBAM과 같은 탄소장벽 논의가 국가간 통상갈등으로 비화하지 않고 기후협력으로 수렴되기 위해서는, 탄소가격제를 채택하고 있지 않는 나라들의 동참을 격려하고, 탄소가격제 이행 역량 강화를 지원하는 국제적 협력을 강화해 나가는 것도 중요한 과제가 될 것으로 보인다(Hufbauer et al. 2022). G7이 2022년 제안한 개방적이고 포용적인 형태의 기후클럽(BMWK 2022)방식이나 유엔기후변화협상 채널 등을 활용(Bergh 2020)하여 탄소가격제 강화를 위한 국제적 공조를 강화해 나가야 할 것이다.

참고문헌

국내 참고문헌

강찬수. 2018. “[강찬수의 에코파일]프랑스 노란조끼 시위 뒤에는 탄소세 있었다.” 『중앙일보』 (12월 19일).

구세주. 2020. “국제항공 온실가스 감축·관리체계 도입을 위한 향후 과제.” 국회입법조사처 『NARS 현안분석』 제156호 (7월 22일).

구혜경. 2023. “일본정부의 녹색전환(Green Transformation)추진현황.” 국회도서관 『현안, 외국에선?』 제2023-6호(통권 제56호).

김남석. 2023. “환경부가 온실가스배출권 잘못 할당 … 소송 모두 이긴 시멘트업계.” 『디지털타임스』(1월 25일).

김승래. 2007. “환경친화적 세제개편의 정책사례와 시사점.” 『재정포럼』(11월).

김창길 · 문동현. 2007. “세계 탄소시장의 개황.” 한국농촌진흥연구원.

김창길 · 김윤형 · 정학균. 2010.” 주요국의 농업분야 탄소배출권 거래제도 운용실태. “한국농촌경제연구원 제66권 (11월 23일).

김홍균. 2014. “기후변화에 대한 대응: 탄소세의 도입과 설계.” 『환경법과 정책』 제12권(2월 28일).

김홍배 · 취준석. 2013. “우리나라 탄소세 도입과 이중배당효과에 관한 연구.” 『국토계획』 제48권 제2호(통권 197호). pp. 21-34.

기획재정부 · 환경부.2019. “제3차 배출권거래제 기본계획.” (12월 30일).

누리엘 루비니. 박슬라 역. 2023. 『초거대위협-앞으로 모든 것을 뒤바꿀 10가지 위기』. 한국경제신문사(한경비피).

대외경제연구원(KIEP). 2022. “싱가포르, 탄소세 인상 포함 세제 개편 착수.” 『이슈트랜드』(3월 11일).

대한무역투자진흥공사(KOTRA). 2011. “일본정부 온난화 대책 일보후퇴-산업계 반발로 추진난항.” 『Green Report』 Vol.11.

태정림. 2022. “탄소가격제도 운영현황 및 시사점- 주요국을 중심으로-.” 국회 예산정책처 『나보포커스』 제43호 (4월 18일).

문진영 · 한민수 · 송지혜 · 김은미. 2017. “온실가스 감축을 위한 국제사회의 탄소가격제 도입과 경제영향 분석.” 『대외경제정책연구원 연구보고서』 제17권 제31호.

박정희. 2022. “탄소가격제(Carbon Pricing) 도입과 주요국의 운영 현황.” 『보험연구원 리포트 글로벌 이슈』 (6월 13일).

비외른 롬보르. 김기응 역 2008. 『쿨잇』. 살림.

석선희. 2017. “[일본 조사원] 일본의 환경세: 지구 온난화 대책을 위한 세금.” 한국환경연구원 국토환경정보센터(5월 11일).

송홍선. 2021. “2050 탄소중립과 배출권거래제의 활성화.” 『자본시장연구원 이슈보고서』 21-23.

신동윤 · 연대혜. 2021.“프로젝트 1.5°C: 고장난 배출권 거래제... 온실가스 내뿜고 돈 번 기업들.” 『뉴스타파』(3월 11일).

심성희. 2018. “배출권거래시장 연계의 최신 논의 동향과 시사점.” 『에너지경제연구원 수시 연구보고서』 18-02.

양일우. 2022. “지불능력과 의지로 평가한 국가별 탄소배출권 가격 비교.” 『삼성증권 Sustain Wise』 (6월 8일).

에너지경제연구원 · 한국환경연구원. 2022. “‘탄소중립 추진 비용의 규모와 해법’에너지경제연구원-한국환경연구원 공동 심포지엄 개최.” 보도자료(2월 25일).

외교부. 2010. “프랑스, 탄소세 도입법안 위헌결정.” 활동현황(1월 4일).

윌리엄 노드하우스. 황성원 역. 2017. 『기후카지노-지구온난화를 어떻게 해결할 겻인가』. 한길사.

한정훈 역. 2020. 『균형의 문제-지구 온난화 정책 비교』. 교유서가.

유동현 · 박아현, 2013. “최근 주요국의 탄소세 관련 현황 및 시사점.” 『세계 에너지시장 인사이트』 제13-44호 (12월 6일).

윤여창. 2021. “탄소세 도입 방안에 대한 연구.” 『KDI 정책연구시리즈』 2021-08.

이동규. 2020. "국제 탄소가격제 동향과 시사점." 『공공정책』 10월.

______. 2022. "탄소중립에 따른 에너지세제 발전 방향 연구." 국회예산정책처 2021년 연구용역보고서.

이오성. 2022. "최초의 기후위기 외교관 최후의 대안을 내놓다." 『시사인』 (8월 18일).

이윤재. 2010. "탄소세 도입, 경제성장 · 일자리 창출에 역효과 - 대한상의." 『아시아경제』 (4월 21일).

장혜영. 2022. "철강3사 온실가스 배출 274만 톤↑, 무상 배출권은 540만 톤↑." 의원실 『보도자료』(10월 4일).

정내권. 2022. 『기후변화대사 정내권의 대한민국 탈탄소 미래전략-기후담판』. 메디치.

정재현. 2022. "저탄소 사회로의 전환을 위한 조세정책의 역할." 한국조세재정연구원 『연구보고서』 21-08.

주오이시디대표부. 2018. "OECD, 42개 주요국의 유효탄소가격(ECR) 연구."

______. 2023. "온실가스 배출에 대한 가격설정."

최민경 · 김훈남. 2023. "위기가 아닌데? 탄소 배출 역발상으로 돈 벌 기회 잡는다." 『머니투데이』(2월 5일).

최지현. 2016. "기후 변화 관련 해외 소송 사례 및 시사점 - 배출권 거래제를 중심으로-." 『환경법연구』 Vol.38 No.1. pp.115-158.

하온누리. 2022. "자발적 탄소시장(VCM)의 동향과 시사점." 자본시장연구원 『자본시장포커스』 2022-24호.

한국조세재정연구원. 2022. "탄소가격 부과체계 개편방안 연구." 기획재정부·환경부·산업통상자원부·국토교통부 연구용역.

한국환경공단. 2023. 『ETS Insight』 Vol.59(6월).

해양수산부. 2022. "국제해사기구 2050 국제해운 탄소중립 가속화." 보도자료 (12월 26일).

해외 참고문헌

日本貿易振興機構. 2021.“世界で導入が進むカーボンプライシング (前編) 炭素税、排出量取引制度の現状.”『特集：グリーン成長を巡る世界のビジネス動向』(9月10日).

https://www.jetro.go.jp/biz/areareports/special/2021/0401/946f-663521dac9af.html

BCA(Business Council of Australia). 2014. “Business Groups Welcome Carbon Tax Repeal.” Media Releases (17 July).

Bergh. Jeroen C. J. M. van den et al., “A dual-track transition to global carbon pricing.” Climate Policy Vol. 20 Iss. 9, pp.1057-1069. https://doi.org/10.1080/14693062.2020.1797618

Black, Simon; Parry, Ian; Roaf, James; and Zhunussova, Karlygash. 2021. “Not Yet on Track to Net Zero: The Urgent Need for Greater Ambition and Policy Action to Achieve Paris Temperature Goals.” IMF Staff Climate Note No. 2021/005 (October).

BMWK(German Federal Ministry for Economic Affaris and Climate Action). 2022. “G7 establishes Climate Club.” Joint Press Release(12 December). https://www.bmwk.de/Redaktion/EN/Pressemitteilungen/2022/12/20221212-g7-establishes-climate-club.html

Bosquet, Benoit. 2000. “Enviornmental tax reform: does it work? A survey of the empirical evidence.” Ecological Economics Vol.34 No.1 (1 July).

Budolfson, Mark et al. 2021. “Protecting the poor with a carbon tax and equal per capita dividend.” Nature Climate Change 11 (29 November). pp. 1025-2016.

Dolphin, Geoffroy,Pollitt, Michael G. and Newberry, David M. 2020. “The political economy of carbon pricing: a panel analysis.” Oxford Economic Papers 72(2).pp. 472-500.

CPLC(Carbon Pricing Leadership Coalition). 2017. “Report of the High-Level Commission on Carbon Prices”. https://www.carbonpricingleadership.org/report-of-the-highlevel-commission-on-carbon-prices

____. 2022. "Carbon Pricing Leadership Report 2021/22."

Farber. Daniel A.& Carlarne, Cinnamon P. 2023. "Climate Change Law (second edition)." Foundation Press.

Georgieva, Kristalina. 2021. "Remarks of the Managing Director at the High-Level Dialogue on Energy-Under the auspices of the United Nations General Assembly." (24 September).https://www.imf.org/en/News/Articles/2021/09/24/unga-high-level-dialogue-on-energy

Hufbauer, Gary Clyde; Schott, Jeffrey J.; Hogan, Megan & Kim, Jisun. 2022."EU carbon border adjustment mechanism faces many challenges." PIIE(Peterson Institute for International Ecnomics) Policy Breifs 22-14 (October). https://www.piie.com/publications/policy-briefs/eu-carbon-border-adjustment-mechanism-faces-many-challenges

ICAP(International Carbon Action Partnership). 2022."Emissions Trading Worldwide: Status Report." ICAP Status Report(March).

IEA(International Energy Agency). 2023. Fossil Fuels Consumption Subsidies 2022. Policy Report.

IMF. 2019. Fiscal Report: How to Mitigate Climate Change.

IPCC(Intergovernmental Panel on Climate Change). 2015. "Climate Change 2014: Mitigation of Climate Change." Cambridge Univesrsity Press.

____. 2018. "Special Report: Global Warming of 1.5℃."

____. 2023. "AR6 Synthesis Report: Climate Change 2023"(March). https://www.ipcc.ch/report/sixth-assessment-report-cycle/

Nordhaus, William. 2015. "Climate clubs: Overcoming free-riding in international climate policy." American Economic Review Vol.105 Iss.4. pp.1339-1370. https://doi.org/10.1257/aer.15000001

____. 2021. "The Spirit of Green." Princeton University Press.

OECD. 2018. " Effective Carbon Rates: Pricing CO2 Through Taxes and Emissions Trading System."

_____. 2019. "Taxing Energy Use 2019."

_____. 2021. "Taxing Energy Use for Sustainable Development: Opportunities for energy tax and subsidy reform in selected developing and emerging economies."

_____. 2022. "Pricing Greenhouse Gas Emissions: Turning Climate Targets into Climate Action."

_____. 2023. "Who pays for higher carbon prices? Ilustration for Luthuania and a reserch agenda." OECD Social, Employment and Mitigation Working Papers No.283.

Parry, Ian. 2019. "Putting a Price on Pollution." IMF Finance & Development 56-4 (December).

Parry, Ian; Black, Simon & Zhununssova, Karlygash. 2022. "Carbon Taxes or Emission Trading Systems? Instrument Choice and Design.", IMF Staff Climate Notes Note 2022/006.

Stevens, Daniela. 2021. "The Political Economy of Regulation: An Analysis of the Mexican Emission Trading System." Springer.

World Bank. 2021. "State and Trends of Carbon Pricing."

_____. 2021. "State and Trends of Carbon Pricing-Executive Summary."

_____. 2022. "State and Trends of Carbon Pricing 2022."

_____. 2023. "State and Trends of Carbon Pricing 2022."

주요 웹페이지

국회의안정보시스템

◇ https://likms.assembly.go.kr/bill/main.do

싱가포르 환경청 탄소세

◇ https://www.nea.gov.sg/our-services/climate-change-energy-efficiency/climate-change/carbon-tax

기후변화홍보포털

◇ https://www.gihoo.or.kr/portal/kr/biz/kyoto.do

Encyclopædia Britannica. 2023. Emission Trading in Principle.

◇ https://www.britannica.com/technology/emissions-trading#/media/1/1107486/167322

Economists' statement of carbon dividends organized by the climate leadership council.

◇ https://www.econstatement.org/

ICAP(International Carbon Action Partnership)

◇ https://icapcarbonaction.com/en

IMF(International Monetary Fund) Climate Change Indicators Dashboard

◇ https://climatedata.imf.org/

OECD Statistics Blog

◇ https://oecdstatistics.blog/2023/03/02/tracking-carbon-prices/

UNFCCC(United Nations Framework Convention on Climate Change). "Mechanisms under the Kyoto Protocol."

◇ https://unfccc.int/process/the-kyoto-protocol/mechanisms

_____. "What does the Paris Agreement say on carbon pricing?."

◇ https://unfccc.int/about-us/regional-collaboration-centres/the-ciaca/about-carbon-pricing#What-does-the-Paris-Agreement-say-on-carbon-pricin

World Bank Carbon Pricing Dashboard

◇ https://carbonpricingdashboard.worldbank.org

Chapter

미중 기후변화 경쟁과 협력: 기후변화 국제협상과 탄소 중립 정책의 정치경제

이재영

1 들어가며

제27차 유엔 기후변화협약 당사국총회(COP27, 2022.11.6.-20.)가 이집트 샤름 엘 셰이크에서 개최되었다. 이번 총회에서 처음으로 '손실과 피해' 보상을 위한 기금 조성에 합의했지만, 어떤 종류의 피해를 보상에 포함할지, 언제부터 발생한 피해를 보상 대상으로 결정할지, 재원 부담 방안 등 구체적 논의는 진행되지 못했다.

한편 총회에서 유럽연합은 세계 온실가스 배출량 1위 중국도 기금을 내야 한다고 압박했지만, 중국은 남남협력과 친환경 일대일로 등을 통해 개도국의 기후변화 대응능력 향상을 도울 것이라고 반박했다.

또한 중국은 지난 2022년 12월에 개최된 15차 생물다양성 협약 당사국총회에서 2030년까지 전 세계 육지와 해안, 해양의 30%를 보호구역으로 정해 관리하는 목표 달성을 위해 선진국들이 2025년까지 매년 최소 2백억 달러, 2030년까지 3백억 달러, 연 2천억 달러의 공공 · 민간 재원을 조달하는 계획을 통과시켰다. 이는 의장국인 중국이 선진국들의 너무 작은 재정 기여에 대한 콩고와 카메룬 등 개도국들의 반발에도 불구하고 협상을 타결한 것으로 이례적인 사례로 평가된다.

하지만 중국은 끝내 이산화탄소보다 온난화 효과가 최대 80배 높은 메탄가스 배출량을 2030년까지 30% 줄이겠다는 약속인 국제메탄 서약에는 동참하지 않았다. 국제메탄 서약은 미국과 EU가 2021년 제26차 당사국총회(COP26)에서 발족하여 한국을 비롯한 100여 개국이 서명했지만, 중국과 인도 등은 끝내 서약에 동참하지 않았다. 이처럼 중국은 기후변화 협상 중 국제사회에서 중국의 책무를 강조하면서도 메탄가스 감축과 같은 자국 경제에 타격을 주는 의무에 대해서는 회피하면서 생물다양성 협력, 남남협력과 친환경 일대일로 등 자국 주도의 대응에 더 큰 노력을 쏟고 있다.

미국 역시 27차 유엔 기후변화협약 당사국총회, 15차 생물다양성 협약 당사국총회, 국제메탄 서약 등 국제사회에서 선진국의 책무뿐만 아니라 전 세계 최대 온실가스 배출국인 중국에 대한 배출량 감축 압박을 강화하고 있다.

특히 미국은 바이든 정부 들어 유럽 및 민주주의 동맹과 파트너 국가를 중심으로 기후 외교를 대중국 압박 수단의 하나로 활용하기 시작했다. 그뿐만 아니라 미국의 「인플레이션감축법(IRA)」 제정으로 청정에너지, 특히 전기차 배터리 분야 공급망에서 중국을 배제함으로써 미중 공급망 경쟁이 친환경, 즉 탄소중립 산업 정책으로까지 확대되었다. 미국의 이러한 조치는 IPEF와 칩4 등과 함께 미중 공급망과 전략 기술 경쟁의 가속화를 초래했다.

결국 미중은 국제사회에서 기후협상을 통한 협력과는 별도로, 중국은 남남협력과 친환경 일대일로를 중심으로, 미국은 탄소중립 관련 공급망 강화를 중심으로 서로 경쟁하게 되었다. 특히 미국과 중국은 개도국들에 청정에너지 설비나 기술을 지원하는 과정에서 자국의 기술과 표준이 확대되는 데 총력을 기울이고 있다. 이러한 미중 간 경쟁이 쉽게 격화될 수밖에 없는 이유는 미중 간 체제 경쟁이 이러한 공급망과 기술 경쟁과 연관되어 있기 때문이다.

하지만 이러한 경쟁이 기후변화에 대응하고 지구를 기후 위기에서 구하는 데 반드시 해가 되지는 않는다. 즉 본 장에서는 미중 간 경쟁이 오히려 기후변화 문제 해결에 도움이 될 수도 있다는 사실을 다양한 사례를 통해 증명할 것이다. 그리고 어떤 조건에서 경쟁이 기후 문제 해결에 도움이 되는지, 또 어떤 요인이 이러한 문제를 오히려 악화시키는지 사례 분석을 통해 살펴볼 것이다.

기후변화의 지정학적 부작용은 세 가지 서로 다른 각도에서 살펴볼 수 있다. 첫째, 식량과 자원 안보 이슈와 이러한 이슈를 세력 경쟁 도구로 전환하는 것이다. 둘째, 기후변화를 위협 증폭 요인으로 간주하는 것으로 기후변화가 더 큰 사회정치적 긴장을 불러오는 것이다. 셋째, 기후변화의 효과에 대한 충돌하는 관점으로 국가 간 혹은 국가 내부에서 승자와 패자가 갈리는 것이다 (Nima Khorrami 2022).

미중 기후변화 경쟁과 갈등과 관련해서 이러한 지정학적 부작용이 나타나고 있는데, 특히 그린에너지 공급망 재편에 있어 세력 경쟁이 펼쳐지고 있고, 기후변화에 대응하는 과정에서 개도국을 대표하는 중국과 선진국을 대표하는 미국 사이에 서로 다른 관점이 충돌한다는 것이다.

표 3-1 미국과 중국의 환경 성과 지수 비교

(2022 데이터 총 180개국 중 순위, 중국/미국)

	전 세계 순위	환경 성과 지표 점수	10년 점수 변화	지역* 순위	지역 중간 점수
환경 성과 지표	160/43	28.4/51.1	11.4/3.3	21/20	35.1/62.5
기후변화 완화	128/101	30.4/37.2	21.9/4	16/21	36/48.9
메탄 배출량 증가율**	86/50	43/53.3	27.2/-9.6	-	-
대기질	157/16	20.6/77	6.6/9.1	23/15	31.7/80.8
생물다양성	174/80	9.4/60.6	-1.4/1.1	22/20	51.2/76.6

* 지역: 미국은 Global West(총 22개국), 중국은 아시아 태평양(총 25개국) 소속

** 메탄 배출량 증가율의 지역 순위와 지역 중간점수는 따로 집계되지 않고 기후변화 완화의 상위카테고리에 포함

출처: Yale Center for Environmental Law and Policy 2022, https://epi.yale.edu/downloads/epi2022report06062022.pdf(검색일: 2023.3.29.)

위의 표는 미국과 중국의 환경 정책 성과를 비교한 것이다. 우선 전체 환경 정책 성과 측면에서 보면 2022년 미국이 180개국 중 43위(평가점수 51.1), 중국이 160위(평가점수 28.5)로 미국이 단연 앞서간다고 평가할 수 있다. 하지만 지역 차원에서 보면 글로벌 서방 22개국 중 미국은 20위, 아시아 태평양 25개국 중 중국은 21위를 차지했고, 10년간 점수 변화로 보면 중국은 11.4점 상승으로 미국의 3.3점 상승보다 더 큰 발전이 있었다. 영역별로 기후변화 완화는 순위와 점수가 비슷했고, 중국은 21.9점이나 상승해 큰 노력을 기울였음을 알 수 있다. 반면 메탄 배출량, 대기질, 생물다양성 측면에서 보면 중국은 아직 개선 여지가 크다는 사실을 알 수 있다.

따라서 미중 관계는 기후변화 측면에서 보면 완화 영역에서 경쟁을 통해 전 세계 기후 문제 해소에 기여할 수 있고, 메탄 배출, 대기질, 생물다양성 측면에서도 중국의 더 큰 노력과 개선을 위해 미중이 경쟁과 협력을 병행할 필요가 있다.

그림 3-1

미국과 중국 이산화탄소 배출량 변화(2000년-2021년)

(단위: 기가 톤, Gt)

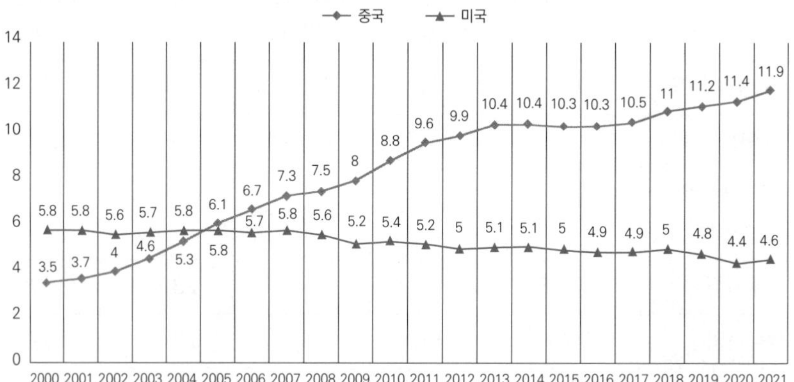

출처: IEA, CO2 emissions in selected advanced economies, 2000-2021, IEA, Paris https://www.iea.org/data-and-statistics/charts/co2-emissions-in-selected-advanced-economies-2000-2021, IEA. Licence: CC BY 4.0; IEA, CO2 emissions in selected emerging economies, 2000-2021, IEA, Paris https://www.iea.org/data-and-statistics/charts/co2-emissions-in-selected-emerging-economies-2000-2021-2, IEA. Licence: CC BY 4.0

특히 기후변화 완화를 이산화탄소 배출량 변화 차원에서 보면 위의 그림에서 중국은 2000년 3.5기가톤에서 2021년 11.9기가톤으로 약 3배 정도 증가했고, 미국은 2000년 5.8기가톤에서 2021년 4.6기가톤으로 감소했다. 중국의 배출량 증가 속도는 비록 감소하고 있지만, 꾸준히 증가하고 있다는 점에서 앞으로 완화 차원의 더 큰 노력이 필요하다. 이를 위해 미국이 중국을 국제기후협상 무대나 다른 다자 관계 혹은 양자 관계 속에서 압박을 가하고, 특히 지구온난화에 큰 영향을 미치는 메탄가스 배출이나 대기질 문제, 생물다양성 차원에서 경쟁과 협력을 통해 전 세계 기후 문제 해결에 기여할 필요가 있다.

마지막으로 본 장은 미중 기후변화의 정치경제를 다루면서 탄소중립 정책과 국제사회에서의 기후변화 협상에서 미중 간 경쟁과 협력이 어떤 양상으로 벌어지는지, 그리고 그러한 경쟁과 협력이 일어나는 주요 요인이 무엇인지를 전 세계 온실가스와 이산화탄소 최대 배출국인 중국 관련 요인 측면에서 주로 분석할 것이다.

미중 기후변화 경쟁과 협력 사례 분석

2.1 미중 기후변화 경쟁과 갈등: 감축 · 손실과 피해, 국제메탄 서약, 태양광 분쟁

2009년 코펜하겐 기후변화 회의에서 감축과 관련된 협상 타결이 성공적이지 못했던 이유는 온실가스 감축에 대한 외부의 모니터링과 검증에 대한 미국의 요구를 중국이 굴욕적인 것으로 받아들였기 때문이다. 그뿐 아니라 중국은 선진국들이 자신들의 기후 공헌을 발표하는 것도 찬성하지 않았다. 코펜하겐 회의를 통해 얻은 교훈은 중국 없이 글로벌 공공재 협의는 타결되기 어렵다는 것이고, 중국이 세계의 환경 거부권 행사국이 될 수 있다는 사실이다(Moore 2022, 70-71).

코펜하겐 이후 중국 지도자들은 기후변화에 대한 태도를 바꾸고 기후협상을 공개적으로 지지하면서 미국과 같은 주요 온실가스 배출국과의 협상 논의를 확대했다. 2010년대 남중국해와 사이버 절취 등 이슈로 미중 관계가 좋지 않은 상황에서도 양국은 기후변화에 대한 외교적이고 기술적인 협력은 확대했다. 2014년 시진핑 주석이 미국을 방문했을 때 2030년 이전 탄소 배출량 증가를 멈추겠다고 약속했고, 이에 대한 화답으로 오바마 대통령은 몇 년 안에 미국의 배출량을 거의 1/5 수준으로 줄이겠다고 선언했다. 이 선언이 있기 전 중국은 선진국이 대부분의 부담을 지지 않으면 감축 의무를 이행하지 않겠다는 것에 확고했다. 사실 미중이 다른 영역에서 지정학적 경쟁이 벌어지고 있는데도 기후변화 협력만 지속될 수 있었던 이유는 미중 모두 기후변화 의제에 의존하여 미중이 최소한 하나의 주요 이슈에서 협력할 수 있다는 사실을 국민에게 보여주면서 기후 위기에 대한 세계의 반응을 주도하는 이미지를 구축하기를 원했기 때문이다(Moore 2022, 75-76).

2015년 시진핑 주석은 31억 달러 재원을 조성하여 개도국들의 기후변화 완화를 돕겠다고 발표했고, 2022년 바이든 대통령도 27차 당사국총회를 앞

두고 개도국들의 완화와 적응을 위해 매년 110억 달러의 자금을 제공하겠다고 밝혔다(Phelim Kine 2022). 미중 양국은 개도국의 완화와 감축 노력에 대한 지원 경쟁을 통해 글로벌 기후변화 해결 노력에 기여하고 있다.

하지만 미국은 S.1201호 입법을 통해 공개적으로 중국의 기후변화 노력에 대해 비판하면서 중국이 장기적인 약속 선언을 수정해야 하고 구체적으로 탄소 정점을 최대한 빨리 달성하며, 대폭으로 온실가스 배출을 감축하여 2050년 탄소중립 목표로 국가 자주 공헌을 갱신해야한다고 압박했다(向月皎, 张宇宁, 王克 2022, 17).

미중 양국은 2022년 8월 낸시 펠로시의 대만 방문 이후 중단된 대화를 재개하는 과정에서 G20 발리 회의 미중 정상회담에 이어 가장 먼저 시작한 회담 이슈가 바로 기후변화였다. 중국의 셰전화 기후변화특사에 의하면 미중 사이에 기후변화 회담은 매우 솔직하고 우호적이었으며, 적극적이고 긍정적이었다고 평가했다(South Morning Post 2022/11/20).

하지만 미국은 중국도 27차 당사국총회에서 합의된 손실과 피해 기금을 내야 한다는 입장이고, 중국이 탄소와 다른 온실가스 배출량을 감축하는 데 충분히 노력하지 않고 있다고 비판했다(Argus Media 2022/11/18).

제27차 유엔 기후변화협약 당사국총회에서 미국과 유럽 선진국들의 손실과 피해 기금을 중국도 내야 한다는 압박에 대응해 중국의 셰전화 기후변화특사는 중국이 남남협력과 친환경 일대일로 등을 통해 개도국의 기후변화 대응능력 향상을 도울 것이라면서 신재생에너지 개발 지원, 저탄소 전환 시범지역 건설, 관련 전문가 양성 등을 지원할 것이라고 밝혔다.

한편 2021년 26차 당사국총회에서 합의된 '석탄발전 단계적 감축, 화석연료 보조금 단계적 퇴출'보다 진전된 방안이 27차 당사국총회 합의문에 담기지 못했고, 석탄과 석유, 천연가스 사용 감축 제안에 관한 합의 도출도 실패했다. 선진국 및 군소도서국 협상그룹(AOSIS) 등이 2025년 이전까지 전 세계 배출량 정점 달성을 촉구하고, 글래스고 기후 합의보다 진전된 감축 노력을 요구했으나 합의에 실패한 것이다. 그리고 2021년 26차 당사국총회 '글래스고 기후조약' 채택 과정에서도 인도와 중국은 화석 연료 감축 문구 완화 의

견을 강하게 개진하여, 최종안에 이를 반영시켰다.[1] 기후변화 정부 간 협의체(IPCC) 제6차 평가보고서 제3 실무보고서 채택 과정에서도 인도와 사우디 등 신흥경제국이 '발전할 권리'를 제기하면서, 현재 대기 중 온실가스 책임은 선진국이 개도국보다 훨씬 크다고 주장했다.

2021년 미중 간 채택한 2020년대 기후 대응 강화에 관한 미 · 중 공동 글래스고 선언에서 미국은 2035년까지 100% 탄소 오염 없는 전기 도달의 야심찬 목표를 설정한 반면, 중국은 15차 5개년 계획 기간 탄소 소비의 단계적 축소(phase down)라는 완화된 목표에 합의했다(U.S. Department of State 2021/11/10).

이처럼 중국과 인도, 사우디는 선진국의 더 많은 감축 요구에 대해 이를 반박하는 측면에서 협력을 강화하고 있다. 감축 분야에서 미국 및 서방 선진국과 중국과 인도, 사우디 등 개도국의 대립 구도가 더욱 고착화되었다. 즉 선진국은 온실가스를 많이 배출하는 개도국들의 더 많은 감축 요구를 제기하고, 개도국들은 이를 완화하려고 시도하면서 국제기후협상 중 경쟁과 갈등을 통한 타협이 도출되고 있다.

미국과 한편에서 중국을 압박하고 있는 유럽연합은 27차 당사국총회에서 세계 온실가스 배출량 1위 중국도 손실과 피해 기금을 내야 한다고 압박했지만, 중국의 셰전화 기후변화특사는 "파리협약에는 기후기금이든 손실기금이든 선진국은 출자의 책임과 의무가 있고 개도국은 자발적으로 출자한다는 명확한 규정이 있다"고 언급하면서 오히려 선진국의 출자 의무를 강조했다. 미국은 총회에서 중국을 개도국이 아닌 선진국으로 분류하여 유엔 기후 보상 기금을 낼 자격을 갖도록 만들어야 한다고 압박했다(South Morning Post 2022/11/20).

하지만 중국은 손실과 피해 기금 대신 남남협력을 강조하고 있다. 2015년 21차 당사국총회 직전 중국은 2백억 위안(약 31억 달러) 규모의 중국 남남 기후협력 기금 설립을 통해 다른 개도국들이 기후변화를 극복하도록 도울 것이라고 발표했다. 그러고 나서 2022년 27차 당사국총회까지 중국은 약속

1 선진국들은 오염을 유발하는 화석 연료 사용의 단계적 퇴출(phase out)을 원했지만, 중국과 인도를 포함한 개도국들은 단계적 축소(phase down)에서 타협을 이뤘고, 이러한 개도국들은 단계적 축소 문구를 원유와 가스에도 적용하기를 원했다(Matt McGrath 2022/11/20).

된 중국 남남 기후협력기금의 10%인 20억 위안을 이미 지급했다고 밝혔다(You Xiaoying 2022/12/20). 2016년부터 중국은 개도국에서 10개의 저탄소 시범구, 1백 개의 기후변화 감축 및 적응 프로젝트, 1천 개의 기후변화 대응 훈련 인원 협력 프로젝트를 가동했고, 2백여 개의 기후변화 대응 대외 원조 프로젝트를 실시했다(新华网 2023/3/22).

한편 미국은 중국의 증가하는 대외 영향력에 대항하기 위한 수단으로 중국의 환경 문제, 특히 일대일로와 관련된 환경 이슈를 문제 삼기 시작했다. 전 세계적인 영향력을 확대하려는 중국의 의도에 맞서기 위해 미국이 주도하는 서방 세력은 기후변화 협력보다 경쟁에 더 의존하려고 했다(Moore 2022, 79).

중국은 그동안 일대일로 프로젝트를 통해 해외 석탄발전소 건설을 추진했지만 2021년 9월 21일 유엔총회 화상 회의 연설에서 시진핑 주석이 해외 신규 석탄발전소 건설 중단을 선언했고, 2021년 10월 중국 은행 당국은 해외 신규 석탄발전에 대한 새로운 자금 공급 중단을 선언했다.

최근 들어 중국은 일대일로 녹색 발전 협력 기제를 통해 31개 국가와 일대일로 녹색 발전 파트너 관계 이니셔티브를 설립하고, 녹색 실크로드 대사 계획을 시행했으며, 120여 개 일대일로 국가와 3천 회 녹색 발전 인재육성을 위해 교류했다(新华网 2023/3/22).

하지만 중국의 일대일로와 남남협력에 대한 이러한 노력은 최근 코로나 팬데믹, 우크라이나 전쟁 등 지정학적 요인으로 에너지 가격이 상승하고, 에너지 수급에 문제가 생기자 에너지 안보를 중시하면서 점점 타협을 시도하고 있다. 예를 들어 아래 그림에서 시진핑 주석이 2021년 해외 석탄발전소 건설 중단을 선언했을 때 중국 일대일로 석탄 에너지 프로젝트는 하나도 없었지만, 2022년 인도네시아와 2023년 파키스탄에 석탄 프로젝트를 건설했다. 특히 중국은 2023년 1월 파키스탄에 300MW의 석탄발전소 건설을 승인하면서 외교적이고 재정적인 지원을 제공했다.

그림 3-2

중국 일대일로 에너지 프로젝트(2013년-2022년),

(단위: 위 백만 달러/아래 %)

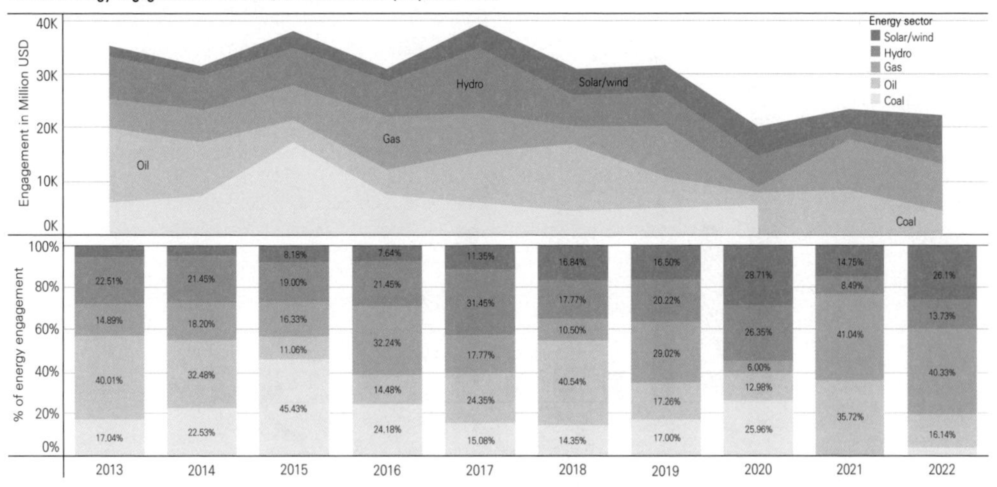

출처: Christoph Nedopil, January 2023, "China Belt and Road Initiative(BRI) Investment Report 2022", Green Finance & Development Center, Fanhai Inernational School of Finance(FISF), Fudan University, p.15.

다른 한편 이산화탄소보다 온난화 효과가 최대 80배 높은 메탄가스 배출량을 2030년까지 30% 줄이겠다는 약속인 국제메탄 서약은 미국과 EU가 2021년 26차 당사국총회에서 발족하여 한국을 비롯한 150개국이 서명했지만, 중국과 인도 등은 끝내 서약에 동참하지 않았다. 메탄가스 배출량 1위, 2위인 중국과 인도는 2021년 각각 약 5,840만 톤, 3,180만 톤을 배출했고, 3위 미국 3,150만 톤, 4위 러시아 2,460만 톤이었다. 중국의 배출량은 미국과 러시아가 배출한 양을 더한 것보다 더 많았다. 이 중에서 1위 중국, 2위 인도, 4위 러시아는 국제메탄 서약에 가입하지 않았고, 3위인 미국만 서약에 동참했다.

그림 3-3

2021년 섹터별 메탄가스 최대 배출 12개국

(단위: 백만 톤)

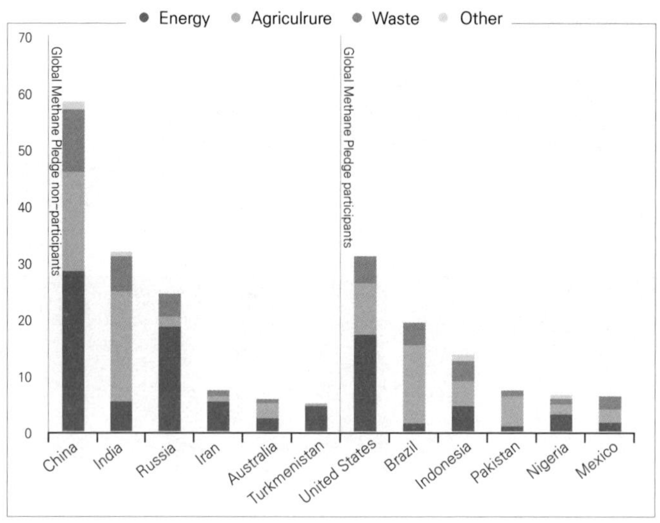

주: 왼쪽은 국제메탄서약 비동참국, 오른쪽은 서약 동참국

출처: IEA, Top twelve emitters of methane with breakdown by sector, 2021, IEA, Paris https://www.iea.org/data-and-statistics/charts/top-twelve-emitters-of-methane-with-breakdown-by-sector-2021, IEA. Licence: CC BY 4.0

미국과 중국은 2020년대 기후 대응 강화에 관한 미 · 중 공동 글래스고 선언에서 탄소 배출량 감축과는 별도로 메탄가스 배출 감축 통제 협력을 명시했다. 이를 위해 각국 정부의 정책에 관한 정보 교류와 공동 연구를 추진하고, 2022년 상반기 표준 제정과 인센티브 구축을 포함한 메탄가스 감축 조치 강화 내용에 초점을 맞춘 회의를 개최하기로 했다(U.S. Department of State 2021/11/10). 하지만 예정된 회의는 2022년 8월 미국의 낸시 펠로시 당시 미국 하원 의장의 대만 방문으로 중국이 미국과의 기후 대화를 중단하자 취소되었다.

27차 당사국총회에서 메탄가스 배출에 대한 미국과 서방의 압박에 대해 중국은 원유, 가스, 농업, 폐기물에서 배출되는 메탄가스 문제를 해결하기 위한 새로운 계획을 발표했지만, 전 세계적으로 가장 많은 화석 연료 메탄가스 배출원으로 연간 2천 4백만 톤을 배출하는 석탄 섹터를 포함하지 않아 분명한 한계가 있었다(Argus Media 2022/11/18).

그리고 농업에서 배출되는 메탄가스를 완전히 제거하는 구체적인 방식이 아직은 없었고, 전체 배출량을 줄이려는 노력에도 불구하고 아직 전 세계적인 메탄가스 배출량 증가 속도를 늦추는데 어려움을 겪고 있다. 하지만 메탄가스 배출을 최대한 줄인다면 탄소 포집과 저장 기술을 이용하여 대기 중 이산화탄소를 없애 메탄가스 배출을 상쇄할 수 있다(Yale Center for Environmental Law and Policy 2022, 55).

한편 기후변화의 효과를 다루고 이를 완화하는데 핵심적인 전략 기술은 두 가지 범주로 나눈다. 우선 에너지의 청정 자원을 활용할 수 있는 기술로 지열이나 태양광 같은 종류이다. 다른 범주는 전통적인 형태의 에너지를 더 깨끗하게 만들 뿐만 아니라 더 효율적으로 만드는 것으로 석탄 가스화, 탄소 포집과 저장, 석탄 가스화 복합화력 발전과 같은 에너지 산업 핵심 기술이다(Nima Khorrami 2022).

2015년 중국이 기후변화 해결을 위해 탄소 배출량 증가 속도를 낮추겠다는 약속과 함께 증가하는 에너지 수요를 만족시키기 위해 원자력, 수력, 풍력, 태양력 발전을 늘렸고, 이러한 투자 결과 2016년 석탄발전에서 청정에너지 발전으로 전환한 결과 약 탄소 1백 50만 톤 추가 배출을 피할 수 있었다. 하지만 중국의 신재생에너지로의 이러한 전환에는 문제점도 있었다. 즉 중국이 주로 건설했던 수력발전은 생태 파괴적인 특성이 있었고, 풍력과 태양력 발전소는 에너지 그리드와 완전히 연결되지 않았거나 저장 용량이 부족하여 기저 부하 발전으로 화석 연료를 대체하기 역부족이었다. 그뿐만 아니라 2020년 코로나 팬데믹으로 중국은 에너지 효율 목표 3% 달성에 실패했고, 기후 목표 대신 일자리 창출에 우선순위를 두면서 2014년 이후 처음으로 에너지 효율성 개선 특정 목표를 설정하지 않았다(Moore 2022, 76-77).

하지만 2022년 중국은 125GW의 태양광(87GW)과 풍력(38GW) 에너지를 추가하여 2020년 최고 기록을 경신했고, 추가된 신재생에너지 용량은 중국 전기 수요의 2%에 해당하고, 전기 수요 증가율 3.6%의 절반을 만족시키는 것이었다. 2023년 중국 정부는 165GW의 신규 풍력과 태양광 발전 용량 추가를 목표로 삼았다(CREA, 글로벌에너지모니터 보고서, 2023).

미국은 27차 당사국총회에서 자발적인 탄소 거래 시장을 제안했고 이를 통해 개도국에 청정에너지 프로젝트 민간 투자를 촉진하겠다고 밝혔다. 구체적으로 록펠러 재단(Rockefeller Foundation) 및 베조스 어스 펀드(Bezos Earth Fund)와의 파트너십을 통해 수조 달러의 투자금 마련을 도울 것이라고 밝혔다(Harvey 2022/11/9).

신재생에너지 분야에서 미중 기후변화 경쟁과 갈등의 대표적인 사례는 중국산 태양광 패널에 대한 미국의 세이프가드 조치를 두고 중국이 WTO에 제소한 사건이다. 2018년 미국은 중국의 결정 실리콘 태양광 셀 수입으로 자국 산업에 중대한 손해를 끼치는 점을 들어 이 제품에 대해 관세와 수입 쿼터제를 도입했다. 중국은 동 조치의 부당함을 항변하면서 그 해 바로 WTO에 제소했고, 2021년 WTO 분쟁패널의 판결 결과 미국의 조치가 부당하지 않다면서 WTO는 미국의 손을 들어줬다.

이 분쟁의 핵심 쟁점은 우선 중국 태양광 산업의 발전을 뒷받침했던 산업정책, 5개년 계획, 보조금과 같은 다른 지원 프로그램의 효과로 발생한 중국 내부 수요를 초과하는 과잉생산이 미국의 중국산 태양광 수입 증가와 연결되는지, 그리고 미국 측에서 그러한 상황을 예상할 수 없었는지(unforeseen)의 문제이다. 결국 미국은 중국의 산업 정책과 보조금 프로그램 등이 예견치 못했던 과잉생산을 초래한 것이 문제라고 주장했고, WTO는 이러한 미국의 주장을 인정한 것이다. 미국의 중국산 태양광 부품 수입 증가와 미국 산업에 끼친 해로운 영향 사이의 인과 고리에 대해, 미국 국제무역위원회(ITC)의 판단에 따르면 상당한 국내 생산 시설의 가동 중단, 상당한 실업과 불완전 고용의 발생, 수많은 기업이 합리적인 이윤 수준에서 가동하고, 공장과 장비 현대화를 위한 적절한 자본을 공급하며, 현 R&D 지출을 유지할 수 없는 상태로 전락했고, 매출, 시장 점유율과 같은 운영 지표의 하락, 적대적인 가격 조건 등의 해로운 영향을 주장했는데, WTO는 이를 인정한 것이다.[2]

중국은 WTO의 이러한 판결에 대해 부당함을 주장하면서 곧바로 상소기구에 항소했다. 중국은 분쟁해결기구에 제소된 세이프가드 조치가 WTO 규

2 "UNITED STATES – SAFEGUARD MEASURE ON IMPORTS OF CRYSTALLINE SILICON PHOTOVOLTAIC PRODUCTS REPORT OF THE PANEL," WT/DS562/R, 2 September 2021, https://www.wto.org/english/tratop_e/dispu_e/562r_e.pdf

범 합치 판결이 내려진 것은 이번이 처음이라고 지적하면서, 동 판결은 그간의 모든 관련 법리 해석을 무시하고 세이프가드 발동 기준을 엄격하게 적용하지 못하는 오류를 범했다고 비판했다. 중국은 이러한 판결이 WTO 회원국 간 세이프가드 조치 남용을 조장하여 규칙에 기반을 둔 다자 무역 체제에 심각한 타격을 입혔다고 주장했다.[3]

태양광 패널 분쟁 사건에서 미국의 중국산 태양광 패널 수입이 1/3로 줄어들고 수만 명의 미국 일자리를 희생함으로써 얻은 청정 기술 경쟁에 대한 중요한 교훈은 경쟁이 협력보다 더 큰 비용을 수반하지만, 기후 목표를 달성하는데 여전히 효과적이라는 사실이다. 관세 비용 증가에도 불구하고 태양광 패널의 비용이 급격하게 하락하여 이러한 비용 증가는 미국의 태양광 산업 성장에 거의 타격을 입히지 못했다(Moore 2022, 93-94).

2.2. 미중 기후변화 협력: 2020년대 기후 대응 강화에 관한 미 · 중 공동 글래스고 선언과 생물다양성

미중 협력이 국제기후협상에 영향을 미친 대표적인 사례는 2015년 미중 기후 공동선언 내용 중 석탄발전소에 대한 자금 지원 제한이 포함된 것이 일본과 미국 사이 타협에 영향을 미쳐 비효율적인 석탄발전에 대한 수출 차관을 제한하는 OECD 협약(Arrangement)이 타결되는 데 중요한 역할을 한 것이다(Giridharan Ramasubramanian 2021/12/17).

미국과 중국은 2021년 11월 제26차 당사국총회에서 '2020년대 기후 대응 강화에 관한 미 · 중 공동 글래스고 선언(U.S.- China Joint Glasgow Declaration on Enhancing Climate Action in the 2020s)'을 발표했다. 이 선언에서 미중의 협력 분야로 2020년대 온실가스 배출 감축과 관련된 규제 틀과 환경 표준 마련, 청정에너지 전환의 사회적 혜택 최대화, 탈탄소와 최종 사용 섹터의 전기화 권장 정책, 그린 설계와 신재생 자원 활용과 같은 순환 경제와 관련된 핵심 영역, 이산화탄소 포집 · 저장 · 활용(CCUS)과 탄소직접공기포집(Direct Air Capture, DAC) 기술의 배치와

3 "미중, WTO 태양광 세이프가드 조치 판정 두고 공방," 한국무역협회 통상뉴스. 2021-09-28, https://www.kita.net/cmmrcInfo/cmmrcNews/cmercNews/cmercNewsDetail, pageIndex=1&nIndex=1815062

적용의 다섯 가지를 포함했다. 미중 간 이러한 기후협력을 위해 2020년대 기후 행동 강화 작업반을 설치하고 이를 통해 기후 위기에 대응하며, 다자 절차를 증진하고 정책과 기술 교류, 상호 이익이 되는 프로젝트를 발굴하고, 정부와 비정부 행위자의 참여를 촉진하기로 약속했다(U.S. Department of State 2021/11/10).

특히 기후 행동 강화 작업반의 설치는 미중 양국 기후 특사 간 임시적 성격의 대화를 공식화하여 기후협력을 촉진할 것이다. 이러한 작업반을 통해 단기의 실질적 협력 결과뿐만 아니라 장기적 심층 협력에 요구되는 신뢰 구축이 이뤄질 수 있다. 과거 2014년과 2015년 미중 기후협력 성과는 미중 기후변화 작업반이 기존 관료 구조에 깊숙이 들어가 있어 섹터별 협력, 국내 대화, 정책 대화의 구조로 미중 양국이 신뢰를 구축하는 데 중요한 역할을 했다(Giridharan Ramasubramanian 2021/12/17).

미중 기업 간 에너지 협력도 지속되고 있다. 2009년 9월 24개 미국 기업이 미중 정부가 공동 설립한 '미중 에너지 협력 프로젝트(US-China Energy Cooperation Program, ECP)'를 통해 정부와 기업을 연결하는 교량 역할로써 미중 양국의 에너지와 환경 영역 양자 협력과 지속 가능한 발전에 있어 중요한 작용을 했다. 2021년 7월 ECP는 코노코 필립스(ConocoPhillips), 베이커 휴즈(Baker Hughes), 허니웰 인터내셔널(Honeywell International) 등 미국 기업과 함께 장쑤성을 방문하여 에너지 녹색 저탄소 전환 현지 조사 활동을 했고, 기후변화, 청정에너지 전환, 양국 무역 심화 등 영역의 협력 기회에 대해 논의했다(向月皎, 张宇宁, 王克 2022, 15).

2022년 8월 미국의 낸시 펠로시 당시 미국 하원 의장이 대만을 방문했을 때와 비교하면 2023년 4월 차이잉원 대만 총통의 미국 방문과 케빈 매카시 미국 하원 의장과의 회동에 대해 중국의 반응은 다소 절제된 것으로 평가된다. 예를 들어 군사적 대응 강도의 차이 외에도 작년에는 펠로시의 대만 방문 이후 미국과의 기후변화 협상을 중단한다고 밝혔지만, 이번에는 중국이 그러한 강경한 태도를 보이지 않았다. 이는 중국이 정찰 풍선 사건 이후 경색된 미중 관계를 완화하고 미국과의 관계 개선을 통해 중국 경제의 위기 상황을 타개하려는 의도로 해석된다. 특히 기후변화 이슈는 미중 간 가장 중요한 협력 의제로 기후변화 협력을 통해 경제를 비롯한 다른 영역에서의 협력까지 확대할 수 있다는 장점이 있었다.

하지만 미국과 중국의 기후협력 영역의 우선순위가 서로 달랐다. 우선 중국은 저탄소 기술을 더욱 중시했고, 그다음으로 신에너지 장비와 메탄 감축이었던 반면, 미국은 메탄 감축을 더욱 중시하고, 저탄소 기술은 협력 범위 내에서 상대적으로 덜 고려되었다(向月皎, 张宇宁, 王克 2022, 18). 앞으로 미국과 중국은 탄소 포집, 활용, 저장 기술 등 방면에 교류를 강화하고, 중국이 메탄가스 검사와 감축 등 기술 방면에 미국과 아주 큰 격차가 존재하기 때문에 메탄가스 검사 기술 측면 학술 교류와 화석 에너지 및 폐기물 업종의 메탄 배출을 감축하는 협력을 확대할 필요가 있고, 이에 대한 인센티브 기제를 마련하여 농업 메탄가스 배출량을 줄이는 교류를 강화해야 한다(向月皎, 张宇宁, 王克 2022, 21).

한편 미중 간 다른 협력 가능 분야는 생물다양성이다. 특히 중국의 거대한 축산물 · 해산물 시장과 천연자원은 중국의 소비자 선호가 전 세계의 생물다양성 운명에 결정적인 영향을 미칠 수 있다는 것을 의미했다(Moore 2022, 69). 하지만 중국이 추진하는 거대 인프라 프로젝트 중 고속도로, 수력 댐과 같은 시설은 생물다양성에 해롭다. 2020년 조사에 따르면 일대일로 프로젝트는 37만 제곱킬로미터의 보존서식지에 악영향을 미친다. 특히 중국 소비자들의 축산물 선호는 전통 중국 의학에 기원을 두고 있어 산업 규모가 6백만 달러에 달했다(Moore 2022, 74).

2022년 5월에 발표한 〈중국 생물 종 명부〉에서 중국은 300여 종의 멸종위기 야생 동식물종의 회복성이 성장했고, 판다와 티베트 영양 야생종이 뚜렷하게 증가하여 멸종 위기에서 취약으로 위협 등급을 낮췄으며, 야생에서 소실되었던 사불상의 총개체수도 8천 마리를 돌파했다(中新网 2023/3/21).

중국이 생물다양성 분야를 중시한다는 것을 보여주는 대표적인 사례는 2022년 채택된 '쿤밍-몬트리올 글로벌 생물다양성 프레임워크'이다. 이 프레임워크는 2030년까지 전 세계 바다와 육지 30%를 보호하고, 이미 황폐화한 땅과 바다의 30%를 2030년까지 복원하는 목표를 제시했다. 구체적으로 민관이 연 2천억 달러의 기금을 조성하기로 했고. 선진국들은 2025년까지 매년 최소 2백억 달러, 2030년까지 매년 최소 3백억 달러 조성 의무가 부가되었다. 중국은 생물다양성 분야에서 감축 분야와는 다르게 선진국과 개도국의 대립 구도를 주도하지 않았는데, 즉 선진국의 재정 기여가 충분치 않다는 아프리카 국가들의 불만에도 불구하고 프레임워크 채택을 강행했다. 이는 중국이 그만큼 생물다양성 문제를 우선순위로 두고 미국을 비롯한 선진국과도 적극적으로 협력하겠다는 의지를 보여준 것이다.

프레임워크는 4년간의 힘든 협상과 열흘 동안의 회의 토론을 거쳐 190여 개국이 마침내 합의를 이루었고, 중요성 측면에서 프레임워크는 파리기후협약에 버금가는 것으로 평가되었다. 현재까지 토지와 수역 보호 면적이 각각 17%와 18%인 것을 감안할 때 30%는 야심 찬 목표였다. 이 협상에서도 개도국과 선진국의 갈등 요소가 있었는데, 개도국은 선진국이 너무 높은 목표를 설정했음에도 불구하고 충분한 자금 제공을 통해 이러한 목표 실현을 돕지 않는다고 비판했다. 협상의 난항은 60여 개 개도국 대표가 회의 도중 한꺼번에 자리를 뜬 사건에서도 잘 드러났다. 의장국으로써 중국은 협상에서 합의 달성을 위해 국가주석 시진핑이 두 차례의 중요한 연설을 통해 "지구 생명 공동체"를 강조했고, 의장국 중국의 역할은 자금 방면에 개도국 입장을 고려했을 뿐만 아니라, 생물다양성 보호 수준 방면에 선진국 입장도 존중했다는 평가를 받기도 했다. 중국의 역할을 적극적으로 지지했던 캐나다 역시 중국과의 지정학적 갈등 상황을 뛰어넘어 합의 달성에 큰 공헌을 했고, 미국 역시 중국과 캐나다의 외교적 노력을 인정했다(环球时报 2022/12/21).

하지만 이 프레임워크는 보호지역에서 특정한 파괴 행위를 금지하거나 대멸종을 막는 데 필요한 야심있는 계획, 도구 혹은 재정을 내놓지 못했다는 데 있어 한계가 있었다. 그리고 프레임워크에 들어가 있는 생물다양성 상쇄(biodiversity offsetting) 촉진 개념도 환경 · 사회적인 문제를 일으킬 수도 있다. 마지막으로 30%의 바다와 육지가 아닌 50%가 충분하다는 주장도 제기되었다(Fermín Koop, Regina Lam, Xia Zhijian 2022/12/21).

중국 당국은 코로나가 처음 발생한 것으로 알려진 중국 우한시의 야생동물 시장의 대부분 야생동물에 대한 판매와 소비를 법으로 금지한 기념비적인 조치를 통해 멸종 위기에 빠진 종을 보호함으로써 생물다양성 보호에 기여할 것으로 보인다. 그리고 2020년 중국은 원양 어업에 대한 새로운 규제를 발표하여 중국 어선의 지속 가능하지 않은 어업 활동, 특히 불법적이고, 보고가 안 된, 규제되지 않은 어업 활동을 수행하기 어렵게 만들었다. 새로운 규제는 중국

항구로 들어오는 모든 어류의 기원과 수량을 기록하고 어업 활동하는 지역 위치를 수시로 알리며, 어선이 추적가능하도록 요구하고 있다(Moore 2022, 96-97).

미중 기후변화 경쟁과 협력 요인

3.1. 이념 · 체제와 이익: 중국의 사회주의 · 민족주의와 탄소중립 달성 비용

중국의 전 세계 공공재와 신흥 기술에 대한 접근은 주로 세 가지 근본적으로 비자유주의적인 영향에 의해 형성된다. 이는 권위주의, 보호주의, 공격적인 형태의 민족주의이다. 중국의 경제적이고 지정학적 영향력이 커지면서 이러한 비자유주의적 영향력이 세계의 기후변화 대응을 왜곡시키고, 미국과 다른 자유주의 국가들이 생태적 도전에 대한 공유된 반응을 주도하지 못한다면 중국의 비자유주의적인 대안이 자유주의 가치와의 경쟁에서 승리하게 되는 대가를 치러야 할 수도 있다는 우려가 제기되기도 한다(Moore 2022, 7).

중국이 WTO에 가입한 이후 미국은 중국과 함께 기후변화와 같은 글로벌 도전을 해결하는데 공동의 이익을 추구하는 협력을 기대했다. 그 와중에 중국은 국제 규범과 제도의 현행 시스템에 대한 적극적인 지지자로서의 새로운 역할을 맡았다. 미국이 중국에 무역과 투자를 확대하는 것이 미중 모두에 이득이었고, 중국을 완전한 개방 시장 경제로 변모하도록 촉진했다. 그리고 중국과 민주주의 세계 사이 사회적 관여의 심화가 중국의 민주화와 자유화를 도울 것으로 기대했다. 하지만 미국의 이러한 초창기 관여 정책은 중국을 부유하고 강하게 만들었을 뿐 최소한 미국과 민주 국가 동맹의 안보, 번영, 가치에 위협적이지 않도록 하는데만 그쳤다(Friedberg 2022, 46-47).

결국 미국의 대중 관여 정책은 중국의 국내 시스템 개혁과 현상 변경 야망의 포기까지는 유도하지 못했고, 중국이 민주주의 국가들을 내부로부터 약화시키고 전 지구적 자유주의 시스템의 제도적이고 규범적인 근간을 훼손하는 자리에 서도록 만들었다(Friedberg 2022, 195-196). 즉 미국의 이러한 대중 관여 정책의 한계는 미중 기후변화 협력에 주요한 저해 요인으로 작용했고, 미중 기후 갈등과 경쟁의 도화선이 되기도 했다.

한편 미중이 기후 문제 해결을 위해 중요한 청정에너지 공급망 경쟁에서 앞서나가기 위해서는 산업 발전을 추동하는 국가혁신시스템이 중요하다. 하지만 중국의 비자유주의적인 속성과 권위주의는 중국의 국가혁신시스템에 영향을 미친다. 미국의 국가혁신시스템은 강한 규제 레짐, 고도로 경쟁적인 기업, 효율적인 자본 시장과 노동 시장을 특징으로 급격한 혁신을 유지하지만, 중국의 경우 국가가 시장을 대체하고 새로운 혁신 기술보다 기존 기술의 배치에 적합한 시스템이다. 중국의 과학기술 혁신을 저해하는 비공식적인 제약은 바로 정보와 표현의 통제로서, 연구 데이터의 공유를 막는 비밀 유지와 검열이 위험을 감수하는 기업가 정신을 훼손하고, 위험 감수 권한을 독립적인 개인에게 이양하기보다 정부가 이러한 권한을 독점했다. 하지만 이러한 중국의 국가혁신시스템 역시 미국과 서방의 자유주의 국가들과 기업과의 경쟁에서 위협으로 작용하기도 한다(Moore 2022, 150-153).

그리고 중국의 수많은 민족주의자는 배출량 통제에 대한 국제적인 압박을 중국의 부상을 봉쇄하는 서방의 또 다른 계략일 뿐이라고 혹평하고 있다. 중국의 유명한 SNS 블로거인 조우샤오핑은 서방 국가들이 미세먼지와 같은 환경 문제를 부각시켜 중국 정부가 기후변화 협약에 서명하도록 여론을 조성해 압력을 행사한다고 비난한다. 이러한 환경 민족주의는 서방에서 보편 가치로 주장하는 민주주의와 자유에 대한 중국의 적대감과 연결되어 있다. 중국 지도자들은 중국의 대외정책이 점차 이러한 비이성적이고 공격적인 환경 민족주의의 제약을 받을지도 모른다고 판단했다(Huang 2020, 81-82).

중국의 경제 성장, 중진국 함정, 발전 딜레마와 같은 문제에 대한 중국의 대응은 권위주의와 민족주의의 결합이다. 중국과 미국의 경제 관계는 중국이 글로벌 가치사슬에서 지위가 상승하면서 미중 간 파트너에서 경쟁자로 변했고, 미중 경쟁에서 지정학과 이념적인 측면까지 부각된 것이다. 미중 사이에 이러한 문제가 점차 확대되어 중국과의 무역과 경제적인 상호의존의 전반적인 측면까지 문제시되기 시작했다(Moore 2022, 14-41).

중국은 대외적으로 기후변화와 환경 문제를 문명, 발전, 안보와 연계시킨 담론을 통해 샤프파워를 강화하고 있다. 예를 들어 시진핑 주석이 최근 추진하는 글로벌 발전이니셔티브, 글로벌 안보이니셔티브, 글로벌 문명 이니셔티브(국제협의체)를 통해 중국의 생태 문명 친화적인 발전모델(중국식 현대화)을 개도국을 중심으로 전파하기를 원한다.

특히 글로벌 발전이니셔티브를 통해 전 세계 청정에너지 협력 파트너 관계 설립을 추진하고, G20, BRICS, SCO, APEC 등 다자 협력 틀 속에서 에너지 전환, 에너지 효율 향상 방면에 협력을 추진하고 있다(新华网 2023/3/22).

이처럼 중국이 기후변화 정책을 지정학적 영향력을 행사하는 도구로 사용하는 것에 대해 미국과 서방 국가들은 우려하고 있다. 하지만 중요한 것은 미중 간 경제적, 지정학적, 이념적 경쟁이 오히려 협력보다 기후 위기에 더 잘 대응할 기회를 제공할지도 모른다는 점이다(Moore 2022, 89).

다른 한편 이익 측면에서 미중 기후변화 경쟁과 협력을 살펴보면, 중국의 탄소중립 비용을 고려해야만 한다. 2022년 10월 세계은행 보고서에 의하면 2060년 탄소중립 실현을 위해 중국은 전력과 운송 섹터에서만 그린 인프라와 기술에 14~17조 달러 규모의 추가적인 투자가 필요하고, 다음 10년간 국가결정기여(NDC) 목표를 달성하기 위해 2조 1천억 달러를 투입해야 한다. 2030년까지 중국의 신재생에너지 목표 역시 기존 NDC의 1,200GW에서 1,700GW로 늘려야 한다고 밝혔다. 중국은 연간 백억 톤의 탄소를 배출하지만, 아직까지 연간 3백만 톤만 감축할 수 있는 탄소 포집, 활용, 저장(CCUS) 기술을 가지고 있었다. 중국이 기후 목표를 달성하기 위해서는 2030년까지 2천 만에서 4억 8천만 톤의 CCUS, 2050년까지 6억에서 14억 5천만 톤의 CCUS, 2060년까지 10억에서 18억 2천만 톤의 CCUS 용량이 필요하다. IEA의 추정에 의하면 전 세계 CCUS 비용은 이산화탄소 원천에 따라 톤 당 15달러에서 많게는 120달러까지 소요된다(Argus Media 2022/11/18). 이처럼 중국의 탄소중립 비용이 중국 재정에 부담이 된다면 미국과의 협력을 통해 이러한 기술 분야 투자 지원을 받으려는 동기가 증가하겠지만, 현재 미중 간 기술 협력의 여러 가지 제약으로 인해 쉽지 않을 전망이다.

그림 3-4

2022년 중국과 나머지 전 세계 석탄발전 프로젝트 상태 변화

(단위: GW)

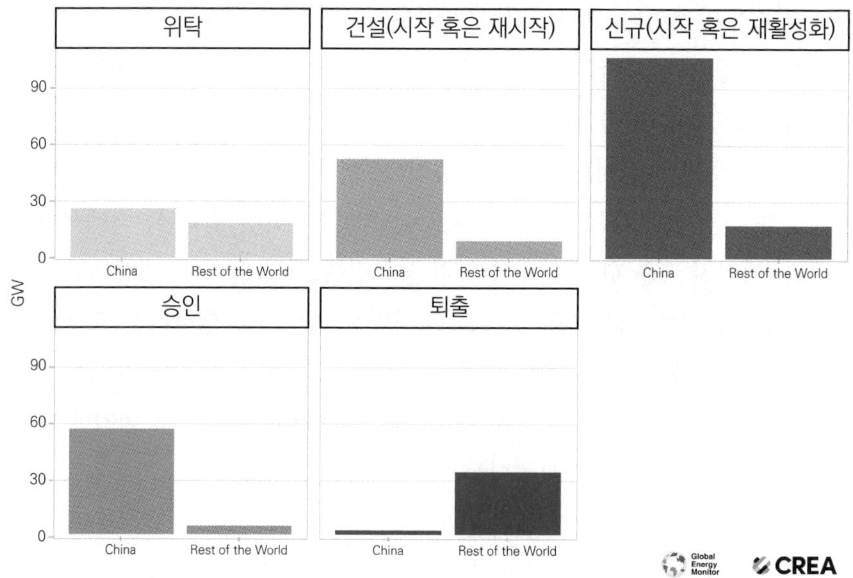

출처: CREA, 글로벌에너지모니터 보고서, 2023

그리고 중국의 탄소중립 전략과 관련된 미중 협력은 중국이 에너지 안보의 이유로 석탄 발전을 당장 급속도로 줄이기 어려워 쉽지 않을 것이다. 예를 들어 중국은 제로코로나 폐지 이후 경제활동 재개에 따른 전력 부족 예방 차원에서 2025년까지 석탄 생산을 늘릴 계획이었고, 2015년 이후 최대 규모 석탄 화력발전 확장을 승인했다. 2022년 1분기에만 총 8.63GW의 새로운 석탄발전소 추가계획을 승인했고, 이는 2021년 승인 용량의 46.55%였다(Greenpeace East Asia 2022/7/20). 그리고 2022년 82개 지역에서 총 106GW 용량의 신규 석탄발전소 168개의 허가 승인이 이루어졌다. 2022년 세계 석탄 생산과 소비의 절반을 차지하는 중국의 신규 화력 발전시설은 전 세계 추가된 석탄 용량의 약 6배였다. 시진핑은 2026년부터 2030년까지 단계적으로 석탄 소비를 줄이기 시작할 것이라고 밝혔지만 석탄 화력 발전 건설이 언제 중단될지 언급은 없었다(CREA, 글로벌에너지모니터 보고서 2023).

3.2. 제도와 규범의 사회화와 중국의 개도국 정체성

2021년 중국이 미국과의 태양광 WTO 분쟁에서 패배하자 국제무역 제도와 규범에 대한 학습과 사회화가 이루어졌다. 즉 중국은 자국의 산업 정책과 보조금으로 인한 과잉생산이 미국에 초래한 부정적인 영향을 표면적으로는 인정하지 않더라도 국제 규범에 있어 문제가 될 수 있다는 사실을 인식하고, 신재생 에너지 산업 정책과 보조금과 같은 정책 도구를 사용할 때 신중하게 접근하기 시작했다.

태양광 패널 관련 WTO의 판결에 항소하기는 했지만, 이번 사건을 통해 중국은 규칙 기반 다자무역체제에서 과연 '규칙'이 누구의 것이고, 누구에 의해 주도되는지에 대한 경쟁의 중요성을 실감했다. 즉 중국은 WTO의 판결이 공정하다고 보고 있지 않으며 진정한 규칙 기반 다자무역체제로 개혁하기 위해서는 현실주의가 주장하는 힘을 통해 이러한 규칙 형성과 적용에 영향을 미쳐야 한다는 교훈을 얻었다.

미국 입장에서는 이번 판결을 환영하면서도 중국의 비시장적 관행과 과잉생산을 WTO가 제대로 억제하지 못하는 것에 불만을 표명했다. 또한 중국이 WTO 분쟁 해결시스템을 활용하여 새로운 규칙을 만들고, 이를 수단으로 중국의 비시장적 관행에 대한 WTO 회원국들의 방어 능력을 제한할 뿐만 아니라 제3국을 통한 우회 수출과 같은 방식으로 미국의 세이프가드 조치를 회피하고 있다고 비판했다.[4]

중국이 부상하기 이전에는 국제법 제도와 규범에 대해 수용하고 학습하는 사회화 과정에 있었다면, 이번 태양광 패널 분쟁 사건이 보여주는 것은 단순히 국제 규범을 수용하는 것을 넘어서 이러한 규범을 중국의 국익을 만족시키는 수단으로 활용하기 위해 규범을 새롭게 형성하고 싶어 한다는 것을 알 수 있다. 즉 태양광과 같은 신재생에너지 산업에서 중국의 부상은 단순히 미국에 대해 경제적 우위를 차지하려는 경쟁의 차원을 넘어 국제 규범을 자국에 유리한 내용으로 변경하는 현상 변경국가와 체제 도전국으로서의 면모를 보여주고 있다.

---

4 "미중, WTO 태양광 세이프가드 조치 판정 두고 공방," 한국무역협회 통상뉴스. 2021-09-28, https://www.kita.net/cmmrcInfo/cmmrcNews/cmercNews/cmercNewsDetail.do?pageIndex=1&nIndex=1815062

따라서 중국은 태양광 패널 분쟁 사건을 통해 태양광을 포함한 다양한 청정에너지 기술을 상업 경쟁영역으로 보았고, 이러한 싸움에서 승리하려는 분명한 의도가 있었다. 미국 바이든 정부의 기후 특사인 존 케리는 2019년 뉴욕타임즈에 게재한 사설 중 세계는 에너지 산업에서 중국에 의존해야 할지도 모른다고 경고하면서, 이를 막기 위해 청정 기술 연구개발의 대규모 투자를 통해 전 세계 청정에너지 기술을 선도하는 국가전략을 제안해야 한다고 역설했다(Moore 2022, 93-94).

다음으로 미중 기후변화 경쟁과 협력에 중요한 요인은 중국의 개도국 정체성 인식이다. 제27차 당사국총회에서 중국은 쟁점이 되었던 손실과 피해를 다루는 데 있어 개도국들 특히 가장 취약한 국가들의 우려를 강하게 지지한다고 밝히면서, 그 이유는 중국도 역시 개도국이고 극심한 기후 위기로부터 고통을 받고 있기 때문이라고 개도국 정체성을 강조했다(Harvey 2022/11/9).

하지만 이러한 기후변화 국제협상에서 개도국 대 선진국의 지속되는 구도는 결국 국제협력에 저해 요인으로 작용한다. 특히 선진국은 개도국의 부패한 정치인이 기후변화 관련 재정 지원을 가로채 유용하지는 않는지 의심하면서, 선진국과 개도국 사이 불신이 생기기도 한다. 하지만 미국과 중국의 강대국 경쟁은 청정에너지 기술 경쟁, 예를 들어 중국의 태양광과 미국의 전기차 등 기술 경쟁과 빈곤국에 그린 프로젝트 지원으로 자국의 영향력을 획득하려는 미중의 시도를 통해 전 세계에 제공하는 혜택의 관점에서 오히려 기후 변화 문제 해결에 도움이 된다(The Economist 2022/11/24). 즉 전 세계 기후 문제 해결에 있어 선진국인 미국과 개도국인 중국 사이 관계보다 미중 두 강대국 간 경쟁 구도가 더 큰 효과가 있다는 것이다.

중국은 2022년 10월에 생태환경부가 발표한 〈중국의 기후변화 대응 정책과 행동 2022년도 보고〉에서 기후변화에 대응하는 데 있어 선진국이 국제사회의 다자주의 견지 목소리에 호응하여 일방주의 조치를 폐기하고, 정치화 조작을 중단하며, 소집단을 만들지 말고, 파리협정의 주요국 지위인 선진국이 개도국과 함께 지속 가능한 발전의 틀 아래서 협력을 통해 기후 위기에 대응할 것을 촉구했다(生态环境部 2022, 52). 이는 중국이 구체적으로 미국을 지칭하지는 않았지만, 미국이 중국을 배제하거나 일방주의적으로 중국에 대해 기후변화 감축 관련 압력을 행사하는 경우가 많아 이에대해 비판하는 것으로 볼 수 있다.

그리고 중국은 2021년에 발표한 〈중국의 본세기 중엽 장기 온실가스 저배출 발전 전략〉에서 선진국이 충분하고 안정적이며 강력한 자금 지원을 제공하는 것이 개도국이 저배출 발전을 실현하는 데 꼭 필요한 전제 조건임을 강조했다. 중국은 선진국이 지속해서 개도국에 대한 지원 역량을 확대하고 개도국이 저배출 발전 전략을 실현할 수 있도록 도와야 한다고 촉구했다(生态环境部 2021/10/28).

그림 3-5

중국과 선진국 · 신흥개도국 평균 1인당 탄소 배출량 변화(2000년-2021년)

(단위: 톤)

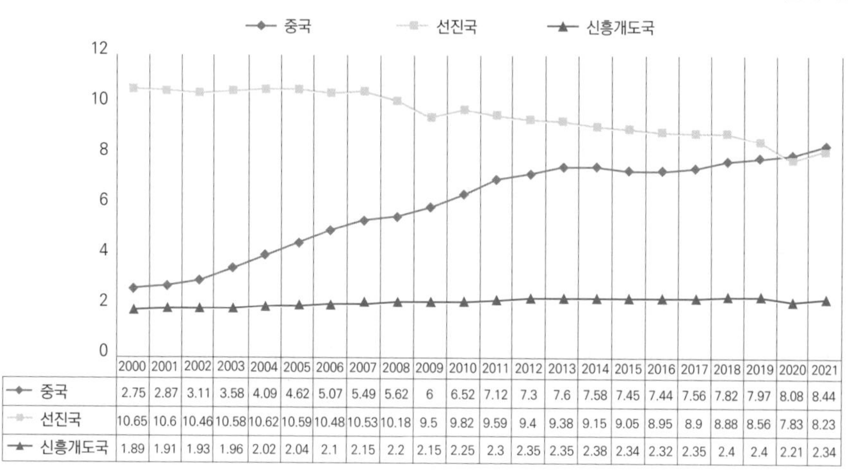

	2000	2001	2002	2003	2004	2005	2006	2007	2008	2009	2010	2011	2012	2013	2014	2015	2016	2017	2018	2019	2020	2021
중국	2.75	2.87	3.11	3.58	4.09	4.62	5.07	5.49	5.62	6	6.52	7.12	7.3	7.6	7.58	7.45	7.44	7.56	7.82	7.97	8.08	8.44
선진국	10.65	10.6	10.46	10.58	10.62	10.59	10.48	10.53	10.18	9.5	9.82	9.59	9.4	9.38	9.15	9.05	8.95	8.9	8.88	8.56	7.83	8.23
신흥개도국	1.89	1.91	1.93	1.96	2.02	2.04	2.1	2.15	2.2	2.15	2.25	2.3	2.35	2.35	2.38	2.34	2.32	2.35	2.4	2.4	2.21	2.34

출처: IEA, CO2 emissions per capita by region, 2000-2021, IEA, Paris https://www.iea.org/data-and-statistics/charts/co2-emissions-per-capita-by-region-2000-2021, IEA. Licence: CC BY 4.0

미국을 비롯한 서방 선진국이 전 세계 이산화탄소 최대 배출국인 중국에 감축 압력을 행사할 때, 중국은 1인당 탄소 배출량이 여전히 선진국에 비해서 작다는 사실을 강조하면서 더 큰 감축 의무를 회피하고 있다. 위의 그림에서 보듯이 선진국의 평균 1인당 탄소 배출량은 2000년 10.65t에서 2020년 7.83t으로 하락했지만, 중국은 같은 기간 2.75t에서 8.08t으로 급증했고, 2020년 마침내 선진국 평균을 추월했다. 다른 신흥개도국의 같은 기간 평균은 큰 변화 없이 거의 2t 안팎을 유지했다. 따라서 이제 1인당 탄소 배출량 측면에서 봐도 중국은 미국과 선진국들의 감축 압박을 완전히 피해 가기 어렵게 되었다. 하지만 위의 그림에서 선진국 평균을 분해해서 살펴보면, 미국 14t, EU 6t, 멕시코 3t으로 미국이 여전히 다른 국가에 비해 훨씬 많은 1인당 탄소 배출량을 가지고 있었고, 중국과 미국을 비교해도 미국이 압도적으로 1인당 배출량이 많다는 것을 알 수 있다. 중국은 이러한 사실을 근거로 미중 관계에서 중국에 대한 미국의 감축 압박을 상쇄시킬 수 있는 도덕적 정당성이 있었다.

그림 3-6

미국과 중국의 GDP 1천 달러당 탄소 집약도 변화(1980년-2021년)

(단위: 톤)

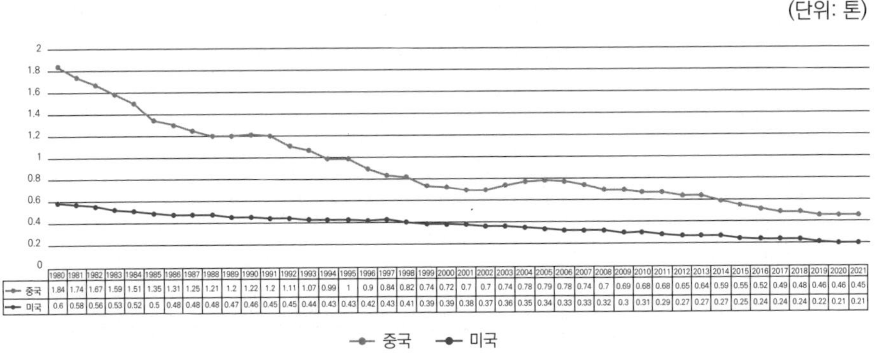

	1980	1981	1982	1983	1984	1985	1986	1987	1988	1989	1990	1991	1992	1993	1994	1995	1996	1997	1998	1999	2000
중국	1.84	1.74	1.67	1.59	1.51	1.35	1.31	1.25	1.21	1.2	1.22	1.2	1.11	1.07	0.99	1	0.9	0.84	0.82	0.74	0.72
미국	0.6	0.58	0.56	0.53	0.52	0.5	0.48	0.48	0.48	0.47	0.46	0.45	0.45	0.44	0.43	0.43	0.42	0.43	0.41	0.39	0.39

	2001	2002	2003	2004	2005	2006	2007	2008	2009	2010	2011	2012	2013	2014	2015	2016	2017	2018	2019	2020	2021
중국	0.7	0.7	0.74	0.78	0.79	0.78	0.74	0.7	0.69	0.68	0.68	0.65	0.64	0.59	0.55	0.52	0.49	0.48	0.46	0.46	0.45
미국	0.38	0.37	0.36	0.35	0.34	0.33	0.33	0.32	0.3	0.31	0.29	0.27	0.27	0.27	0.25	0.24	0.24	0.24	0.22	0.21	0.21

출처: IEA, CO2 emissions intensity of GDP, 1990-2021, IEA, Paris https://www.iea.org/data-and-statistics/charts/co2-emissions-intensity-of-gdp-1990-2021, IEA. Licence: CC BY 4.0

그리고 중국은 GDP 1천 달러당 탄소 집약도에 있어 큰 성과를 달성했다. 2021년 전 세계 GDP 1천 달러당 평균 탄소 집약도는 0.26t이었지만, 중국은 0.45t으로 직전년도 대비 3% 줄었다. 2000년 이래 중국의 탄소 집약도는 무려 40%나 감소했다. 하지만 중국은 전 세계 주요 국가들 가운데 탄소 집약도가 여전히 가장 높았고, 그 이유는 중국의 에너지 믹스에서 석탄이 차지하는 비중이 약 60%로 전 세계 평균 27%에 비해 여전히 높고, 중국의 GDP에서 공업 생산이 차지하는 비중도 39%로 전 세계 평균 28%보다 더 높았기 때문이다. 선진국에서도 탄소 집약도는 감소하는 추세였고, 2010년 이래 미국과 EU는 연평균 3%의 개선을 보였다.

UNFCCC의 “공동의 하지만 차별화된 책임(common but differentiated responsibility)”에 의하면 개도국 지위 국가는 재정 지원 의무가 없었고, 이에 따라 중국은 제27차 당사국총회 중 다른 개도국과 함께 선진국의 손실과 피해 재정 보상을 촉구했다. 하지만 30년 전 UNFCCC가 창설된 이래 중국의 온실가스 배출량과 경제적 지위는 급성장했고, 미국과 EU 등 선진국들은 이러한 변화를 반영하여 중국도 재정 기여를 해야 한다고 주장했다. 국제사회가 중국에 대해 재정 기여 의무의 강한 압박과 높은 기대를 하는 이유는 미국 등 선진국들이 자신들의 재정 책임으로부터 관심을 돌리려는 정치적 동기가 작용했기 때문이다(You Xiaoying 2022/12/20).

중국이 27차 당사국총회에서 손실과 피해 기금 제공을 약속하는 대신 남남협력과 같은 양자 협력을 선호한다고 밝힌 이유는 만약 중국이 다자 메커니즘에서 재정 책임을 떠안는다면 이는 중국이 개도국 지위에서 졸업하여 재정 기부와 자신의 역사적 책임에 응답할 필요가 있는 선진국이 되었다는 것을 의미하기 때문이다(You Xiaoying 2022/12/20).

한편 생물다양성 분야에서 중국은 개도국을 대변하여 선진국에 맞서는 다른 분야에서의 입장과는 다르게 선진국의 입장도 고려했다. 즉 쿤밍-몬트리올 글로벌 생물다양성 프레임워크의 합의 과정에서 중국은 선진국들의 기여가 충분하지 않다는 이유로 아프리카 국가들(콩고공화국)의 거센 비판에 직면했지만 주체측 총회 의장인 황룬추 중국 생태환경부장이 이를 강행 통과 시켰다. 이를 통해 개도국 정체성을 가지고 있는 중국이 때로는 생물다양성이라는 자국 이익을 보호하기 위해 선진국의 편에 설 수도 있다는 사실을 보여준다.

마지막으로 중국은 미국과 EU 등 선진국에서 중국에 대해 탄소 국경조정제도(Carbon Border Adjustment Mechanism, CBAM)의 압력을 행사하는 것에 대해 반대하고 있다. 즉 중국은 선진국이 개도국에 대해 녹색 무역 장벽을 설치하는 것을 반대하고 선진국은 다른 개도국이 녹색 저탄소 전환을 하도록 도와줘야 한다고 주장했다(向月皎, 张宇宁, 王克 2022, 21-22). 중국은 2021년 7월 생태환경부 대변인의 발언을 통해 CBAM처럼 무원칙적으로 기후 문제를 무역 영역에 확대하는 것은 WTO 규정 위반이자 유엔 기후변화 협약과 파리협정의 원칙과 요구에 맞지 않는다고 비판했다. 중국의 판단에 미국이 CBAM 기제를 지지하는 것은 그 주요 목적이 중국의 수출형 경제의 경쟁력을 공격하고 중국의 무역 경쟁력을 약화하려는 것이라고 비판했다(向月皎, 张宇宁, 王克 2022, 17). 즉 중국은 미국과 EU의 CBAM을 지구적 기후변화 문제 해결의 차원에서 보는 것이 아니라, 선진국을 대표하는 미국과 EU가 개도국을 대표하는 중국에 대해 무역전쟁을 하는 수단 가운데 하나로 인식했다.

4 나가며

제27차 당사국총회 연설에서 구테흐스 유엔사무총장은 친환경 전환을 주도하는 선진국들의 역할도 중요하지만, 온실가스 배출 감축에서 개발도상국의 기여도 중요하다며 선진국과 개발도상국 사이의 기후연대협약(Climate Solidarity Pact)을 체결하는 데 미국과 중국이 적극적으로 나서야 한다고 촉구했다.

기후변화와 이에 대응하기 위한 기존 화석 연료 에너지의 신재생에너지로의 전환은 이제 정치화되었고 지정학적 목적을 추구하는 경향을 보였다. 기후변화와 같이 경쟁적이고 가치를 내포한 분야에서 중국의 영향력에 맞서는 것은 미국과 서방을 포함하여 어려운 협상을 요구할 것이다. 그 과정에서 미국과 중국의 경쟁이나 갈등보다 협력이 더 중요하고 비용이 덜 든다는 평가도 있다(Moore 2022, 216-218).

구체적인 예를 들면, 이번 IPCC 6차 종합평가보고서에서 단기 대응으로 제시한 기후탄력적 개발(climate resilient development)에 있어 미국과 중국 역할도 중요하다. 단기 대응은 지속가능발전을 위한 적응 행동과 완화 행동을 통합한 기후 탄력적 개발경로의 중요성을 적시한 것으로, 단기(2040년까지)에 적응과 완화 행동 옵션들을 평가하고 이를 확대할 방안을 제시하는 것이다. 특히 IPCC 6차 종합평가보고서는 2030년까지 메탄 34% 감축 목표를 구체적으로 제시했고, 메탄 최대 배출국인 중국은 반드시 국제메탄서약에 가입하여 이러한 목표 달성을 위한 국제협력을 촉진해야 한다.

마지막으로 기후 탄력적 개발을 위해 경제시스템 전환을 신속히 이행할 필요가 있는데 미중 각국 정부와 시민사회가 화석 연료 사용을 줄이는 탄소중립 에너지 시스템 구축, 배출량 감축을 위한 도시, 산업, 교통, 토지 이용 계획 재구성 노력이 필요하다. 기후정의 문제 역시 중요하다. 전 세계적으로 1인당 온실가스 배출량 상위 10% 가구가 전체의 34~35%를 배출하고, 하위 50%는 13~15%만 배출하고 있다. 미국과 중국은 이러한 기후정의 문제 가운데 특히 배출량 하위권 가구가 재난에 더 취약한 문제도 함께 해결해 나가야 할 것이다. 기후 탄력적 개발의 구체적인 예는 저탄소 전기화의 예인 전기차를 통해 대기 질을 향상하고 동시에 일자리도 창출하는 것으로, 미국과 중국이 경쟁과 협력을 통해 전세계 전기차 확대와 일자리 창출을 확대할 수 있다.

참고문헌

해외 참고문헌

Christoph Nedopil, January 2023, "China Belt and Road Initiative(BRI) Investment Report 2022,"Green Finance & Development Center, Fanhai Inernational School of Finance(FISF), Fudan University

Friedberg, Aaron L. Getting China Wrong. John Wiley & Sons, 2022.

Huang, Yanzhong. Toxic politics: China's environmental health crisis and its challenge to the Chinese state. Cambridge University Press, 2020.

Moore, Scott. M. 2022. China's Next Act: How Sustainability and Technology are Reshaping China's Rise and the World's Future. Oxford University Press.

Nima Khorrami. November 22, 2022. Can China and the US Cooperate on Climate Change? The China-U.S. technology rivalry will severely hinder the prospect of a common Sino-American approach to climate change. The Diplomat, https://thediplomat.com/2022/11/can-china-and-the-us-cooperate-on-climate-change-2/

Phelim Kine 2022.11.6. "U.S.-China global influence battle takes center stage at COP27: Biden and Xi will offer competing initiatives for developing world support."Politico, https://www.politico.com/news/2022/11/06/cop27-china-climate-action-00065279

Robert G. Sutter. 2018. US-China Rlations: Perilous Past, Uncertain Present, Rowman & Littlefield.

Weiss, J. C., & Wallace, J. L. 2021. Domestic politics, China's rise, and the future of the liberal international order. International Organization, 75(2), pp. 635-664.

Yale Center for Environmental Law and Policy. 2023. The Environmental Performance Index 2022: Ranking country performance on sustainability issues

『South China Morning Post』. 2022, "COP 27: China and US held 'constructive'climate talks with more to follow, Beijing's envoy says,"20 November, https://www.scmp.com/news/china/diplomacy/article/3200305/cop-27-china-and-us-held-constructive-climate-talks-more-follow-beijings-envoy-says

Fiona Harvey. 2022, "China's top climate official urges US to 'clear barriers' to talks,"11.9. 『The Guardian』, https://www.theguardian.com/world/2022/nov/09/cop7-china-us-climate-talks-taiwan

『Argus Media』. 2022, "Cop 27: China at odds with US on climate action,"11.18. https://www.argusmedia.com/en/news/2392861-cop-27-china-at-odds-with-us-on-climate-action

Centre for Research on Energy and Clean Air (CREA). 2023, "China permits two new coal power plants per week in 2022,"Global Energy Monitor Briefing, February 2023, https://energyandcleanair.org/wp/wp-content/uploads/2023/02/CREA_GEM_China-permits-two-new-coal-power-plants-per-week-in-2022.pdf

Greenpeace East Asia. 2022, "Plans for new coal plants in China rebound, with 8.63 GW approved in the first quarter of 2022,"7.20. https://www.greenpeace.org/eastasia/press/7488/plans-for-new-coal-plants-in-china-rebound-with-8-63-gw-approved-in-the-first-quarter-of-2022/

The Economist. 2022, "COP27 was disappointing, but US-China climate diplomacy is thawing,"11.24, https://www.economist.com/leaders/2022/11/24/cop27-was-disappointing-but-us-china-climate-diplomacy-is-thawing?gclid=CjwKCAjwrdmhBhBBEiwA4Hx5g_iaz1ezm_3ci-RrI0YK2PjOag1HyFJZGu9LA6_fzmTCBjxT8b0niBoCFN0QAvD_BwE&gclsrc=aw.ds

You Xiaoying. 2022, "How can China contribute to climate 'loss and damage'?" 『China Dialogue』, 12.20., https://chinadialogue.net/en/climate/how-can-china-contribute-to-climate-loss-and-damage/

Matt McGrath. 2022, "COP27: What are the sticking points in COP27 negotiations?"『BBC』, 11.20., https://www.bbc.com/news/science-environment-63666086

U.S. Department of State. 2021, "U.S.-China Joint Glasgow Declaration on Enhancing Climate Action in the 2020s,"MEDIA NOTE OFFICE OF THE SPOKESPERSON, 11.10., https://www.state.gov/u-s-china-joint-glasgow-declaration-on-enhancing-climate-action-in-the-2020s/

Giridharan Ramasubramanian. 2021, "Three ways the Glasgow joint declaration can accelerate US-China climate cooperation"『China Dialogue』, 12.17., https://chinadialogue.net/en/climate/three-ways-the-glasgow-joint-declaration-can-accelerate-us-china-climate-cooperation/?gclid=CjwKCAjwrdmhBhBBEiwA4Hx5g8Q-eCjwokq9bbzYJ0UZX8EEe_bmR8dP9xvfQnrVIDflCLnKfL1nNnxoCq58QAvD_BwE

Fermín Koop, Regina Lam, Xia Zhijian. 2022, "COP15 reaches historic agreement to protect biodiversity" 『China Dialogue』, 12.21., https://chinadialogue.net/en/nature/cop15-reaches-historic-agreement-to-protect-biodiversity/

『中国新闻网』, 2023.3.21., "东西问 · 中外对话丨保护生物多样性，中国方案为世界提供何种启示？" https://www.chinanews.com.cn/

gj/2023/03-21/9976154.shtml
『新华网』, 2023.3.22., "中国的绿色发展对世界意味着什么," http://www.news.cn/world/2023-03/17/c_1129439018.htm
『环球时报』, 2022.12.21., "COP15证明，坚持多边主义可以办成大事," https://www.chinanews.com.cn/gn/2022/12-21/9918993.shtml
生态环境部. 2022, "中国应对气候变化的政策与行动2022年度告," https://www.mee.gov.cn/ywgz/ydqhbh/syqhbh/202210/W020221027551216559294.pdf
生态环境部. 2021, "中国本世纪中叶长期温室气体低排放发展战略," 10.28., http://www.ncsc.org.cn/zt/2021_COP/202111/P020211110591154262243.pdf
向月皎, 张宇宁, 王克. 2022, "中美气候合作与竞争态势分析及中国应对策略," 『环境经济研究』, 2022年第一期, pp. 11-25.

Chapter

기후변화의 정치경제: 글로벌 사우스(Global South)에 미치는 영향과 대응

한희진

1 들어가며

기후변화에 관한 정부간 협의체(IPCC)가 2021년 발표한 제6차 평가보고서 중 제1실무그룹 보고서는 기후변화의 과학적 근거를 다루고 있다. 본 보고서는 파리협정 하에서 각국이 전개해온 다양한 노력에도 불구하고 지구 온난화와 해수면 상승 등 기후변화가 가속화되고 있음을 보여주었다. 이어 2022년 2월에 승인된 제2실무그룹 보고서(2014년 발간된 5차 평가보고서 이후 8년만에 발간)는 기후 변화의 영향, 적응 및 취약성의 주제를 다루었다(Pörtner et al 2022). 총 3,600페이지가 넘는 본 보고서에서 IPCC는 기후 위기의 심각성을 재확인함과 동시에 기후변화가 어떻게 물 부족, 식량 위기, 건강 위협, 도시 사회 안전망 파괴 등 광범위한 영향을 미치며 개인과 사회의 생존과 인권을 위협하는가를 종합적으로 논의하고 있다. 특히 본 보고서에서는 저개발국가 및 사회적, 경제적 약자 집단이 기후변화로 인한 부정적 영향에 가장 취약하며 또한 그에 대한 노출도(exposure)가 크다는 것을 강조했다.

전 지구적 현상이자 글로벌 이슈인 기후변화는 국제사회의 토대를 이루는 구성원인 국가에 긍정적, 부정적 영향을 포함해 다양한 영향을 미치며 여러 주체에 의해 각기 다른 경험으로 인식된다. 그러나 IPCC 제6차 평가보고서 제2실무그룹 보고서도 확인한 바와 같이 기후변화가 미치는 부정적 영향과 피해는 선진국에 비하여 개발도상국과 최빈국이 속한 글로벌 사우스(Global South), 즉 남반구 국가들에게 더 집중되어 파괴적인 모습으로 표출된다.

기후변화가 남반구에 미치는 영향이 더 큰 이유에는 물론 이들의 지리적 위치도 작용한다. 그러나 지리적 여건처럼 물리적이고 불가역적인 조건 외에도 여러 다양한 변수들이 기후변화가 국가 경제와 사회에 미치는 영향을 좌우한다. 결정적으로 재정적, 인적 자원 등을 포함한 가용 자원 부족, 기후 적응(adaptation)을 위한 기술과 역량의 결핍은 기후변화로 인한 피해와 위협에 대한 취약성을 높인다.

실제 오늘날 남아시아, 아프리카, 라틴아메리카와 태평양 소도서국가 등을 포함한 글로벌 사우스 지역은 기후변화로 인해 더 높은 빈도와 강도의 홍수, 가뭄, 해일, 태풍 등 피해를 겪고 있으며 이는 남반구의 기초적 인간안보, 경제 및 사회 발전, 그리고 지속가능발전의 미래를 위협하고 있다.

이러한 상황에도 불구, 기후변화의 국제정치, 특히 기후변화의 정치경제학은 이 문제를 충분히 다루고 있지 않다. 기후변화 문제를 다루는 정치학(특히 국내 학계의)의 분석은 파리협정 등 국제 레짐, 미국과 EU 등 선진국의 기후변화 정책 변화와 동향, 기후변화 대응을 위한 제도, 정책, 기술 발전 등에 집중하는 추세를 보인다. 최근 화두인 탄소중립 관련 논의가 특히 그러한 특징을 보인다. 탄소중립은 탄소의 순(net) 배출이 0이 되는 상태로 온실가스 저감과 흡수 등을 강조하여 기후변화의 완화(mitigation) 부문에 초점을 맞추는 개념임을 알 수 있다. 탄소중립이 기후변화 대응을 위한 국제사회 및 파리협정 당사국의 당면 과제로 강조될수록 기후변화 적응(adaptation) 부문보다는 친환경 에너지 전환, 친환경 모빌리티, 탄소 포집 · 활용 · 저장(CCUS) 기술 등 감축과 완화 부문이 강조되는 추세다. 글로벌 노스(Global North, 북반구), 특히 유럽, 미국 등 선발주자들이 해당 부문에서 어떠한 정책과 대응, 기술 혁신과 전환의 모형을 추구하고 있는가가 글로벌 사우스에 속한 개도국들이 따라야 하는 모범답안, 이상적 기후변화 대응의 경로와도 같이 제시되고 있다. 이에 따라 학계 역시 탄소중립, 기후변화 완화 부문을 더 집중적으로 연구, 분석하고 있다.

이러한 논의와 현실에서 간과된 점은 글로벌 사우스가 처해 있는 현 상황(지리, 경제 및 기술 발전 수준 등)에서 기후변화가 이들에 미치고 있는 영향과 이들 지역의 대응 양상 및 이들의 요구와 목소리가 국제 기후변화 레짐에 어떻게 반영되고 있는가이다. 기후변화의 국제정치는 선진국으로부터 기술과 재정 지원과 이전을 통해 자국의 기후변화 대응 역량을 강화하고 경제 및 사회적 지속가능발전을 추구하고자 하는 글로벌 사우스의 목소리에 충분한 주의를 기울이지 않고 있다(Biermann & Möller 2019).

이러한 배경에서 본 장은 기후변화의 정치경제에서 글로벌 사우스의 시각을 종합, 정리해 보고자 한다. 물론 글로벌 사우스는 다양한 대륙에 위치한 경제, 사회, 정치적 상황 등이 상이하게 분포한 국가들을 포괄적으로 일컫는 용어이다. 또한 글로벌 사우스는 지리적 관점을 강조한 표현이나 이 글에서는 개발도상국과 동일한 범주로 사용하고자 한다. 글로벌 사우스의 경제 발전과 인구 증가에 따라 화석연료 사용이 증가하고 높은 에너지 집중도(energy intensity; GDP당 에너지 소비량으로 측정)가 크게 개선되지 않음으로써 지난 30년간 이들의 배출량은 지속 증가해 왔으며 오늘날 전 세계배출의 63% 정도를 차지(토지 사용 변화와 산림 부문 포함)하기에 이르렀다.

그러나 같은 남반구 국가라 해도 중국과 인도 두 개의 국가가 남반구 배출량의 60%를 차지(Fuhr 2021)하며 개도국의 배출 상위 10개국은 개도국 배출에서 78%를 차지한다. 약 120개 개도국의 배출량을 합쳐도 남반구 전체 배출의 약 22% 정도에 불과해 남반구 사이에서도 배출량의 집중 현상과 불균형이 관찰된다. 즉, 소수의 남반구 국가들은 글로벌 노스의 선진국만큼 혹은 더 많은 양의 배출에 책임이 있다. 그러나 대다수의 개도국, 취약국은 기후변화 문제에 대한 책임 정도가 아주 낮더라도 그로 인한 피해에 크게 노출되어 있다.

따라서 남반구를 일반화하는 분석에는 여러 제약이 따른다. 또한 남반구라고 불리는 거대 범주(meta category)안에 속한 다양한 국가들이 보이는 차이가 남반구와 북반구 국가 간의 차이보다 클 수도 있다. 남반구 국가들이 기후변화 문제에 대해 지니는 입장은 그들의 책임과 피해 정도 등 여러 이유에서 다양할 수 있으며 국제 기후변화 레짐에서도 십여 개 이상의 하부 집단(subgroup)을 형성하는 등 상이한 모습을 보인다(Fuhr 2021).

이렇듯 일반화에 따른 분석의 단점에도 불구하고 본 장에서는 글로벌 사우스의 시각을 기후변화의 정치경제라는 관점에서 총체적으로 조망하는 종합적 논의를 제공함으로써 본 주제에 대한 논의를 활성화 하는데 의의를 두고자 한다. 본 장은 우선 글로벌 사우스가 기후변화에 기여한 정도 및 기후변화가 글로벌 사우스 국가들에 미치는 영향을 경제적, 사회적, 정치적 영향을 중심으로 개괄한다. 기후변화는 남반구 국가들의 국가 존립, 경제 발전 및 전망, 정치적 갈등 등 여러 측면에서 어떠한 새로운 도전과제를 제기하는지 소개한다. 이러한 기초적 논의 후 본 챕터는 1992년 유엔기후변화협약(UNFCCC)의 발족을 통해 국제적 차원에서 기후변화 대응 논의가 본격 시작된 이래 총 27회에 걸친 당사국총회(COP), 교토의정서, 그리고 파리협정에 이르기까지의 약 30년의 과정을 통해 형성된 글로벌 기후변화 레짐이 개도국의 입장을 어떻게 반영해 왔는지 다룬다. 특히 차별화된 책임의 강조, 기후변화 대응을 촉진하기 위한 선진국의 개도국 재정 및 기술지원 논의, 그리고 가장 최근 대두된 손실과 피해(loss and damage)와 관련된 일련의 논의에서 글로벌 남반구의 시각과 주장, 요구는 무엇이었으며 이는 기후변화를 둘러싼 국제적 논의과정에서 어떻게 반영되어 왔는지 논의한다. 결론에서는 본문을 요약하고 글로벌 사우스의 기후변화 대응을 위한 간단한 제언을 도출하면서 마무리한다.

기후변화의 국제정치경제와 글로벌 사우스

2.1. 기후변화가 글로벌 사우스에 미치는 영향

앞서 언급한 바와 같이 국제정치경제에서 글로벌 사우스라고 불리는 그룹은 수많은 국가를 포함하고 있으므로 기후변화가 이들 국가에 미치는 영향도 다양한 분포로 나타난다(Fuhr 2021). 그 영향을 논의하기에 앞서 기후변화의 문제를 야기하는 온실가스 배출에 글로벌 사우스가 기여한 바를 먼저 논하기로 한다.

오늘날 우리가 경험하는 기후변화 현상을 초래한 직접적 원인으로 가장 중요한 것은 이산화탄소 등 온실가스 배출이며 19세기 중엽부터 가속화된 산업혁명 이후 대기 중 축적된 온실가스의 양은 급속도로 증가했다. 산업화 및 근대화의 과정에 먼저 진입한 선진국은 더 오랜 시간 온실가스를 배출해 왔으며 따라서 기후변화 문제에 있어 역사적 책임 역시 크다. 경제 발전에 있어 후발주자인 글로벌 사우스에 속한 개발도상국의 경우 온실가스 배출에 대한 책임은 상대적으로 작을 것임을 추론할 수 있다. 그러나 개도국 중 중국, 인도, 인도네시아, 브라질처럼 국토 규모가 크고 인구가 많으며 급속한 경제 성장을 이루어 온 국가들은 1950년대 이후 배출량이 증가해 오늘날 선진국의 온실가스 배출량을 상회하기도 한다. 〈그림 4-1〉은 1750년에서 2020년에 이르는 270년 동안 이산화탄소의 배출을 가장 많이 한 상위 배출국이 꼭 글로벌 노스에만 위치한 것은 아님을 보여준다.

그림 4-1

이산화탄소 배출(화석연료 및 시멘트 기인, 단위 %)

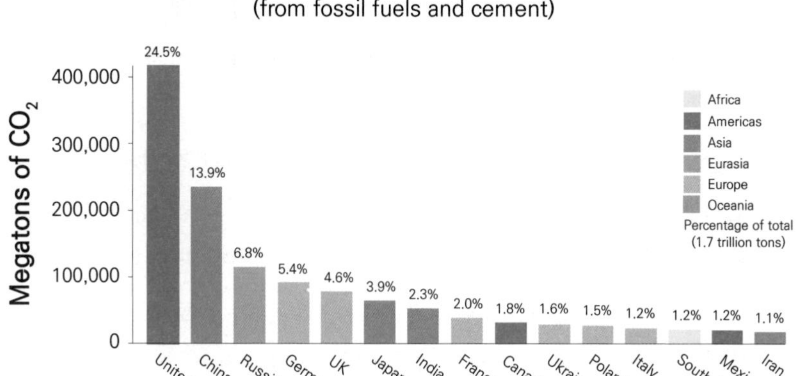

출처: Union of Concerned Scientists(2022).

위 그림과 같이 미국, 중국, 러시아, 독일 네 국가만으로도 전 세계 배출량의 절반 이상을 차지하며 온실가스 배출 상위 10개국의 비중을 합치면 전 세계 온실가스 배출의 68.6%에 달한다(New Yorker 2022). 이에 비해 태평양의 작은 섬나라들은 전 세계 온실가스 배출량의 약 0.03% 정도만을 차지하고, 아프리카 대륙에 속한 54개국의 배출량을 다 합친다고 해도 전 세계 배출량의 4% 미만에 해당한다(경향신문 2021).

이처럼 산업혁명과 경제발전에 있어 선발주자인 글로벌 북반구와 중국, 인도 등 예외적 개도국이 기후변화 문제의 유발에 더 상대적으로 큰 책임이 있다. 국가별 배출량의 분포뿐만 아니라 개인별 배출량에서도 삶의 질 수준이나 방식 등을 고려할 때 글로벌 노스의 개인은 글로벌 사우스의 개인보다 상당량의 온실가스를 배출해 왔음은 자명하다. 일례로 우간다의 한 개인이 1인당 연평균 0.1톤, 아르헨티나의 1인이 4톤을 배출할 때 미국의 1인당 배출량은 16톤에 달해 극명한 차이를 보인다(New Yorker 2022). Center for Global Development(국제개발협력 부문 씽크탱크, CGD)가 세계은행(World Bank) 데이터를 사용해 수행한 분석도 2022년 미국 시민 1인이 하루에 배출한 온실가스가 저소득 국가들의 시민들이 1년 동안 배출한 배출량보다 많았음을 보여준다. CGD는 미국 시민의 하루 배출량이 콩고 시민의 1년 배출량을 넘었고 미국 시민이 1주일간 배출한 이산화탄소는 23개 저소득 국가의 시민들이 1년간 배출한 양을 초과했음을 보여주었다(Ritchie 2022). 온실가스 배출에 있어 선진국과 저소득 국가, 그리고 소속 국가별 개인들의 극명한 차이가 드러나는 수치이다.

이처럼 글로벌 사우스 지역이 기후변화 문제에 기여한 책임의 정도는 선진국인 글로벌 노스에 비해서 상대적으로 경미한 수준이다. 그러나 서론에서 언급한 바와 같이 기후변화로 인해 초래된 피해와 위협에 관한 한 오히려 글로벌 사우스의 취약성이 높다. 기후변화는 다음과 같이 글로벌 사우스의 생존, 경제, 사회, 정치에 광범위하게 영향을 미치며 이들의 지속가능발전을 저해하는 요소로 작용한다.

2.1.1. 국가 영토의 영속성 문제

아직은 극단적인 경우이나 기후변화는 글로벌 사우스 국가의 생존 자체에 영향을 미칠 수 있다(한희진 2023, 187~188). 기후변화로 인한 해수면의 상승은 소도서 국가들에 직접적 위협으로 작용한다. 일례로 해발고도 2m의 인구 12,000명인 남태평양 섬나라인 투발루는 총 9개의 섬 중에서 이미 2개가 침수되었고 매년 0.5 센티미터씩 물이 차오르고 있다. 마셜군도, 키리바시, 몰디브 등 태평양의 소도서 국가들이 유사한 위협에 처해 있다. 투발루 정부는 제26차 당사국총회(COP26)에서 기후변화로 인해 발생하는 이주민에 대해 기후 정의의 차원에서 기후 이동성(climate mobility)을 허락할 것을 촉구했다. 실제 키리바시의 한 남성은 뉴질랜드 정부에 생명권 침해를 이유로 기후난민 지위를 신청했지만 2015년 추방당했다. 이후 유엔자유권규약위원회(United Nations Human Rights Committee, UNHRC)에 진정서를 제출했으나 UNHRC

는 2021년 1월 자연재해의 피해를 겪은 사람의 인권이 위협에 처했을 경우 그를 본래의 출신국으로 송환해서는 안된다(난민 강제송환금지 원칙)고 하면서도 이 개인이 처한 위협이 "임박한" 수준이 아니라고 판단했다.

이렇듯 기후변화로 인해 국가의 지속성 자체가 위협받는 카리브해, 태평양, 대서양, 인도해, 지중해, 남중국해 등의 작은 군소도서 국가들은 영토가 좁고 자원이 제한되어 있으며 지리적 위치상 국제 시장으로부터 먼 특징을 가진다(Kalaidjian & Robinson 2022). 이들 약 60여 개 국가 중 38개국이 UN의 회원국이며 이들은 자신들의 공동의 목소리를 내기 위해 1990년 군소도서국가연합(Alliance of Small Island States, AOSIS) 등 집단을 형성하면서 국제사회가 더욱 강력히 온실가스 감축 등 기후변화 대응에 노력할 것을 촉구하고 있다. 현재 AOSIS에는 39개국이 참여하고 있다.

해수면의 상승과 열대 사이클론 등의 영향에 높은 취약성을 가진 이들 국가의 기후변화 적응 비용은 급속히 증가하고 있다. 해안선 보호 설비 강화, 재해 예방 등에 투입하는 비용이 증가하면서 국가 경제 및 경제발전의 지속가능성도 위협받고 있는 상황이다.

국토 전체가 취약하지 않더라도 영토의 중요한 위치가 기후 위기에 취약한 개도국도 있다. 1만7천여 개의 섬으로 구성된 인도네시아의 경우, 2022년 1월 의회에서 신(新)수도법을 통과하고 수도권 인구 과밀화 해소(국토 7%인 자바 섬에 총 인구 56% 집중도를 보임)와 더불어 기후변화로 인한 해수면 상승과 홍수 등 재난 위험 대응을 위해 수도 자카르타를 보르네오섬 동칼리만탄 지역의 새 수도인 누산타라(Nusantara)로 이전하는 계획을 세우고 이행 중이다(경향신문 2022). 인도네시아 정부는 466조 루피아(약 38조 8644억 원)를 투입해 서울의 4배가 되는 이 수도를 기후변화에 강한 친환경 스마트 도시로 조성하여 지속가능성을 추구하고자 한다(Van de Vuurst & Escobar 2020). 인도네시아 사례와 같이 기후변화가 가속화되고 주요 도시의 안전이 위협받을 때 개도국들은 경제적, 사회적 비용을 들여가며 수도나 도시 이전과 같은 결정을 하게 되는 사례가 향후 증가할 가능성도 있다(Fuchs, Conran & Louis 2011).

2.1.2. 경제 및 사회적 손실

기후변화가 글로벌 남반구의 일부 국가들에 이미 국가나 도시의 지속가능성에 위협을 가하고 있다면 또한 상당수 취약국에는 태풍, 해일, 홍수, 가뭄 등 재해의 형태로 경제와 사회의 기반을 흔들고 있다.

일례로 2022년 6월 유례없는 수준의 장마가 지속되면서 발생한 홍수로 파키스탄 국토의 삼 분의 일이 침수되었고 경제, 사회적 인프라가 파괴되었으며 국민 천 명 이상이 사망했고 3천3백만 명 이상(인구 일곱 명 중 한 명)이 살 곳을 잃게 되는 등 심각한 피해를 겪었다(BBC News 2022). 이러한 기후 위기로 이미 취약한 파키스탄의 경제는 초기 집계로만 약 400억 달러에 달하는 손해를 입었다(Bushard 2022). 토지의 침수로 농업 등 식량 안보의 위기가 가중될 것이며 교량과 도로 파괴 등으로 인프라의 복구에만 몇 년의 시간이 걸릴 것으로 예상된다.

이처럼 기후변화는 재해를 통해 경제, 사회적 비용을 발생시키고 있다. 이로 인해 선진국과 개도국, 그리고 저소득 국가 간의 불평등은 점차 심화되고 있다. PNAS에 2019년 발표된 스탠퍼드 대학 노아 디펜바우와 마샬 버크의 공동연구 "지구온난화가 국제경제 불평등을 증가시켰다"라는 제목의 논문을 보면 1960년~2010년 사이 지구온난화가 가속화되는 동안 소득 하위 40%에 해당하는 국가들의 일 인당 GDP는 무려 17~31% 감소했다(Diffenbaugh & Burke 2019). 온난화가 비교적 서늘한 지역의 부(wealth)에 긍정적 효과를 가져온 반면, 더 더운 지역의 국가의 경제성장에는 후퇴를 가져왔으며 그 결과 글로벌 북반구 국가들(대개 서늘한 곳에 분포)과 고온과 적도 지역을 비롯해 더 고온의 지역에 분포한 남반구 사이의 경제적 격차는 더 심화되고 있다. 이 연구에 따르면, 지구온난화로 인해 북반구 노르웨이의 경우 1인당 GDP가 무려 34% 증가했으나 온실가스 누적 배출량이 1인당 10톤 미만인 저소득 18개 국가의 GDP는 17~31%가 감소했다. 본 연구의 저자들은 선진국의 화석연료 연소를 통한 에너지 사용 등이 기후변화를 통해 개도국의 경제발전에 영향을 미치며 경제 불평등이 심해질 것임에 따라 개도국의 저탄소 에너지 전환을 통한 기후변화 대응을 촉구하였다.

Callahan & Mankin(2022)의 연구 또한 지구온난화로 인한 고온 현상이 온난화에 기여한 바가 적은 열대 빈곤 지역 국가들의 경제적 생산을 위축시켰음을 보여준다. 고온 현상에 따른 전 세계 경제적 피해의 규모는 1992년에서 2013년 사이 5조 달러에서 29.3조 달러에 달하는데 그 피해 정도는 경제 수준과 관계가 있었다. 고온 현상은 소득 하위 십 분위 국가들의 GDP에 약 6.7%의 손해를 끼쳤지만 소득 상위 십 분위 국가들에는 1.5%의 손실만을 초래했다. 이렇듯 기후변화는 글로벌 남반구의 경제 및 경제성장, 그리고 지속가능발전의 미래에 부정적으로 작용하며 북반구와의 경제적 격차를 더욱 확대하고 있다.

기후변화로 인한 경제적 피해는 개도국의 아동, 노인, 여성 등 취약한 집단의 인간안보 전반에 특히 부정적인 영향을 미친다. 예를 들어 남아시아 삼각주에 위치한 국가인 방글라데시의 아동들은 기후변화로 인해 기본 권리인 교육의 기회를 박탈당하고 있다. 저지대가 홍수, 하천 침식, 태풍 등의 재해로 인해 영향을 받으면서 전체 인구 1억 6천만 명 중 40%를 차지하는 아동들의 피해가 크다(Hossain 2022). 유니세프(UNICEF)의 2022년 8월 보고서에 따르면(World Economic Forum 2022) 방글라데시에는 약 170만 명의 아동 노동자들이 있으며 이들 4명 중 1명은 11살 이하이다. 그런데 최근 기후변화로 인해 재해가 발생하며 삶의 터전을 잃은 아이들이 수도 다카의 슬럼에 거주하는 노동자로 전락하고 있으며 교육권 등 기본적 권리를 박탈당하고 있다. 당국마저 2021년 홍수로 인해 500여 개의 교육기관이 침수되었음을 인정했다.

이는 방글라데시에서만 일어나는 현상은 아니다. UNICEF 보고서는 약 33개 국에서 약 십억의 아동이 기후변화로 인한 위협에 처해있다고 추정하였다. 이들 국가의 아동 수백만 명이 노숙자로 전락해 영양 공급, 건강관리, 교육 등 인간안보를 구성하는 기초적 요소를 누리지 못하고 있다.

아프리카 소말리아에서도 2022년 가뭄과 식량 부족으로 인해 대략 43,000명이 사망했으며 약 절반이 5살 미만의 아동이었다. 과거 정규적으로 발생했던 우기가 몇 년째 찾아오지 않고 농업 생산량이 감소하고 콜레라 등 질병확산이 복합적으로 작용하면서 여전히 많은 국민의 피해가 예상된다. 그러나 국제사회로부터의 재정적 지원 등이 석탄발전소를 폐쇄하는 등의 에너지 전환 사업에 우선적으로 배정되면서 해당 인프라가 없는 소말리아와 같은 국가는 기후재정 지원마저 받지 못하고 있는 상황이다(Guardian 2022).

2.1.3. 정치적 문제

국가 영토의 지속성, 경제 및 사회적 영향 외에도 기후변화는 국가 내부 및 국가 간의 정치 지형에도 영향을 미친다. 기후변화로 인해 변화하는 환경은 해당 국가와 사회의 집단 간 새로운 갈등을 촉발하거나 기존의 경제, 사회적 갈등 요인들과 결합하면서 기존의 갈등을 고조하는 역할을 할 수 있다. 최근 기후변화를 다룬 많은 연구가 분쟁과의 상관관계를 주목하고 있다.

최근 연구 주제 중 하나의 동향은 기후변화와 지역 분쟁, 그리고 분쟁에서 파생된 이주 및 난민 문제에 주목한다. 전통적으로 정치적, 경제적, 종교적 요인, 인종 등이 이주와 난민 문제의 주요 원인으로 작용했다. 그러나 최근 기후변화로 인한 환경 변화나 재해는 국가 내부에서 지역의 경계를 넘어 이동하는 이주민, 나아가 난민의 형성에 기여하고 있다.

기후 난민(climate refugees)은 1985년 유엔환경계획(UN Environment Programme, UNEP)의 전문가 Essam EI-Hinnawi(1985)가 눈에 띄는 환경 파괴로 인해 비자발적으로 자신의 거주지를 일시적 혹은 영구적으로 떠날 수밖에 없는 사람들(people who have been forced to leave their traditional habitat, temporarily or permanently, because of marked environmental disruption)로 정의하면서 사용하기 시작했다. 유엔난민고등판무관(United Nations High Commissioner for Refugees, UNHCR)에 따르면 2008년 이래 2,150만 명이 기후변화와 연관된 재난으로 인하여 실향민이 되었다(McAllister 2023). 호주 시드니의 경제평화연구소(Institute for Economic and Peace)는 2050년까지 기후변화로 최소 12억 명이 실향민이 될 수 있다고 예측했다(경향신문 2021). 이렇듯 기후변화는 이주와 난민 문제의 폭을 확대하면서 국제법과 규범 등 국제정치에 영향을 미칠 새로운 의제로 부상하고 있다. 기후변화라는 글로벌 환경 이슈가 재해의 형태로 특정 지역에 국지적으로 영향을 미쳐 난민을 만들어 내므로 기후변화를 난민의 직접적 원인으로 볼 것인가, 재해를 원인으로 볼 것인가 등 다양한 문제에 대해서 아직 논의가 진행 중으로 국제사회의 합의를 통해 국제법상의 확립이 필요한 문제이다(Berchin et al. 2017).

기후변화는 또한 집단과 국가 간 한정된 자원을 둘러싼 갈등과 분쟁을 유발하기도 한다. 기후변화로 인한 가뭄과 물 부족, 홍수, 사막화, 해수면 상승 등은 개인과 집단의 생활 및 경제활동이 일어나는 공간과 환경에 큰 변화를 가져온다. 물, 토지 등 인간의 활동을 위한 가용 자원은 한정되어 있으며 기후변화로 인해 이들은 더 희소한 자원이 되고 있다. 기후변화가 진행될수록 자원을 둘러싼 갈등이 고조되며 이는 기존의 여러 다른 경제적, 정치적, 사회적 요소들과 결합해 더 큰 분쟁으로 증폭될 수 있다.

2011년에 발생한 시리아 내전이 그 사례로 종종 언급된다. 유프라테스강 상류에 위치한 이 국가는 역사적으로 비옥한 환경을 이용해 농경 문화를 꽃피웠다. 그러나 기후변화로 가뭄은 더욱 심각해졌으며 2007년부터 2010년 사이 기상관측 사상 몇백 년만에 가장 심각한 가뭄이 발생했다. 이는 농업 생산량의 급격한 저하와 그에 따른 농민들의 도시 이주를 낳았다(Kelley et al. 2015). 국가 전체 인구의 40%인 760만 명이 실향민이 되었다는 비정부조직의 분석이 있을 정도로 전례 없는 수준의 국내 이주(internal displacement)가 발생한 것이다(연합뉴스 2015). 많은 인구의 도시로의 유입은 그러나 도시 인구 급증, 물가 상승, 이주민과 기존 도시민 사이의 갈등 등 다양한 경제 및 사회 문제로 이어졌다. 같은 시기에 기후변화로 인해 러시아의 곡물 생산도 줄어들면서 러시아로부터 수입되는 밀가루 가격도 폭등하며 식량 수급도 차질에 직면했다.

당시 중동 지역에는 반정부 운동인 아랍의 봄(Arab Spring)이 확산되고 있었는데 시리아에서도 권위주의적 정권에 대한 불만이 위에서 설명한 여러 갈등 및 스트레스와 결합하면서 국민의 불만은 더욱 고조되었다. 결국 2011년 2월 독재자 바샤르 알아사드 대통령의 퇴진을 요구하는 반정부 시위가 촉발되었고 이는 정부와 군을 대표하는 시아파계 분파인 알라위파와 인구의 4분의 3을 차지하는 다수의 수니파 집단 간의 내전으로 이어졌다. 내전으로 시작된 전쟁에서 이란과 레바논의 헤즈볼라가 시아파 정권을 지원하고 사우디아라비아, 카타르 등이 수니파 반군을 지원하고, 2014년에는 미국이 반군을 지원하며 시리아 공습을 단행함으로써 국제전이 되었다. 2015년에는 러시아의 개입으로 미-러 대리전의 양상을 띠게 된다. 이 내전으로 인해 387,000명의 사망자, 560만 명의 난민이 발생했다(중앙일보 2021). 이들 난민은 그리스, 터키, 이탈리아 등 주변국 및 유럽 전역으로 이동하면서 난민 문제를 낳기도 했다.

미국 국립해양대기청(NOAA)은 1902년부터 2010년 사이 이 지역의 건조도 증가를 설명하는 요인으로 기후변화가 50% 이상을 차지함을 보여주었다(더데일리포스트 2019). 즉 기후변화로 인한 환경의 변화가 국가 내부에서 다양한 갈등을 증폭시키고 이것이 주변국 안보 및 국제정치에도 영향을 미치게 된 것이다. 물론 시리아 내전은 기후변화로 인한 물 부족이 분쟁의 직접적이고 유일한 원인은 아니며, 권위주의 정권에 대한 불만, 종교적, 사회적, 정치적 요인, 경제 불안 등이 복합적으로 상호작용한 결과물이다. 다만, 기존 연구 결과는 기후변화와 물 부족, 경제 불안 사이에는 조금 더 직접적 상관관계가 있었음을 보여준다(Gleick 2014).

아프리카 수단에서의 내전과 같은 분쟁 역시 기후변화와 밀접한 연관성이 있다는 분석이 있다. 하버드 대학 네이선 넌(Nathan Nunn) 교수의 연구에 의하면 아프리카에서 1989~2018년 약 30년간 내전으로 인해 123만 명이 사망했는데 이 기간에 연 강우량은 역사적 평균치에 훨씬 못 미쳐 가뭄의 빈도 증가와 사막화를 초래했으며 이는 물과 식량 공급에 악영향을 미쳤다. 넌 교수는 아프리카 인구의 22%, 약 2억 6,800만 명이 목축에서 수입을 얻는데 가뭄으로 인해 목축업자들과 농부들이 부족한 자원을 두고 경쟁하게 되면서 폭력적 충돌이 발생했다고 주장한다(이투데이 2022).

미 스탠퍼드 대학 연구진도 2019년 학술지 Nature에 발표한 논문에서 기후변화 악화에 따라 폭력을 수반하는 분쟁의 위험도 점가 증가할 것이라고 경고한다(Mach et al 2019). 본 연구는 빈곤 등 경제적 저발전 문제, 정치적 불안정, 정부의 통치 능력 부족 등 요인이 조직화 된 무장 분쟁의 직접적인 주요 원인일 수 있으나 기후변화로 인한 가뭄, 홍수, 폭염 등의 증가가 분쟁의 강도를 증폭시키는 촉매제가 될 수 있다고 분석했다. 이 논문은 전 세계 온실가스 배출이 줄지 않으면 기후와 관련된 폭력적 분쟁이 다섯 배 증가할 수 있다고 예측했다.

이처럼 기후변화는 인간과 사회 집단이 속한 환경과 자원의 분포에 영향을 미치며 이는 개인과 집단 간 갈등 유발 혹은 갈등의 확대 요인으로 작용할 수 있다. 정치경제의 가장 근본적 문제인 한정된 자원을 둘러싼 분배의 문제, 그에 따른 다양한 주체 간 갈등이 기후변화로 인해 발생하는 것이다. 이러한 갈등은 선진국보다는 기후변화의 영향을 더 강하게 받으며, 경제발전의 수준이 낮아 가용 자원이 부족하며 정치적 상황이 불안정한 개도국에서 발생할 가능성이 더 크다. 글로벌 사우스의 개도국이 기후변화로 인해 분쟁과 갈등을 겪게 되고 그에 대응하기 위하여 비용이 수반되면 경제발전을 위해 활용할 수 있는 재원은 그만큼 감소하고 선진국과의 격차는 더 커질 수밖에 없다. 결국 국제적으로는 경제적 불평등이 고착, 심화하는 결과를 낳게 된다.

2.2. 글로벌 기후변화 레짐에서 글로벌 노스 vs 사우스

기후변화에 대한 국제적 대응은 1992년 유엔기후변화협약(UNFCCC)이 형성되면서 본격적으로 시작되었다. 1997년 교토의정서(Kyoto Protocol)가 종료된 후 2021년부터 신기후체제의 막을 올리기 위한 국가 간 협의로 2015년 파리협정이 채택되고 2016년 11월 본격 발효되었다. 이러한 기후변화 레짐의 형성 과정에서 글로벌 사우스 국가들은 의제를 형성하고 자신들의 요구사항을 반영하기 위해 북반구 선진국 그룹과 때로는 협력하고 때로는 갈등을 빚기도 하였다. 파리협정의 주요 조항은 다음과 같으며 여러 조항이 개도국들이 처한 상황과 이들의 요구를 일정부분 반영하고 있다.

표 4-1 파리협정 주요 조항 및 내용

조항	내용
2조(목표)	산업화 이전 대비 온도상승을 2℃ 이하로 유지하고 더 나아가 1.5℃까지 억제하기 위해 노력
3조(총칙)	진전원칙으로 각 분야에 대한 NDC 제출
4조(감축)	세계적으로 조속하게 배출정점 달성 5년마다 NDC 제출 의무/ 이행은 국내에 맡김
5조(REDD+)	산림을 포함한 온실가스 흡수원과 저장고 보전
6조(국제 탄소 시장)	당사국들의 자발적 연계를 통한 온실가스 배출 감축량의 국제적 거래 허용
7조(적응)	기후복원력을 높이고 기후변화에 대한 취약성 감소를 위해 적응역량 배양
8조(손실과 피해)	기후변화로 인한 손실과 피해 문제의 중요성
9조(재원)	선진국은 선도적으로 개도국을 위한 재원 조성, 제공 다른 국가는 자발적 참여 독려
10조(기술)	감축과 적응을 위한 기술개발 개발된 기술의 국제 이전 행위의 중요성 강조
11조(역량 배양)	개도국 역량배양을 위해 노력
13조(투명성)	감축, 적응 행동 및 지원에 대해 투명성 강화
14조(글로벌 이행점검)	5년 단위로 전 세계적 이행점검
15조(이행·준수 메커니즘)	당사국의 파리협정 이행, 준수를 모니터링하는 위원회 설립, 운영

출처: 한희진(2023, 77)

기후변화 문제에 있어 책임과 피해의 불일치와 국가별 불균등한 기후변화의 영향 때문에 UNFCCC는 공동의 그러나 차별화된 책임(common but different responsibilities)과 역량을 강조한다. 특히 교토의정서에서와 달리 파리협정에서는 개도국에도 자발적 감축 목표를 의무적으로 국제사회에 선언하고 이행하도록 하였다. 그러나 유엔기후변화협약은 기후변화에 대한 대응에 모든 당사국의 참여가 필요하나 개도국의 경우 역량과 기술 등을 고려해 형평성의 원칙 아래에 선진국과는 차등적 책임을 짐을 인정한다. 또한 기후변화가 개도국에 더 막중한 기후 적응의 도전과제를 제기하므로 이들의 기후변화 대응을 보조할 수 있는 재정 지원을 포함한 기후 조처를 취해야 한다고 규정하였다(제3조 1항, 제4조 3항, 8항 등).

파리협정 역시 개도국의 완화뿐만 아니라 적응 부문에 대한 지원이 균형 있게 이루어져야 한다는 점을 재확인하고 있으며 9조 등에서 선진국이 개도국을 위한 재원을 조성하여 제공하고 10조에서 기술의 국제 이전의 필요성, 11조에서 개도국의 역량 배양 문제를 언급하고 있다.

1992년 UNFCCC의 등장에서부터 파리협정에 이르기까지 국제 기후변화 레짐에서 이렇듯 개도국의 차별적 책임과 개도국에 대한 지원 내용이 강화된 데는 개도국들로부터의 강력한 요구가 큰 역할을 했다. 기후변화 국제협약의 논의 초기부터 배출 책임의 분배 문제, 기술 이전 및 재정 지원 문제는 개도국과 선진국 사이에 갈등을 초래했다. 예를 들어 2009년 코펜하겐 기후정상회의에 앞서 중국, 브라질, 남아프리카공화국, 인도는 BASIC를 결성해 기후 협상에서 협력을 강화하고 개도국의 입장을 대변하면서 선진국의 책임과 지원의 부족 문제를 비판했다. 이에 대해 글로벌 노스의 국가들은 비교적 최근까지도 전적으로 배출량 감소에 대해 부담을 지고 개도국에 대한 재정 지원을 강화하는 문제를 꺼려왔다(Wang et al. 2022, p. 3). 기술의 이전은 선진국 기술에 대한 지적 재산권 및 경제적 이익과 직접적으로 연관된 사항이므로 선진국은 비교적 민감하게 반응해 왔다고 볼 수 있다.

그러나 교토의정서를 계승할 신기후체제의 수립 필요성 등은 개도국과 선진국 간의 타협을 낳았고 선진국의 책임에 따른 개도국의 기후변화 대응 지원 필요성에 대해서는 글로벌 노스도 점차 인정하며 지원 약속을 강화해 왔다. 실제 글로벌 사우스의 136개국은 파리협정 하에서 자국이 제출한 국가결정기여(NDC)의 세부 사항을 이행하기 위해 국제적 지원에 크게 의존한다(Pauw et al. 2020).

글로벌 사우스의 기후변화 대응을 지원하기 위해 오늘날 약 500여 개에 달하는 양자, 지역, 다자주의 프로그램과 채널을 통해 공여, 양허성 차관 등의 형태의 재정 지원이 이루어진다. 그 비중으로는 다자주의 협력체로부터의 지원이 가장 다수를 차지하고 양자 메커니즘이 그 뒤를 따른다. UN의 기후변화협약(UNFCCC)에 근거해 설립된 주요 재정 메커니즘으로는 1990년에 설립된 지구환경기금(Global Environmental Facility, GEF)과 인천 송도에 위치한 녹색기후기금(GCF) 등이 있다. GEF의 역할, 재정 집행 절차, 적응 기금 투입 범위, 재정 지원 규모 등에 대해 이들 간에 여전히 갈등이 진행 중이다. 개도국의 온실가스 감축과 기후변화 적응을 위해 2010년 설립된 GCF는 한국 송도에 사무국을 가지고 있으며 1) 영향 잠재력, 2) 패러다임 전환 잠재력, 3) 지속가능발전 잠재력, 4) 수원국의 수요, 5) 국가 주인의식(ownership), 6) 효율성 및 효과성이라는 6대 기준에 근거해 재정 지원을 이행한다.

Gallagher(2022)에 따르면 GCF가 재정 지원을 약속한 초기 재원의 규모만해도 103억 달러에 달한다. 이 기금은 프로젝트별로 재정 지원 신청을 받아 승인하는 절차로 운용된다. 2023년 3월에 개최된 35차 이사회에서도 총 7건의 기후변화 대응 사업에 대해 5.9억 달러를 승인했는데 북 톤레 삽 분지의 생태친화적 농업과 기후회복력을 위한 사업, 라오스의 지속가능 산림 관리 통한 배출감소 프로그램 이행 사업, 필리핀 농업의 기후변화 적응 사업, 볼리비아 발스 지역 취약 농촌의 생태 기반의 기후회복력 강화 사업 등 다양한 적응 지원 사업이 포함되었다. 이러한 사업에는 유엔식량농업기구(FAO)와 세계은행이 공동 재정지원(co-financing) 형태로 참여, 총 16.7억 달러의 투자 효과가 기대된다. 이들을 포함해 GCF가 추진하는 사업은 총 216건이며 사업 규모는 약 450억 달러에 달한다(기획재정부 2023).

경제협력개발기구(OECD)도 기후변화를 지속가능한 성장(sustainable growth)을 통해 극복해야 할 경제적 도전과제로 보고 개도국의 탄소중립 전환을 지원한다. 특히 개도국의 조세, 배출권, 화석연료 보조금 개혁 등 시장에 기반한 정책 수단(market-based instruments)을 통한 혁신 및 지속가능한 인프라 발전에 주목한다(김호석 2022).

이렇듯 다양한 출처에서 제공되는 재원은 개도국의 에너지 및 운송과 같은 감축 부문에 가장 많이 투입되며 물 공급, 위생, 농업, 산림, 어업 부문에도 투입되고 있다(OECD 2022). 재정 지원에서 개도국의 거시적 변수, GDP 성장, 거버넌스와 같은 정책 환경 등 요소가 프로젝트의 성과와 상관관계를 가진 것으로 나타나 많은 재정 프로그램이 이미 경제 규모가 크고 경제 성장률이 일정 수준 이상인 개도국에 투입되는 경향이 있음을 암시한다. 이렇듯 다양한 방식을 통한 재정 지원이 이루어지나 기후변화 재정 지원 수혜를 위한 조건과 절차의 복잡성 등은 행정적, 기술적 역량이 미흡한 개도국에게는 진입 장벽으로 작용하기도 한다.

또한 실제 GCF 사업 등이 지원 국가 내부에서 갈등을 빚어내기도 한다. GCF는 2028년까지 1억7천7백만 달러를 투자해 니카라과에서 유네스코가 생태구역으로 지정한 Bosawas와 Rio San Juan의 산림 파괴를 줄이고 생태 다양성을 보호하기 위한 사업을 2020년 11월 13일 승인한 바 있다. GCF는 니카라과 산림의 80%를 차지하는 이 지역의 광범위한 방목을 줄이고 코코아와 같은 임농업 등의 방법을 통해 지속가능한 토지 사용과 산림 경영을 촉진코자 하였다. GCF는 본 사업을 통해 총 47.3백만 톤의 온실가스 감축효과가 기대된다고 추정하였다. 그러나 본 프로젝트에 참여해 산림의 자원을 이용하거나 방목을 계속하려는 새로운 정착민과 기존에 산림에 거주하던 원주민 사이에 폭력을 동반한 갈등이 발생했다. 원주민을 대표하는 지역 단체들과 Center for Legal Assistance to Indigenous, Center for Justice and International Law와 같은 국제 NGO의 연합은 원주민과 원주민의 가옥에 대한 조직화된 공격이 프로젝트로 인해 발생했다고 소송을 제기하였다. 특히 이 연합은 GCF가 지역 원주민의 의견 수렴 없이 프로그램을 진행했다고 주장한다(Farand & Rodriguez 2023). 이는 글로벌 사우스에서 GCF에 대한 공신력에 영향을 미칠 수 있음에도 GCF는 2023년 3월에도 공개적 대응을 보류하고 있는 상태이다.

개도국들의 기후변화로 인한 재해와 재난 등 피해가 가중되면서 특히 적응 부문에서 지원 요구가 점차 증가 추세를 보인다. 이 부문에서는 2001년부터 적응 기금(Adaptation Fund)이 조성되어 개도국 적응 부문에 특화된 지원이 이루어져 왔다. 2021년 1월 UNEP, 즉 유엔환경계획(Neufeldt, Christiansen & Dale 2021)이 발표한 2020년 적응격차보고서(Adaptation Gap Report 2020)에 따르면 개도국의 적응 부문에 필요한 비용은 기후변화 악화에 따라 기하급수적으로 증가해 현재 매년 약 700억 달러로 추산된다. UNEP은 이 비용은 향후 지속적으로 증가해 2030년이 되면 1,400억~3,000억 달러, 2050년에는 2,800억~5,000억 달러에 이를 것으로 추정하였다. 보고서는 결국 개도국의 적응 이행을 촉진하기 위한 재정 지원의 확대가 필요하다는 결론을 내리고 있다.

국제 기후변화 레짐이 글로벌 북반구로부터 남반구로의 재정, 기술, 역량 지원을 촉구하고 있으며 실제 지원이 이루어지고 있으나 이 문제는 여전히 글로벌 남북(north-south) 갈등의 요인으로 남아있다. 2021년 글래스고우(Glasgow)에서 열린 제26차 당사국총회(COP26)에서도 선진국들의 불충분한 지원 이행에 대한 불만이 터져 나왔다. 인도 모디 총리는 선진국을 비판하며 당초 선진국들이 약속한 열 배 이상의 지원이 이루어져야 한다고 주장하기도 했다.

실제 선진국이 2020년까지 공적, 민간 자금을 동원해 마련하고자 했던 1000억 달러 규모의 기후재정은 모금에 실패했다. 2021년 9월 바이든 정부가 약속한 2024년까지 개도국의 기후변화 지원에 매년 114억 달러를 지원한다는 계획도 의회에서 진척을 보이지 않았고 중국 정부 역시 개도국의 청정에너지 지원 약속에서 큰 진전을 보이지 않았다(Gallagher 2022). 또한 선진국들이 개도국의 기후변화 사업에 지원했다고 밝힌 재정 지원의 규모가 부풀려졌거나 직접적으로 기후변화 관련 프로젝트에 투입된 것이 아님에도 그렇게 보고된 경우도 있다(Timperley 2021).

COP26에서는 가장 취약한 개도국들의 기후변화로 인한 손실(losses)과 피해(damages)에 대한 보상 문제가 의제로 채택되기도 했다. 손실과 피해란 기후변화 완화 및 적응 노력을 통해 피할 수 없는, 그리고 피할 수 없을 기후변화 관련 스트레스로 인한 영향을 일컫는다(van der Geest & Warner 2020). 손실과 피해 문제는 1991년부터 소도서 국가들(AOSIS)을 중심으로 그 목소리가 높아져 왔다. 이들은 해수면 상승으로 인한 손실과 피해에 대한 보상 차원의 보험 풀(insurance pool)을 요구했다. 그러나 선진국들은 손실과 피해의 구체적 책임 소재가 불분명하며 과학적 근거가 부족함을 이유로 금전적 보상 문제에 대한 논의를 회피해 왔다.

손실과 피해에 대한 논의는 2013년 COP19에야 비로소 기후변화 영향과 관련된 손실과 피해에 대한 바르샤바 국제 메커니즘(Warsaw International Mechanism for Loss and Damage associated with Climate Change Impacts, WIM)이 수립되며 본격적으로 의제에 올랐다. 유엔기후변화협약(UNFCCC)은 손실과 피해가 적응 및 리스크 관리 전략을 통해 저감될 수 있음을 인정하며 WIM을 수립했으나 어떠한 손실과 피해는 복구할 수 없음을 또한 인정했다. WIM의 세 가지 주요 기능은 첫째 지식과 이해의 증진, 둘째 다양한 이해당사자 간의 대화, 조율, 통일성, 시너지 강화, 셋째 액션과 재정, 기술, 역량 강화와 같은 지원 강화이다(van der Geest & Warner 2020, 730).

COP26에서도 본 의제가 다루어졌으나 미국, EU, 호주 등 선진국의 반발로 손실 · 피해 기금 설립에 대한 합의는 무산됐다. 대신 빈곤국의 기후변화 대응 지원을 위해 2019년 200억 달러(약 23조 6,000억 원) 수준이던 기후변화 적응 기금을 2025년까지 최소 두 배 증액하기로 합의했다(경향신문 2021).

일 년 후 이집트에서 개최된 COP27에서는 선진국의 대 개도국 기후변화 적응 지원과 손실과 피해에 대한 배상 문제가 주요 화두로 떠올랐다. 특히 2022년 6월에서 9월 사이 파키스탄에서 발생한 폭우와 홍수는 관련 논의가 급물살을 타는 촉매제의 역할을 했다. 전례 없는 규모의 홍수로 파키스탄의 국토 3분의 1이 잠겼고 이로 인해 1,100명 이상의 사망자, 3,300만 이상의 수재민이 발생했으며 막대한 경제적, 사회적 손실을 가져왔다. UN 사무총장 안토니오 구테흐스도 홍수 현장을 방문, 향후 국제사회가 손실과 피해 문제를 본격 논의할 때가 왔다고 밝힌 바 있다. COP27에서 파키스탄은 개도국 134개국(G77)을 대표하는 의장국으로 이들 국가의 입장을 강력히 대변했다. 해수면 상승으로 국가 존립 위기에 처한 카리브해 바베이도스와 같은 국가도 총리의 연설을 통해 선진국이 책임감을 가지고 차관이 아닌 무상 지원의 형태로 기후 재정 지원을 이행해야 한다고 역설했다.

COP26에서는 이미 언급한 바와 같이 선진국의 반대로 손실과 피해 관련 기금 조성 내용이 채택되지 않았다. 아프리카 이집트에서 개최되는 당사국총회인 만큼 2022년 11월에 개최된 COP27에서는 개도국의 손실과 피해 문제가 주요 의제로 떠올랐고 이를 다룰 국제적 재정기구 설립에 대한 논의가 활발히 전개되었다. 러시아-우크라이나 전쟁으로 인한 에너지 가격 상승,

인플레이션, 코로나-19로 인한 경제 침체 등의 복합적 요인이 기후변화의 부정적 영향과 결합되며 개도국들은 선진국의 미온적 지원에 대한 불만을 토로하였고 이는 손실과 피해에 대한 논의를 재점화했다. 이번 당사국총회 전 영국과 이집트가 공동으로 작성해 제출한 보고서는 개도국 지원에 2030년까지 연간 2조 달러(약 2770조원)가 필요한 것으로 추산했다(한겨레 2022). COP27 폐막이 다가오면서 개도국 그룹의 요구가 계속되자 회의 협상자들은 향후 5년 이내에 손실과 피해를 다루는 기금 설립에 동의하였다.

몇몇 선진국들은 개도국에 대한 재정 지원 계획을 밝혔다. 독일은 기후변화 취약국을 지원하는 글로벌 보호 계획(Global Shield against Climate Risks)하에 1억7천만 유로(2360억원)을 제공한다고 밝혔고 영국도 기존보다 3배 많은 17억 달러(2조3500억원)을 개도국 친환경 발전을 위해 지원한다고 밝혔다. 글로벌 보호 계획은 COP27에서 G7과 58개의 기후 취약 국가의 대표 단체인 V20가 공동 제안한 이니셔티브로 기후 재해 등에 대한 보험 제공 등의 내용을 포함한다(Collins 2022). 영국, 미국, 프랑스, 독일, EU는 2021년에 공동 발표한 공정한 에너지 전환 계획(Just Energy Transition Partnership, JETP)을 통해 남아프리카공화국의 석탄화력발전에 대한 의존도를 줄이는 사업에 85억 달러(11조8천억 원)를 약속했다. 이외에도 덴마크, 벨기에, 스코트랜드 등이 개도국의 손실과 피해에 대한 논의에 지지입장을 표명했다(한겨레 2022).

개도국들은 차관이나 보험보다 직접적 재정 지원을 선호하고 있다. 또한 지속적인 재정 지원이 없이는 손실과 피해 재단의 운영이 불가능할 것으로 보았다. 특히 기존의 World Bank와 같은 다자주의 기구를 통한 재정 지원은 과거의 프로그램들을 답습하여 오래된 독에 물을 붓는 것과 마찬가지가 될 것을 우려하고 있다(Mufson 2023).

COP27에서 이렇듯 손실과 피해 관련 기금 설립에 대한 합의는 도출된 반면, 우선적 지원 대상이 되는 특별히 취약한(particularly vulnerable) 국가 및 국가 군을 객관적 기준에 따라 특정하는 일이 도전과제로 남아있다(Kaminski 2023). 또한 구체적인 재정 확보 방안 및 규모, 지원 대상과 그 자격, 재정 출원의 자발성 여부, 기금의 공정한 분배 등 세부적 사항들은 아직 더 논의가 필요하다(Harris 2023; Naylor & Ford 2023).

특히 개도국의 손실과 피해를 정확히 측정하여 그를 경제적 가치로 환산하는 일은 기술적으로 어렵다. 물론 최근 일련의 연구들이 지구온난화 문제에서 한 국가가 다른 국가에 미치는 영향을 계량화하려는 시도를 보여준다(Matthews 2016; Tol 2022). Dartmouth College 연구진이 학술지 Climate Change에 게재한 연구(Callahan & Mankin 2022)는 복잡성을 내포하는 기후 모델과 역사적 데이터를 활용해 온난화로 인한 국가의 다른 국가 소득변화에 대한 역사적 책임(culpability)치를 추정한다. 결과에 따르면 미국, 중국, 러시아, 브라질, 인도 등 상위 5대 배출국이 1990년부터 2014년까지 다른 국가의 소득에 손실의 형태로 미친 영향은 매년 글로벌 GDP의 14%에 상당하는 미화 6조 규모이다. 미중 양국이 다른 국가들에 끼친 피해 및 손실액을 합치면 1.8조 달러가 넘는다. 이외에도 다수의 국가가 다른 국가에 수십억 달러의 피해를 끼쳐왔다. 본 분석에서 연구자들은 주로 고소득의 고배출 국가가 기후변화로부터 이익을 봐 왔으며 상대적으로 저소득, 저배출 국가들은 피해를 입어 왔음을 재확인하였다. 배출 상위 10개국은 전체 이익의 70%에 기여했으나 손실의 67%도 차지한다는 분석이다. 이와 같은 연구는 기후변화 문제에 있어 한 국가가 다른 국가에 끼치는 경제적 영향을 계량화하려는 시도로 향후 손실과 피해와 관련된 논의에 있어 중요한 함의를 제공한다.

이렇듯 기후변화 문제에 있어 글로벌 노스의 개도국 지원은 전반적으로 증가 추세를 보여왔으며 2022년을 기점으로 활성화된 손실과 피해 담론은 지원을 더 확대하는데 기여할 것이다. 그러나 선진국들의 개도국 기후 재정 지원은 실제 친환경 에너지, 온실가스 저감, 적응 사업 등에 효과적으로 투입될 필요가 있다. 특히 World Bank나 IMF 등 다자주의 기구는 충분한 펀딩을 기후위기 대응을 위한 녹색 사업에 투입해 양자, 민간의 투자의 확대를 촉진할 필요가 있다.

개도국들은 실제 이들 국제 금융기구에 기후변화와 직접적 관련성을 지닌 사업에 투자지원 및 차관을 제공할 것을 촉구하고 있다. 예를 들어 2022년 카리브해의 기후 취약국가인 바베이도스(Barbados) 장관 Mia Mottley가 추진한 Bridgetown Agenda는 기후 재해로 타격을 입은 개도국의 재건을 지원하는 재정 지원(1조 달러) 및 IMF가 5000억 달러 규모의 특별인출권(speacial drawing rights) 혹은 저리의 장기 재정 수단을 사용해 청정에너지 및 기후 회복력 강화를 위한 방안들에 대한 민간 투자를 가속화할 것을 촉구했다. 바베이도스는 선진국이 1%에서 4%의 이자로 자본 대출을 받는다면 개도국에 대한 투자는 리스크가 더 큰 것으로 간주되어 14% 정도의 대출 이자가 책정된다고 주장하며 저리의 차관이나 무상원조가 없이는 개도국이 기후변화로 인해 발생하는 재해 등에 대처할 수 없으며 이는 이미 부채를 지고 있는 많은 국가들을 더 큰 채무 위기로 몰아갈 수 있다고 보았다. 이러한 아이디어는 COP27에서 주목을 받았으며 IMF, World Bank 등이 재정 운용 개혁에 기후 요소를 반영해야 한다는 압력으로 작용하고있다.

코로나-19라는 국제적 보건위기 및 경제상황 악화에 따라 지원 약속 이행은 미흡한 측면이 있었으나 선진국의 책무에 대한 인정과 개도국의 점증하는 요구로 인해 개도국을 위한 기후변화 대응과 역량 및 기후 회복탄력성 강화를 위한 재정적 지원은 강화되어 갈 것이다. 선진국과 민간부문 등 다양한 출처에서 지원이 제공되는 점은 기후변화에 대응할 역량과 기술을 강화하고 저탄소 경제로의 전환을 위한 인프라 등 토대 마련을 위해 중요하다. 그러나 개발도상국들 역시 지원된 재정적 자원을 기후변화 대응을 위한 탄소 감축 등의 프로그램에 적절히 분배하고 집행할 의무가 있다.

일례로 인도네시아 역시 남아공과 마찬가지로 공정한 에너지 전환 계획(JETP) 아래 석탄화력발전을 축소하고 녹색 전환을 이행하도록 미국과 선진국으로부터 200억 달러의 지원 약속을 받았다. 그러나 전력의 약 60%를 석탄화력발전에서 생산하며 전기부문에서 석탄 최대 수출국이기도 한 인도네시아 정부는 해당 자금을 신규 발전소 건설에는 사용하지 않겠다고 밝혔으나 이미 파이프라인에 있는 발전소나 그린 파크 건설을 위한 석탄화력발전소에는 예외를 두었다. 또한 석탄 보조금을 유지함으로써 재생에너지의 가격 경쟁력 상승을 지연시키는 모습으로 국내외에서 비판을 받고 있다(NPR 2023). 인도네시아가 남아프리카공화국, 베트남과 함께 JETP의 지원을 받는 소수의 국가이며 앞으로 선진국의 JETP지원이 확대될 것을 감안하면 인도네시아 정부의 기후변화 대응을 위한 탈석탄 등 책임 있는 기금 운용을 통한 효과적 녹색 전환 사례는 다른 개도국의 행동에도 영향을 미칠 가능성이 있다. 따라서 선진국 및 국제 금융기구 등의 기후 재정 및 기술 지원 강화를 요구함과 동시에 개도국들 스스로에게도 책임있는 정책 집행이 요구된다.

3 나가며

UN에 따르면, 코로나-19로 인해 그 이전 4년간 진행되었던 개도국의 빈곤 퇴출을 향한 진전은 후퇴되었고 우크라이나 전쟁으로 인플레이션이 악화되면서 개도국의 경제적 고충은 증가하고 있다. 2022년에만 9천오백만의 세계 인구가 절대적 빈곤(1.9달러 미만으로 생활)의 나락으로 떨어질 것으로 추정되었고 전기를 사용할 수 있던 개도국의 약 9천만명이 더 이상 에너지 수급을 위한 비용을 치를 수 없는 상태가 되었다. 이로써 다수의 개도국에서 난방, 냉방과 같은 기본적 서비스의 공급이 온실가스 배출을 줄이는 일보다 급선무가 되었다(Gallagher 2022). 개도국이 처한 이러한 상황에서 기후변화는 이들의 경제적 현실과 지속가능발전에 대한 전망을 더욱 어둡게 하고 있다.

본 장에서 설명한 바와 같이 기후변화는 글로벌 사우스의 국토 전체 혹은 일부의 영속성, 경제 및 사회적 발전, 정치적 안정 등 다양한 측면에서 부정적 영향을 미친다. 기후변화에 대한 국제사회 공동의 대응이 현재와 같은 답보를 지속한다면 이러한 부정적 효과들은 가중되며 복합적인 위기와 도전을 제기할 가능성이 크다.

개도국들은 국제 기후변화 레짐 하에서 공동의 그러나 차별화된 책임 원칙을 강조하면서 온실가스 배출에 대한 역사적 책임이 큰 글로벌 노스가 기후변화 대응을 위해 더 적극적인 역할을 해줄 것을, 특히 글로벌 사우스에 대한 재정 지원을 강화해 줄 것을 요구해 왔다. 또한 2022년을 기점으로 개도국들은 손실과 피해에 대한 논의를 의제로 올리며 글로벌 노스의 책임과 지원을 촉구하고 있다. 또한 이들은 재정 지원을 이행하는 주요 국제 금융기구들의 지원 방식이 개도국과 그들이 필요로 하는 수요 중심으로, 그리고 직접적 기후변화 대응 효과를 창출할 수 있는 방향으로 개선될 것을 요구하고 있다.

개도국들은 지속가능한 발전을 넘어 IPCC 제6차 보고서가 제시한 기후탄력적 발전, 즉 미래 기후변화에 적응하는 동시에 지속가능한 미래를 위한 경제 시스템의 전환을 위한 노력을 가속화해야 한다. 기후탄력적 발전은 과학, 기술, 가치관, 사회구조, 정치와 경제 체제, 권력관계의 담대한 전환을 요구하고 있다. 오늘날 많은 개도국들이 선진국과 같이 녹색 경제(green economy)를 표방하며 기후변화를 포함한 환경 위기의 문제와 경제성장 및 발전의 필요성을 동시에 충족하고자 한다(Buseth 2021). 그러나 기후변화 대응을 위한 탈탄소(decarbonization)의 전환 과정은 단선적이 아니며 GDP 성장 및 고용 창출에 기여할 수도 있으나 오히려 전환 과정에서 단기적으로 개도국의 탄소 집약적 경제가 후퇴되거나 일자리가 사라질 수도 있다(Emenekwe et al. 2022). 또한 석탄화력 중심의 에너지에서 재생에너지로의 전환에 따라 석탄화력발전 인프라 등이 좌초 자산화하면서(Bos & Gupta 2018) 인구 및 경제가 양적 성장 추세에 있는 개도국의 에너지 공급에 부정적 결과가 발생할 수도 있다(Dioha et al 2019). 따라서 개도국 스스로 기후변화 대응을 위한 탈탄소 전환이 자국의 경제 및 지속가능발전에 미칠 다양한 부정적 영향을 다각도로 검토하고 대안을 준비해야 할 것이다.

개도국의 요구와 압력 하에서 선진국과 글로벌 금융기구, UN 기후변화 레짐이 개도국을 위한 재정 및 기술지원을 강화하는 방향으로 진화해 왔으나 아직 지원 이행의 속도와 범위는 기후변화를 저지할 만큼 충분치 않다. 선진국과 이들의 재정으로 운영되는 글로벌 금융기구들은 개도국의 적응 부문 보다는 자신들의 재정 지원 대비 단기적으로 가시적 효과를 내는 완화 부문에 집중해 왔다. 특히 공여가 아닌 차관의 경우 친환경 에너지 및 모빌리티 등 완화 부문에 대한 선호가 컸다. 민간 부문에서 오는 투자의 경우에도 재생에너지 등 완화 부문에 대한 집중 현상이 두드러진다(Timperley 2021).

그러나 기후변화에 대한 국제적 대응이 답보 상태로 정체된 현 국면에서 실제 기후변화로 인해 글로벌 사우스가 경험하는 부정적 영향을 축소하고 이들의 적응 역량을 강화할 것이 요구된다. 비록 선진국들과 국제 금융기구들이 적응에 대한 지원을 완화의 수준으로 끌어올리겠다고 하지만 아직 큰 진전을 보이고 있지 않아 적응 부문에 대한 정책의 정책적 관심과 변화가 요구된다. 덴마크와 같은 국가들이 재정 지원의 60% 이상을 적응 부문에 투입하겠다고 선언하는 등 적응 부문을 강화하고 있어 더 많은 국가의 동참이 필요하다.

선진국들은 기후변화에 대한 대응과 지원에서 표면적 정책상으로는 탈탄소를 지향하면서 해외 석탄화력발전 사업에 대한 지원을 강화하는 등의 그린 워싱(green washing)이나 기후 위선(climate hypocrisy)적 행태를 지양하고 글로벌 사우스의 저탄소 녹색 발전을 위한 프로그램들을 발굴해 지원해야 할 것이다(Han 2022). 이는 글로벌 노스-사우스의 협력뿐만 아니라 최근 개도국에 대한 지원의 주체로 급부상한 중국에도 적용된다. 중국은 일대일로(Belt and Road) 사업에서 개도국의 친환경 녹색 인프라 등에 투자하겠다고 공표해 왔으나 여전히 소위 브라운(brown) 사업이라는 기존의 인프라 발전 사업을 지속하고 있다(Liao 2022). 이러한 행태의 지속은 글로벌 사우스의 녹색 전환과 기후변화 대응을 지연시키므로 개선될 필요가 있다.

참고문헌

국내 참고문헌

경향신문. (2021). “기후위기가 국제분쟁 키운다”. 11월 28일. https://www.khan.co.kr/national/national-general/article/202111280859001.

경향신문. (2022). “자카르타 대신 누산타라”…인니판 신행정수도 논란. 1월 26일. https://www.khan.co.kr/world/asia-australia/article/202201262124035

기획재정부. (2023). “제35차 녹색기후기금(GCF) 이사회 개최결과-33개 개도국 대상, 총 5.9억불 규모의 기후사업 승인”. 개발금융국 녹색기후기획과 보도자료. 3월 17일자.

김호석. (2022). “탄소중립 시대 지구적 기후변화 대응 노력”. 경제인문사회연구회 글로벌 이슈 브리프 글로벌 복합 위기와 세계 경제. Vol 1. 7월. 59-66.

더데일리포스트. (2019). “기후변화의 역습…시리아 난민을 발생시켰다고?” 3월 31일. https://www.thedailypost.kr/news/articleView.html?idxno=70067

연합뉴스. (2015). “유럽 난민사태 뿌리는 기후변화…환경난민 시대 열렸다”. 9월 21일. https://www.yna.co.kr/view/AKR20150918039300009

이투데이. (2022). “기후 위기에 세계대전 걱정해야 할 이유”. 8월 29일. https://www.etoday.co.kr/news/view/2167546

BBC News. (2022). “기후변화: 기록적 홍수로 파키스탄의 국토 3분의 1이 완전히 물에 잠겼다”. 8월 30일. https://www.bbc.com/korean/international-62669748

중앙일보. (2021). “10대의 낙서 하나로 시작된 전쟁…시리아 내전 10년의 비

극". 3월 1일. https://www.joongang.co.kr/article/24002125
한겨레. (2022). "개도국 기후재정 매년 2조달러 필요…'대출 아닌 무상 지원을'" 11월 8일. https://www.hani.co.kr/arti/society/environment/1066366.html
한희진. (2023). 기후변화의 국제정치. 부산: 부산대학교출판문화원.

해외 참고문헌

Berchin, I. I., Valduga, I. B., Garcia, J., & de Andrade, J. B. S. O. (2017). "Climate Change and Forced Migrations: An Effort Towards Recognizing Climate Refugees." Geoforum 84, 147-150.
Biermann, F., & Möller, I. (2019). "Rich man's solution? Climate engineering discourses and the marginalization of the Global South". International Environmental Agreements: Politics, Law and Economics, 19, 151-167.
Bos, K., & Gupta, J. (2018). "Climate change: the risks of stranded fossil fuel assets and resources to the developing world". Third World Quarterly, 39(3), 436-453.
Buseth. J. T. (2021). "Narrating Green Economies in the Global South". Forum for Development Studies, 48(1), 87-109,
Bushard, Brian. (2022). "Record Flooding: $40 Billion Of Damage In Pakistan As Monsoons Devastate South Asia". Forbes. Oct 19. https://www.forbes.com/sites/brianbushard/2022/10/19/record-flooding-40-billion-of-damage-in-pakistan-as-monsoons-devastate-south-asia/?sh=264c1d075481
Callahan, C. W., & Mankin, J. S. (2022). "National attribution of historical climate damages". Climatic Change, 172(3-4), 40.
Callahan, C. W., & Mankin, J. S. (2022). "Globally unequal effect of extreme heat on economic growth". Science Advances, 8(43), eadd3726.
Collins. Jennifer. (2022). "Germany, G7 launch 'Global Shield' cli-

mate finance at COP27". DW. Nov. 14. https://www.dw.com/en/germany-g7-launch-global-shield-climate-finance-at-cop27/a-63728889

Diffenbaugh, N. S., & Burke, M. (2019). "Global warming has increased global economic inequality". Proceedings of the National Academy of Sciences, 116(20), 9808-9813.

Dioha, M. O., Emodi, N. V., and Dioha, E. C. (2019). "Pathways for low carbon Nigeria in 2050 by using NECAL2050". Renew. Energy Focus 29, 63-77. doi:10.1016/j.ref.2019.02.004

Emenekwe, C. C., Okereke, C., Nnamani, U. A., Emodi, N. V., Diemuodeke, O. E., & Anieze, E. E. (2022). "Macroeconomics of decarbonization strategies of selected global south countries: A systematic review". Frontiers in Environmental Science, 10: 938017.

Diffenbaugh, N. S., & Burke, M. (2019). "Global warming has increased global economic inequality". Proceedings of the National Academy of Sciences, 116(20), 9808-9813.

El-Hinnawi, E. (1985). "Environmental Refugees". United Nations Environment Programme, Nairobi, 4.

Farand, C & Rodriguez, S. (2023). "Green Climate Fund credibility hangs over response to violence in Nicaragua project". Climate Home News. March 17. https://www.climatechangenews.com/2023/03/17/indigenous-people-facing-violence-gcf-green-climate-fund-nicaragua/

Fuchs, R., Conran, M., & Louis, E. (2011). "Climate change and Asia's coastal urban cities: can they meet the challenge?" Environment and Urbanization Asia, 2(1), 13-28.

Fuhr, H. (2021). "The rise of the Global South and the rise in carbon emissions". Third World Quarterly, 42(11), 2724-2746.

Gallagher, Kelly Sims. (2022). "Time to Rethink Climate Finance". Foreign Affairs. Nov 7. https://www.foreignaffairs.com/world/

time-rethink-climate-finance#author-info
Gleick, P. H. (2014). "Water, drought, climate change, and conflict in Syria". Weather, Climate, and Society, 6(3), 331-340.
Guardian. (2022). "Climate crisis funds not reaching countries in need, senior UN official says". Oct 27. https://www.theguardian.com/global-development/2022/oct/27/somalia-famine-climate-crisis-funds-un-humanitarian-chief-martin-griffiths
Han, H. (2022). "Climate Hypocrisy? A Case of Korea's Involvement in Coal Capacity Expansion in Southeast Asia". The Korean Journal of International Studies, 20(2), 275-299.
Harris, PG (2023). COP27: From preventing dangerous climate change to salving loss and damage. PLOS Clim 2(1): e0000150. https://doi.org/10.1371/journal.pclm.0000150
Haug, S., Braveboy-Wagner, J., & Maihold, G. (2021). "The 'Global South' in the study of world politics: Examining a meta category". Third World Quarterly, 42(9), 1923-1944.
Hossain, Mosabber. (2022). "Climate disasters drive Bangladesh children from classrooms to work". Thomson Reuters Foundation. May 9. 검색일: 2022년 8월 13일. https://news.trust.org/item/20220507212405-85gbq/?utm_source=twitter&utm_medium=social&utm_campaign=trf-climate
Kaminski, I. (2023). "Nations fight to be called climate vulnerable in IPCC report". Climate Home News. March 22. https://www.climatechangenews.com/2023/03/22/nations-fight-to-be-called-climate-vulnerable-in-ipcc-report/?utm_campaign=Hot%20News&utm_medium=email&_hsmi=251440571&_hsenc=p2ANqtz-8lPuB19TpEO7B8tCiReKHFVCCVnSAS0YQZnkAbx-CcNfL8ZrTMpB0MMMcDerV7cwuPMSm6fA-cd_HsQ55gKyTnMwcqrw&utm_content=251440571&utm_source=hs_email
Kalaidjian, E., & Robinson, S. A. (2022). "Reviewing the nature and pit-

falls of multilateral adaptation finance for small island developing states". Climate Risk Management, 100432.

Kees van der Geest & Koko Warner. (2020). "Loss and damage in the IPCC Fifth Assessment Report (Working Group II): a text-mining analysis". Climate Policy, 20(6), 729-742

Kelley, C. P., Mohtadi, S., Cane, M. A., Seager, R., & Kushnir, Y. (2015). "Climate change in the Fertile Crescent and implications of the recent Syrian drought". Proceedings of the national Academy of Sciences, 112(11), 3241-3246.

Liao, J. C. (2022). "Talking Green, Building Brown: China-ASEAN Environmental and Energy Cooperation in the BRI Era". Asian Perspective, 46(1), 21-47.

Mach, K. J., Kraan, C. M., Adger, W. N., Buhaug, H., Burke, M., Fearon, J. D., ... and von Uexkull, N. (2019). "Climate as a Risk Factor for Armed Conflict". Nature, 571(7764), 193-197.

Matthews, H. D. (2016). Quantifying historical carbon and climate debts among nations. Nature Climate Change, 6(1), 60-64.

McAllister, S. (2023). "There could be 1.2 billion climate refugees by 2050. Here's what you need to know". Jan. 13. https://www.zurich.com/en/media/magazine/2022/there-could-be-1-2-billion-climate-refugees-by-2050-here-s-what-you-need-to-know

Mufson, S. (2023). "Rich nations pledged to pay for climate damages. Where's the money?" Washington Post. Feb 2. https://www.washingtonpost.com/climate-environment/2023/02/02/climate-change-poor-nations-financing/?utm_campaign=Hot%20News&utm_medium=email&_hsmi=244467295&_hsenc=p2ANqtz—ObXDsL8OTtn6AtmP_bSZFYVZPE5alU93LsDfFa1XGZK0sS6AGZ6V3FZQVUQjk3fhmql0_CWEky5OuJJb4frUMnUFqbA&utm_content=244467295&utm_source=hs_email.

Naylor, A. W., & Ford, J. (2023). "Vulnerability and loss and damage following the COP27 of the UN framework convention on climate change". Regional Environmental Change, 23(1).

NPR. (2023). "Why some Indonesians worry about a $20 billion international deal to get off coal". March 7. https://www.npr.org/transcripts/1161287599

New Yorker. (2022). Climate Change from A to Z. 검색일: 2022년 12월 1일. https://www.newyorker.com/magazine/2022/11/28/climate-change-from-a-to-z?utm_source=nl&utm_brand=tny&utm_mailing=TNY_Magazine_Daily_112122&utm_campaign=aud-dev&utm_medium=email&bxid=5fd806277280c55b23091b61&cndid=63172467&hasha=04ac712cf568dda9f4a8356e883e06bc&hashb=f2b935b5444fe168a52839f8962744c3d897e3de&hashc=0e7af096f704633cd31a3c3179f81c50ffc381037d634f68ffaa3d2a59b3c799&esrc=Auto_Subs&utm_term=TNY_Daily OECD. (2022). "Statement by the OECD Secretary-General on climate finance trends to 2020". July 29. 검색일: 2022년 9월 1일. https://www.oecd.org/environment/statement-by-the-oecd-secretary-general-on-climate-finance-trends-to-2020.htm

Pauw, W. P., P. Castro, J. Pickering, and S. Bhasin. (2020). "Conditional Nationally Determined Contributions in the Paris Agreement: Foothold for Equity or Achilles Heel?" Climate Policy, 20(4), 468-484.

Perry, K. (2022). "Climate Reparations: A Pan-African Agenda for the 21st Century?" October 28. Available at http://dx.doi.org/10.2139/ssrn.4278962

Pörtner, H. O. and Roberts, D. C. and Poloczanska, E. S. and Mintenbeck, K. and Tignor, M. and Alegría, A. and Craig, M. and Langsdorf, S. and Löschke, S. and Möller, V. and Okem, A.. (2022) IPCC, 2022: summary for policymakers. In: Climate change 2022:

Impacts, adaptation, and vulnerability: contribution of working group II to the sixth assessment report of the intergovernmental panel on climate change. Cambridge, UK and New York, NY, US, pp. 3-33.

Timperley, J. (2021).The broken $100-billion promise of climate finance — and how to fix it. Nature. October 20. https://www.nature.com/articles/d41586-021-02846-3

Tol, R. S. (2022). "A meta-analysis of the total economic impact of climate change". arXiv preprint arXiv:2207. 12199.

https://doi.org/10.48550/arXiv.2207.12199

Ritchie, Euan. (2022). "A New Year's Resolution on the US' Climate Hypocrisy." January 7. Center For Global Development Blog. 검색일: 2022년 10월 1일. https://www.cgdev.org/blog/new-years-resolution-us-climate-hypocrisy

Neufeldt, H., Christiansen, L., & Dale, T. W. (2021). Adaptation Gap Report 2020. United Nations Environment Programme.

Van de Vuurst, P., & Escobar, L. E. (2020). "Perspective: climate change and the relocation of Indonesia's capital to Borneo". Frontiers in Earth Science, 5.

Wang, Guofeng, Liu, Ming & Xin, Yihang. (2022). "Categorisations of developed and developing countries in UN news on climate change". Social Semiotics, DOI: 10.1080/10350330.2022.2052275

World Economic Forum. (2022). "Climate disasters are pushing Bangladeshi children out of the school system". Mat 11. https://www.weforum.org/agenda/2022/05/climate-disasters-bangladesh-children-work/

Chapter 05

기후변화 대응을 위한 국제개발협력의 정치경제

박혜윤

1 들어가며

이 장에서는 기후 재원(climate finance)의 한 형태로서 기후원조 또는 기후 ODA[1]를 다루고자 한다. 기후원조는 국제 협력을 통해 개도국이 기후변화에 적절히 대응할 수 있도록 지원한다는 점에서 기후 재원과 동일한 성격을 가지지만 빈곤 타파, 인도적 지원, 경제사회발전에의 기여 등 개발원조 고유의 역할도 동시에 수행해야 하는 공적 재원이다. 기후 문제 해결의 중요한 열쇠는 지구 남반부 국가들의 지속 가능한 발전에 있다는 국제사회의 공감대가 형성되고 있는 현 상황에서 기후원조의 역할은 그 어느 때보다 중요해지고 있다. 그러나 개발전문가들과 연구자들은 기존의 원조 형식과 내용으로는 이와 같은 시대적 과제를 성공적으로 수행하기 어려우며 근본적인 변화가 필요하다고 지적한다(Arndt and Tarp 2017; Michaelowa and Michaelowa 2022).

저자는 특히 세 가지 사안에 초점을 맞추고자 한다. 첫째, 기후원조의 정의와 관련된 문제이다. 기후 재원을 어떻게 규정할지에 대해 국제사회에 구체적으로 합의된 바는 아직 없다.[2] 무엇이 문제이고 왜 기후원조를 기후재원과 구분해야 할 것인지, 또 어떻게 구분할 수 있을지 논의해본다. 둘째, 기후원조의 배분 문제이다. 선행 연구에 따르면 개발원조 결정에는 공여국의 동기와 수원국의 특성 및 필요성이 복합적으로 작용하고 있다. 기후원조가 이와 같은 개발원조의 일반적 양상을 따르고 있는지 살펴보고 그 함의에 대해 유엔과 OECD의 자료 및 최근 출판된 학술 논문을 바탕으로 검토해 본다. 마지막으로 기후 원조의 효과성 문제이다. 국제개발협력 분야에서는 80-90년대에 개발원조의 실질적 성과와 효과성에 대한 비판적 논의가 촉발되었으며 2000년대 들어서면서 관련 국제규범을 마련하는 등 원조 효과성 제고의 노

1 공적개발원조(Official Development Assistance)의 약자. 공적개발원조의 특성에 대해서는 '2.기후재원과 기후원조'에서 설명한다.

2 2022년 유엔기후변화협약 산하 재정상설위원회(SCF)는 기후 재원의 공식적 정의가 필요할지에 대해 검토하였으나 이를 요구하는 개도국과 반대하는 선진국의 견해차로 인해 결정이 보류되었다. https://unfccc.int/sites/default/files/resource/cp2022_08_cma2022_07E.pdf

력이 지속되어 왔다(손혁상 2013). 기후원조의 결과를 평가하기에는 아직 이르지만, 현재까지의 연구 결과에 비추어 향후 효과성 평가에 있어 중요하게 고려해야 할 부분이 무엇일지 고찰한다.

아울러 이 장의 모든 논의는 양자 원조(bilateral aid)에 한정되어 있음을 밝힌다. 개발원조는 원조 형식(type of aid)에 따라 공여국이 수원국에 직간접으로 제공하는 양자원조(bilateral aid)[3]와 국제기구나 다자개발은행과 같은 국제기구가 제공하는 다자원조(multilateral aid)로 나눌 수 있다. 양자원조는 공여국의 정치경제적 이해가 직접적으로 반영될 수 있지만, 다자원조는 여러 국가의 재원이 모이기 때문에 특정 국가의 이해가 반영되기 어려운 구조이다. 또한 기후 분야에서 다자원조로 제공되는 차관의 양허성[4] 비율(기후기금 48%, 다자개발은행 23%)은 양자원조(75%)에 비해 상당히 낮은 것으로 나타난다(OECD 2022a). 이에 기후재원이자 개발 재원으로서 기후원조의 역할과 이를 둘러싼 공여국-수원국 간의 정치경제적 문제들에 대해 논의하고자 하는 이 장의 목적에는 양자 기후원조가 좀 더 적합할 것으로 판단하였다.

2 기후재원과 기후원조

기후재원은 1992년 체결된 유엔기후변화협약에 근거해 부속서 II 국가들(선진국)이 비(非) 부속서 II 국가들(개도국)에 제공하는 기후변화 대응을 위한 재정적 지원책을 총칭한다(UNFCCC 2022). 기후협약에 서명한 국가는 각자의 역량 내에서 화석연료에 대한 의존도를 낮추어야 할 국제사회의 공통된 책임을 인정하고 그에 상응하는 행동을 취해야 한다. 1998년 교토의정서 채택

3 양자원조는 수원국 정부에 직접 지원될 수도 있고 다자개발은행과 같은 다자기구를 통해 지원될 수도 있다. 다자기구를 통하는 양자원조를 다자성 양자(multi-bi) 원조라 구분하기도 한다.

4 차관이 어느 정도 무상 증여적 성격을 가지는지 측정하는 지표를 말한다. 통상 이자율이 낮고 원금 상환 기간이 길수록 양허성 수준이 높다고 본다. 기획재정부 홈페이지 시사경제용어사전. https://www.moef.go.kr/sisa/dictionary/detail?idx=1762

당시 탄소배출 감축 의무를 면제받았던 개도국들은 2015년 파리협정을 통해 "공통의 차별화된 책임과 각자의 역량(common but differentiated responsibility and respective capacities)"이라는 원칙에 합의하고 탄소중립 경제로의 전환이라는 새로운 과제를 안게 되었다. 그러나 지구 온도 상승을 섭씨 1.5도 수준으로 억제하기 위해서는 개별 국가의 역량을 총합하는 것만으로는 부족하다. 지난 100여 년간 산업화를 주도한 선진국이 지구기후변화의 역사적 책임을 표명하는 방식인 기후재원은 성공적인 국제기후협력의 필요조건이라 하겠다.

그림 5-1

2016년-2020년 기후재원의 구성

(단위: %)

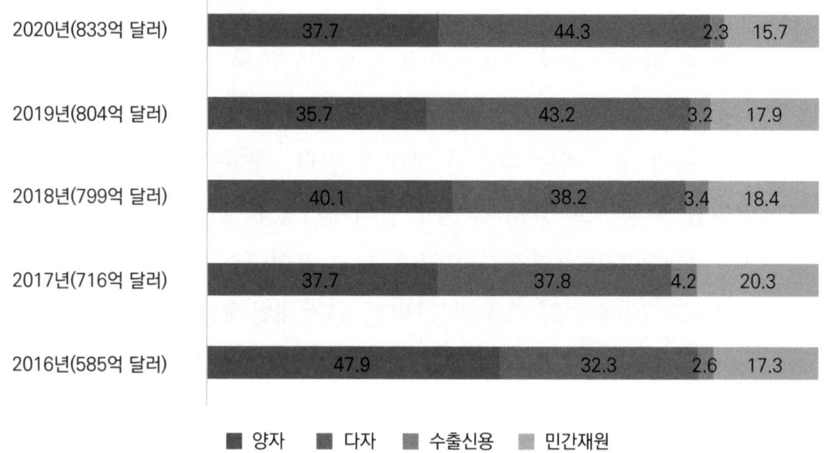

출처: OECD(2022a, p.23)를 저자가 재구성.

파리협정 결과에 따라 선진국들은 2020년까지 매년 천억 달러의 기후재원 조성을 약속하였으나 〈그림 5-1〉에서 알 수 있듯이 기한 내에 목표를 달성하는 데에 실패하였다. 결국 2022년 이집트에서 개최된 제27차 기후협약 당사국 총회에서 기금 조성 기한은 2025년까지로 연장되었다. 기후재원은 크게 공적재원과 민간재원, 그리고 수출신용으로 구성되며, 공적재원은 다시 양자 공적재원과 다자 공적재원으로 구분할 수 있다. 2016년부터 2020년까지 기후재원 구성의 양상을 보면 대부분 공적 재원으로 충당되고 있음을 알 수 있다. 2020년에 조성된 공적 기후재원은 681억 달러로 전체 기후재원의 82%를 차지하였다. 그 중 314억 달러(37.7%)는 양자 기후재원이고 369달러(43.2%)는 다자 기후재원이었다.

기후원조와 공적 기후재원을 동일한 개념으로 보는 경우도 있지만 두 재원은 명목상 분명한 차이점이 있다. 첫째, 기후재원은 기후협약을 근간으로 하여 선진국들의 의무사항으로서 조성된 재원이지만 기후원조는 2차 대전 이후 약 70여 년간 운영되어 온 국제개발협력체제의 규범에 입각해 공여국들이 자발적으로 조성하는 재원이다. OECD가 환경원조는 1992년부터, 기후원조는 1998년부터 그 규모를 파악하게 된 배경에도 기후협약이 있기는 하지만 이는 새롭게 조성된 재원이 아니라 기존의 원조에서 환경 및 기후와 관련된 원조의 규모를 명시한 것이었다[5]. 기후재원이 국제관계의 주요 의제로 등장하기 전부터 산업화로 인한 환경파괴와 자연재해 등의 문제는 개발의 주요한 의제 중 하나였으며 녹색원조 또는 환경원조를 통해 개발협력체제는 이에 대응해왔다(Hicks et al. 2010).

둘째, 재원의 성격에도 다소간 차이가 있다. 개발원조 정책 규범 수립과 모니터링을 수행하고 있는 공여국 협의체인 OECD 산하의 개발협력위원회(DAC)는 유엔기후변화협정 사무국에 선진 공여국이 직접 제출하는 기후재원과는 별도로 '기후변화 대응과 관련된 공적개발재원(climate-related official development finance)'의 규모를 파악하고 있다. 공여국들은 유엔과 OECD 양쪽에 기후관련 공적 재원에 대한 정보를 각기 다른 싸이클로 제공하고 있으며, 기후개발재원을 얼마나 기후재원으로 포함시킬지 여부는 공여국 정부의 판단에 따른다(OECD 2022a). 〈표 5-1〉에서는 유엔의 공적기후재원과 OECD의 공적기후개발재원 및 기후원조의 성격을 간략히 비교해 보았다.

5 OECD. *OECD-DAC Rio Markers for Climate: Handbook*. https://www.oecd.org/dac/environment-development/Revised%20climate%20marker%20handbook_FINAL.pdf

표 5-1 기후재원과 기후개발재원의 구분

명칭 및 집계 기관	구분	공여국	수원국
공적 기후재원 (public climate finance) 유엔기후변화협약 사무국에서 집계	증여, 양허성 및 비양허성 차관 선택적 리우마커 적용	부속서 II국가 (선진국)	비 부속서II 국가(개도국)
기후와 관련된 개발재원 (climate-related development finance) OECD-DAC에서 집계	증여, 양허성 및 비양허성 차관 의무적 리우마커 적용	OECD-DAC 회원국 및 비회원국	최빈국, 중하위 소득국
기후원조 또는 기후ODA (climate-related Official Development Assistance) OECD-DAC에서 집계	증여, 양허성 비율이 높은 차관(<25%) 의무적 리우마커 적용	OECD-DAC 회원국 및 비회원국	최빈국, 중하위 소득국

출처: OECD(2022a), UNFCCC(2022)를 참고해 저자 작성.

공적기후개발재원에는 기후재원과 마찬가지로 증여와 양허성 및 비양허성 차관이 모두 포함되어 있다. 여기에 추가적으로 공적개발원조로 분류될 수 없는 상업적 목적의 증여, 증여율 25% 이하의 양자간 원조자금, 공적기관의 수출신용, 공여국의 민간부문이 수원국에 제공하는 신용의 조건 완화를 위한 보조금 및 공적기관의 해외투자 자금지원 등을 모두 포함하는 기타공적자금(Other Official Flows)[6]도 포함되어 있다. ODA는 OECD-DAC의 규정상 증여나 양허적 성격이 25% 이상으로 제공되는 차관의 경우에만 사용하는 용어이며 기후ODA도 이에 준하고 있다. 개도국들에게 채무부담은 경제발전을 저해하는 주요 요인 중 하나이므로 양허성 차관은 사회경제적으로 취약한 개도국에게 부채의 부담을 덜어주는 재원이라 할 수 있다. 국가마다 상황에 따라 어떠한 개발재원을 사용할지를 판단하게 되겠지만 최빈국(Least Developed Countries)의 경우 특히 증여나 양허성 비율이 높은 차관 형태의 ODA는 매우 유용한 재원이라 할 수 있다. 반면 기후재원의 증여 비율은 2016년-2020년까지 평균 37%로 나타나 대부분의 재원이 차관으로 제공되는 것을 알 수 있다(UNFCCC 2022).

6 '기타공적자금,' ODA KOREA 개발협력사전. http://www.odakorea.go.kr/hz.blltn.DevdicSlPL.do?pageIndex=31

세 번째 구분되는 성격은 리우마커(Rio Makers) 부여 여부이다. OECD-DAC에서 집계하는 양자 기후개발재원 데이터의 경우 리우마커를 부여하는 것이 의무이지만 유엔에 제출하는 기후재원 데이터에서는 의무사항은 아니다(UNFCCC 2022). 리우마커는 1998년부터 모든 OECD-DAC 공여국이 기후변화 대응 관련 원조 데이터의 코딩에 적용하고 있다.[7] 공여국들은 원조 사업이 기후변화 대응을 주목적으로 하는지(principal), 아니면 부수적 목적으로 두고 있는지(significant) 자의적으로 결정한다. 유엔에 보고하는 기후재원은 리우마커 적용을 의무로 하지는 않지만 OECD 회원국인 대부분의 선진국들이 기후개발재원에서 사용한 리우마커 체제를 그대로 기후재원에도 사용하는 것으로 나타난다(UNFCCC 2022). 논란이 되는 것은 기후변화 대응이 주목적이 아닌 부수적 목적인 원조일 경우 이를 기후재원에 얼마나 포함시킬 수 있느냐 하는 문제이다. 합의된 원칙의 부재로 인해 공여국들은 각기 다른 기준을 적용하고 있으며 이는 정확한 기후재원 규모를 파악하는 데 어려움을 가중시키는 한 원인이 되고 있다. 2017년-2018년 데이터를 기준으로 보면 아이슬란드는 기후변화 대응을 부수적 목적으로 하는 원조 전액을 기후재원에 포함시키지만, 독일은 50%만을 포함시키고 일본과 영국은 프로젝트별로 상이하게 적용하고 있다(Colenbrader et al. 2022, p.28).

마지막으로 기후재원의 공여국과 수원국에도 차이가 있다. 유엔기후변화협약상 부속서 II 국가들은 모두 OECD-DAC의 회원국이지만 한국, 멕시코 등의 DAC 회원국들은 비 부속서 II 국가들로 기후재원 조성 의무가 적용되지는 않는다. 다만 기후협약 당사국들의 자발적 기여는 가능하기 때문에 기후협약 부속서I 국가들 중에서도 절반 정도는 기후재정 조성에 참여하고 있으며(UNFCCC 2022), 한국의 경우에도 녹색기후기금(GCF) 유치 및 공여, 글로벌녹색성장기구(GGGI) 신탁기금 출연 등의 기여를 해왔고 제27차 당사국 회의에서는 적응 기금(Adaptation Fund)에 2천 7백만 달러(한화 36억원) 기여를 약속하기도 하였다[8]. 한편 수원국의 경우에도 차이점이 있다. 기후원조는 최빈국

7 2010년부터 적응 사업을 별도 분류하였다. OECD. *OECD-DAC Rio Markers for Climate: Handbook.*

8 기획재정부. “정부, 개도국 기후적응기금 지원...3년간 36억원 공여.” 대한민국 정책브리핑 11월 16일자. https://www.korea.kr/news/policyNewsView.do?newsId=148908398

(유엔 지정)과 중하위 소득국(2년 주기로 OECD에서 명단 작성)에 제공되는 재원이지만 기후재원의 수원국인 비 부속서 II 국가들은 1992년 기후협약 당시 개도국으로 분류되었던 국가들이다.

이와 같이 기후원조는 기후재원과 명목상 분명한 차이가 있는 재원이라 할 수 있다. 그러나 실질적으로 조성된 재원은 명확한 구분 없이 대체로 중복되는 양상을 보인다. 이러한 중복의 원인은 공여국에 있다. 선진국들은 기존의 기후원조에 더해 '새롭고 추가적인(new and additional)'재원을 조성하기로 약속했지만 구체적으로 얼마나 추가적 재원이 제공되었는지 명시하지는 않고 있다(Colanbrader et al. 2022). 개도국 정부와 개발협력 관련 시민단체들은 기후재원 중에서도 특히 증여의 비율이 더 높아져야 한다고 주장하고 있는데 이는 결국 기후원조의 증액에 대한 요구라 할 수 있겠다(Oxfam 2020).

문제는 개발원조 자체의 증액 요구도 지난 수십 년간 지속되어 왔지만 눈에 띄는 진전이 이루어지지는 못했다는 점이다. 1970년 유엔총회의 결의에 따라 국민총소득(GNI)의 0.7%를 공적개발원조로 기여해야 한다는 국제규범이 성립되어[9] OECD-DAC은 매년 각 공여국이 이 목표에 얼마나 도달했는지 발표하고 있다. 매년 개발원조는 꾸준히 상승해왔지만 그럼에도 불구하고 31개 OECD-DAC 회원국 중 이러한 목표를 달성한 국가는 2022년 기준 5개국[10]에 불과하며 평균적으로 공여국들은 GNI의 0.3%를 개발원조에 할애하고 있다(OECD 2023). 기후재원이나 기후원조에 선진국들이 얼마나, 어떻게 기여해야 하는지에 대해서도 합의된 바는 없다. 다만 영국의 개발협력 싱크탱크인 ODI의 보고서에 따르면 국민총소득, 누적 국가탄소배출량(cumulative territorial CO_2 emission), 인구수를 감안하였을 때 적정한 수준의 기후재원을 기한 내에 조성한 공여국은 스웨덴, 프랑스, 노르웨이, 일본, 네덜란드, 독일의 일곱 개 국가에 그치고 있었다(Colanbrander et al. 2022).

기후재원 중에서도 기후원조의 좀 더 큰 역할에 대한 요구가 있는 것은

9 OECD. "The 0.7 ODA/GNI Target – A History." https://www.oecd.org/dac/financing-sustainable-development/development-finance-standards/the07odagnitarget-ahistory.htm

10 2022년 ODA/GNI 비율 0.7%에 도달하거나 상회하는 공여국은 룩셈부르크, 스웨덴, 노르웨이, 독일 덴마크이다(OECD 2023).

단순히 원조 금액의 증가 때문만은 아니다. 여기에는 기후원조가 가진 개발 함의에 대한 강조도 포함되어 있다. 기후재원이 현저히 부족한 상황에서 기후원조만으로 기후재원을 충당할 수는 없을 것이며, 그것이 반드시 바람직하지도 않다. 개도국의 개발 의제는 다양하므로 각 국의 상황에 맞는 재원이 제공되는 것이 적절할 것이다. 따라서 제한된 기후원조의 규모를 고려할 때 개발 재원이 어떻게 분배되어야 하며, 기후원조 사업의 효과는 어떻게 평가해야 할지에 대해서도 고찰해 볼 필요가 있다. 다음 3과 4에서는 이에 대해 논의하고자 한다. 우선 OECD가 발표한 최근 기후원조의 동향과 함께 기후 원조의 배분과 관련된 문제를 살펴본다.

기후원조의 배분

3.1. 기후원조 동향

OECD-DAC 회원국들의 양자 기후원조는 2020년 440억 달러(총 양자 ODA의 33.7%), 2021년 370억 달러(총 양자 ODA의 27.6%)로 각각 나타난다(표 2). 리우마커가 도입된 이래 기후원조는 총 양자 ODA의 20% 초반의 비율에 수년간 정체되어 있다가 2010년대 들어서면서 26-27% 수준까지 상승했다. OECD-DAC에 따르면 2020년에는 평년 수준에서 5-6%정도 상승하였는데 이는 프랑스와 일본이 이 해에 기후원조를 대폭 증액하였기 때문이다(OECD-DAC 2022b). 그러나 2021년 기후원조 총액은 2019년 이전 수준으로 돌아갔다. 주목적 원조사업이 정체한 데 비해 부수적 목적의 원조사업은 대폭 줄어들었기 때문이다(OECD-DAC 2022b). 기후원조의 더딘 상승세와 2021년 감소 현상은 전체 ODA의 상승 추세와 대비된다. 2022년 총 국제개발원조는 역대 최고액인 1800억 달러를 기록하였다. 코로나 발생과 러시아-우크라이나 전쟁으로 인한 공급망 위기 등의 국제 정치, 경제적 악재에 대응해 공여국들의 보건 분야 및 난민 지원 원조는 큰 폭으로 증가한 것으로 나타났다(OECD-DAC 2022b). 기후위기에 대해 기후변화에 관한 정부간 협의체(IPCC)의 보고서가 경고한 상황이 매우 엄중한 것과 대비해 보자면(IPCC 2022a, 2022b) 기후원조에 대한 공여국들의 분위기는 다소 미온적으로 느껴지는 것이 사실이다.

표 5-2 2020년-2021년 양자 기후원조 요약

	2020	2021
원조 총액	440억 달러 (주목적 140억+부수적 목적 300억)	370억 달러 (주목적 140억+부수적 목적 230억)
총 ODA 중 기후 ODA 비율[1]	33.7%	27.6%
총 기후ODA 중 완화[2] **비율**	39%	33%
총 기후ODA 중 적응[2] **비율**	36%	42%
상위 3개 분야	교통 및 수송 에너지 농림수산	교통 및 수송 환경보호 물
기후원조 비율이 가장 높은 지역	아시아(기후원조 41%)	남미-카리브해 지역(기후원조 40%)
기후원조 비율이 가장 낮은 지역	아프리카(기후원조 25%)	아프리카(기후원조 26%)

1 양자 기후원조의 비율에서 사용된 총 ODA는 기타공적자금, 화석연료 관련 사업 등을 제외한 수치이다(OECD-DAC 2022b).

2 완화와 적응을 동시에 목적으로 하는 원조는 제외하였다.

출처: OECD(2021, 2022b)를 참고해 저자 작성.

내용 면에서 2021년 원조에서 개선된 부분도 보인다. 예를 들면 기후 ODA 중 적응 원조는 2021년 사상 처음 완화 원조보다 증가하였다. 이는 개도국과 국제사회의 적응 원조 증액에 대한 요구가 어느 정도 반영된 것으로 추측할 수 있다. 기후ODA의 상위 3개 분야는 2020년에는 완화 원조 비율이 높은 교통-수송, 에너지, 농림수산 부문이었으나 2021년에는 적응 원조 비율이 높은 환경 보호, 물 원조가 상위권에 포함된 것으로도 이러한 변화를 알 수 있다. 그러나 지역별 비율로 보면 아직까지는 완화 원조가 공여되는 지역에 상대적으로 더 많은 원조가 향하는 것으로 나타나고 있어, 이와 같은 적응 원조의 증가세가 지속 가능할지 여부를 판단하기는 이르다. 지역별로도 2020년 가장 많은 기후원조 수혜지역(41%)인 아시아는 전체 완화 관련 원조의 40%를 받았고 2021년에는 남미-카리브해 지역이 전체 원조의 40%를 기후원조로 받았는데 이 해 완화 관련 원조 중 가장 높은 비율인 26%가 이 지역으로 향했다(OECD 2022b).

공여국의 경제적 이해와 직결되기 쉬운 완화와 달리 적응은 산업적 함의보다는 사회경제적 함의가 더 큰 분야이다. 기후변화는 취약 계층에 피해를 집중시키는 방식으로 기존의 계층 간 격차와 불평등을 심화시킨다(IPCC 2022a, UNEP 2022). 개발협력 전문가들이나 개도국들은 완화 원조에 중점을 두는 경우 원조에서 빈곤의 문제가 자칫 소외될 수 있다고 주장한다(Arndt and Tarp 2017). 적응 원조의 수원국들은 주로 천연자원을 기반으로 한 산업 기반을 가졌거나, 기후 관련 자연 재해가 발생한 국가들이다. 적응 원조는 수원국에 직접적인 재정 지원과 사회경제적 취약성을 극복하도록 하는 간접적 지원에 모두 유용히 사용될 수 있으며 특히 민간투자가 부족한 적응 분야에서 원조의 중요성은 더욱 강조될 수 밖에 없다(Jain and Bardahm 2022). 적응 원조가 어느 곳에 얼마나 필요한지 파악하는 일은 쉽지 않다. 적응은 지역별, 국가별 생태, 사회, 경제적 상황에 따른 맞춤형 해결책이 요구되며 관련 기후원조 사업 분야는 농업 지원, 자연재해 방지에서부터 생태환경과 연관된 지역 고유의 문화 영역까지 광범위하기 때문이다(UNEP 2022).

한편, 주로 중위소득국들인 완화 원조의 수원국들은 탈탄소 경제로의 구조적 전환에서 기후원조의 역할을 기대한다. 원조는 직접적으로 기후관련 개발협력 사업의 재원이 될 수도 있겠지만 민간재원을 끌어오는 매개적 역할을 수행하기도 한다. 또한 기후원조는 좀 더 장기적인 관점에서 수원국 경제발전에 기여할 수 있다. 이를테면 수원국 탄소중립에 필수적인 기술이전 등 노하우와 지식전달 및 교육도 중요한 완화부문 기후원조의 내용이다. 탈탄소 경제가 요구하는 혁신성은 곧 실험성을 의미하기도 한다. 수원국들이 기존의 경제 발전 양식에 천착하여 쉽게 도전하지 못하거나 혹은 도전하기를 꺼려하는 분야나 기술에 대해 개발원조는 적절한 유인을 제공할 수 있다(Arndt and Tarp 2017).

완화 사업의 대표적인 예로는 청정기술체계(CDM) 사업이나 산림파괴 방지를 통한 온실가스 감축사업(REDD+) 등이 있다. CDM은 선진국 기업이 개도국의 탄소배출권을 구매하는 사업이며 REDD+는 산림파괴 방지 사업으로 탄소배출량을 감축한 국가에 대한 금전적 보상책이라 할 수 있다. 이들 완화 사업이 탄소배출을 흡수하는 방식이라면 재생에너지 관련 사업(태양광패널 설치, 소규모 수력발전시설 건설 등)에 대한 원조는 화석연료 기반의 경제로부터의 전환에 필요한 기반시설 건설 등 규모의 경제 추구를 통해 수원국의 탈탄소 전략에 기여하게 된다. 이들 사업은 공여국에서도 높은 관심을 보이는데, 그 이유는 탄소배출량의 국외 감축 효과를 기대할 수 있기 때문이다. 또한 공여국들의 국내 재생에너지 산업의 해외 진출 지원 등 그린 뉴딜 정책과 완화 원조 사업이 연계되기도 한다(녹색기술센터 2021).

적응과 완화는 각기 다른 개발 과제에 대응하며 또한 상호 연계를 통한 시너지를 발휘할 수도 있다(UNEP 2022). 그러나 현실은 리우마커의 중복기재가 가능함에도 기후변화 대응과 직간접적으로 관련되어 있다고 공여국이 판단한 사업이 평균적으로 전체 3분의 1이 채 안 되는 수준에 머물러 있다는 것이다. 이는 완화와 적응을 막론하고 여전히 기후 문제가 개발원조 내에서 주류화하지 못하고 있다는 의미로 해석할 수 있다. 그뿐만 아니라 Rahman(2019)은 방글라데시 사례를 통해 수원국 정부가 기후와 관련 없는 부문에 대해서도 기후원조를 수원하려는 경향을 관찰하였으며, Michaelowa and Michaelowa(2011)는 공여국들 또한 기존 원조 사업의 내용은 유지한 채 명목만 기후 원조로 바꾸고 있음을 밝혀냈다. 이는 일종의 그린워싱(green washing)이라 할 수 있으며 향후 수원국과 공여국 간의 기후재원 추산액의 차이로 인한 갈등의 소지를 제공할 수도 있다(Kono and Montinola 2019).

3.2. 양자 기후원조 배분 연구 검토

공여국의 개발원조 결정에 대한 연구들은 경제적 실익(무역관계), 지정학적 이해(동맹국에 대한 지원), 국제규범에의 일치(인도주의 지원) 등을 주요 요인으로 분석한다. 몇몇 국가들은 원조 배분 결정에서 특정한 경향을 드러내기도 한다. 이를테면 미국, 일본 등은 자국의 이해(경제적 또는 지정학적), 프랑스는 과거 식민지였던 불어권(francophone) 국가들, 북유럽 국가들은 인도주의적 국제규범이 주요한 영향을 미치는 것으로 알려져 있다(Schraeder et al. 1998). 결국 개발원조는 필요한 국가에 주어지는 것이라기 보다는 공여국이 원하는 곳에 주어지는 자원이라 할 수 있다.

표 5-3 2020년 기후 원조 상위 5개 공여국 요약

공여국	기후 원조 (단위: 미화 백만 달러)	주요 수원국	특징
일본	15,046	인도, 방글라데시, 필리핀, 미얀마, 인도네시아	주목적:190억 달러 부수적 목적:1300억 달러 주요 사업 분야: 교통
독일	8,336	인도, 중국, 페루, 사하라 이남지역, 인도네시아	주목적: 370억 달러 부수적 목적: 470억 달러 주요 사업 분야: 에너지, 환경보호
프랑스	7,543	브라질, 인도네시아, 모로코, 모리셔스, 남미지역	주목적: 520억 달러 부수적 목적: 130억 달러 주요 사업 분야: 금융
유럽 연합	4,579	유럽, 아시아, 모잠비크, 베트남, 세르비아	주목적: 170억 달러 부수적 목적: 290억 달러 주요 사업 분야: 농업, 산림업, 수산업
영국	2,021	이디오피아, 소말리아, 파키스탄, 콜롬비아, 아프리카 지역	주목적: 33억 달러 부수적 목적: 170억 달러가 주요 사업 분야: 금융

출처: Tamonan(2022)

〈표 5-3〉은 개발협력 전문매체인 Devex가 분석한 2020년 OECD-DAC 공여국들의 양자 기후원조 현황이다. 상위 5개 공여국의 원조 사업 주력 분야와 지역은 비교적 명확히 드러난다. 일본은 가장 많은 기후원조를 주는 공여국으로 주요 수원국은 아시아 지역의 인도, 방글라데시, 필리핀, 미얀마, 인도네시아이다. 일본의 기후원조는 190억 달러가 주목적, 1300억 달러가 부수적 목적 사업에 지원되고 있다. 가장 원조액이 큰 분야는 교통 관련 프로젝트(670억 달러)였다. 독일의 주요 수원국은 인도, 중국, 페루, 사하라 이남 지역, 인도네시아 등인데 370억 달러가 기후를 주목적으로 하고 470억이 부수적 목적 사업이었다. 독일은 특히 에너지 원조에 가장 많은 170억불을 제공하고 있었다. 프랑스의 주요 수원국은 브라질, 인도네시아, 모로코, 모리셔스, 남미지역이며 520억 달러가 주목적 사업에 제공되었다. 가장 많은 원조가 주어지는 분야는 금융 분야였다. 유럽연합의 주요 수원국은 유럽, 아시아, 모잠비크, 베트남, 세르비아이며 170억 달러가 주목적, 290억 달러가 부수적 목적 사업에 주어졌다. 이 중 90억 달러 정도가 유럽지역의 개발 프로젝트에 주어졌고 주요 분야는 농업, 산림업, 수산업이었다. 영국은 이디오피아, 소말리아, 파키스탄, 콜롬비아, 아프리카 지역에 주로 기후원조를 주고 있으며 170억 달러가 부수적 목적으로, 33억 달러가 주목적 기후사업에 쓰였다. 주력 분야는 금융 분야였다. 영국의 기후원조는 2019년에 비해 2020년에는 30% 가까이 감소하였다.

공여국의 경제적, 상업적 이해에서 가장 우선시 되는 것은 수원국과의 무역 관계이다. 관련 연구들은 수원국과의 교역이 기후원조 배분에 긍정적 영향을 미치고 있음을 보여준다. Bayramoglu et al.(2023)은 OECD 자료를 분석하여 공여국의 수원국에 대한 수출 이익이 해당 국가에 대한 기후 원조(완화와 적응 모두)를 결정하는 데에 의미 있는 영향을 준다는 사실을 밝혀냈다. 공여국들은 기후변화가 수원국 경제에 입히는 타격으로 인해 무역상 겪게 될 불이익을 기후원조를 통해 방지하고자 하는 경향을 나타냈다. 수입과 기후원조의 관계는 통계적으로 유의하지 않았는데 이는 기후원조의 규모가 크지 않아 의미 있는 수입 증가로 이어지지 않았기 때문이다. 이 연구가 밝혀낸 중요한 사실은 기후 원조 공여국에게는 무역 이익이라는 명확한 경제적 동기가 존재하지만, 동시에 교역 관계에 있는 다른 공여국들이 무임승차 할 수 있다는 우려로 인해 기후원조의 확대에는 한계를 보인다는 것이다.

그렇다면 수원국의 필요(needs)는 기후원조 결정에 어떤 영향을 미치고 있을까? Halimanjaya(2016)는 프랑스, 미국, 일본, 노르웨이, 독일 5개 공여국의 완화 원조 배분연구에서 대체적으로 수원국의 생태환경적 필요와 개발 요구가 원조 결정에 큰 영향을 미치고 있음을 보여주었다. 이들 국가의 완화 원조가 근본적인 기후원조의 목적에 어느 정도는 조응하고 있음을 방증하는 결과라 하겠다. 그러나 공여국 별 이해관계도 여전히 영향을 미치고 있었다. 일본과 노르웨이의 경우 CDM 프로젝트 수행 여부, 프랑스는 수원국과의 역사적 관계가 결정 요인으로 작용하였으며 미국은 탄소배출량이 적은 국가를 선택하는 경향이 있는 것으로 나타나기도 하였다. 독일은 유럽연합의 탄소배출권거래제를 염두에 두고 지리적으로 가까운 국가에 원조를 주고 있었다.

기후원조 배분에서 공여국의 경제적 이해에 중점을 둔 원조 결정은 기후기술 관리 역량을 가진 수원국에 대한 선호로 이어지기도 한다. Halimanjaya et al.(2012)의 연구는 완화사업에 대한 원조 배분 결정에 있어 공여국들이 수원국의 MRV 역량에 중점을 두고 있음을 보여준다. MRV는 온실가스의 측정(measurement), 보고(report), 검증(verification) 체계를 지칭한다. 특히 완화 원조에서 MRV 역량이 중요해지고 있는 것은 완화 원조가 대부분 공여국의 탄소배출량 해외감축과 밀접한 관계가 있기 때문이다. 연구에 따르면 공여국들은 수원국이 MRV을 운영하는 행정, 데이터 관리 역량 등을 고려해 원조를 결정하는 경향이 있었다. 이는 중위소득 국가에 대한 편향된 원조로 이어질 수 있는 가능성을 보여주기도 한다. 한 편 중위소득 국가 내에서도 CDM 프로젝트가 중소규모 기업을 상대적으로 소외시킬 수 있다는 연구 결과도 있었다(Michaelowa and Michaelowa 2007). 공여국들은 자국의 이익이라는 관점에서 기후원조 대상의 특성(merit)을 고려하고 있음을 알 수 있다.

수원국의 취약성이나 기후변화 대응능력(readiness)도 기후원조의 주요 결정 요인이 된다. Jain and Bardham(2022)은 119개 개도국에 수행된 2018년까지의 적응 원조를 분석하였다. 그 결과 취약성이 높을수록 수원국으로 지정될 확률이 높게 나타났으나 이들 수원국의 사회경제적 취약성(제도와 거버넌스)

은 낮지 않은 것으로 나타났다. 또한 경제 인프라, 생산, 다분야 등에 대한 기후 관련 원조도 상대적으로 덜 취약한 국가들 지원되는 경향이 있었다. 반면 사회인프라, 인도주의 지원, 부채탕감과 관련된 원조 등은 취약성이 높은 국가들에 제공되었다. 그러나 이러한 부문들은 기후와의 관련성이 높지 않다는 문제가 있다. 또한 이들 원조는 단기로 주어지는 경향이 있어 수원국들의 장기적 해결책에 대한 동기를 제공하지 못하였다. Docu et al.(2021)의 사하라 이남 아프리카 국가들이 수원하는 OECD-DAC의 기후개발재원 연구에서도 경제, 사회, 정치분야에서 나타나는 기후변화 대응능력은 원조 결정의 주요 요인이었다.

Weiler et al.(2018)의 적응분야 기후원조 배분에 대한 연구에서도 수원국의 기후생태학적 취약성(physcial vulnerability)은 주요 결정 요인으로 작용하고 있었지만 수원국의 사회경제적 취약성(socio-economic vulnerability)에 대한 고려는 중요한 요인이 되지 못하였다. 취약성이나 기후변화 대응능력을 원조 결정의 요인으로 본 연구들을 통해 알 수 있는 바는 공여국 배분 결정에 양면성이 나타난다는 점이다. 공여국들은 자국의 경제적 이익만큼이나 수원국의 기후적, 생태적 필요성에 입각한 원조 결정을 내리고 있었지만, 수원국의 거버넌스나 제도의 취약성이 원조 효과성을 저해할 것이라는 우려를 가지고 있으며 이는 기후원조 결정에 부정적 요인으로 작용하였다.

4 기후 원조의 효과성

원조가 본래의 목표를 달성하고 있는지에 대한 논란은 개발협력 분야에서 지난 수십 년간 지속되어 왔다(Dougouliagos and Paldam 2008). 한 편으로는 개발원조가 지구남반구의 빈곤과 저발전 극복에 거의 기여하지 못하거나 오히려 발전의 저해요소라는 주장이 제기되기도 하였다(Easterly 2006, Moyo 2009). 개발협력 분야 국제기구들은 이와 같은 원조의 (비)효과성 문제의 원인을 수원국의 거버넌스와 제도에서 찾기도 하였으나(World Bank 1999, Burnside and Dollar 2000), 양자 원조의 제도적 문제는 개발협력 체제 자체에 내재하는 것이기도 하다(Gibson et al. 2005). 반면 원조의 효과를 논하기에는 현재 수원국들에게 주어지는 원조 규모가 턱없이 부족하며 많은 원조가 진정한 원조 효과로 이어질 것이라는 주장도 존재한다(Sachs 2005).

개발원조 효과성 연구의 종속변수가 경제발전이라면, 기후 원조 효과성 연구는 완화와 적응의 두 측면에서의 실질적 성과를 종속변수로 두고 원조의 효과를 분석하게 된다. 완화 원조와 수원국의 탄소배출량 감소와의 관계에 대한 현재까지 발표된 연구들은 그러나 양자의 관계에 결정적 인과 관계를 발견하지 못하고 있다. 이는 새로운 사실이기 보다는 원조효과성 연구의 난맥상과 닿아있는 결과라 할 수 있다(Kono and Montinola 2019). 개발원조 효과성의 연구가 가진 문제들-인과관계 설정의 문제, 데이터와 측정자의 문제를 비롯한 기술적 문제들은 고스란히 기후원조 연구에서도 나타난다. 또한 개발원조 연구와 마찬가지로 지역적, 국가적, 프로젝트별 특성에 따라 기후원조의 효과성은 다르게 나타나고 있다. 결국 일반적으로 공통된 효과성 요인을 찾는 작업은 기후원조의 경우에도 쉽지 않을 것으로 보인다.

이러한 한계를 염두에 두더라도 기후원조의 효과를 긍정적으로 평가한 연구들에서는 몇 가지 의미있는 결과를 찾아볼 수 있다. 예를 들면 수원국 경제성장의 부산물이라 할 수 있는 탄소배출량과 기후원조액 사이에서 정의 상관관계가 나타난다는 연구들이 있다(Arbin et al. 2006). Wu et al.(2022)은 1980

년부터 2016년까지 52개 수원국을 연구한 결과 완화 원조가 직접적으로 탄소배출량을 감소시키는 효과와 간접적으로 수원국의 에너지 구조(에너지 생산 및 소비 구조)를 최적화 시키는 효과를 발견하였다. 직접적인 효과를 볼 수 있는 이유는 기후원조 사업의 목표가 비교적 명확한 경우(이를 테면 탄소배출량 감축과 같은) 이를 측정 및 관리하는 것이 상대적으로 용이하기 때문이다. 간접적인 효과는 원조사업을 통한 재생에너지 도입으로 에너지 생산 및 소비구조의 변화가 발생하고 그것이 다시 탄소배출량 감소로 이어지면서 나타난다. 다만 수원국의 기술 역량 한계로 인해 간접 효과는 상대적으로 크지 않았다. 또 하나 이 연구에서 강조하는 것은 기후 원조의 효과가 지역, 국가에서 다층적으로 나타난다는 점이다. 이는 원조효과성의 평가는 프로젝트 단위와 지역, 국가에서 차별적일 수 있음을 함의한다.

기후원조는 수원국의 기후 관련 기술 혁신에도 기여한다. Haque and Rashid(2022)는 개도국의 기술수요평가(TNA)에 원조가 어떻게 기여하는지 분석하였다. 기술수요평가는 기후협약에 의거해 개도국들의 완화와 적응 전략의 이행에 필요한 기술 협력 수요를 조사한 문서로 개도국이 작성하여 기후협약 사무국에 제출한다. Haque and Rashid에 따르면 첨단 기후 기술은 초기 단계에 실험적 접근과 학습, 제도 구축 등이 이루어지는 틈새 전략을 필요로 하며 기후원조가 이에 기여할 수 있다. TNA에 참여한 52개국에서 수행된 496개 기후원조 프로젝트를 연구한 결과 사전에 기후원조를 통해 기술지원을 받은 국가들은 TNA에 참여할 확률이 낮았다. 즉, 수원국이 원조사업을 통해 관련 기술 역량을 확보했다고 자체적으로 판단할 경우, 추가적으로 TNA에 참여하지는 않는다는 것이다. 그러나 기후원조 규모가 커질 경우 TNA 참여확률이 높아졌는데 이는 큰 규모의 프로젝트가 대개 수원국 정부의 전략 사업일 가능성이 크고 따라서 추가적 지원에 대한 필요가 높기 때문인 것으로 추정할 수 있었다.

기후를 포함한 환경 문제가 본래의 상태를 회복하는 데에는 긴 시간이 필요하다는 점을 감안하였을 때에 기후 원조는 다른 개발원조보다도 더욱 장기적 관점에서 효과성에 대한 평가가 이루어져야 할 것이다. 이에 덧붙여 Arndt and Tarp(2017, 296-299)가 제시하는 기후원조의 방향성에 대한 논의도 참고할 만하다. 첫째, 기후원조는 저소득국가들을 포함한 취약국의 소외에 좀 더 많은 관심을 기울여야 한다. 기후원조 효과성에 대한 부정적 평가로 인해 이들 국가는 원조 배분의 우선 순위에서 밀려날 확률이 높다. 그러나 현재의 중위소득국들도 한 때 저소득국가들이었다는 점을 상기할 필요가 있으며, 탈탄소경제로의 전환이 이들 국가에서 새로운 기회로 작용할 수 있다는 점을 간과해서는 안된다. 둘째, 필수적인 공공재를 제공하고 민간 투자를 촉진하는 역할을 수행하는 개발원조 고유의 기능이 기후원조에서도 발현되어야 한다. 기후원조는 취약국의 기후관련 기술발전과 기술이전, 규제정책을 포함한 정책지원, 제도수립, 정보통신 관련 기술의 이전, 민간투자 레버리지 제공 등에 유용하게 사용될 수 있다. 중위소득 국가들에서는 이들 분야에서 공여국의 개입이 오히려 거부당하거나 필요로 하지 않을 수도 있다. 수원국 특성을 고려하지 않는 관습적이고 일괄적인 접근은 원조효과를 저해할 수 있는 것이다. 셋째, 기후 및 환경 관련 원조는 농업, 공유 하천 유역 관리, 지역 중심의 에너지 및 기술 지원 등 지역성이 강한 사업 분야에서 효과성을 발휘할 수 있다. 예를 들면 청정한 가정용 연료 보급 사업(clean cookstove projects)이 태양광 발전 보급사업과 같은 보편성이 높은 사업 보다 개도국의 현실을 더 잘 반영하며 기후원조의 역할도 크다고 저자들은 주장한다.

기후원조의 효과는 다양한 층위에서 나타난다는 점과 관련해 주민참여형 기후원조 프로젝트에 대한 연구 결과는 주목할 만하다. REDD++ 관련 원조 프로그램에 대한 연구들을 보면 산림자원과 가장 가까운 곳에서 생활하고 오랜 시간 이용해온 지역 주민들은 정부나 국제기구, 외국의 원조기관 등의 사업에 대해 일정 정도의 기대와 동시에 우려도 갖고 있는 것으로 나타난다(Mustalahti et al. 2012; Lucana-richman et a. 2016; Casse et al. 2019; Flanery et al. 2020). 이들 연구가 수행된 탄자니아, 네팔, 베트남, 인도네시아, 카메룬의 지역들은 주민참여형 사업을 수행하면서 노르웨이, 독일, 일본과 같은 양자 공여국과 세계은행 등 다수의 공여기관으로부터 기후원조를 받았다. 지역적 차이에도 불구하고 공통적으로 발견된 것은 주민참여란 명칭이 무색하도록 주민들에 대한 사업 정보 공유가 잘 되지 않았다는 점이다. 이는 결국 사업의 효과성에도 영향을 주고 있었다. 공여기관의 지역 산림 자원에 대한 이해 부족이나 지역 주민

표 5-4 원조효과성과 개발효과성

원조효과성(Aid Effectiveness)	개발효과성(Development Effectiveness)
주인의식(ownership): 수원국이 빈곤 감소, 제도 개선, 부패 척결을 위해 자체 전략을 설정한다	**개발 우선과제에 대한 개도국의 주인의식(country ownership):** 개발정책 및 절차에서 민주적 주인의식을 심화, 확대하여 운용한다.
일치(alignment): 공여국은 수원국의 목표에 원조 정책을 일치시키며 수원국 시스템을 활용한다.	**결과 중심(focus on results):** 원조 사업의 결과 중심 관리, 모니터링, 평가 및 커뮤니케이션 개선과 지원규모 확대, 국가 역량 강화 및 다양한 개발성과 관련 재원과 이니셔티브 활용 등 구체적이고 지속가능한 결과를 위한 노력을 강화한다.
조화(harmony): 공여국 간 원조 중복 방지를 위해 정책조화를 이루고 절차를 간소화하며 정보를 공유한다	**포용적 파트너십(inclusive partnerships):** 남남협력 및 삼각협력을 위한 노력을 확대한다.
성과지향적 관리(managing for results): 수원국과 공여국은 개발 성과에 초점을 맞추고 성과를 측정한다	**투명성 및 상호책임성(transparency and mutual accountability):** 개도국의 다양한 개발재원 활용 및 개발협력 활동의 촉매적 역할을 확보한다.
상호 책임성(mutual accountability): 공여국과 수원국은 개발 성과에 대한 상호 책임이 있다	

출처: ODA Korea(www.odakorea.go.kr)에서 발췌.

들의 산림 이용 양태에 대한 이해 부족이 부적절하거나 효율적이지 못한 사업 수행으로 이어졌기 때문이다. 또한 지역 산림 거버넌스 조직이 참여적으로 잘 운영되는 경우와는 달리 지역 조직이 정보나 자원을 독점하는 경우 이를 기반으로 한 원조 프로그램에 대한 주민들의 평가도 좋지 못했다. 이는 적응 분야에서도 마찬가지였다. 네팔, 탄자니아, 키리바시 등에서 수행된 주민참여형 적응사업(community-based adaptation programs)을 연구한 논문들을 살펴보면 주민들은 공여기관들이 지역 생태나 환경, 지역 경제사회 구조에 대해 잘 알지 못한다고 느끼고 있으며 사업 과정에서 일부 주민들(특히 소외된 지역의 주민들)의 참여가 어렵거나 의견이 반영되지 않는 문제점은 결국 사업 수행의 지속성을 떨어트리는 결과를 가져왔다(Regmi and Star 2014; Omukuti 2020; Piggott-McKeller et al. 2020).

기후원조의 효과성은 거버넌스의 문제와 연계되어 있다. 이미 원조 공여국들은 2008년 파리에서 개최된 고위급 회담에서 원조효과성(aid effectiveness) 원칙 다섯 가지에 합의하였고 2011년 부산 회의에서는 개발효과성(development effectiveness)의 네 가지 원칙을 수립하였다(<표 5-4>). 이를 종합해보면 수원국(개도국)의 참여와 주도권에 대한 인정, 원조 사업이 결과를 이끌어 낼 수 있도록 수원국의 발전 전략과의 연계, 공여국과 수원국 양자의 책임성에 대해 강조하고 있다고 볼 수 있다. 특히 원조 사업의 경우 공여국은 수원국의 발전 전략에 일치해야 하며 공여국 간에도 중복 사업 등이 없도록 조정해야 한다. 원조효과성 원칙은 기후원조 수행에 있어 다시금 상기되어야 할 것이다. 기존 개발협력체제가 변화하지 않는 한 원조효과성과 개발효과성 의제는 여전히 유효할 것이기 때문이다.

5 나가며

개발의 문제는 여전히 많은 개도국에서 환경과 기후보다 정책 우선 순위에 있다. 미국 윌리엄 앤드 매리대학의 연구소인 AidData의 2020년 중하위 소득국 개발협력 분야 종사자들에 대한 설문 결과는 이러한 현실을 잘 보여준다(Custer et al. 2021). 기후변화는 수원국 개발협력 정부 관계자들에게는 상대적으로 중요도가 떨어지는 주제였으며 교육, 고용, 거버넌스의 문제가 이들 국가 발전의 주요 과제로 언급되었다. 이는 OECD에서 집계한 공여국의 관심사(보건, 거버넌스)와도 차이가 있었으며 유엔의 My World Survey에 나타난 해당 국가 시민들의 높은 환경 인식과도 차이가 있었다. 수원국의 개발협력 분야 종사자들은 환경이나 기후 문제는 개별 국가가 나서서 해결할 수 없는 문제이며 다른 국가들의 협력이 필요한 어려운 과제로 인식하고 있었다. 그러나 이들이 국가 발전 전략과 조화되는 원조 사업을 선호하고 장기적 사업을 수행하는 공여국에 대해 긍정적으로 평가하는 경향을 보인다는 점을 감안한다면, 기후변화 대응을 수원국 고유의 발전 전략과 연계한 장기적이고 현실적인 개발협력의 관점에서 접근해야 함을 알 수 있다.

이 장에서는 기후원조의 현황을 알아보고 개도국의 탄소중립 경제로의 전환을 돕는 데 있어 기후원조가 어떠한 역할을 수행 할 수 있을지에 대해 검토해 보았다. 기후원조 규모를 확대하는 것은 공여국이 해결해야 할 중요한 과제이다. 만일 선진국의 공적 기후재원이 사실상 기후원조를 통해 지원되어야 한다면 증여와 양허성 차관의 비율은 지금보다 훨씬 높아져야 할 것이다. 기후재원도 개도국의 다양한 필요에 조응하고 있지만 기후원조는 특히 기후대응 역량이 취약한 국가들에게 더욱 유용한 재원이라는 점도 간과해서는 안 될 것이다. 그러한 점에서 적응 원조의 중요성이 강조된다. 원조 사업이 수행되는 지역 주민들의 참여는 지속가능한 기후 거버넌스의 토대를 마련할 수 있으며 이와 같은 공공재의 제공에도 기후원조의 역할이 있을 것이다.

참고문헌

국내 참고문헌

녹색기술센터. 2021. 「그린뉴딜 ODA 개념 수립 및 정책 운영방안 연구」.

손혁상. 2013. "프레이밍 이론으로 본 국제개발협력의 '원조효과성'과 '개발효과성' 담론 경합에 대한 연구." 「국제정치논총」제53집 1호(2013): 7-40.

해외 참고문헌

Angelsen, Arild. 2013. "REDD+ as Performance-based Aid," WIDER Working Paper 2013/135, UNU-WIDER, Helsinki. https://www.wider.unu.edu/sites/default/files/WP2013-135.pdf

Arbin, B. Mak, Parviz Dabir-Alal, and Byron Lew. 2006. "Does Foreign Aid Affect the Environment in Developing Countries?"Journal of Economic Development, 31(1), pp.63-87.

Arndt, Channing, and Finn Tarp. 2017. "Aid, Environment and Climate Change." Review of Development Economics, 21(2), pp.285~303. https://www.ipcc.ch/report/ar6/wg2/

Bayramoglu, Basak, Jean-Francois Jacques, Clement Nedoncelle, and Lucille Neumann-Noel. 2023. "International Climate Aid and Trade." Journal of Environmental Economics and Management, 117, 102748.

Burnside, Craig and David Dollar. 2000. "Aid, Policies and Growth." The American Economic Review, 90, pp.847-868.

Casse, Thorkil, Anders Milhoj, Martin Reinhardt Nielsen, Henrik Meilby and Yanto Rochmayanto. 2019. "Lost in Implementation? REDD+ Country Readiness Experiences in Indoenesia and Vietnam." Climate and Development, 11(9), pp.799-811.

Colanbrader, Sarah, Laetitia Pettinotti and Yue Cao. 2022. A Fair Share of Climate Finance? An Appraisal of Past Performance, Future Pleades and Prospective Contributors. ODI Working Paper, London: ODI.

https://odi.org/en/publications/a-fair-share-of-climate-finance-an-appraisal-of-past-performance-future-pledges-and-prospective-contributors/

Custer, Samantha, Tanya Sethi, Rodney Knight, Amber Hutchinson, Vera Choo, and Mengfan Cheng. 2021. Listening to Leaders 2021: A Report Card for Development Partners in an Era of Contested Cooperation. Williamsburg, VA: AidData at the College of William & Mary.

Docu, Isaac, Ronney Ncwadi and Andrew Phiri. 2021. "Determinants of Climate Finance: Analysis of Recipient Characteristics in Sub-Sahara Africa." Cogent Economics & Finance, 9(1), 1964212.

Dougouliagos, Hristos and Martin Paldam. 2009. "The Aid Effectiveness Literature: The Sad Results of 40 Years of Research." Journal of Economic Surveys, 23(3), pp.433-461.

Easterly, William. 2006. Why the West's Efforts to Aid the Rest Have Done So Much Ill and So Little Good. New York: Penguin.

Flanery, Adam, Richard Mbatu, Rebecca Johns, and Dona Stewart. 2020. "Heterogeneity and Collective Action: Community Integration Appraisal for REDD+ Forest Management Implementation." Small-Scale Forestry, 19, pp.1-17.

Gibson, Clark C., Krister Andersson, Elinor Ostrom, and Sujai Shivakumar. 2005. The Samaritan's Dilemma: The Political Economy of Development Aid. New York: Oxford.

Halimanjaya, Aidy and Elissaios Papyrakis. 2012. "Donor Characteristics and the Supply of Climate Change Aid." Working Paper 42, DEV Working Paper Series, The School of International Development, University of East Anglia, UK.

Halimanjaya, Aidy. 2016. "Allocating Climate Mitigation Finance: A Comparative Analysis of Five Major Green Donors." Journal of Sustainable Finance & Investment, 6(3), pp.161-185.

Haque, Nabil and Sungida Rashid. 2022. "Effectiveness of Aid Projects in Climate Technology Familiarization in Recipient Countries." Climate and Development, pp.1-13,

DOI: 10.1080/17565529.2022.2100310.

Hicks, Robert, Bradley Parks, J. Timmons Roberts, and Michael Tierney. 2010. Greening Aid? Understanding the Environmental Impact of Development Assistence. Oxford, UK: Oxford University Press.

IPCC. 2022a. Climate Change 2022: Impacts, Adaptation, and Vulnerability. Contribution of Working Group II to the Sixth Assessment Report of the Intergovernmental Panel on Climate Change. H Portner, D Roberts, M Tignor, et al. (eds.). Cambridge, UK: Cambridge University Press. https://www.ipcc.ch/report/ar6/wg2/

IPCC. 2022b. Climate Change 2022: Mitigation of Climate Change. Contribution of Working Group III to the Sixth Assessment Report of the Intergovernmental Panel on Climate Change. P R Shukla, J Skea, R Slade, et al. (eds.). Cambridge and New York: Cambridge University Press. https://www.ipcc.ch/report/ar6/wg3/.

Jain, Panika and Samaresh Bardahm. 2022. "Does Development Assistance Reduce Climate Vulnerability in Developing Countries? An Empirical Investigation." Climate and Development, pp.1-14, DOI: 10.1080/17565529.2022.2065236.

Kono, Dainel Yuichi and Gabriella R. Montinola. 2019. "Foreign Aid and Climate Change Policy: What Can('t) the Data Tell Us? Politics and Governance, 7(2), pp.68-92.

Luchana-richman, Celeste, Bishnu P. Devkota, and Mark A. Richman. 2016. "Users' Priorities for Good Governance in Community Forestry: Two Cases from Nepal's Terai Region." Forest Policy and Economics, 65, pp.69-78.

Michaelow, Katherina and Chandreyee Namhata. 2022. "Climate Finance as Development Aid" in Michaelowa, Axel, and Anne-Katherin Sacherer eds. 2022. Handbook of International Climate Finance. Cheltonham, UK: Edward Elgar Publishing.

Michaelowa, Axel and Katharina Michaelowa. 2007. "Climate or Development: Is ODA Diverted from Its Original Purpose?"Climate Change, 84, pp.5-21.

Michaelowa, Axel and Katharina Michaelowa. 2011. "Coding Error or Statistical Embellishment? The Political Economy of Reporting Climate Aid." World Development, 39(11), pp.2010-2020.

Moyo, Dambisa. 2009. Dead Aid: Why Aid is Not Working and How There is a Better Way for Africa. New York: Farrar, Straus and Giroux.

Mustalahati, Irmeli, Anna Bolin, Emily Boyd, and Jouni Paavola. 2012. "Can REDD+ Reconcile Local Priorities and Needs with Global Mitigation Benefits? Lessons from Angai Forest, Tanzania." Ecology and Society, 17(1). http://www.jstor.org/stable/26269001

OECD. 2021. Climate-related Official Development Assistance in 2021: A Snapshot.

https://www.oecd.org/dac/climate-related-official-development-assistance.pdf

OECD. 2022a. Climate Finance Provided and Mobilised by Developed Countries in 2016-2020: Insights from Disaggregated Analysis. OECD Publishing Paris.

https://doi.org/10.1787/286dae5d-en

OECD. 2022b. Climate-related Official Development Assistance: A Snapshot.

https://www.oecd.org/dac/climate-related-official-development-assistance-update.pdf

OECD. 2023. Development Co-operation Report 2023: Debating the Aid System, OECD Publishing, Paris. https://doi.org/10.1787/f6edc3c2-en

Omukuti, Jessica. 2020. "Country Ownership of Adaptation: Stakeholder Influence or Government Control?"Geoforum, 113, pp.26-38.

Oxfam. 2020. Climate Finance Shadow Report 2020: Assessing Progress towards the $100 Billion Commitment. Oxford University Press.

https://oxfamilibrary.openrepository.com/bitstream/handle/10546/621066/bp-climate-finance-shadow-report-2020-201020-en.pdf

Piggot-McKeller, Annah, Karen E. McNamara, and Patrick D. Nunn. 2020. "Who Defines "Good" Climate Change Adaptation and Why It Matters: A Case Study from Abaiang Island, Kiribati." Regional Environmental Change, 20(43).

https://doi.org/10.1007/s10113-020-01614-9

Rahman, Syed Mahbubur. 2019. "Structural Analogy in Development and Climate Aid: The Case of Bangladesh." Journal of Development Policy and Practice, 4(1), pp.89-116.

Regmi, Bimal Raj and Cassandra Star. 2014. "Identifying Operational Mechanisms for Mainstreaming Community-based Adaptation in Nepal." Climate and Development, 6(4), pp.306-317.

Sachs, Jeffrey. 2005. The End of Poverty: Economic Possibilities for Our Time. New York: Penguin.

Schraeder, Peter, Steven W. Hook, and Bruce Taylor. 1998. "Clarifying the Foreign Aid Puzzle: A Comparison of American, Japanese, French and Swedish Aid Flows."World Politics, 50(2), 294-323.

Tamonan, Miguel Antonio. 2022. "What Does the Data Say About

Climte Development Funding?"Devex.Com, https://www.devex.com/shared/T1YhnrWp

UNEP. 2022. Adaptation Gap Report 2022:Too Little, Too Slow: Climate Adaptaion Failure Puts World at Risk. Nirobi.

https://www.unep.org/adaptation-gap-report-2022

UNFCCC. 2022. UNFCCC Standing Committee on Finance: Report on Progress Towards Achieving the Goal of Mobilizing Joinly USD 100 Billion Per Year to Address the Needs of Developing Countries in the Context of Meaningful Mitigation Actions and Transparency on Implementation.

https://unfccc.int/process-and-meetings/bodies/constituted-bodies/standing-committee-on-finance-scf/progress-report

Weiler, Florian, Carola Klock, and Matthew Dornan. 2018. "Vulnerability, Good Governance, or Donor Interests? The Allocation of Aid for Climate Change Adaptation."World Development, 104, pp.65-77.

World Bank. 1998. Assessing Aid: What Works, What Doesn't, and Why. New York: Oxford University Press.

Wu, Xiaoli, An Pan, and Qunzhi She. 2022. "Direct and Indirect Effects of Climate Aid on Carbon Emissions in Recipient Countries."-Journal of Cleaner Production, 290(2021), 125204.

Chapter

전력망 연계의 정치경제: 유럽 에너지 협력 제도

이태동, 손효동

1 들어가며

유럽은 지역적 협력과 통합을 가장 열정적으로 추진해온 지역이다. 특히 에너지 시스템의 통합과 전력망 연계를 통해 에너지 안보와 경제적 효용의 시너지 효과를 추진하고 있다. 본 연구는 전력망 상호교환(Electricity Network Interconnection) 체제의 추진요인을 중심으로 유럽 에너지 협력을 연구하고자 한다. 사회경제적 조건과 전력시스템 통합의 편익비용을 고려할 때, 왜 일부 국가들의 전력 시스템은 전력망에 연계되어 있는 반면, 다른 국가들은 그렇지 못한가? 나아가 유럽 국가들 간의 전력망 연계 수준에 영향을 미치는 정치적, 제도적, 경제적 동인은 무엇인가? 기존의 연구들은 대부분 에너지 협력의 역학관계에 중점을 두고 살펴보고 있으나, 전력 네트워크 협력과 통합의 관점에서 이를 이해하는 연구는 미비한 편이다. 이러한 격차를 메우기 위해 본 연구에서는 2013년 유럽 41개국의 상호 관계 데이터(Dyadic data)를 분석하여 전력망 연계의 변인을 설명하고자 한다. 통계적 분석을 통해 지역 송전 시스템 운영자 네트워크(Transmission System Operator Network) 제도 운영이 현재의 전력망 연계 수준에 긍정적 영향을 미침을 밝히고 있다. 이러한 연구 결과는 효과적인 제도 운영을 통한 에너지 협력의 경험이 지리적 근접성과 무역 부분의 경제적 이익과 함께 전력망 네트워크 연결성을 증가시킨다는 것을 의미한다.

2015년 유럽연합 집행위원회(European Commission, 이하 EC)가 발간한 '기후변화 정책을 적용한 탄력적 에너지 연합을 위한 기본 전략(European Commission 2015b)'이라는 에너지 통합 패키지 정책에 따라 EC는 유럽연합(European Union, 이하 EU) 회원국 간 에너지 부문을 통합하는 방안을 발표하였다. 해당 계획안은 에너지 통합의 필요성을 강조하고 있으며, 공급자 중심으로 화석 연료 기반의 중앙 집중식 에너지 시스템에서 안전하고 지속 가능하며 저렴한 에너지 시스템으로의 근본적인 변화를 제안하고 있다. 특히 해당 패키지 정책안은 전력 시장에 대한 구체적인 목표와 조치를 포함하고 있다. 덧붙여 앞서 언급한 기본 전략 보고서에 따르면 EC는 2020년까지 모든 회원국을 대상으로 10%의 전기 상호 연결(GRID) 목표 추진 및 달성하여 지역 에너지 시장의 완전한 통합을 이루고자 하였다(European Commission 2015a). 2015년 기준으로 포르투갈(7%), 발트해 국가(4%), 스페인(3%) 등 EU 내 12개 회원국이 EC가 정한 10% 목표를 달성해야 하는 대상국이다.

EU 차원의 상호 연결된 전력망(Electricity Grid) 구축 외에도 유럽 전역에서 전력 교환과 교역이 발생했다. 유럽 송전 시스템 운영자네트워크(ENTSO-E)에 따르면 2014년 유럽에서 교환된 전력량(46만4280GWh)은 2010년 교환된 전력량(38만1589GWh)에 비해 약 22% 증가하였다(ENTSO-E 2015). 그러나 교환된 전력량이 증가하고 있음에도 불구하고, 전력 무역의 구체적인 양과 역학 관계는 여전히 유럽의 국가와 하위 지역(Sub-regions)에 따라 차이가 많이 난다. 예를 들어, 전기 거래로 대표되는 전기 상호 연결은 독일과 네덜란드의 사이의 차이가 2만4939GWh로 가장 높았고 헝가리와 러시아 차이는 20GWh로 가장 낮았다.

이러한 상황을 고려하여 본 연구에서는 다음과 같은 의문을 제기하고자 한다. 첫째, 국가 간 전력 교류량 수준에 영향을 미치는 요인은 무엇인가? 둘째, 지역 및 초국가적 기관에서의 협력 경험, 지리적 인접성, 전력 시장 규모 등의 요인은 전력 통합 수준과 어떤 관련성이 존재하는가? 본 연구에서는 해당 질문에 답함으로써, 유럽의 시점에서 에너지 협력의 동인 요소들을 분석하고 설명하는 데 기여하고자 한다. 특히 본 연구는 에너지 정책 조정 기관으로서 지역 에너지 당국의 역할을 강조하고자 한다.

본 장의 구성은 다음과 같다. 앞서 언급한 연구 질문에 답하기 위해 먼저 에너지 협력의 개념을 살펴보고 이론화하고자 한다. 그리고 나서 유럽지역 전기 관련 기관들의 역할과 에너지 협력의 한 방식으로 해당 기관들의 전기망 구축을 통한 상호연결을 설명하고자 한다. 다음 장에서는 연구의 설계와 가설에 대해 설명할 계획이며, 본 연구에서는 지역 송전 시스템 운영자(Transmission System Operators, TSO) 네트워크의 역사적 정책 조정 정도와 현재의 교환 흐름 사이의 연관성을 다이애딕 데이터 분석(Dyadic Data Analysis)을 활용하여 분석함으로써 에너지 분야에서 유럽의 기능적 협력을 설명하는 주요 요소들을 설명하고자 한다.

2 전기 에너지 협력의 이론화

협력은 일반적으로 공동의 목적이나 이익을 위해 함께 일하는 행위를 일컫는다. 그렇기에 협력이 잘 이루어지고 있는지에 대해서는 보통 정치 행위자들이 협력하는 조건들과 같은 질문들을 다루게 된다. 잠재적인 상호 이익이 존재한다 하더라도 행위자들이 협력하지 못하는 경우가 종종 발생하기에 그 질문에 대한 대답이 중요한 요소가 된다. 코헤인(Keohane 2005)은 국제정치경제의 다양한 분야에서 협력이 발생했을 때의 조건을 고찰한 후, 협력을 조화가 아닌 실질적이고 잠재적인 분쟁에서 일어나는 상호정책조정을 위한 정치적인 과정으로 정의하였다. 그는 "특정 정부가 실제로 따르는 정책들이 정책 조정 과정의 결과로서 파트너들에 의해 그들의 목적 실현을 촉진할 수 있는 수단"으로 간주될 때 정부간 협력이 발생한다고 설명한다(Keohane 2005, 51-52).

다양한 형태의 협력 중에서도 지역 협력은 국제 정치, 유럽 연합 및 기타 지역에 대한 연구에서 지역주의를 다루는 방대한 선행연구를 통해 발전되어 왔다. 지역 협력의 형태는 다양한 편이다, 경제 협력은 어느 정도의 무역에 유리한 조건을 포함하고 있으며, 정치 협력은 상호 지원과 특정한 가치와 관행의 이행에 대한 약속을 포함하고 있다. 물론 외교와 안보 관계에서도 협력의 형태가 존재한다. 본 연구에서는 다양한 지역협력 주제 중에서 에너지 협력, 특히 전력통합과 관련된 협력에 대해 고찰하고자 한다. 에너지 협력은 국제 정치 경제 분야에서 에너지 의제의 정책 조정 과정의 결과로서 파트너들에 의해 자체 목표의 실현을 촉진하는 행위로 정의될 수 있다.

그러나 휴즈(Hughes)와 립시(Lipscy)가 지적했듯이 "국제 에너지 협력에 대한 초기 작업 대부분은 두 개의 국제 기구(OPEC & IEA)에 초점을 맞추었고", 따라서 관련된 협업들은 다른 에너지 관련 시장과 그 역동성의 협력에 대한 논의를 재조명할 필요가 있었다고 주장하였다(Hughes and Lipscy 2013, 456-457). 기후 변화의 공식적인 합의를 통한 국제 협력 외에도(Battig and Bernauer 2009; Tingley and Tomz 2014), 석유 이슈(Ross and Voeten 2015)와 천연 가스(Victor et al. 2006)

는 에너지 협력의 또다른 중요한 요인으로 작용될 수 있다(Huges and Lipscy 2013, 462-464). 이는 에너지 협력이 의제별로 주제, 지리적 범위, 방식, 참여 수준, 행동에 대해 무엇을 고려하는지에 따라 다르다는 것을 의미한다. 따라서 각각의 의제들을 바탕으로 특정 정책조정 과정의 비용 편익을 고려하는 것은 구체적인 에너지 협력 구상의 특성을 파악하는 데 도움이 된다고 생각한다.

정책조정 과정을 지역적 협력의 중요한 과정으로 고려할 때, 협력의 성격을 파악하려는 시도는 규제조정 측면에서 협력을 볼 때와 같이 다른 관점을 제공한다. 에너지 협력을 정책조정 과정에 중점을 두고 바라 본다면 서로 다른 협력 의제에 따라 구체적인 비용 편익을 파악할 수 있으며, 규제조정을 통한 정책 형성의 이해는 궁극적인 정책목표를 달성하기 위한 협력 과정을 이해하는데 도움이 될 수 있다(Wallace 2010).

에너지 협력의 다양한 측면을 분석하는 연구에서 정량적 방법과 정치경제적 관점을 활용하여 전기 에너지 협력을 살펴보는 연구는 많지 않다. 특히 다른 지역들에 비해 에너지 협업의 정도가 높은 유럽지역 내에서(Lee 2007; Nicolas 2009), 에너지 협력과 관련된 연구는 EU 에너지 정책과 규제 프로세스(Buchan 2015)와 관련이 있거나, 러시아의 천연가스와 관련된 지정학적 이슈(Casier 2011)와 관련되어 있다. 따라서 본 연구는 에너지 협력의 독특한 영역으로서 유럽의 전기 네트워크 상호 연결을 연구하고, 이를 통해 에너지 협력 분야의 연구에 일정 부분 기여하고자 한다.

전력 협력을 설명하기 위해, 산업 구조와 에너지 자원의 사용 측면에서의 전기 특성을 고려할 필요가 있다. 각각의 특성을 고려함으로써 협력과 정책 조정과정의 이점에 따라 어떻게 분류되는지 알 수 있다(Cameron 2007; Meisen 및 Mohammadi 2010).[1]

1 전력시장의 자유화 정책은 전기의 특성 또는 속성에 상관없이 다른 단일시장 정책과 유사하게 전기요금을 낮추고 경쟁을 통해 투명성을 강화하는 것으로 알려져 있다. 이러한 효과는 전기 에너지 협력의 가장 큰 이점으로 간주되어 왔다(Parisio and Bosco 2008). 또한 국가 간 전력거래는 전력 부하가 최대일때 상호거래를 통해 직접적 경제 이익을 획득할 수 있다(한국전력거래소 2011). 하지만 본 연구에서는 국제정치경제의 관점에서 전기에너지 협력의 특수성을 규명하고자 하기에 이러한 구체적인 특징은 제시되지 않는다.

표 6-1 전기에너지 협력의 특성

전기 특성	특성 유형	협력 시 문제	협력의 이점	정책 조정과정
전기는 네트워크의 구조로 교환됨	산업구조	전력망과 인프라 설치	• 전력 교환 비용 절감 • 발전소 투자 비용 절감	• 전력망 구축관련 조정
전기는 어떻게 생성되는지에 따라 다양한 기술적 특성을 보유	에너지 자원	기술 호환성	• 유지보수 기간의 일관된 조정 가능 • 장기적인 무역 촉진	• 기술적 조정 • 행정적으로 저해되는 요소 제거
전기의 저장성은 어렵고, 수요의 변동성은 높음	에너지 자원	수요와 공급의 효과적 관리	• 잉여 전력의 교환 • 효율적인 전력 관리 • 시설예비율 감소	• 기술적 지원

〈표 6-1〉에서 설명하고 있는 내용은 다음과 같다. 첫째, 전기 시스템은 네트워크 시스템이라는 특징을 가지고 있으며 이를 통해 네트워크 구조 안에서 전력이 교환되고 있다는 것을 말한다. 또한 이런 특징으로 발전소에서 생산되고 최종 소비자에게 공급되는 전력은 전선을 통해 송전된다는 것을 의미한다. 전기에너지 협력을 위해서는 기본적인 전력망과 관련 인프라(Interconnectors)의 설치가 필수적이라는 것을 의미한다. 이러한 특성은 해당 분야의 산업 구조와 관련되어 있다. 추가적인 송전망 설치는 수출국과 수입국 모두에게 저렴한 비용으로 전기를 교환할 수 있을 뿐만 아니라 궁극적으로 발전설비 투자비용을 절감할 수 있기 때문에 협력에 있어서 직접적인 이점이 존재한다. 더욱이, 잉여 전력의 교환이 증가하고 있으며 장기적인 측면에서 설비보유액 비율을 저감할 수 있다. 그렇기에 에너지 믹스 구조를 결정하는 정책 결정권자들이 새로운 발전소를 건설하는 대신 교환 전력을 활용하는 방안을 검토할 수 있기 때문이다. 또한, 국가별 피크전력시간이 다른 경우

가 많기 때문에 설비보유비율의 감소는 경제적, 정치적 대안을 고려할 충분한 기회를 제공한다(Choubey 2014). 상호연결의 증가는 특히 EU 관점에서 에너지 안보 및 기후 변화와 관련된 지역적 과제에 대응하는 수단으로도 고려할 수 있게 해 준다(Sohn 2017). 그러나 이는 설치 비용의 증가와 설치 후 유지보수 비용이 증가할 때만 가능한 조건이다. 에너지 협력의 장기적인 이점은 대개 증가된 비용보다 클 것으로 예상되지만, 이러한 특성 자체가 초기에 협력을 방해하기도 한다(De Nooij 2011). 그렇기에 전력 시스템의 통합은 역사적으로 작은 지역에서 큰 지역으로, 또는 다자간 지역으로 확장된 것으로 보인다.

둘째, 전기는 발전하는 방식에 따라 다양한 기술적 특성을 갖는다. 전기의 기술적 특성은 에너지원(가스, 석탄, 원자력, 수력, 재생 에너지)과 특정 기술에 따라 다르다. 동시에 전기 시스템은 심각한 정전이나 전압 변동 및 각각의 주파수의 영향을 크게 받게 된다. 전력 수급이 맞지 않을 때 이러한 문제는 더욱 심각하게 발생할 수 있으며, 또한 해당 경우 가정과 산업 분야에 막대한 피해가 발생할 수도 있다. 따라서 각국에게 전기 교환기의 기술적 호환성을 요구할 수 밖에 없다. 유지 및 보수를 위한 일관된 조정은 기술적 호환성을 통한 협력이 필수적이며, 이는 무역의 장기적인 원활화를 촉진할 수 있다. 하지만 기술적 호환성은 정부를 중대한 정책 조정 과정을 다루도록 강요하며, 이는 또한 많은 논의를 필요로 하고, 이러한 논의가 진행되기 위해서는 행정적으로 방해되는 요소가 없어야 한다.

셋째, 전기를 저장하는 게 어렵다는 점이다. 전기의 이러한 특성으로 인하여 전력이 주로 지리적으로 가까운 국가들 사이끼리만 거래된다는 조건이 형성된다. 또한 전기는 수요가 크게 달라진다는 특성이 있는데, 이것 또한 전기 시장의 독특한 특성이다. 전기의 수요는 연간뿐만 아니라 일 단위로도 다양하다. 이러한 전력의 한계를 극복하기 위해 전 세계적으로 많은 기술적인 노력을 했음에도 불구하고, 이미 생산된 전력은 저장하기 어렵다는 사실이 문제를 더욱 어렵게 만든다.

이러한 특성들을 고려할 때, 전기 에너지 협력에는 다국적 및 지역 기관이 필요하다(Fuenfschilling and Truffer 2014; Puka and Szulecki 2014). 여기서 우리는 전기 협력 측면에서 기관의 중요성에 대해 설명하고자 한다. 첫째, 송전 시스템 운영자(TSO)와 그 네트워크와 같은 기능적 기관들의 기술 지원을 통해 잠재적인 비효율성을 감소시킬 수 있다. 특히, TSO는 안전하고 신뢰할 수 있는 송전 기능을 유지하는 데 주요한 역할을 하며, 기술적인 지원 또한 필요로 한다. TSO 네트워크는 이러한 TSO의 기본 기능을 장려할 뿐만 아니라 훨씬 더 안전하고 효율적인 목표를 통합적으로 관리할 수 있는 방법을 고안해 왔다. 결과적으로, 그들은 그들의 주요 역할을 수행하기 위한 기술 계획을 분석하고 때때로 제안하기도 한다. 서로 다른 국가 간의 정책조정 과정에서 지역 기관은 다자간 전기 협력을 훨씬 더 효율적으로 만드는 데 도움을 주기도 한다.

둘째, 기관은 조정자의 역할을 한다. 우리 앞서 정책조정 과정에서 기관의 기능적 네트워크를 통한 전력망 상호연결에서의 협력과정을 살펴보았다. 전력망 상호접속의 탄생은 전력시장의 자유화를 기반으로 한 공동정책의 추진력에 의해 촉발된 것으로 보이지만, 이미 다양한 주체들 간의 조정과정을 통해 협력이 형성되고 진행되어 왔다(Wallace 2010). 일반적으로 이러한 다양한 행위자들은 특수 에너지 조절기, TSO 및 전력 교환을 포함하고 있다.[2] 그 중 TSO 간의 네트워크는 통합 전기 시장을 목표로 했던 에너지 연합과 통합 전기 시장의 구축을 위해 필수적이었습니다. 또한 TSO 간 네트워크는 전기 네트워크 상호 연결 수준과 관련된 특정 유형의 협력으로, 전기 에너지 산업 내 협력 특성의 영향을 많이 받는다.

TSO[3]는 대부분의 유럽 국가에서 전력 시스템의 전력 수요와 장비 상태를 다루며, 전기 시스템의 작동과 시장 균형 유지에 핵심적인 역할을 수행 한다(Cameron 2007). 동시에 전력시스템 발전에 역할을 수행하고 전력시장 통합을 위한 포괄적인 협력을 제공한다(Henriot 2013). 시스템 운영자는 전기의 다양한 기술적 차이, 저장의 어려움 및 수요의 심각한 변동을 포함하여 네트워크 산업으로서의 전기의 특성을 고려해야 한다. 또한 그들은 국가 차원의 상황을 고려하지 않고 네트워크를 구성요소 부분으로 분리함으로써 그들 자신

2 전력의 산업구조 측면에서는 규제기관 관련 분야, 송전망 운영 분야, 전력시장 교류 분야, 발전과 송전 분야 등이 존재한다. 그러나 발전과 송전 분야는 관련 행위자들의 국제적 정책 조정 과정이 부족하기 때문에 공통적 규제 지침의 통합을 이해하려는 부분이 적합하다.

3 TSO는 발전소에서 전력망 또는 지역 배전 사업자를 통해 전기 또는 전력을 송전한다. 미국은 독립 시스템 운영자(ISO) 및 지역 전송 기구(RTO)와 같은 이름을 가진 유사한 기능 기관이 존재한다.

의 행동을 수행할 수 있어야 한다.

TSO라고 불리는 이러한 기관들의 협력은 플로렌스 포럼(Florence Forum)의 형성 이후 완전히 가시화되었다. 1998년 첫 번째 입법안에 따라 플로렌스포럼은 전력 산업의 이해관계자들(생산자, 전력 시스템 운영자(TSO), 소비자, 레이더, 국가 조정자, 정부 관계자, EC)의 모임으로 설립되었다. 해당 포럼은 강압적인 능력이 부족했기 때문에 많은 진전을 이루지 못했다. 그러나 그 동안 EC는 유럽의 단일 내부 전력 시장을 확대하기 위해 범유럽적인 운영자 네트워크를 계속 구축하도록 장려되었다. 이는 1999년에 유럽 전송 시스템 운영(ETSO)의 설립으로 이어졌으며, ETSO는 시스템 운영자와 관련 국가들을 회원으로 지속적으로 늘려왔다. 1999년에는 유럽 연합 15개 회원국에 32개 사업자로 구성되었으며, 노르웨이와 스위스도 포함되었다(Merlin 2005).

시스템 운영자의 증가와 함께 협력 과정은 꾸준히 강화되었고, ENTSO-E의 설립과 함께 더욱 가속화되었다. 2008년 6월 프라하에서 ENTSO-E는 36개의 유럽 전력망 사업자 설립을 승인받았다. 같은 해 12월에는 총 42개 TSO가 가스 및 전기 시장에 관한 3차 입법안에 서명하였다. ENTSO-E의 10년 네트워크 개발 시범 계획에 따르면, ENTSO-E는 통합 네트워크의 모델링, 시나리오 개발, 국가 투자 계획 및 다양한 사항들을 다루고 있다(ENTSO-E 2010, 4).

3 전력망 상호교환 체제와 유럽의 제도들

유럽은 지역적 통합과 협력을 적극적으로 유치해온 지역이다. 미래 통합과 협력의 힘을 방해하는 현상이 일부 나타났지만, 유럽이 여러 분야에서 최고 수준의 국제 통합과 협력을 유지하고 있는 부분은 의심할 여지가 없다. 특히 첨단기술 분야와 같은 특정 분야에서 공동의 목적을 위해 함께 협업하는 일이 정치적 사건에 의해 방해받지 않는다면, 통합과 협력의 과정은 상당히 안정적으로 유지될 가능성이 높다고 본다.

유럽 에너지 협력의 한 형태이며, EU의 규제정책 수립과정을 분석한 연구에 따르면, 에너지 협력의 심화과정은 1990년대 이후가 되어서야 가능해졌다. 해당 기간은 EU가 단일의 내부 에너지 시장(Internal Energy Market, IEM)으로 변경하던 시기와 동일하다. EU의 공동 에너지 정책은 1996년의 전기 시장의 자유화(1998년의 천연가스 시장)를 위한 추진력을 되살렸다. 왜냐하면 이러한 지역적 운동은 이전에 존재하지 않았기 때문이다(Lee 2011). 1946년 이후 EU의 공동 에너지 정책 과정을 돌이켜보면, 1990년대 이후의 시기는 유럽 석탄 철강 공동체와 유라톰(Euratom)의 창설과 발전 이후 부족했던 공동 에너지 정책의 부활기로 볼 수 있다(IEA 2014).

1996년 이후 EU의 세 가지 입법 패키지는 국가 차원에서 경쟁력 없는 구조를 가지고 있던 전력 산업의 분리를 요구하게된다. 분리의 형태 또한 독립적인 운영기관의 특징적 운영 방식으로 전환되었다. 덧붙여, 입법 패키지의 진화와 함께 시장 개방도 증가하였다. 관련된 특별 규제 기관이 권한을 부여받았기 때문에 단일 전력 시장을 위한 IEM이 개발될 수 있었다. 그러나 이러한 전력에너지 협력 과정은 전기의 특성상, 단일 국가 간의 과정이 아닌 유럽 단일시장의 과정으로 보아야만 이해할 수 있다(Young 2010).

유럽의 '전기 시장'은 도매 시장과 소매 시장으로 구성되어 있다. 도매 시장은 실시간 균형 시장부터 장기 계약까지 다양하게 구성되어 있으며, 여기에는 다양한 유형의 계약 또는 시장(장기 계약, 선물 및 선물 시장, 하루 전 시장, 하루 내 시장 및 균형 시장)을 포함하고 있다. 도매 시장에서 전기는 때때로 두 당사자 간에 사적으로 거래되기도 한다. 또한 더 많은 구매자와 판매자가 모여 투명한 가격을 제시하는 전력거래소(에너지거래소)를 통해 거래될 수도 있다(Erbach 2016).

전기망 상호연결 분석을 위한 교환흐름 측정은 국가 간 전기망 상호연결의 변화가 본 연구의 종속변수가 된다는 점이 매우 중요하며, 이를 통해 전기망의 정책조정에서 기관의 역할을 조명할 수 있을 것이다. 이러한 조치들은 정치 행위자가 실제로 따르는 정책들이 행위자의 파트너들에 의해 고려되어 그들이 그들 자신의 개별적인 목적을 실현할 수 있도록 돕는다. 이들 지역 국가 간 에너지 및 에너지 협력의 차이는 해당 국가 간 전기 네트워크의 상호 연결 정도를 측정하여 측정할 수 있다. 국가 간 전기 네트워크 상호 연결은 지역 간 전기 설치 범위(Dutton and Lockwood 2017)와 국가 간 전기 교환량의 두 부분으로 나뉜다.[4] 본 연구에서는 후자를 주요 종속변수로 보고자 한다.[5]

그렇다면, 어떤 요소들이 실제 유럽 전기 네트워크의 상호 연결에 영향을 미치는 것인가? 어떤 정치적 · 경제적 요소들이 국가들 간 다른 수준의 교환 흐름 형성에 영향을 미치고 있는 것인가? 우선, 전력의 저장이 어렵다는 특성으로 인해 지리적으로 근접한 지역에서 상호 연결 수준이 더 높은 편이다(Meisen & Mohammadi 2010). 사실, 전기 교환이 이웃 국가들에서 흔하다는 것은 꽤나 당연한 부분이다. 전력의 저장이 어렵고 일일 수요와 연간수요가 크게 변화하는 만큼, 지리적 근접성이 높아지면 효과적인 전력 관리 가능성이 높다는 의미이다. 해당 특성과 관련하여 표 1에서도 설명한 바 있다. 또한, 교환 거리가 길어질수록 경제적 손실이 증가하기 때문에, 전력교환에서 전기의 전송 거리는 매우 중요한 요소이다. 따라서, 지리적 요인은 전기 네트워크 상호 연결의 범위에 가장 큰 영향을 미친다고 본다.

국가 규모 및 에너지 소비량과 같은 경제적 또는 산업적 요소들은 전력망의 상호 연결에 영향을 미치는 요인들이다. 많은 양의 전력 소비는 또한 많은 에너지 수요와 공급을 필요로 할 수 밖에 없다. 이는 산업의 구조와 규모 면에서 변수가 많을 수 밖에 없는 이야기이다. 동시에 국가의 규모가 크고 에너지 소비량이 높을 경우 전력 교환 자체가 증가할 가능성이 높다. 참고로, 국제 무역의 동인을 결정하는 국제정치경제(IPE) 선행 연구에서는 에너지와 관련된 IPE 연구에 무역 이론의 통찰력이 적용된바있으며(Hughes and Lipscy

4 첫째, 전력망 상호연결은 지역 간 전기 설비의 정도로 측정할 수 있다. 설치 횟수가 많다는 것은 국가 간 전기 거래가 특정한 시기에 이뤄질 수 있을 뿐만 아니라, 전력 정책과 산업 부문이 상호 의존적이라 할 수 있다. 둘째, 전력망 상호연결은 국가 간 전력 교환의 양으로 측정할 수 있다. 국가 간 교류가 많다는 것은 국경을 넘어 실제 전력 교환이 가능하도록 전력 인프라가 잘 갖춰져 있다는 의미이다. 생산설비 설치에 일정한 시간이 걸림에도 실제 교류가 이루어지지 않을 수 있기 때문에 설치가 완료된 후에도 실제 유럽의 상호연결에 영향을 미치는 요인이 무엇인지, 그리고 특정 연도의 상호연결성을 측정하기는 어려울 수 있다. 하지만 실제 전기 교환 흐름의 양은 그 해 네트워크 상호 연결의 정도를 알 수 있게 해준다.

5 '전송의 교환 흐름'은 다양한 시장에서의 모든 형태의 교환을 포함하고 있다. 심지어 (전력 교환을 통한 것이 아니라) 두 당사자 간의 사적인 교환까지도 포함하고 있다. 더욱이, 연내 모든 교환 흐름의 집계 데이터는 전기 시장에서 보여지는 것과는 다소 다른 역학적 관계를 나타낸다. 이는 본 연구에서 '전기 시장' 그 자체에 크게 중점을 두지 않는 주된 이유이다. 특히 정치학자들에게 이러한 역학은 흥미로울 수 있다.

2013, 458), 유사한 요인들을 "중력" 모델에 의해 설명된 적도 있다(Whitten and Kellstedt 2013, 214).

본 연구는 EU 공동 에너지 정책의 통합과정과 전력을 관리해온 과거와 현재 제도의 조정과정을 통해서 전력망의 상호연결을 달성할 수 있음을 시사한다. 국제협력 관련 많은 선행연구들에서 제도는 협력을 검토할 때 분석되는 중요한 변수이다(Keohane 1988; Maggi 1999; Victor 2006). 이분법적 변수들 또한 특정에 활용할 수 있다.

우선 EU 내에서 전반적으로 협력의 증가는 공동 에너지 정책의 공유와 통합을 의미했다. 이는 공통적 정책 공유에 대한 친숙도가 높고 경험도가 높을수록 다른 분야에 대한 통합 과정에 대한 친숙도가 높다는 것을 의미하기도 한다. 따라서 이는 전반적인 협력 경험의 수준에 따라 달라지는 경향이 있는 소위 파급효과를 촉진하는 것이다 (Jordan 2001; Rosamond 2005). 앞서 언급한 바와 같이, EC는 에너지 협력을 이론화하기 위해 EU 국가들 간에 협상된 전기 시장 자유화 정책을 기반으로 전기 및 관련 시설에 대한 시장을 설정할 수 있도록 하였다. 게다가, 이는 전력망 상호 결의 수준과 범위에 영향을 미칠 가능성이 존재한다.

더 중요한 부분은 에너지 협력이 기능적 제도의 조정에 미치는 영향으로 인하여 전력망 구축을 가능하게 할 수 있다는 점이다. 해당 주장은 전기에너지 협력의 성격이 반영된 결과라 할 수 있다. 〈표 6-1〉을 통해서 알 수 있듯이, 전기 에너지 협력의 이점은 전기의 특성과 해당 특성과 관련된 필요한 조정 과정에서 비롯된다. 송전과 같은 기능적 유틸리티 부문에서도 제도에 기반한 정책조정은 중요하다 할 수 있다(Fuenfschilling and Truffer 2014; Puka and Szulecki 2014; Tengren, et al. 2016). 전기는 에너지 협력의 특성에 따라 네트워크의 구조로 교환되며, 발생하는 방식에 따라 다양한 기술적 특성을 갖는다. 각 형태에는 설치 비용, 기술 조정 및 행정적 장벽 제거와 관련된 특정한 정책조정 과정이 존재한다.

그러나 에너지 상호연결의 정도와 이러한 상호연결을 발전시키기 위한 전략은 국가별로 상이한 편이다. 더욱이, 유럽의 다른 지역에서의 전력망 협력과 상호 연결의 경험 또한 다양한 편이다. 따라서 ENTSO-E 내에는 여전히 6개(북해, 발트해, 중남부, 대륙남부, 대륙남부, 대륙중앙동)의 서로 다른 지역이 존재한다. 이는 네트워크는 시스템 개발에 따라 구분되어 에너지 협력의 역학관계가 지역마다 다르다는 것을 보여주고 있다.

ESTO가 아닌 다른 TSO 네트워크 역시 존재한다. 아일랜드 전송 시스템 운영자 협회(ATSOI), 발트 전송 시스템 운영자 협회(BALTSO), 노르웨이, 핀란드, 덴마크, 스웨덴, 아이슬란드의 TSO 협회(NORDEL), 전기 전송 조정 연합(UCTE) 및 영국의 변속기 시스템 운영자 협회(UKTSOA) 등이 존재한다. 1996년 에너지 시장 자유화 이전에는 NORDEL, UCTE 등의 시스템 운영자 협회 또한 존재했다. 이는 전력에너지 협력도 공통적인 규제에너지 정책을 제외하면 TSO 간의 정책조정에서 출발할 수 있음을 시사하고 있다. TSO 네트워크 형태의 현재와 과거의 협력 경험은 본 연구의 경험적 검증 부분에서 독립 변수로 다루어질 것이며 전력망 상호연결 수준에 영향을 미칠 것으로 예상한다(Roggenkamp and Boisseleau 2005; ENTSO-E 2010).

4 연구 설계 및 가설 설정

전력망 상호 연결 수준은 다양한 요인에 따라 달라질 수 있다. 실제로 유럽 전역의 공동 에너지 정책은 계속하여 통합되고 있는 추세이지만, 국가와 하위 지역 간에는 여전히 차이가 구체적으로 존재한다. 앞서 언급한 바와 같이, 본 연구의 주제는 유럽의 전력망 상호 연결로, 이는 주어진 기간[6] 동안 두 나라 사이의 교환 흐름의 총량을 의미한다. 해당 정보는 종속 변수를 나타내는 전력망 상호 연결의 범위를 결정하는 데 사용하였다.

6 '네트워크'란 일반적으로 서로 연결된 망, 선 등의 시스템을 말한다. 본 연구에서는 전기 교환 흐름 시스템을 '전력망'으로 설정하고 있다. 앞서 설명하였듯, 전력망 설치 시스템은 또 다른 유형의 '전력망'으로 볼 수 있다. 본 연구에서는 교환 흐름의 변화, 즉 한 유형의 전력망 상호 연결의 정도를 설명하고자 할 때 '전력망 상호 연결'이라는 용어를 사용하고자 한다.

본 연구에는 2013년 유럽 41개 국가 및 지역[7]의 데이터를 사용하였다.[8] 본 연구에서는 전력수요가 일별, 계절별로 크게 변화함에 따라 연간 데이터를 활용하여 전력 수요의 전반적인 트렌드를 분석하였다. 또한, 해당 연구에서는 비교적 최신 데이터를 활용하여 유럽의 전력망 상호 연결의 현재 상태를 포착할 수 있었으며, 전력의 거래 확대 추세가 크게 바뀌지 않았기 때문에 이러한 접근법이 적절하다고 판단하였다.

종속변수와 주요 독립변수의 대부분은 ENTSO-E(2014)의 2013년 데이터에 기반하였다. 아래 표 2는 전력망 상호 연결의 특정한 역학관계를 이해하기 위해 각 변수들의 출처와 작동 독립변수(operational IV)들을 설명하고 있으며, 본 연구의 모든 변수는 다이어딕 데이터(Dyadic Data)에 기초하고 있다. 이는 전기에너지 협력 수준의 차이를 분석하고자 하는 연구의 성격에서 비롯된다 할 수 있다. 그렇기에 본 연구에서는 단면 다변량 선형 회귀 분석(cross-sectional multivariate linear regression analysis)을 활용하였다. 단면 분석을 통해 데이터 차이에 대한 주요 동인을 효과적으로 보여줄 수 있다고 생각한다.

본 연구의 주요 목적이 언급한 3가지 요인이 어떻게 협력 경험에 영향을 주는지 밝히는 것에 있기 때문에, 본 연구에서는 (1) 인접국가들이며 (2) 두 국가 모두 전력소비량을 조절할 수 있다는 조건하에서 3가지 형태(현 전기 에너지 협력 경험, 이전 전기 에너지 협력 경험, 그리고 지역적 협력 경험)의 협력 경험을 포함하고 있다.

먼저, 현재의 전기에너지 협력 경험은 ENTSO-E 하에서 시스템 개발을 위한 6개의 기능적 영역(북해 지역, 발트해 지역, 대륙 중남부 지역, 대륙 남서부 지역, 대륙 남동부 지역, 대륙 중동부 지역)으로 구분할 수 있다. 현재 전기 에너지 협력 경험(Current Electricity Energy Cooperation Experience) 변수는 현재 기능하는 ENTSO-E 영역에 사전 경험이 있는지 여부를 보여주는 이분법적인 변수이다. 특정한 지역의 특성을 분석하기 위해서, 각 기능적 지역을 하나의 변수로 제시하였다. 그렇기에 아래의 가설1은 현재 상호 협력의 경험이 전력망의 상호연결에 어떤 영향을 미치는지를 분석하기고자 설정하였다.

---

7 '국가/지역'을 사용하는 이유는 ENTSO-E 자료에도 엄격한 국가가 아닌 특정 국가 내 지역인 북아일랜드와 우크라이나 서부가 포함되기 때문이다

8 2014년 기준으로 ENTSO-E는 총 35개 국가/지역으로 구성되어 있으며, ENTSO-E 데이터에는 회원국/지역은 아니지만 회원국과 인접한 8개국의 추가 데이터도 포함하고 있다. 반면 섬나라이면서 주변국(즉, 키프로스, 몰타, 아이슬란드)과 전력 교환이 없는 회원은 분석 대상에서 제외하였다.

- **가설 1: 두 국가가 ENTSO-E의 동일한 기능적 지역에 속할 때, 전력망 상호 연결 수준이 더 높을 수 있다.**

다음으로는 이전의 기능적 기관들을 통한 협력을 분석하고자 한다. 예를 들어 ATSOI, BALTSO, ETSO, NORDEL, UCTE, UKTSOA[9] 등과 같은 기관들을 이전 기능적 기관들의 한 형태라 할 수 있다. 이는 이전 전기 에너지 협력 경험(Former Electricity Energy Cooperation Experience) 변수의 구성요소라고 할 수 있다. 이는 한 쌍의 국가가 전력망과 관련하여 과거에 경험이 있는지 여부를 결정하는 이분법적인 변수이다. 실제 전력망을 기반으로 이전의 에너지 협력 경험을 효과를 분석하기 위해 다음과 같이 가설 2를 설정하였다.

표 6-2 전력망 상호접속 관련 변수 측정을 위한 설명 및 데이터 소스

변수	측정 및 데이터 소스	단위	변수 유형
종속 변수			
전력망 상호교환 수준	유입 또는 유출되는 전력 교환 흐름의 양은 페어링된 국가 쌍을 합산한 합 - ENTSO-E 데이터베이스를 통해 상세하고 조화로운 수준을 확인 가능	GWh	연속형 변수 (Continuous Variable)
독립 변수			
인접국 (Neighboring Country)	페어링된 국가가 육지로 둘러싸여 있으면 1(인접) 또는 0(분리)으로 표기 - 유럽 지도를 기반으로 데이터 구축	-	이분법적 변수 (Dichotomous Variable)
전력 소비량 (Electricity Consumption)	페어링된 국가 쌍의 각 국가에 대한 2013년 전력 소비량의 합산 - ENTSO-E의 2013년 연간 에너지 데이터 - ENTSO-E의 회원이 아닌 국가들을 고려한 EIA의 2013년 국제 에너지 통계 데이터를 사용	TWh	연속형 변수 (Continuous Variable)

9 UKTSOA(UK Transmission System Operator Association)는 국제 협력이 아닌 국가 내 전기 협력을 나타내기 때문에 분석에서 제외하였다.

현재 전력 에너지 협력 경험 (Current Electricity Energy Cooperation Experience)	페어링된 국가 쌍의 두 국가가 ENTSO-E의 동일한 기능 영역에 속할 경우 1(경험) 또는 0(경험 없음)으로 표시 ENTSO-E 홈페이지를 기반으로 데이터 구축	-	이분법적 변수 (Dichotomous Variable)
이전 전력 에너지 협력 경험 (Former Electricity Energy Cooperation Experience)	페어링된 국가 쌍의 두 국가가 ENTSO-E가 아닌 다른 형태의 TSO에 속할 경우 1 (경험) 또는 0(경험 없음)으로 표시 ENTSO-E의 Euristat 홈페이지 정보를 기반으로 데이터 구축	-	이분법적 변수 (Dichotomous Variable)
지역 내 협력 경험 (Cooperation Experience in the Region)	페어링된 국가 쌍의 두 국가가 모두 EU 회원국일 경우 1(경험) 또는 0(경험 없음)으로 표시 Eurostat의 정보를 기반으로 데이터 구축		이분법적 변수 (Dichotomous Variable)
지역 내 협력 경험 수준 (Level of Cooperation Experience in the Region)	국가 쌍의 두 국가가 모두 EU 회원국일 경우, 2013년 기준으로 각 국가가 EU에 속했던 기간(연도)을 합산 Eurostat의 정보를 기반으로 데이터 구축	년	연속형 변수 (Continuous Variable)

출처: EIA International Energy Statistics (https://www.eia.gov/electricity/data.cfm), ENTSO-E (https://www.entsoe.eu), Eurostat (http://ec.europa.eu/eurostat)

- **가설 2: 두 국가가 이전 동일한 TSO 네트워크의 구성원을 경험한 경우, 전력망 상호연결 수준이 더 높을 수 있다.**

마지막으로, EU라고 불리는 초국가적인 조직이 있다. 본 연구는 EU 지역기관들이 현재의 전력망 상호연결에 어떤 영향을 미치는지 알아보기 위해 지역 내 협력 경험과 지역 내 협력 경험 수준을 운영변수(Operationalizing Variables)로 제안하고자 한다.

이전에 설명했던 페어링된 국가 쌍이 EU에 속하는지 여부를 나타내는 이분법적인 변수들과는 달리, 지금 설명하는 변수는 양국이 EU 회원국인지 여부에 대한 추가적 정보가 있는 연속 변수이다. 그렇기에 가설3은 EU를 통한 협력 경험들이 현재 수준의 전력망 협력 형성에 어떤 영향을 미치는지 분석하고자 설정하였다.

- **가설 3: 양국이 EU에 속할 경우 전력망 상호연결 수준이 더 높을 수 있다.**

부록의 표는 종속변수와 독립변수 모두에 대한 간단한 기술 통계량을 보여주는 표이다. 표에서 볼 수 있듯이, 유럽의 41개 국가 및 지역에 대한 페어 데이터를 보는 관점에서 820개의 관측치를 보여주고 있다.

5 연구 분석

이러한 실증분석은 유럽 국가 간 전기상호접속망에서 전기교환 흐름의 수준을 결정하는 요인을 찾기 위해 사용된 총 16개의 모형을 기반으로 한다. 모든 모형은 단면 다변량 선형 회귀 분석을 사용하였다. 모델을 나누는 이유는 데이터의 특성에서 도출된 것이 아니라 '협력 경험'이라는 독립변수에 대하여 다차원적인 시각을 제공하려는 시도이다. 〈표 6-3〉에서는 가설 1에 대한 모델 1~7을 테스트 하였고 표4에서는 가설 2의 모델 8~14를 그리고 〈표 6-5〉에서는 가설 3에 대한 모델 15~16을 테스트 하였다.

표 6-3 ENTSO-E의 기능적 영역과 전력망 상호접속 요인

변수	모델 1	모델 2	모델 3	모델 4	모델 5	모델 6	모델 7
인접 국가	2902.5*** (185.3)	3098.1*** (172.7)	3133.6*** (173.9)	3129.*** (179.0)	3105.7*** (174.2)	3070.2*** (179.0)	3235.2*** (179.4)
전력 소비량	0.559*** (0.193)	0.465** (0.194)	0.554*** (0.195)	0.563*** (0.195)	0.521*** (0.195)	0.510*** (0.196)	0.514*** (0.197)
현재 전력 에너지 협력 경험	470.8*** (122.3)						
북해 지역		875.1*** (208.2)					
발틱해 지역			490.0** (231.4)				
대륙중남부 지역				198.7 (238.2)			
대륙남서부 지역					2214.6*** (789.1)		
대륙남동부 지역						660.3** (311.9)	
대륙중동부 지역							-299.3 (196.9)
상수 (Intercept)	-148.3** (67.70)	-88.58 (64.39)	-84.86 (65.26)	-73.67 (65.38)	-61.85 (64.58)	-65.17 (64.70)	-42.63 (66.68)
N	820	820	820	820	820	820	820
R^2	0.315	0.317	0.306	0.303	0309	0.306	0.304
Adj.R^2	0.312	0.315	0.304	0.300	0.307	0.304	0.302

주: *** p〈0.01, ** p〈0.05, * p〈0.1. Two-tailed tests. 괄호 안의 숫자는 표준오차를 나타냄

모든 모델에서 협력 경험의 정도를 신뢰 수준 95% 이내로 통제했을 때, 통제 변수로서의 이웃 국가와 전기 소비량은 통계적으로 유의하였다. 구체적인 신뢰 수준은 모델에 따라 다양하다. 특히 〈표 6-5〉에서 모델 16의 전기

소비량은 90%의 신뢰 수준 내에서 통계적으로 유의하였다.

이웃국가 변수는 두 국가가 국경을 맞대고 있는 경우에 전기 교환(GWh)이 얼마나 증가하는 지를 보여주고 있다. 전력 소비량은 다른 변수를 통제할 때 페어링된 국가들의 전력 소비량(TWh) 단위가 평균적으로 얼마나 증가하는 지를 보여준다. 현재 전기 에너지 협력 경험이 통제되는 모델 1~7과 모델 8, 모델 10~16의 통제변수들에서 차이가 나타난다. 이는 과거의 정기 협력 경험과 EU를 통한 지역적 협력 경험이 현재의 협력 경험을 통제할 때 전력망 상호연결성의 수준에 어떤 영향을 미칠 수 있는지를 보여주기 위한 것이다.

〈표 6-3〉은 현재 ENTSO-E의 기능적 영역 내에서 상호연결 수준과 다른 요인들과의 상관관계를 보여주고 있다. 모델 1은 현재 협력 경험에 대한 99%의 신뢰 수준 내에서 통계적 유의성을 보여주고 있다. 또한, 앞서 언급된 지역들의 상호연결 수준은 다른 변수를 제어할 때 평균적으로 470.8 GWh의 전기 교환 증가를 보여주고 있다. 모델 2~7은 현재 지역별 전기에너지 협력 경험이 전력망 상호연결 수준에 미치는 영향을 분석한 모델이다. 현재 북해지역과 대륙남서부지역의 협력효과를 보여주는 모델 2와 모델 5는 99%의 신뢰수준 내에서 통계적 유의미성을 보여주고 있다. 반면 발트 지역과 대륙동남부 지역의 현재 에너지 협력 변수가 포함된 모델 3과 모델 6은 95% 신뢰 수준 내에서 양의 상관관계를 보여준다. 마지막으로 모델 4와 7은 대륙중남부지역과 대륙중동부지역의 현재 협력의 영향력이 90%의 신뢰수준 내에서도 통계적으로 유의미하지 않음을 나타내고 있다.

〈표 6-4〉는 이전 기능 기관을 통한 전기 에너지 협력 경험과 현재 ENTSO-E의 교환 흐름 수준의 상관관계를 보여주고 있다. 모델 8의 변수인 현재 전기 에너지 협력 경험을 제어할 때 이전 전기 에너지 협력 경험이 신뢰수준 90%에서 통계적으로 유의미 하지 않음을 보여준다. 반면, 모델 9는 현재의 전기에너지 협력 경험에 관한 변수가 통제되지 않는 경우 95%의 신뢰수준 내에서 해당 변수의 통계적 유의성을 보여주고 있다. 양 국가 모두 기존의 TSO 네트워크의 회원인 경우에, 교환 전력의 평균 증가량은 206.9GWh로 나타났다.

표 6-4 기존의 TSOs와 전력망 상호접속 요소들

변수	모델 8	모델 9	모델 10	모델 11	모델 12	모델 13	모델 14
인접 국가	2888.1*** (186.3)	3084.9*** (178.0)	2938.7*** (186.0)	2898.7*** (186.3)	2918.4*** (185.2)	2844.2*** (184.2)	2901.1*** (185.7)
전력 소비량	0.567*** (0.194)	0.577*** (0.194)	0.545*** (0.193)	0.562*** (0.194)	0.520*** (0.194)	0.577*** (0.192)	0.560*** (0.194)
현재 전력 에너지 협력 경험	437.6*** (129.7)	-	476.4*** (122.2)	468.9*** (122.7)	399.2*** (127.7)	410.4*** (122.2)	466.3*** (128.2)
이전 전력 에너지 협력 경험	84.28 (109.6)	206.9** (104.0)	-	-	-	-	-
ATSOI			-2556.0* (1353.6)	-	-	-	-
BALTSO				161.9 (788.2)			-
ETSO					200.6* (104.5)		-
NORDEL						2215.7*** (544.9)	-
UCTE							12.76 (108.3)
상수 (Intercept)	-168.7** (72.70)	-130.8 (72.29)	-146.2** (67.60)	-148.8** (67.77)	-192.8*** (71.46)	-150.7** (67.09)	-151.3** (72.43)
N	820	820	820	820	820	820	820
R^2	0.315	0.306	0.318	0.315	0.318	0.328	0.315
Adj.R^2	0.312	0.303	0.315	0.312	0.315	0.325	0.312

주: *** p<0.01, ** p<0.05, * p<0.1. Two-tailed tests. 괄호 안의 숫자는 표준오차를 나타냄

모델 10~14는 이전 협력 경험이 전기 네트워크 상호 연결 수준에 미치는 영향을 분석하였다. 모델 13은 99%의 신뢰수준 내에서 긍정적이고 통계적으로 유의미한 과거 NORDEL 회원국의 협력 경험의 효과를 보여준다. 모

델 10과 12는 ATSOI 및 ETSO와의 이전 연관성이 전기 네트워크 협력에 미치는 영향을 보여주는데, 이는 90%의 신뢰 수준 내에서 통계적으로 유의미하다. 그러나 ATSOI 변수는 종속 변수와 음의 상관 관계를 나타내고 있다. 모델 11과 14는 페어링된 국가들이 각각 BALTSO와 UCTE에 속할 때 이전 협력 경험의 효과를 보여주기 위한 것이었지만, 90%의 신뢰 수준 내에서도 통계적으로 유의하지 않게 나타났다.

〈표 6-5〉는 지역의 협력 경험과 지역의 협력 경험 수준과 전력망 상호 연결 수준의 상관관계를 보여주고 있다. 모델 15와 16은 EU 소속여부와 가입 기간 모두 현재 수준의 전력망 상호 연결에 영향을 미치고 있다는 점을 보여준다(현재의 전기 에너지 협력 경험이 제어되는 경우). 이러한 매개변수에 따르면 모형 15와 모형 16의 통계적 결과는 99%의 신뢰 수준 내에서 유의성을 보여주고 있다. 모델 15의 결과는 페어링된 두 국가가 모두 EU의 회원국인 상태에서 다른 변수가 통제될 때 평균 252.2GWh의 전력 교환이 늘어날 가능성이 있으로 나타난다. 모델 16은 다른 변수들이 통제된 상태에서 두 나라의 EU에 소속된 기간이 1년씩 증가할 때 평균 6.048GWh의 전력 교환량의 증가와 상관관계가 있음을 보여주고 있다.

표 6-5 전력망 상호접속의 지역협력 경험과 요인

변수	모델 15	모델16
인접 국가	2937.0*** (185.1)	2982.7*** (185.6)
전력 소비량	0.563*** (0.193)	0.367* (0.200)
현재 전력 에너지 협력 경험	376.8 (127.4)	363.8*** (125.5)
지역의 협력 경험	252.2** (98.84)	-
지역의 협력 경험 수준	-	6.048*** (1.771)
상수 (Intercept)	-239.4*** (76.33)	-307.4*** (81.82)
N	820	820
R^2	0.320	0.325
Adj.R^2	0.317	0.321

주: *** p<0.01, ** p<0.05, * p<0.1. Two-tailed tests. 괄호안의 숫자는 표준오차를 나타냄

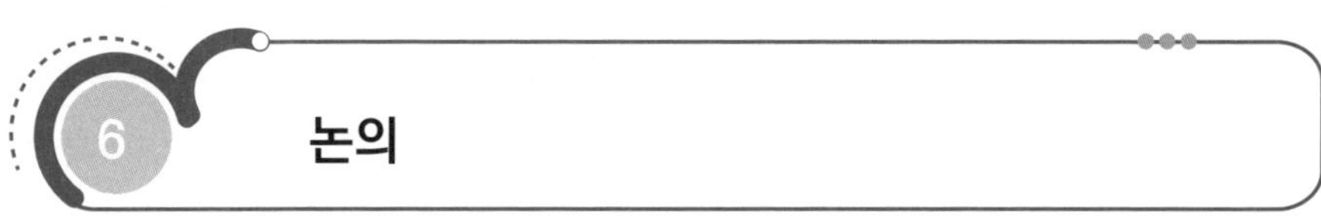

6 논의

앞의 〈표 6-3〉~〈표 6-5〉 분석은 다음과 같다. 첫째, 앞서 언급한 가설들 모두 포괄적인 범위 내에서 검증이 됨을 알 수 있다. 즉, 유럽 지역의 다양한 협력 경험은 다른 지리적, 경제적 변수들이 통제되는 조건하에서 긍정적으로 작용될 수 있음을 알 수 있다(모델 1, 9, 15, 16). 그러나 각 모델을 구체적으

로 분석하였을때 전반적인 트렌드에 따른 차이 역시 존재했다.

가설 1을 시험한 모델 1에 따르면, 현재 두 국가가 ENTSO-E 내에서 동일한 기능적 지역에 속했을 때 전력망 상호 연결 수준이 더 높을 수 있다고 결론 내릴 수 있다. 반면 현재 대륙중남부지역(모델4)과 대륙중동부지역(모델7)에서는 협력 경험이 긍정적인 영향을 미치지 않았다. 그럼에도 불구하고, 다른 지역의 샘플들에서는 실제 거래 흐름 수준과 양의 상관관계가 있음으로 분석되었다. 이러한 결과는 국가별로 상호접속의 의도나 전략이 상이하여 시스템 개발 측면에서 유럽의 협력 수준과 각 하위지역의 경험에 차이가 발생했기 때문이다. 즉, 이는 오늘날 같은 기관을 통한 정책조정 과정의 역학관계나 전기 에너지 협력 형태가 같은 지역 내에서도 차이가 존재할 수 있음을 증명한다. 실제로 유럽 남서부(이베리아 반도 포함)에서는 풍력, 태양광 및 수력 에너지원을 전력으로 활용하기 위한 지역적 투자가 많이 이루어졌으며, 이러한 막대한 투자는 재생 에너지를 전력 시스템에 포함하는 것을 목표로 하였다(ENTSO-E 2010). 지역 협력 경험과 실제 전력 교환 간의 양의 상관관계는 모델 5를 통해 보여주고 있다.

모델 8~14를 살펴보면, 가설 2(양국이 과거 동일한 TSO의 구성원일 경우, 전력망 상호 연결 수준이 더 높을 수 있다)에 대하여 시험하였고 부분적으로 수용할 수 있음을 알 수 있다. 반면 에너지 협력의 현재 경험을 통제하는 모델 9는 통계적 유의성이 없었다. 이는 과거와 현재의 협력 경험을 측정하는데 있어서 이분법적 변수가 지니는 한계를 보여주는 것이라 생각된다. 그러나 NORDEL과 ETSO를 포함한 각각의 모델에서는 현재의 협력 경험을 통제하더라도 전력망 상호 연결 수준이 강화되는 결과를 볼 수 있었다. 실제로 NORDEL과 ETSO는 전력 시스템 운영 측면에서 가장 오래된 네트워크 중 하나이다(각각 1951년과 1963년에 설립). 그 결과, 협력 경험과 인프라 구축, 기술 조정, 행정 장애물 제거 등 정책조정 과정의 수준이 높아졌다고 보인다. 반면에, ATSOI의 회원이 되는 것은 상호 연결 수준에 부정적인 영향을 미치는 것으로 나타났다. 이는 북아일랜드와 아일랜드, 영국 간의 전기 교환이 지리적 장애로 인해 초기에 더 높은 설치 비용을 직면해야 했고, 이러한 장애를 극복하기 위한 시도가 제한적이었기 때문에 전력 시스템에 대한 정책조정이 부족했기 때문으로 보인다.

특히 노르델(NORDEL)과 노르델의 이전 회원국들에 주의를 기울일 필요가 있다(Pineau et al. 2004; Cameron 2007). 노르델의 회원국인 덴마크, 핀란드, 아이슬란드, 노르웨이, 스웨덴 정부간에 정책조정 과정이 많이 있어왔다. 시설물 설치, 기술조정 및 지원, 행정적 장애물 제거 등 모든 정책조정 과정이 적극적으로 진행되었다. 이는 기술적 호환성과 관련된 행정 장벽을 제거하려는 노력으로 혼잡한 문제들을 가장 잘 처리하는 국가들이기에 가능했다. 재생에너지 비중은 조정과정을 용이하게 해 왔던 이 국가들의 에너지 믹스에서 가장 높은 비율을 차지한 동시에 사회적 합의와 협력 정도에 큰 영향을 미쳤다. 이러한 조건속에서 관련 투자시설들이 해당 지역에서 적극적으로 추진되어왔다(NORDEL 2009; ENTSO-E 2010).[10]

마지막으로, 가설 3은 모델 15와 16을 사용하여 테스트하였다. 두 결과 모두 양국이 EU에 속할 경우 전력망 상호 연결 수준이 더 높을 가능성이 있었고, 그 반대의 경우도 동일하였다. EU의 적극적이고 공통된 에너지 정책을 통해 전력망 상호연결 수준이 강화되었으며, 특히 모델 16은 EU의 일반적인 협력 경험 수준에 따라 상호연결 수준이 증가하는 경향을 보여주고 있다. 이는 사회통합의 과정, 공동의 정책을 공유하는 경험 등이 전기 교환를 촉진했기 때문에 가능했다고 본다.

유럽 위원회는 유럽 지역의 규제 프레임워크는 완벽하게 구현되고 적용되어야 한다고 본다. 따라서 유럽 위원회는 "필요한 인프라 투자가 이뤄지기 위해서는 탄탄한 규제 프레임워크가 전제돼야 한다"고 주장하고 있으며, 이러한 필요성 때문에 위원회는 "국경을 넘나들거나 국경을 넘나드는 흐름에 영향을 미치는 프로젝트의 특정 문제"를 유럽 횡단 에너지 네트워크의 규정(TEN-E)을 통해 처음으로 다루었다(European Commission 2015a, 9).

10 북해 지역 국가들은 재생 에너지 목표를 달성하기 위해 2010년 양해각서를 통해 North Sea National Offshore Grid Initiative(NSCOGI)를 이행할 준비를 하였다. 그리드 구현은 이러한 목표를 위해 선행적으로 이행되어 왔으며, 해당 계획은 이전의 노르델 5개국을 포함하여 10개국에 집중되어 있다.

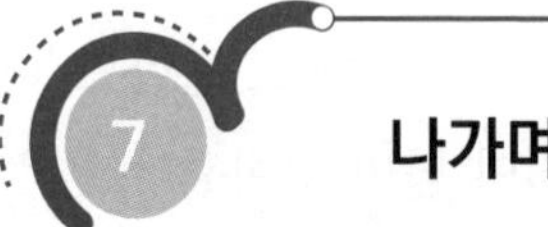

7 나가며

유럽 지역은 EU 설립 이후 협력을 위한 노력의 강도를 강화해 왔다. 에너지 협력은 초국가적 에너지 시장의 기술적 그리고 제도적 체계에서의 표준의 조화 뿐만 아니라 에너지 네트워크 상호작용의 강화의 특성을 지니며, 이러한 협력은 증가해왔다. 본 연구는 다양한 에너지 협력의 관점에서 국가간 다양한 수준의 전력 교환 흐름에 영향을 미치는 정치적, 경제적 동인요소들과 전력망 상호교류 수준을 강조하고자 하였다.

우리는 본 연구에서 에너지 협력을 정의한 후 유럽 지역의 에너지 협력, 특히 송전망의 통합적 측면을 평가하였다. 연구의 지역적 범위는 유럽이며 분석 단위는 유럽 국가의 한 쌍이다. 전력 에너지 협력의 변화를 보여주기 위해 전력 에너지 협력의 특성을 살펴보았는데, 이는 본 연구의 실증분석의 배경이 되었다. 둘째, 회귀분석을 통해 전력 교환의 흐름에 영향을 미치는 주요 요인들을 분석하였다. 단면적 다이아딕 데이터를 활용한 다변량 회귀분석은 역사적으로 지역 TSO의 정책조정 수준이 TSO네트워크와 현재 교환 흐름에 양의 상관관계가 있음을 보여주었다. 다양한 모델을 통해 똑같은 제도 안에서의 경험이 이원적 전기 교환 흐름의 경향을 증가시킬 가능성이 있다고 본다. 지리적 연결과 전력 소비에 대한 직관과 더불어, 전력 관련 제도들을 통한 현재와 과거의 협력은 유럽 내에서도 서로 다른 지역 상호 연결 수준에 영향을 미쳤다고 본다.

본 연구에서 검증된 가설들의 결과는 몇 가지 시사점을 갖는다. 첫째, 연구 전반에 걸쳐 유럽의 전력망 상호 연결을 조사함으로써 국제정치경제에서 에너지 협력을 포함한 다양한 협력에 대한 우리의 지식을 확대시켰다. 세계 에너지 체제를 지배하는 다양한 분야들에 초점을 맞춘 국제 정치 경제 연구들이 대부분이며, 전력망에 관련된 연구는 미흡한 편이다.

구체적 실증분석 결과, 전력 에너지 협력 네트워크가 있는 지역과 없는 지역 모두에 정책적 시사점을 제공한다. 전자의 경우 전력의 교환 흐름과

TSO 네트워크를 통한 과거와 현재의 정책조정 사이의 양의 상관관계는 전력망 상호연관성을 촉진하기 위한 조치가 필요함을 시사한다.

다음으로 동아시아와 같은 지역에서 전력 관련 제도들이 지역의 기능적 협력을 촉진시키기 위한 초기 단계의 방안이 될 수 있음을 알 수 있다. 이는 동아시아와 같이 전력 흐름을 증가시킬 수 있는 국가와 지역이 조정을 위한 효과적인 제도를 설립하고 협력할 필요가 있음을 의미한다. 동아시아에 전기 협력 제도를 설치하면 회원국들이 비용과 편익을 추정하고, 잠재적인 협력 계획을 수립하여, 정치경제적 장애물을 극복하고, 해당 지역내 상호 이익을 위한 계획을 실행할 수 있을 것이다.

그러나 본 연구에서는 지역간 전기설비의 설치정도를 통한 상호연결성 조사가 충분히 이루어지지 않았다. 관련 제도는 매우 중요하다. 그러나 모든 제도들이 전력 교환의 흐름을 증가시켰던 것은 아니다. 본 연구에서는 협력의 역사가 더 긴 제도(예시: NORDEL) 안에서의 국가들이 전력 흐름을 증가시킬 가능성이 있음을 시사하고 있다. 오래 지속됐다는 점 이외에도 제도가 성공적으로 협력을 조정할 수 있는 조건에 관한 사례 연구는 이러한 역학 관계를 이해하기 위한 좋은 연구가 될 수 있다. 특히 유럽 지역을 기반으로 한 다양한 형태의 에너지 협력에 대한 경험적 분석 또한 의의가 있을 것이다. 더욱이 네트워크 상호연결과 전기 교환에 영향을 미치는 다른 변수를 통해 유럽의 전기 네트워크 상호연결이 어떻게 더 발전될 수 있는지를 이해하는 연구도 매우 흥미로운 연구가 될 수 있을 것이다.

부록. 변수의 기술 통계량

변수	관측수	평균값	표준편차	최소값	최대값
전력망 상호접속 수준	820	316.0341	1620.894	0	24939
인접 국가	820	.0817073	.2740855	0	1
전력 소비량	820	222.5768	244.1408	7.635	1419.878
현재 전력 에너지 협력 경험	820	.2182927	.4133393	0	1
북해 지역	820	.054878	.2278811	0	1
발틱해 지역	820	.0439024	.2050031	0	1
대륙중난부 지역	820	.0439024	.2050031	0	1
대륙남서부 지역	820	.0036585	.0604119	0	1
대륙남동부 지역	820	.0256098	.1580644	0	1
대륙중동부 지역	820	.0670732	.2503013	0	1
이전 전력 에너지 협력 경험	820	.3207317	.4670427	0	1
ATSOI	820	.0012195	.0349215	0	1
BALTSO	820	.0036585	.0604119	0	1
ETSO	820	.3365854	.4728301	0	1
NORDEL	820	.0073171	.0852784	0	1
UCTE	820	.3085366	.4621712	0	1
지역의 협력 경험	820	.4280488	.4950979	0	1
지역의 협력 경험 수준	820	36.14634	28.27314	0	112

참고문헌

해외 참고문헌

Bättig, Michèle B. and Thomas Bernauer. 2009. "National Institutions and Global Public Goods: Are Democracies More Cooperative in Climate Change Policy?" International Organization 63(2), 281-308.

Buchan, David. 2015. "Energy Policy—Sharp Challenges and Rising Ambitions." In Mark A. Pollack, Alasdair Young, and Helen Wallace eds., Policy-Making in the European Union . New York: Oxford University Press, 344-366.

Cameron, Peter D. 2007. Competition in Energy Markets: Law and Regulation in the European Union . New York: Oxford University Press.

Casier, Tom. 2011. "The Rise of Energy to the Top of the EU-Russia Agenda: From Interdependence to Dependence?" Geopolitics 16(3), 536-552.

Choubey, Sourav. 2014. "Literature Survey on Cross Border Power Trading." International Journal of Electronic and Electrical Engineering 7(4), 401-406.

De Nooij, Michiel. 2011. "Social Cost-Benefit Analysis of Electricity Interconnector Investment: A Critical Appraisal." Energy Policy 39(6), 3096-3105.

Dutton, Joseph and Matthew Lockwood. 2017. "Ideas, Institutions and Interests in the Politics of Cross-Border Electricity Interconnection: Greenlink, Britain and Ireland." Energy Policy 105, 375-385.

ENTSO-E. 2010. “ENTSO-E’s Pilot Ten-Year Network Development Plan.” Accessed at https://www.entsoe.eu/major-projects/ten-year-network

development-plan/general/Pages/default.aspx (November 20, 2017)

______.2015. “ENTSO-E Statistical Factsheet 2014.” Accessed at https://www.entsoe.eu/Documents/Publications/Statistics/actsheet/entsoe_ sfs2014_web.pdf (November 20, 2017)

______.2014. “ENTSO-E Yearly Statistics & Adequacy Retrospect 2013.”

Accessed at https://www.entsoe.eu/Documents/Publications/

Statistics/YSAR/141515_YSAR_2013_report.pdf (November 20, 2017)

Erbach, Gregor. 2016. “Understanding Electricity Markets in the EU.” European Parliamentary Research Service . Accessed at http://www. europarl.europa.eu/RegData/etudes/-BRIE/2016/593519/EPRS_ BRI(2016)593519_EN.pdf. (November 14, 2017).

European Commission. 2015a. “Achieving the 10% Electricity Interconnection Target—Making Europe’s Electricity Grid Fit for 2020.” COM 82 (final). Brussels: European Commission.

______.2015b. “A Framework Strategy for a Resilient Energy Union with a Forward-Looking Climate Change Policy.” COM 80 (final). Brussels:

European Commision.

Fuenfschilling, Lea and Bernhard Truffer. 2014. “The Structuration of Socio- Technical Regimes-Conceptual Foundations from Institutional Theory.” Research Policy 43(3), 772-791.

Henriot, Arthur. 2013. “Financing Investment in the European Electricity Transmission Network: Consequences on Long-Term Sustainability of the TSOs Financial Structure.” Energy Policy 62, 821-829.

Hughes, Llewelyn and Phillip Y. Lipscy. 2013. “The Politics of Energy.” Annual Review of Political Science 16, 449-469.

IEA. 2014. "European Union 2014 Review." Energy Policies of IEA Countries . Accessed at
https://www.iea.org/publications/freepublications/publication/EuropeanUnion_2014.pdf (November 20, 2017)

Jordan, Andrew. 2001. "The European Union: An Evolving System of Multi- Level Governance... Or Government?" Policy & Politics 29(2), 193-208.

Keohane, Robert O. 1988. "International Institutions: Two Approaches." International Studies Quarterly 32(4), 379-396.

______. 2005. After Hegemony: Cooperation and Discord in the World Political Economy. Princeton: Princeton University Press.

Korean Power Exchange. 2011. World Power Market Trend—European Union. Seoul: Korean Power Exchange (KPX).

Lee, Jae-Seung. 2007. "Issues and Approaches in Northeast Asian Energy
Cooperation: Agenda-Setting in International Political Economy."
Journal of Korean Politics 16(2), 137-164.

______. 2011. "The Evolution of EU's Common Energy Policy." Journal of International Politics 16(1), 31-68.

Maggi, Giovanni. 1999. "The Role of Multilateral Institutions in International Trade Cooperation." American Economic Review 89(1), 190-214.

Meisen, Peter and Charezade Mohammadi. 2010. "Cross-Border Interconnections on Every Continent." Accessed at https://www.geni. org/globalenergy/research/cross-border-interconnections/Cross- Bor-der%20Interconnections%20on%20Every%20Continent.pdf. (November 14, 2017).

Merlin, Andrė. 2005. "An Overview from Electricity Transimission System's Operator's Perspective." European Review of Energy Markets 1(1), 159- 175.

Nicolas, Francoise. 2009. "ASEAN Energy Cooperation: An Increasingly

Daunting Challenge." Accessed at https://www.ifri.org/en/publications/ enotes/notes-de-lifri/asean-energy-cooperation-increasinglydaunting- challenge#sthash.TAOVU3Qk.dpbs (November 20, 2017)

Parisio, Lucia and Bruno Bosco. 2008. "Electricity Prices and Cross-Border Trade: Volume and Strategy Effects." Energy Economics 30(4), 1760-1775.

Pineau, Pierre-Olivier, Anil Hira and Karl Froschauer. 2004. "Measuring International Electricity Integration: A Comparative Study Ofthe Power Systems under the Nordic Council, MERCOSUR, and NAFTA." Energy Policy 32(13), 1457-1475.

Puka, Lidia and Kacper Szulecki. 2014. "The Politics and Economics of Cross- Border Electricity Infrastructure: A Framework for Analysis." Energy Research & Social Science 4, 124-134.

Roggenkamp, Martha and François Boisseleau. 2005. "The Liberalisation of the EU Electricity Market and the Role of Power Exchanges." In Martha Roggenkamp and François Boisseleau eds., The Regulation of Power Exchanges in Europe. Oxford: Intersentia, 1-29.

Rosamond, Ben. 2005. "The Uniting of Europe and the Foundation of EU Studies: Revisiting the Neofunctionalism of Ernst B. Haas." Journal of European Public Policy 12(2), 237-254.

Ross, Michael L. and Erik Voeten. 2015. "Oil and International Cooperation." International Studies Quarterly 60(1), 85-97.

Sohn, Hyodong. 2017. "EU Energy Policy Change and Energy Security: Agenda Entrepreneurship of the European Commission." Master's Thesis, Yonsei University.

Tingley, Dustin and Michael Tomz. 2014. "Conditional Cooperation and Climate Change." Comparative Political Studies 47(3), 344-368.

Victor, David G. 2006. "Toward Effective International Cooperation on Climate Change: Numbers, Interests and Institutions." Global Environmental Politics 6(3), 90-103.

Victor, David G., Amy M. Jaffe and Mark H. Hayes. 2006. Natural Gas and Geopolitics: From 1970 to 2040. Cambridge: Cambridge University Press.

Wallace, Helen. 2010. "An Institutional Anatomy and Five Policy Modes." In Mark A. Pollack, Alasdair Young, and Helen Wallace eds., Policy- Making in the European Union. New York: Oxford University Press, 69-104.

Whitten, Guy D. and Paul M. Kellstedt. 2013. The Fundamentals of Political Science Research . Cambridge: Cambridge University Press.

Young, Alasdair R. 2010. "The Single Market-Deregulation, Reregulation, and Integration." In Mark A. Pollack, Alasdair Young, and Helen Wallace eds., Policy-Making in the European Union . New York: Oxford University Press, 107-131.

Chapter

탄소중립 시대의 플라스틱 순환경제: 한국과 프랑스 정책비교

김경민, 이유현

들어가며

우리나라와 국제사회는 2050년 탄소중립 목표를 달성하기 위해 환경정책 각 분야에서 다각적인 노력을 요구하고 있다. 지구 온도 상승을 산업화 이전 대비 1.5℃ 이하로 제한하기 위한 파리협정을 이행하기 위한 수단을 모색하기 위해 한국 역시 구체적인 법제를 마련하고 있다(서인석 · 이유현, 2022). 우선 2050년 탄소중립 목표를 달성하기 위해 「기후위기 대응을 위한 탄소중립 · 녹색성장 기본법」을 제정하여 지속적이고 안정적인 추진을 위한 법을 마련하였다(이준서, 2021). 특히 순환경제로의 정의로운 전환은 탄소중립을 이행하기 위한 수단으로 그 중요성이 부상하고 있다. 순환경제 패러다임에서의 두 가지 큰 축 중 하나는 엔진 자동차 판매 금지로 인해 폭발적으로 성장하고 있는 전기차의 사용후 배터리(이차전지)와 한두번 사용하고 버려지는 플라스틱이라 할 수 있다(삼일회계법인 2022). 전기차 배터리 분야는 한국의 배터리 재사용, 재활용, 재제조 연계구조가 걸음마 단계이기 때문에 추후 비교하기로 하고, 본 장에서는 플라스틱 순환경제만을 집중적으로 조명하고자 한다.

우선 이 시점에서 왜 하필 플라스틱 규제인가에 대해 고민해보아야 한다. 첫째, 환경적 이익의 측면이다. 실제로 플라스틱을 획기적으로 규제하는 것만으로도 환경적으로 다양한 성과를 얻을 수 있다. 프랑스환경에너지관리청(ADEME)의 조사에 의하면, 플라스틱 규제로 인해 얻게 되는 환경적 성과는 온실가스 감축, 에너지소비 감소, 물이용 감소 등 복합적이라고 보고 있다(CGEDD, 2021). 때문에 탄소중립과 기후변화 대응 및 수자원관리를 위해서도 플라스틱 규제를 강화하는 것이 적절한 대안이 될 수 있다.

둘째, 포스트코로나 시대에 대한 대비책이다. 유럽연합(European Union, EU)을 필두로 한 국제사회에서는 포스트코로나 이후 탈플라스틱 문제가 이슈로 대두되었다(이소라 2021). 유럽환경청(European Environment Agency, EEA)은 코로나가 기존의 소비문화를 바꾸고 있고, 코로나에 대한 감염우려 등으로 일회용 플라스틱 식기 사용이 급증하고 있으며, 마스크나 장갑 등의 일회용 개인보호장비의 수요 폭증으로 인해 탈플라스틱 정책에 대한 중대한 도전이 발생하였다고 보았다(Kotra 2021).

한국도 이러한 맥락에서 크게 다르지 않다. 코로나 이전 환경부는 2018년 5월부터 패스트푸드점, 커피 전문점과 자발적 협약(VA)을 체결한 후 계도기간을 거쳐 2018년 8월부터 매장내에서의 일회용컵 사용금지를 추진하였고, 같은 해 4월부터 비닐사용량 감축, 7월부터는 제과업계와의 협약을 통한 비닐봉투 제공 금지 등을 강행하여, 실제 일회용품, 일회용 비닐 등의 사용이 획기적으로 감소한 바 있다(이소라 2021). 그러나 2020년 2월 코로나 창궐 이후 플라스틱 폐기물 발생이 급속도로 증가하게 된다. 실례로 서울시의 경우 일회용 플라스틱 제품의 하루 발생량이 2019년에는 2,238 톤이었던 것에 반해 2020년에는 2,335 톤으로 급증하였다(서울연구원 2022).

셋째, 글로벌 환경규제 강화에 대비하기 위한 국내 산업계에 시그널(신호)을 주기 위함이다. 2019년 이후 유럽연합에서는 탄소국경조정세(CBAM) 등을 통해 역외에서의 탄소누출(carbon leakage)를 감소한다는 친환경적인 당위성을 토대로 다양한 정책수단들을 확대해 오고 있었고, 이러한 환경규제의 강화는 국내 산업계에는 또 다른 리스크가 되어왔다. 탄소국경조정세에 이어 플라스틱은 바로 다음 타겟이다. 실제로 프랑스의 경우 2025년 1월 1일부터 시장에 출시되는 세탁기 제품에 미세플라스틱 필터 혹은 다른 해결방안을 세탁기 내부 혹은 외부에 설치할 것을 제시하고 있는데(프랑스환경부 홈페이지), 세탁기를 프랑스에 수출하고자 하는 한국기업의 경우 제품 설계시부터 플라스틱 제거를 위한 친환경적 설계가 필요함을 시사하고 있는 것이다. 이러한 국제적 환경규제에 국내 수출기업이 기민하게 대응하기 위해서는 국내의 환경규제 방향성 역시 국제적 규제흐름에 맞추면서 국내 산업계에 체질 개선을 위한 선제적인 신호를 제공할 수 있어야 한다.

프랑스는 유럽국가 중 한국이 벤치마킹하기에 매우 적합한 국가이다. 실제로 프랑스는 최근까지도 유럽국가 내에서도 플라스틱 재활용률이 가장 저조했던 국가 중 하나였다. 2018년 기준으로 프랑스는 플라스틱 폐기물의 경우 32%가 단순 소각되었고 43%가 열에너지로 회수되는데 그친 반면 24%만이 재활용되었다. 플라스틱 포장재의 경우에는 31%가 소각, 43%가 열에너지로 회수되었고, 26%가 재활용되었다. 유럽연합 전체에서 플라스틱 폐기물의 재활용은 32%, 이중 플라스틱 포장재는 42% 재활용된 것과 비교해 보면 현저하게 낮은 수준으로 재활용된 것이다(프랑스 환경부 홈페이지). 그러나 프랑스는 그간의 저조한 정책성과를 획기적으로 제고하기 위해 순환경제를 위한 로드맵, 순환경제를 위한 낭비방지법 등의 일련의 야심찬 법제를 발표하면서, 현재에는 유럽국가중 순환경제를 선도하는 위치에 이르게 되었다. 때문에 프랑스 사례를 통해 국내 정책현황을 살펴보는 것은 시사하는 바가 크다고 할 수 있다. 이에 본 장에서는 코로나가 종결되고 있는 현 시점에서 단기적 도전과제로 부상하고 있는 플라스틱 순환경제에 집중하여, 한국과 프랑스의 정책을 비교해 봄으로 정책적 시사점을 도출하고, 한국사회에서의 함의를 제시하고자 한다.

2 순환경제와 플라스틱 규제 현황

2.1. 순환경제의 개념

순환경제(circular economy)는 기존의 선형경제(linear economy) 패러다임인 '무분별한 자원채취-생산-소비-폐기(take-make-consume-dispose)'의 경제행태와는 차별화되는 새로운 개념(김미경, 2021)으로, 제품설계 단계에서 폐기를 최소화할 수 있도록 하는 개념이다. 제품설계 시부터 친환경적인 디자인 개념을 도입하여 이후 생산, 소비, 수거, 재생원료 활용까지의 모든 단계를 연계하여 자원을 순환하는 역할을 수행하며, 재생원료 공급, 자원회수, 자원재활용, 제품수명의 연장, 공유플랫폼, 제품서비스 등의 내용을 포함한다(조지혜, 2020). 이에 더 나아가 제품생산의 과정에서 발생하는 피해를 복원(restorative)하거나 재생(regenerative)하려는 의도가 포함된 행위까지도 순환경제의 개념에서 포함시키려는 시각도 존재한다(Ellen MacArthur Foundation 2013; Geissodoefer et al. 2017; 문진영 외 2021).

순환경제의 중요성은 크게 두가지 측면을 볼 수 있는데 첫째, 폐기물 관리의 새로운 패러다임 전환인 순환경제이다. 둘째, 기후변화 대응의 핵심인 온실가스 저감이다. 순환경제는 자원의 효율적인 이용을 통해 효과적인 폐기물관리를 일차적인 목표로 하나, 거시적인 맥락에서 온실가스 저감을 통한 기후위기 문제의 대응에도 효과적인 대안이다. 특히 유럽연합 집행위원회에서 2019년에 발표한 유럽그린딜(European Green Deal)에서는 탄소중립이라는 궁극적인 정책목표 달성을 위해 순환경제를 모색하는 산업 전략을 강구할 것을 핵심적인 이행방안으로 제시하였다(문진영 외 2021).

2024년 1월 1일부터 우리나라는 「순환경제사회 전환 촉진법」에서 순환경제의 개념을 "제품의 지속가능성을 높이고 버려지는 자원의 순환망을 구축하여 투입되는 자원과 에너지를 최소화하는 친환경 경제 체계"를 의미한다고 정의하였다. 또한 순환경제사회란 "모든 사회의 구성원이 함께 노력하여 순환경제를 달성함으로써 환경 보전과 온실가스 감축을 동시에 구현하는 사회"를 의미한다고 밝히고 있어, 탄소중립으로 이어지는 온실가스 감축과 자원순환과의 긴밀한 연결성을 규명하고 있다.

한편 프랑스 「순환경제를 위한 낭비방지법」에서 제시하고 있는 순환경제 개념은 녹색경제의 일환으로 환경적, 경제적, 사회적 쟁점과 연계되어있는 동시에 공식적으로 에너지전환, 생태적 전환, 지속가능발전의 정책목표와 연계되어있음을 밝히고 있다. 프랑스는 순환경제에 있어 특히 7가지 영역에서 정책적 노력을 기울여야 한다고 본다. 첫째는 지속가능한 조달(L'approvisionnement durable)이다. 자원의 추출과 개발과정에서 자원의 환경적, 사회적 영향을 고려해야함을 의미한다. 둘째는 에코디자인(L'écoconception)이다. 제품의 설계과정에서부터 제품전주기의 환경적 영향을 고려한 설계가 필요함을 의미한다. 셋째는 산업 및 국토의 생태(L'écologie industrielle et territoriale)이다. 국토 내 자원이용을 최적화하기 위해 자원의 순환, 에너지, 물, 인프라, 제품, 서비스 등의 경제적 행위자의 시너지와 협업을 추구해야함을 의미한다. 넷째는 기능성경제(L'économie de la fonctionnalité)이다. 제품보다는 서비스를 찾고자 하며, 소유보다는 사용을 추구한다. 다섯째는 책임있는 소비(La consommation responsable)이다. 제품 구매시에 환경적, 사회적 영향을 고려한 선택을 하며, 이때 구매자는 사적, 공적 행위자를 모두 포함한다. 여섯째는 제품수명의 연장(L'allongement de la durée d'usage)이다. 수리하고, 다시 사고팔고, 기부하고, 재사용, 재활용하는 것을 의미한다. 마지막으로 폐기물의 예방, 관리, 재활용에 대한 개선(L'amélioration de la prévention, de la gestion et du recyclage des déchets)이다. 순환경제 체계 내에서 폐기물로부터 추출되는 물질의 재활용, 재사용을 고려한다. 이러한 7가지 원칙을 중심으로 기존의 선형경제(버리는 경제)에서 자원의 지속적 이용이 가능한 순환경제로의 촉진을 독려하고 있다(프랑스환경부 홈페이지).

그림 7-1

프랑스 환경부의 순환경제 모델

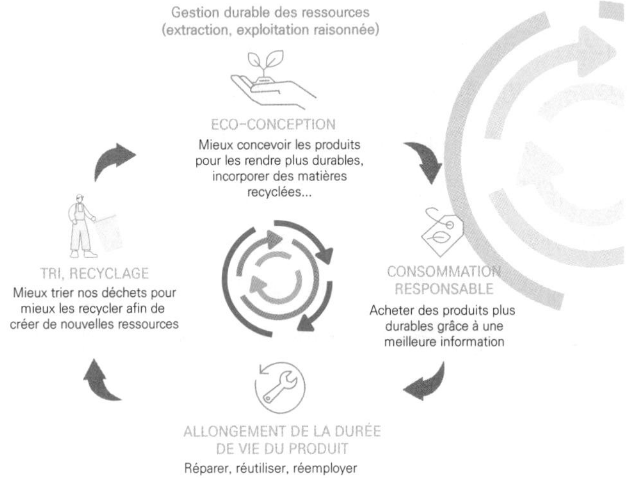

출처: 프랑스 환경부 홈페이지

2.2. 유럽연합의 플라스틱 규제

EU는 그린딜 달성을 위해 기후변화에 대응하면서도 신(新)경제 성장동력을 동시에 추구하기 위한 방안으로 순환경제를 구축하고 있다. 이를 위해 플라스틱과 같은 자원 집약적 분야를 중심으로 제품생산 단계부터 원재료의 사용을 줄이고 재생원료의 사용을 강화할 수 있도록 함으로 유럽 시장으로의 환경 유해 플라스틱의 진입을 제한하고 있다. EU는 2015년 '순환경제 액션 플랜'을, 2018년 '플라스틱 순환경제를 위한 전략'을 통해 2030년까지 플라스틱 제품 생산 및 사용을 획기적으로 감축하도록 하고 있으며, 2020년부터 플라스틱 폐기물 매립을 전면 금지하였고, 2021년부터 플라스틱 1kg당 0.8 유로(약 1천원)를 부과하는 플라스틱세(Plastic Tax) 도입 등 플라스틱의 소각 및 매립을 획기적으로 줄이도록 노력하고 있다.

순환경제 액션플랜에서는 UN이 지속가능발전목표(SDGs) 12번째 항목인 '지속가능한 소비와 생산'을 수행하기 위해 플라스틱 분야에서 재활용률 상승, 포장재 폐기물 저감, 플라스틱 품질기준마련, 재활용성 확대를 위한 플라스틱의 국가간 거래 촉진을 추구하고 있다. 또한 플라스틱 순환경제를 위한 전략에서는 해양 미세플라스틱 저감을 위한 일회용 플라스틱 사용 억제, 에코라벨, 생분해성 플라스틱 규제체계 수립을 위한 방안을 제시하고 있다. 이 전략을 살펴보면 플라스틱 제품의 재활용 향상, 플라스틱 폐기물 감축, 투자 및 혁신 유도, 글로벌 대응방안으로 구분해 볼 수 있다. 이를 위해 플라스틱 제품 설계에 친환경 설계지침을 도입하고, 플라스틱이 가장 많이 사용되는 포장재에 관한 규정을 평가하며, EU 표준협회와 공동으로 분리수거 및 재활용 플라스틱에 관한 기준을 개발한다. 플라스틱 폐기물 감축으로는 「일회용 플라스틱 사용 제한을 위한 지침」, 해양 플라스틱폐기물 감축을 위한 폐기물 운송 개선, 친환경 낚시 도구 개발, 해양 폐기물 투기에 대한 모니터링 개선, 생분해성 플라스틱 제품에 대한 단일 기준 마련 등이 있다. 여기에서 「일회용 플라스틱 사용 제한을 위한 지침」에서는 플라스틱의 시장출시 금지, 사용량 감축, 생산자책임재활용제도(EPR)를 규정하고 있다. EU는 2022년부터 플라스틱으로 제조된 면봉, 식기류, 풍선막대 등의 사용을 금지하고 EPR 대상 품목을 확대하며, 플라스틱 사용이 환경에 해가 된다는 사실, 이를 처리하는 방법 등에 대해 라벨에 표시하도록 하고 있다. 또한 플라스틱 폐기물 중 가장 많은 비율을 차지하는 포장재 폐기물에 대한 재활용 방안을 마련하기 위해 각 회원국으로 하여금 보증금 환불제도, 포장재 생산자책임재활용제도, 재사용 가능한 포장재 수거 제도 등 다양한 조치를 소재별 재생, 재활용 목표에 반영하도록 하고 있다. 여기에서 규정하는 재활용 목표는 모든 플라스틱 포장재인 경우 2030년까지 55%까지 재활용하여야 한다.

EU 국가 중 독일의 경우 2019년 신포장재법 개정을 통해 포장재에 대한 규제를 강화하였으며, 수출품의 경우에는 재활용제도를 의무화한 바 있다. 또한 2020년까지 독일 에너지 공급량에서 바이오 에너지 점유율 2배 증가 목표, 재생에너지 발생 비중을 2009년 6.6%에서 2020년 14%로 확대하는 계획을 세우는 등 야심찬 정책을 개진하고 있다.

2.3. 프랑스의 플라스틱 규제

프랑스는 매해 2,400만 톤의 플라스틱 포장재가 발생하고 있으며, 그 중 절반은 가정용 소비와 관련된 포장이다. 일회용 플라스틱 포장재의 경우 50%이상이 가정에서 소비되며, 나머지 절반은 산업과 상업에서 사용된다(MTE 2022). 결국, 모든 영역에서 일회용 플라스틱 포장재가 사용되고 있으며, 이러한 플라스틱 포장재를 줄이는 것이 프랑스의 현 상황에서 가장 실현가능한 목표중 하나라고 판단하기에, 2021-2025년까지의 단기적인 목표로 플라스틱 포장재를 완전하게 쓰지 않는 목표를 정하게 되었다.

프랑스의 플라스틱 규제의 방향성은 크게 두 가지로 구분된다. 하나는 감축이다. 다시 말해 프랑스의 플라스틱 소비를 줄이고, 폐기물의 절대량을 줄이는 플라스틱 감축정책이다. 또다른 하나는 재활용 산업화이다. 플라스틱을 산업화하여 재활용산업으로 연계하는 산업 정책이다. 우선 프랑스의 플라스틱 산업은 독일에 이어 두 번째 규모이며, 프랑스의 플라스틱 재활용률은 20%로 유럽의 평균치인 30%에도 달하지 못하고 있고, 가정 폐기물 회수율도 2014년의 경우 이웃 국가인 독일(65%) 및 벨기에(50%)에 비해 현저히 낮은 39%를 기록하고 있었다. 이런 상황에서 2015년 9월에 UN이 채택한 Agenda30이 설정한 17개의 목표를 달성하기 위해서는 국가적 차원에서 새로운 소비 및 지속 가능한 생산 방식을 마련해야 했다.

프랑스의 경우에도 제도적으로 2016년부터 일회용 봉투 사용을 규제해 왔으며, 2017년에는 미세플라스틱 함유 화장품 금지, 순환경제 로드맵 개발에 적극적으로 동참해 왔으며, 후술하게 되는 순환경제를 위한 낭비방지법등의 법제마련을 통해 안정적인 정책을 추진해오고 있다.

표 7-1 유럽연합 및 독일, 프랑스의 순환경제 제도 변천

국가	내용
유럽 연합	- 2015년 순환경제패키지: 폐기물의 매립 축소 및 재활용, 재이용을 장려하여 장기적 목표를 제시, 생산부터 소비, 수리 및 제조, 폐기물 관리와 2차 원료를 아우르는 가치사슬(Value Chain)에 순환경제 원리를 적용하는 액션플랜 - 에코디자인 실행 계획 (2016-2019) - 2017년 The 2017 Commission Work Programme(순환경제 액션플랜의 이행을 위한 실행 프로그램) 발표 - 2018년 순환경제 패키지는 플라스틱 및 플라스틱 제품의 설계, 생산, 사용 및 재활용 방식을 변형시키는 부속서 중심으로 구성 - 일회용 플라스틱 제품 사용 규제를 위한 지침 제정안 2021년부터 발효
독일	- 생분해성 봉투인 경우 Bio Contents 비율 50% 고시 예정 - 포장재의 유통, 회수, 고품질 재활용에 관한 법(VerpackG), ('신 포장재법') 개정 (2019.1) - 수출 제품, 독일 내의 듀얼 시스템 가입해야 수출이 가능하도록 재활용 제도 의무화 - 2020년까지 독일 에너지 공급량에서 바이오 에너지 점유율 2배 증가 목표, 재생에너지 발생 비중을 2009년 6.6%에서 2020년 14%로 확대 계획
프랑스	- 비분해성 일회용 쇼핑 봉투 사용 규제 (2016.7) - 바이오매스 함량 30% 봉투만 사용 (2017.1) - 2017년, 미세플라스틱 함유 화장품 전면 금지 - 순환경제로드맵 개발(2018): 생산 개선, 소비 개선, 폐기물 관리 개선, 모든 이해관계자의 참여 등 4가지 영역으로 분류 하여 50가지 조치사항으로 구성 - 2020년부터 플라스틱 컵과 접시 사용 금지

출처: 최지연 · 이혜선(2022)에서 발췌

주요국가의 플라스틱 규제

세계적으로 플라스틱 순환경제에 대한 논의는 온실가스 감축과 관련한 국제적인 논의와 비교해보면 아직까지 구체적으로 확립되었다고 보기 힘들다. 그러나 2022년 처음으로 EU 주도로 유엔환경총회(UNEA-5)에서 처음으로 175개 회원국은 2024년 말까지 플라스틱 전 수명주기를 다루는 구속력 있는 국제협약을 제정하기로 합의하였다. 이후 올해 6월 두 번째로 프랑스 파리에서 2차 정부간 협상위원회(INC2)가 개최되었으며 추후 3차례에 걸쳐 이에 논의를 계속할 예정이다. 아직까지 구체적인 합의를 도출하지는 못했으나 2024년 파리올림픽에서 일회용 플라스틱의 사용을 전면 금지하는 등 국제사회의 노력은 시작되었다고 볼 수 있다.

다만 EU가 플라스틱 순환경제 전환을 법률로 정하고 있고 그 외의 국가는 아직까지 순환경제 체계가 구축되지는 않았지만 우리나라 순환경제 체계 구축에 영향을 끼칠 수 있는 나라 중 미국, 일본, 중국의 플라스틱에 대한 관리체계를 살펴보고자 한다.

표 7-2 EU 플라스틱 순환경제를 위한 전략

분야	관리 전략
제품 설계 및 생산	- 2030년까지 시장에 유통되는 모든 플라스틱 포장재는 재사용이 가능하거나 비용면에서 효율적으로 재활용이 가능하도록 한다. - 플라스틱 제품의 생산과 설계를 변경하여 재활용이 용이하도록 추진한다. - 플라스틱 가치 사슬을 통합하고, 화학 산업과 연계하여 플라스틱 재활용이 용이하고 보다 확대되도록 공조한다. 재활용 공정을 방해하는 화학물질은 대체하거나 시장에서 퇴출하도록 한다. - 플라스틱 생산을 위한 새로운 혁신 물질, 대체 원료 등이 개발되면서 비재생 대체원료에 비해 더 지속가능하고, 결국 탈탄소 사회 전환에 기여한다.
소비	- 플라스틱 폐기물 발생이 경제성장과 분리되는 탈동조화 하도록 유도한다. - 시민들이 폐기물 발생을 억제하고, 올바른 제품을 구매하고 지속가능한 소비패턴을 유도한다.
수거	- 재활용품 수거 체계 개선, 혁신 기술 투자, 규모 확대 등을 통해 저급으로 선별된 플라스틱의 수출을 점진적으로 없앤다. 재생 플라스틱은 산업체의 유용한 원료로 제공한다. - 기업체에서는 플라스틱 폐기물 발생 예방에 대한 과감한 행동이 필요하고, 자원순환, 역회수 구축, 폐기되는 포장재의 대안 등을 고려해야 한다. - 플라스틱이 환경으로 배출되는 양을 최대한 줄인다. 효율적인 플라스틱 수거체계를 구축하고, 해양오염을 막기 위한 다양한 조치를 취한다. - 해양의 미세플라스틱 발생 예방을 위한 노력과 영향을 최소하고, 인체의 노출저감을 위해 노력한다.

재활용	- EU 플라스틱의 재활용 시설을 현대화하고, 2015년 이후 4배 규모를 확대하여 새로운 일자리를 창출한다. - 다른 포장재 폐기물(종이류, 유리병, 금속류 캔 등)과 유사한 정도의 높은 재활용 목표율을 달성한다. - EU는 플라스틱 선별과 재활용 장비와 기술을 전 세계에서 선도하여 폐플라스틱의 처리를 보다 지속가능한 방법으로 전환하는 데 기여한다.
재생 원료	- 재생 플라스틱의 시장이 커지면서 유럽 내 재생 플라스틱에 대한 수요가 4배 증가하였고, 재활용 산업과 일자리 안정화에 기여하고 있기 때문에 플라스틱 재활용 시장 육성을 위해 더욱 노력한다.

미국은 주마다 플라스틱 제품 사용에 대한 규제를 따로 시행하고 있는데, 대표적으로 빨대, 포장용기, 비닐봉지와 같은 일회용 플라스틱 사용 금지 규정 확대가 있다. 캘리포니아는 2015년 7월 미국 주정부 최초로 일회용품 사용을 금지하였으며 시애틀, 뉴저지, 플로리다 등에서도 플라스틱으로 제조된 일회용 빨대 및 식기류의 사용이 제한되었다.

일본은 2022년 4월부터 "저감(Reduce), 재이용(Reuse), 재활용(Recycle), 재생가능(Renewable)"을 기본원칙으로 하는 「플라스틱에 관한 자원순환 촉진 등에 관한 법률」(プラスチックに係る資源循環の促進等に関する法律)을 시행 중이다. 이 법에 따르면 2030년까지 일회용 플라스틱 사용을 25% 저감하고, 용기 및 포장재 재사용 및 재활용을 60% 달성하며, 2035년까지 재생플라스틱의 100% 사용을 달성하기로 하였다. 또한 2030년까지 바이오매스 플라스틱 사용량을 2백만 톤까지 늘릴 방침이다. 일본의 플라스틱 자원순환의 기본원칙은 폐기물 발생 억제, 해양폐기물 투기 억제, 플라스틱 수거 및 재사용·재활용을 늘리는 것이다.

표 7-3 일본 플라스틱 자원순환 전략

분야	관리 전략
재생 및 바이오플라스틱	- 재생 가능성 향상: 혁신 인프라 정비 지원 - 수요 패턴 전환: 정부 조달(녹색 구매) 이용 인센티브 조치 등 - 순환 이용을 높이기 위한 화학물질 함유 정보의 취급 - 가연성 쓰레기용 봉투 등에 바이오매스 플라스틱 사용 - 바이오매스 플라스틱 도입 로드맵 및 관리체계 도입

감축저감	- 일회용 플라스틱 사용감소: 비닐봉투 유료화 의무 등의 가치 부여 - 석유계 플라스틱 생산업계, 대체품 개발 · 이용의 촉진 - 플라스틱 제품 생산과 설계를 변경하여 재활용이 용이하도록 추진 - 플라스틱 가치 사슬을 통합하고, 화학 산업과 연계하여 플라스틱 재활용 용이성이 확대되도록 공조. 재활용 공정을 방해하는 화학물질은 대체하거나 시장에서 퇴출 - 플라스틱 생산을 위한 대체 원료 개발, 탈탄소 사회전환
재사용 및 재활용	- 플라스틱 분리수거 · 재활용 접근성, 효용성 향상 - 육상 유래 플라스틱 폐기물 수거 관리 강화 - 제휴 협력 및 전체 최적화를 통해 비용 최소화 · 자원 이용효율 극대화 - 플라스틱 폐기물 수입 규제 대비 국내 자원순환 체계 구축 - 재활용 공정 혁신 및 개선을 통한 재활용 시스템 구축 - 사회 시스템 구축: 재활용 인프라 공급망 구축 - 재활용 기술 개발: 재생 가능 자원에 의한 플라스틱 대체 혁신적인 재활용 기술 개발
해양 플라스틱 대책	- 플라스틱 폐기물의 유출로 인한 해양 오염 발생 억제 목표 설정 - 해양 투기관리 · 불법 투기 근절 - 해안 폐기물 등의 회수 처리 - 해양 폐기물 실태 파악: 모니터링 기법의 고도화 - 미세플라스틱 유출 억제 대책: 2020년까지 화장품 스크랩 제품의 플라스틱 알갱이 절감 처리 등 - 대체재 혁신의 추진
기방 구축	- 소비자 행동양식의 혁신 등 - 민관 협력: 각 주체가 하나의 달성 목표 아래 활동을 진행하는 "플라스틱 스마트"의 전개 - 자원순환 관련 산업의 진흥 - ESG 투자, 윤리적 소비 정보 공유 등 기반 구축
국제협력	- 개발도상국의 실효성 있는 대책 지원: 국내 소프트웨어 및 하드웨어 인프라, 기술 등을 활용한 맞춤형 패키지 수출로 국제협력 사업 전개 - 글로벌 모니터링 연구 네트워크 구축: 해양 플라스틱 분포, 생태 영향 등의 연구, 모니터링 방법의 표준화 등

출처: 한국환경연구원 글로벌 순환경제 컨퍼런스 재정리

중국은 2018년부터 폐플라스틱 수입을 금지한 후 2021년 발포플라스틱 음식용기 및 플라스틱 면봉 사용금지, 2026년부터 전국적으로 일회용 플라스틱 식기와 비닐포장, 비닐봉지 사용을 금지했다. 이를 위해 2020년 9월 「고체 폐기물 환경오염 예방 · 퇴치법」(中华人民共和国固体废物污染环境防治法)을 시행하여 분해되지 않는 일회용 플라스틱 제품의 생산 · 판매 · 사용을 금지 또는 제한하고 있다. 지방정부도 조례를 통해 법률을 구체화하고 있는데 가장 대표적인 조례가 하이난성에서 제정한 「하이난성 고체폐기물 환경오염 예방 · 퇴치 조례」로 위반 시 상위법의 관련 처분 규정에 따라 집행할 수 있도록 하고 있다.

4 한국과 프랑스 플라스틱 순환경제 법제 및 정책동향

4.1. 한국

4.1.1. 관련법제

우리나라는 1986년부터 기존의 「오물청소법」에서 생활폐기물과 「환경보전법」의 산업폐기물을 합쳐 「폐기물관리법」으로 관리하고 있다. 여기에서 폐기물이란 배출자의 용도폐기 의사에 따라 생활이나 사업활동에 필요하지 않은 물질을 의미하며, 발생되면 빨리 처리되어야 하고 이 과정에서 인간과 환경에 위해를 가하지 않도록 안전하게 관리되도록 국가가 노력을 기울여야 하는 대상이다. 그러나 재활용의 중요성이 대두됨에 따라 과거 고물상이나 소위 '넝마주이'를 통해 재활용되던 물품들을 국가 차원에서 체계적으로 관리하기 위한 「자원의 절약과 재활용촉진에 관한 법률」(이하 '자원재활용법')을 1992년 제정하여 폐기물에 대한 재활용 근거를 마련하였다. 폐기물을 재활용을 넘어 순환자원으로 관리해야 한다는 논의가 본격적으로 대두된 2013년[1]에는 5,180개 재활용업체가 연간 4,098만 톤의 폐기물을 재활용하여 3,019만 톤의 재활용제품을 생산하고, 약 5조 3천억 원의 제품을 판매하였으며, 이후 매년 재활용시장은 확대되는 추세였다.[2]

1 2013년부터 「자원순환기본법」 관련 의원입법 및 정부입법 법률(안)이 국회에서 논의되어 2016년 5월 29일 제정되었다.

2 통계청에서 발간한 「폐기물 재활용실적 및 업체현황 통계정보 보고서」(2020. 12.)에 따르면 2017년까지 재활용업체가 감소하다가 동법 제정 이후 약간 증가하여 2020년 현재 6,535개소의 재활용업체가 가동 중이며 제품판매액 또한 2020년 기준 11조 1천억 원까지 증가하였다.

그러나 일부 고품질의 폐지(waste paper), 고철, 폐유리 등은 제품의 원료로 직접 사용이 가능함에도 폐기물로 간주되어 운반·사용과정에서 규제를 받았고, 이에 폐기물을 자원으로서 인식하는 데 한계가 있었으며, 품질에 대한 신뢰도도 낮게 형성되어 있었다. 이에 2018년 재활용을 넘어 폐기물을 고품질 순환자원으로 이용할 수 있도록 하는 「자원순환기본법」이 시행되어 자원순환 정책의 법제적 정립과 함께 본격적인 플라스틱 제품의 규제, 재활용, 자원순환에 대해서도 제도발전이 이루어질 수 있는 토대가 마련되었다.

표 7-4 플라스틱 관련 법제의 변천

패러다임	법률(제정연도)	주요내용
안전관리	폐기물관리법(1986)	- 폐기물 처리절차, 처리기준 및 방법 - 폐기물처리업 관리 및 불법폐기물 방지
재활용	자원의 절약과 재활용 촉진에 관한 법률(1992)	- 일회용품 사용 억제, 재활용산업 육성 지원 - 폐기물부담금제도, 생산자책임재활용제도
	폐기물의 국가 간 이동 및 그 처리에 관한 법률(1992)	- 폐기물 수출입 허가 및 신고 - 불법수출입 폐기물 반출명령
	폐기물처리시설 설치 촉진 및 그 주변지역 지원등에 관한 법률(1995)	- 산업단지 등 개발 시 처리시설 설치의무 - 폐기물처리시설 주변영향지역 지원
자원순환	자원순환기본법(2016)	- 자원순환기본계획 수립·시행 - 시·도 및 사업자의 자원순환 성과관리
	순환경제사회 전환 촉진법(2022)	1. 순환경제 분야의 신기술과 서비스의 활성화를 도모하기 위한 규제 특례(샌드박스) 제도를 신설 2. 자원의 재사용·재활용을 촉진하는 순환자원 제도의 실효성을 강화 3. 순환자원 인정 방식을 확대할 수 있는 법적 근거를 마련 4. 순환경제특별회계의 세입을 확충함으로써 지방자치단체가 순환경제사회 전환 사업 추진

출처: 윤경준(2020)을 토대로 저자 재구성

그러나 자원순환의 기본법이 제정되었음에도 불구하고 순환자원은 여전히 「폐기물관리법」에서 규정하는 폐기물이었기에 폐기물 종료선언이 필요했고, 2050 탄소중립 선언에 따라 우리나라도 재활용을 넘어 순환경제의 필요성이 제기되었다. 이에 지난 2022년 순환경제를 통한 산업구조 전환 필요성에 따라 생산-유통-소비-재활용 등 모든 과정에서 한정된 자원을 효율적으로 이용하고 폐기물의 발생을 억제하는 등 순환이용 촉진을 도모할 수 있도록 순환체계를 구축할 수 있도록 「자원순환기본법」을 전면개정하여 「순환경제사회 전환 촉진법」을 제정하였으며, 이는 2024년부터 시행될 예정이다. 이처럼 폐기물 정책의 변화는 1980년 이전에는 안전관리, 1990년대 재활용, 2000년대 중반 자원순환을 거쳐 순환경제로 진화하고 있다고 볼 수 있다(윤경준, 2020).

4.1.2. 관련제도

우리나라의 플라스틱 관련 제도를 살펴보면 자원재활용법에 의한 폐기물부담금제도, 생산자책임재활용제도(EPR), 포장재 재질 · 구조 평가제도와 「자원순환기본법」에 따른 순환이용성평가제도가 있다. 첫째, 폐기물부담금제도는 재활용이 어렵고 폐기물 관리상 문제를 초래할 가능성이 있는 제품에 대하여 폐기물 처리에 드는 비용을 부과 · 징수하는 제도이나, EPR 대상 제품이거나 생분해성수지, 자발적 협약을 체결한 경우, 제품의 80% 이상을 재활용하는 경우에는 부담금이 부과되지 않는다. 둘째 EPR제도는 제품 생산자에게 그 제품이나 포장재의 폐기물에 대하여 일정량의 재활용 의무를 부여하고, 이를 이행하지 않을 경우 재활용에 소요되는 비용 이상의 재활용부과금을 생산자에게 부과하는 제도로, 재활용을 촉진하기 위한 제도이다. EPR 대상 품목은 2003년 제도 시행 이후 지속적으로 확대되고 있는데, 현재 7개 제품군(윤활유, 전지류, 타이어, 형광등, 양식용 부자, 곤포 사일리지용 필름, 합성수지 재질의 김발장, 필름류 제품, 합성수지재질의 제품)과 4개 포장재군(종이팩, 금속캔, 유리병, 합성수지포장재)이다. 2018년에는 1회용 봉투 쇼핑백과 전기기기류 등의 포장재가 자발적 협약 대상에서 EPR대상 품목으로 추가되었다. 셋째, 포장재 등급제는 2019년 의무화된 제도로, 포장재 재잘마다 재활용 용이성을 1~3등급으로 평가하는 제도로 3

등급이 가장 재활용하기 어렵다. 여기에서는 재활용이 어려울수록 EPR 분담금을 차등적으로 부과하여 재활용의 실효성을 강화해가고 있다. 넷째, 순환이용성평가제도는 재활용 효율 제고 및 자원효율성 향상을 목적으로 제품의 제조단계를 포함한 전 단계에서 재활용 저해요소를 평가하고 생산자에게 이 저해요소에 대한 개선을 권고하는 것으로, 대상은 원료, 재료 또는 용기 등이며, 이들을 대상으로 순환이용 · 적정처분 가능성, 폐기물로 되는 경우 중량 · 부피 · 재질 및 성분, 유해물질의 종류와 양, 내구성 항목을 평가한다.

표 7-5 한국 플라스틱 재활용제도 비교

구분		폐기물부담금제도	자발적 협약(VA)	생산자책임재활용제도
경제적 요인	이행시	폐기물부담금	폐기물부담금 면제	재활용분담금
	불이행시	가산금	미이행부과금	재활용부과금
대상품목		유독물(금속캔, 유리병, 플라스틱용기), 부동액, 껌, 1회용 기저귀, 담배,플라스틱을 재료로 사용한 제품	재활용 가능폐기물에 대해 생산자가 체계를 구축하여 재활용하기로 협약한 품목	포장재 4품목, 7개 제품군

4.1.3. 주요전략: 플라스틱 순환경제

우리나라는 2021년 10월 세계에서 14번째로 '탄소중립 2050'을 선언하였는데 이를 달성하기 위해서는 순환경제로의 전환이 필수적이다. 우리나라는 제1차 자원순환기본계획에서 2027년까지 생활폐기물 중 플라스틱에 대한 직매립을 금지한다고 밝혔다. 또한 2020년 12월 '생활폐기물 탈플라스틱 대책'을 발표하여 2025년까지 플라스틱 폐기물 25% 감축, 재활용 비율 70%, 수입 폐플라스틱의 금지, 고품질 재활용 원료 생산, 폐비닐 등을 활용하여 열분해유 생산, 2050년까지 100% 바이오플라스틱 전환을 목표로 제시하였다. 이후 본격적으로 2021년 탄소중립을 위한 한국형(K)-순환경제 로드맵을 수립하여 생산·유통단계 자원 순환성 강화, 친환경 소비 촉진, 폐자원 재활용 확대, 폐자원의 안정적 처리체계 확립을 천명하고, 「순환경제사회 전환 촉진법」을 제정하였으며 국가 탄소중립·녹색성장 기본계획에서 기존에 플라스틱 원료 생산자에게만 국한하던 플라스틱 재생원료 사용 목표율을 최종 제품에도 설정하도록 하여 고품질의 플라스틱 재생이용을 촉구하였다.

표 7-6 한국 탈플라스틱 대책 및 자원순환 전략

분야	관리 전략
대체	- 플라스틱 1회용품 원칙적으로 생산 사용금지 및 재질기준 신설 - 플라스틱 용기류 타 재질(종이 유리 캔 등) 전환 목표 설정 추진 - 석유계 혼합 바이오 플라스틱 제한 사용. 분리수거 및 재활용이 어려워 환경유출 가능성이 큰 플라스틱에 대한 제한 사용 - 순수 100% 바이오 기반 소재개발을 위해 균주 공정 대량생산 제품화 등 전주기 R&D 바이오 플라스틱 개발 (2050년 100% 대체) - 상용화 시 바이오 플라스틱 재생원료 재활용체계 구축
발생 원천 저감	- 폐기물부담금 요율 현실화 (현행 폐기물 부담금 150원/kg) - 플라스틱 용기류 타 재질(종이 유리 캔 등) 전환 목표 설정 추진 - 음식 배달용기 두께 제한, 재질 표준화, 다회용 배달용기 회수 세척 재사용 시범사업 확대
재활용	- PET 무색 의무화, 재생원료 의무 사용 도입 등 재질구조 개선과 재생원료 사용 확대 - 공동주택 폐플라스틱 분리 수거통 4종 이상 분리수거 의무화 - 무색 패트병 분리 배출 의무화 - 재활용 품목별 배출 수거 요일제 도입 - 재활용 제품 비축시설 확충을 통한 재활용 시장 안정화 - 폐비닐, 잔재물 등을 열분해하여 연료 생산하는 공공시설 2025년까지 10기 확충
이행지원	- 주요 업종별 플라스틱 전과정 물질흐름 DB 구축 및 정보관리 전담기구 설치 - 탈플라스틱 전환을 위한 범부처 R&D 기획 추진 - 정부 지자체 업계 시민사회 등 탈플라스틱 연합체 구축 - 생활 속 플라스틱 다이어트 캠페인, 공익광고 등 홍보 교육 확대 - 폐플라스틱 수입 금지 및 플라스틱 재활용 제품 공공기관 의무 구매 추진

K-순환경제 이행계획을 살펴보면 순환경제 활성화를 위한 생산-유통-소비-재활용 전과정에 걸친 폐기물 감량 및 순환성 강화를 제시하였다. 기존 석유계플라스틱을 석유계 혼합 바이오 플라스틱으로 전환하도록 한 후 2050년까지 순수 바이오 플라스틱으로 대체할 계획이다. 플라스틱 제조업체는 2030년까지 페트재생원료(r-PET) 사용 의무율을 30% 이상 사용해야 하며, 제품 설계단계부터 순환이용이 쉬운 원료를 사용하도록 지속가능한 설계(에코디자인)를 적용하도록 하였다. 또한 플라스틱의 재활용을 폐자원에너지까지 확대하도록 하여 폐플라스틱의 열분해 처리비중을 2030년까지 10%까지 확대한다.

보통 투명페트 음료포장재는 '석유에서 추출한 플라스틱 중 하나인 페트'(virgin PET)를 원료로 제조되는데 정부는 2030년까지 음료포장재의 30% 이상을 재생페트(r-PET)으로 대체하는 계획을 수립하였다.[3] 또한 정부는 탄소중립 · 기후위기 대응을 위해 페트뿐 아니라 폐플라스틱 전반에 대해 순환경제 기반을 구축한다고 선언하였다.[4] 우리나라에서 폐기물에 대한 국가 차원의 인증체계를 마련하여 순환경제를 구축하고 있는 사례는 투명페트가 유일한데, 공동주택 등에서 별도로 분리 · 배출된 투명페트에 환경부가 구축한 「식품용기 사용 재생원료 품질기준」을 통해 재생플레이크를 생산한 후, 이 재생플레이크를 식품의약품안전처가 오염물질이 제거된 r-PET에 「기구 및 용기 · 포장에 사용되는 물리적 재생 합성수지제 안전기준」에 따라 성형 · 가공하여 다시 투명페트 음료포장재의 원재료로 사용하는 것이다.[5] 그러나 이 시스템을 2020년부터 구축하고 있음에도 불구하고, 환경부에서 2020년부터 수거한 투명페트 수거량은 39,205톤[6]으로 조사되었고, 이를 시트류 제조 정도의 고급용도로 재활용한 양은 2020년 8%, 2021년 13%, 2022년 8월까지도 24%에 불과한 것으로 조사되었다.

---

3 환경부 보도자료, 「탄소중립을 위한 한국형(K)-순환경제 이행계획 수립」, 2021. 12.30.에 따르면 플라스틱 페트의 경우 2030년까지 30% 이상 재생원료(r-PET) 사용목표를 부여할 계획이다.

4 관계부처 합동, 「새정부 경제정책방향」, 2022.6.16.

5 국가가 핵심자원으로 지정하여 전(全)과정관리(Life-cycle)로 자원이용의 효율성을 강화하는 것이다.

6 환경부 제출자료에 따르면 2020년 461톤, 2021년 15,433톤, 2022년(8월 31일 기준) 23,311톤으로 조사되었다.

폐기된 63억 톤의 폐플라스틱의 약 12%는 소각되고, 79%는 매립되거나 자연으로 배출되며, 9%만 재활용되고 있다. 그러나 최근 전통적인 재활용 방법과 더불어 화학적 재활용 방안에 대한 논의가 시작되고 있다. 폐플라스틱을 재활용하는 방법은 물리적 재활용(MR), 화학적 재활용(CR)[7], 에너지 재활용 세가지로 나눌 수 있는데, 이 중 현재는 물리적 · 에너지 재활용방식이 주로 사용되고 있으며, 화학적 재활용은 시작단계에 있다. 그러나 진정한 의미의 순환경제 구축을 위해서는 화학적 재활용이 필수적이며, 미세먼지 발생 등 화학적 재활용의 문제점을 보완하기 위한 기술개발이 필요하다.[8] 우선 정부는 화학적 재활용을 위해 폐플라스틱 열분해 기술로 제조한 열분해유가 원유를 대체하여 재생나프타(naphtha), 경유 등 석유화학 공정의 원료를 대체할 수 있도록 법적 기준을 마련하였다. 이를 위해서 기존 소각시설로 규정된 열분해시설을 재활용시설로 변경하여 열분해유 회수기준을 투입된 폐플라스틱 중량의 50% 이상으로 설정하고, 폐기물 매립시설 설치의무 대상 산업단지 내 매립시설 부지의 50% 범위 내에서 열분해시설 등의 입지를 허용하기 위해 「폐기물처리시설 설치촉진 및 주변지역지원 등에 관한 법률 시행령」을 개정하였으며 열분해시설 특성에 맞는 설치 · 관리기준도 제시한 상황이다.[9]

4.2. 프랑스

4.2.1. 관련법제

프랑스의 플라스틱 규제관련 법제는 2019년 EU차원의 일회용 플라스틱 규제(Directive Single-Use Plastic, SUP)가 발표되기 이전인 2015년부터 다양한 환경법의 제정을 통해 발전되어 왔다.

우선 플라스틱 규제와 관련된 최근 입법중 핵심적인 법은 일명TECV법

7 Chemical Recycling, 고분자 형태인 플라스틱을 화학적 반응을 통해 기존에 원료였던 단량체 또는 올리고머 상태로 전환시키는 과정

8 환경부 보도자료, 「폐플라스틱 열분해로 순환경제, 탄소중립 선도」, 2021.6.21.

9 환경부 보도자료, 「원유 대체 폐플라스틱 열분해 활성화… 재활용 기준 마련- 폐기물관리법 시행령 개정안 등 입법예고 -」, 2022.3.3.

이라고 불리는 2015년의 '녹색성장을 위한 에너지전환법'(Loi relative à la transition énergétique pour la croissance verte, 이하 TECV법)이다. TECV법에서는 에너지 전환과 온실가스 감축에 방점을 두면서도, 폐기물 감축과 순환경제에 대한 별도의 섹션을 포함하고 있다. 특히 동 법에서는 자원으로의 활용과 재활용 산업의 육성을 독려하며, 경제성장과 자원의 소비와의 디커플링을 강조하고 있다. 특히 동 법에서는 플라스틱이 수집과 재활용에 있어서 가장 핵심적인 정책목표였다.

두 번째 관련 입법으로 일명 생물다양성법(Loi Biodiversité)라고 불리우는 2016년의'경관, 자연, 생물다양성의 회복을 위한법'(Loi pour la reconquête de la biodiversité, de la nature et des paysages)이 있다. 동 법은 생태적 훼손, 생태적 연대, 자연보전에 있어서의불회귀 등 자연보전의 원칙에 대한 내용을 담고 있다. 플라스틱과 관련하여서는 특히 해양으로 방출되는 플라스틱, 플라스틱 누출(plastic leakage)현상을 막기 위해 내용을 포함하며, 특히 화장품이나 일회용 화장솜에 사용되는 마이크로비즈의 사용 금지에 대한 내용을 포함하고 있다.

세 번째 관련입법으로 일명 EGAlim법이라고 불리우는 2018년의 농식품분야에서의 건강하고 지속가능하고, 모두에게 접근가능한 먹거리와 상업적 관계의 균형을 위한 법(Loi pour l'équilibre des relations commerciales dans le secteur agricole et alimentaire et une alimentation saine, durable et accessible à tous)이 있다. 일회용품 규제와 관련하여 동법은 레스토랑에서 사용하는 일회용 플라스틱 제품의 규제의 내용을 담고 있다. 특히 동법은 일회용 커피스틱, 포장용기, 일회용병 등의 사용을 지방자치단체와 학교등에서 금지하는 내용을 포함하고 있다.

네 번째 관련입법은 프랑스 플라스틱 규제에 가장 핵심이 되는 법으로, 일명 AGEC법이라고 불리우는 2020년의 '순환경제와 낭비방지를 위한 법'(Loi relative à la lutte contre le gaspillage et à l'économie circulaire)이다. 동법의 경우 2018년 4월 《순환경제를 위한 로드맵(La feuille de route pour l'économie circulaire)》을 보다 구체화한 입법으로, 2019년 1월부터 3월까지 진행된 국민대토론(grand débat national)을 통해 수렴된 국민들의 의견을 종합하여 순환경제 및 낭비 방지에 관한 법을 제정하게 되었다.

본 법은 크게 5가지 섹션으로 구성되어 있다. 1절은 폐기물 생산관리 및 예방을 위한 전략적 목표를 수립하는 내용이며, 특히 제5조에서 2025년 1월 1일까지 플라스틱 재활용 100% 목표를 달성한다는 내용이 포함되었으며, 동법 제7조에서는 2040년까지 일회용 플라스틱 포장용지의 사용을 완전히 폐지하는 내용이 포함되었다. 2절은 소비자 정보를 위한 내용이 포함되었고, 특히 제16조에 전기 및 전자제품등에 수리가능성 지수(indice de réparabilité)를 표시하여 소비자에게 제품의 수리 용이성에 대한 정보를 전달하는 내용을 포함하고 있다. 3절은 낭비 방지 차원에서의 재사용(réemploi)과 재활용(réutilisation) 및 제품 서비스 시스템(Product-service system)을 독려하는 내용을 담고 있다. 비포장 중량판매를 장려하고(41-42조), 정부와 지자체의 공공구매시 재사용, 재활용 제품의 비율을 전체 20-100%로 구매할 의무(58조)등을 포함하고 있다. 제 4절의 경우 생산자책임과 관련하여 오염자 부담원칙의 적용범위를 확대하고(62조), 2030년까지 플라스틱 병 판매수 50% 감소를 목표(68조)로 하는 등이다. 5절의 경우에는 폐기물 불법투기 방지의 내용을 포함하며, 불법폐기물에 대한 제재 강화(93조)등을 포함한다.

마지막으로 2021년의 기후회복법(Loi Climat et Résilience)에서도 일회용품 규제에 대한 내용이 포함되어있다. 동법은 탄소중립 사회를 만들기 위한 목적을 가지고 있으며, 특히 동법 25조에서는 재사용과 재활용에 대한 관리감독과 관련된 규정을 포함하고, 26조에서는 생산자책임재활용제도의 범위 확대 등을 포함하고 있다. 또한 아직 제정되지 않았으나, 현재 상원과 하원에서 플라스틱 규제 법안을 심사중이다.

4.2.2. 관련제도

프랑스는 프랑스 소비자가 가장 많이 이용하는 5개의 제품을 우선 적용대상으로 지정하고, 수리가능성 지수를 표시하여 소비자에게 제품 수리의 용이성과 가능성을 알 수 있는 정보를 제공하도록 하고 있다. 해당 제도는 플라스틱 규제와 직접적인 관련이 있지는 않지만, 간접적인 관련성이 있으며, 프랑스 정부의 순환경제 정책의 핵심이 정보전달에 있음을 보여주는 대표적인 제도이다(이승진, 2022).

프랑스 정부는 탈플라스틱에 대한 직접적인 제도로써 기업대상의 보너스-말러스제도도 운영중이다. 보너스-말러스제도는 플라스틱 사용이 많은 기업에게 부과금을 징수하고, 플라스틱 사용이 적은 기업에게는 정부차원에서 보조금을 지급하는 정책으로, AGEC법에 근거하고 있다.

그 외 법에서 규정하고 주요 규제대상은 다음과 같다.

① 패스트푸드점에서의 일회용 플라스틱 접시 사용 금지

2023년 1월 1일부터 패스트푸드점에서는 포장이 아닌 경우에는 컵, 뚜껑, 접시, 포장용기, 식기 등을 다시 사용이 가능한 식기로 제공해야 한다.

② 플라스틱재사용/재활용 보증금 제도 설립

프랑스는 2030년까지 일회용 플라스틱 병을 50% 줄이는 야심찬 목표를 세웠고, 낭비방지법에서는 플라스틱 병 보증금에 대한 결정을 내리도록 되어 있다. ADEME(프랑스환경에너지관리청)은 전년도의 플라스틱 보증금 징수 성과에 대한 평가를 제시하고, 의사결정에 도움이 되는 정보를 제공하기 위해 추가적인 연구를 수행해야 한다. 또한 다양한 이해관계자의 의견을 수렴하여 제도를 운영하게 된다,

③ 플라스틱 포장재 줄이기 위한 대량판매

2021년 1월1일부터 소매점에 재사용 가능한 용기를 가져올 수 있으며, 소비자는 용기에 대한 위생 책임이 있다. 업소는 제공된 용기가 더럽거나 부적합한 경우 제공을 거부할 수 있다. 또한 테이크아웃 공급업체는 소비자가 가져온 재사용 용기에 음료를 판매시에는 더 낮은 가격을 제시해야할 의무가 있으며, 이는 법제화되었다. 한편 판매면적인 400제곱미터 이상인 소매업체는 고객에게 깨끗하고 재사용 가능한 용기를 제공해야 하며, 해당 용기는 무료 또는 유료로 제공이 가능하다.

④ 세탁기에 미세플라스틱 필터 내장

그린피스에 따르면 6kg의 세탁물을 세탁기에 넣으면, 50만개의 폴리에스테르와 70만개의 아크릴이 방출되는 것으로 나타났다. 미레플라스틱은 일반적으로 바다로 유입되며, 매년 바다에 버려지는 플라스틱 950만톤의 15%와 31%를 차지하는 양이다. 이에 근거해서 세탁기 제조업체는 플라스틱에 대한 극세사 필터를 내장하거나, 다른 해결책을 기계 내부나 외부에 설치하여 미세플라스틱의 해양오염을 방지해야 한다. 이 조치는 2025년 1월 1일부터 시장에 출시되는 새로운 세탁기 제품에 적용된다.

4.2.3. 주요전략

① 순환경제를 위한 로드맵 - 100% 순환경제를 향한 50가지 방안(2018)

2017년 10월 24일 당시 프랑스 환경부 장관이던 니콜라 윌로(Nicolas Hulot)와 브륀 뿌아르송(Brune Poirson)은 순환경제를 위한 로드맵 작성에 착수하게 된다. 이해관계자들이 2달간 모여 4개 분야, 국토, 플라스틱, 지속가능한 소비와 생산, 경제적 수단에 대한 워크숍을 진행하였다. 이에 더해 온라인 플랫폼에서는 순환경제에 대한 시민들의 의견을 수렴하였으며, 16000이상의 투표가 진행되었다. 각 워킹그룹에 의해 제안된 법안들이 심사되었고, 2018년에 로드맵이 발표되었다. 로드맵의 주요한 내용은 100% 순환경제 달성을 위한 50가지 구체적인 방안이며, 1) 더 나은 생산을 위한 로드맵 2) 더 나은 소비를 위한 로드맵 3) 더 나은 폐기물 관리를 위한 로드맵 4) 모든 행위자의 참여를 위한 로드맵의 4가지 대주제로 구성되어 있다.

② 3R(Reduction, Reuse, Recycling) **전략**(2022)

3R전략은 2040년까지 일회용 플라스틱 제품의 사용을 완전히 종료하기 위한 특별한 목적으로 수립되었다. 특히 본 전략이 수립되기까지 경제계, 산업계, 기술계, NGO, 지방정부등 다양한 이해관계자들의 심도있는 토론를 통해 구체적인 목표를 정하였다는 점이 특징적이다. 본 전략이 수립되기 전 2021-2025년까지 기간의 목표를 정하는 프랑스 환경부의 3R명령(Décret)[10]이 발표되었는데, 본 명령에서는 2025년까지 일회용 플라스틱의 사용을 20% 줄이고, 그중 최소한 절반을 재활용할 것을 명시하고 있다.

10 Décret n° 2021-517 du 29 avril 2021 relatif aux objectifs de réduction, de réutilisation et de réemploi, et de recyclage des emballages en plastique à usage unique pour la période 2021-2025

Décret 3R(Réduction-Réemploi-Recyclage)

- 2025년 말까지 일회용 플라스틱 포장 20% 감소, 그중 최초절반은 재사용
- 2025년 말까지 배터리 및 전구의 플라스틱 마감과 같은 불필요한 일회용 플라스틱 포장 100% 감소
- 2025년 1월1일까지 일회용 플라스틱 포장 100% 재활용을 목표로 함-> 이를 달성하기 위해 시장에 출시된 일회용 플라스틱 포장은 재활용산업 체인을 방해하지 않고, 재활용을 제한할 가능성이 있는 물질을 포함하지 않아야 함.
- 2020년 1월 1일부터 대중시설에서 플라스틱 병 무료배포 금지, 축제/문화행사/스포츠 행사 후원시 플라스틱 병 사용 강요 금지, 슈퍼마켓에 재활용 분류함 설치(결제후즉시 수거), 일회용 비닐봉지의 제조 와 수입 금지
- 2021년 1월 1일부터 무게 1.5kg 미만 과일/채소의 플라스틱 초과 포장 금지, 대중시설에 식수대 최소 1개 이상 설치, 언론 간행물과 광고는 플라스틱 포장 없이 발송, 생분해되지않는 티백판매 금지, 어린이메뉴에서 제공되는 무료플라스틱 장난감 금지, 과일이나 채소에 붙이는 라벨은 퇴비화 가능한 것만 부착

또한 2025년까지 불필요한 1회용 플라스틱 포장지의 사용을 100%줄이는 계획이다. 본 전략은 이러한 일회용 플라스틱 제품에 대한 목표달성을 구체화하고 있으며, 3가지 파트로 구성되어 있다.

파트 1은 일회용 플라스틱 제품과 관련된 환경적, 경제적, 사회적 이슈에 대한 문제를 다룬다. 특히 관련된 규제수단, 지원시스템, 기존 정책과 핵심적인 용어들에 대한 설명과 프레임워크를 포함한다. 파트 2는 프랑스의 현재 일회용 플라스틱 제품 사용과 관련된 현황 요약과 행정명령의 달성을 위한 대안, 2025년의 목표와 궁극적인 2040년의 전망, 정책대안들의 환경적 영향, 투자의 필요성 등을 포함한다. 파트 3은 단기 목표로서의 2025년 목표와 장기목표로서의 2040년 목표를 달성하기 위한 액션플랜을 제시하고 있다. 본 액션플랜은 10개의 테마를 포함하고 있으며, 정책목표 달성과 관련된 이해관계자를 제시하고 있다.

표 7-7 3R전략의 액션플랜

1축	불필요하고 과도한 포장을 줄이기
2축	재사용 촉진을 위한 지원
3축	대안적인 해결책을 개발
4축	시장에 비치된 포장재의 재활용 가능성을 보장
5축	수거증진을 촉구
6축	분류 - 현대화, 혁신, 적응
7축	프랑스 내 재활용 능력를 보장하고, 재활용된 물질 사용 촉진
8축	여타의 연관 행동
9축	영역별 로드맵
10축	전환을 위한 구성 - 거버넌스, 모니터링, 전략의 평가

4.3. 공통제도: 재활용 법률 및 생산자의 책임범위

유럽 EPR제도의 배경을 보면 기존의 명령 통제방식이 지닌 강제적 규제의 환경 관리수단에서 나타난 비효과적인 측면의 개선이라고 볼 수 있다. 폐기물의 배출은 소비자에게 있으나 폐기물 오염의 책임은 소비자와 생산자가 공동으로 지어야 한다는 인식하에 출발한 제도로 생산자가 재활용을 위한 폐기물의 흐름에 주도적 역할을 함으로써, 재활용의 촉진에 있어서도 생산자 책임의 확대를 도모한다. 이러한 EPR은 포장재군을 중심으로 확대되었으며, 국가별로 제도적 장치가 다른 양상으로 나타나고 있다. 또한, EPR 품목은 대부분의 국가가 환경 유해성 등을 고려하여 포장 폐기물에서 시작하여 이제는 전 산업분야로 확대되었고, 국가별 상황을 반영하여 전통적 의미의 품목별 EPR 외에도 폐기물 처리에 있어서의 공유책임제도를 강조하고 있다.

표 7-8 주요국가별 생산자책임 근거법령과 책임범위

국가	근거법령	생산자의 책임범위
오스트리아	Packaging Ordinance 1992	- 생산자가 수거 및 재활용에 대한 모든 비용 부담
벨기에	Inter-Regional Packaging Decree 1997	- 생산자가 회수 목표율 달성을 위한 포장폐기물의 회수 및 소요되는 모든 비용을 부담
영국	Producer Responsibility (Packaging Waste) Regulations 1997	- 전반적인 포장물 체인은 자료를 제출하고 재활용목표율을 충족, 정해지지 않는 수거비용 분담
프랑스	Degree on household packaging waste 1992	- 팩커/필러 및 수입업자는 보증금제나 자체의 회수시스템을 구축하거나 또는 통합제도에 가입, 지자체는 기분비용을 부담하고 산업은 선별 및 재활용에 따른 추가비용 부담
독일	Packaging Ordinance	- 포장물의 회수, 재사용 또는 재활용을 위한 전 포장물 체인이 구축. 생산자가 모든 비용 부담
아일랜드	Packaging Regulations 1997	- 포장물 체인을 통한 포장물 회수 또는 승인받는회수기구에 가입, 개별수행자의 경우 엄격히 요구 - 지방정부는 추가적인 비용을 부담
포르투갈	Decree Law 1998	- 팩커/필러 및 수입업자는 예치금 제도를 운영하거나 회수시스템에 가담하여야 함. 사업상 최종사업자는 자신의 폐기물에 대해서만 책임을 짐 산업은 분리수거에 대한 추가비용을 부담 - SRV-그린도트 조직. 이는 가정이나 일부 사업부문에서 발생하는 포장물을 취급
스페인	Decree Law 1998	- 팩커/필러 및 유통업자는 예치금 납부 및 회수, 재활용 사업상 최종사업자는 자신의 폐기물에 대해 책임부담 산업은 최소한 가정폐기물에 대한 추가비용을 부담하여야 함
스웨덴	Producer Responsibility for Packaging Ordinance 1994	- 생산자는 포장물이 재사용되거나 재활용된다는 것을 보장하여야 함. 물질별 회수조직 팩커/필러 및 수입업자는 단일 통합조직에 대한 수수료를 지급 가정 및 비가정 포장물에 대한 등록 의무부담

프랑스는 시장에 제품을 출시하는 생산자, 수입 및 유통업체가 폐기물을 최소로 발생시키고, 재사용, 재활용을 극대화시키며 과포장을 막도록 하기 위해 EPR을 시행 중으로 오염자부담원칙이 확대된 형태의 제도를 운영중이다. EPR은 생산자책임확대 개혁 시행령(Décret n° 2020-1455 du 27 novembre 2020 portant réforme de la responsabilité élargie des producteurs)에 근거하는데 대상품목은 실제로 폐기물을 발생시키는 모든 생산업체이다. 폐기물을 발생시키는 생산업체는 EPR 증명서를 발급받아야 하며 이를 위해 고유식별번호(UIN)가 필요하고, 이 UIN을 획득하기 위해서는 각 상품 카테고리에 해당하는 하나 이상의 생산자기구(PRO)에 등록해야 한다. 이 때 PRO는 일반적으로 공공기관의 승인을 받은 비영리기관으로 현재 전기전자제품, 배터리, 포장재, 가구, 섬유, 스포츠 및 레저용품, 원예용품에 대해 PRO가 지정되어 있으며 특히 포장재 PRO는 Citeo와 Leko가 있다. 수입 및 유통업체와 같이 UIN이 없는 경우라며 프랑스 현지 생산업체로부터 UIN을 획득하여야 한다.

일본은 재생자원의 원재료로써 이용을 촉진하고 재활용을 고려한 제품의 설계 및 제조 그리고 용이한 분별표시 등의 내용으로 1991년 「자원의 유효한 이용 촉진에 관한 법률」(資源の有効な利用の促進に関する法律)을 제정하였다. 이 제도는 일본에서 1997년 본격적으로 시행되었으며 소비자, 지자체, 사업자(생산자(filler), 포장재 생산자(packaging producer), 유통업자)는 역할을 분담하여 소비자는 분리배출, 지자체는 분리수집, 사업자는 재활용의 책임을 지는 '공유책임재활용제도'이다. 일본은 유럽국가와 달리 재활용의 분리수거 업무가 각 지방행정당국에서 수행하고 있으며 대신 지자체는 유가물(有價物)을 재활용업자에게 매각할 수 있으며 무가물(無價物)의 경우 재활용협회에 인수를 요청할 권리를 가진다. 일본에서의 EPR은 유리병, 캔, PET, 종이, 플라스틱 등 모든 포장폐기물에 적용되며 분리수거와 소비자, 지자체, 사업자의 책임분담 역할 명확화를 통해 재활용이 추진된다. 정부가 지정한 특정용기 이용사업자는 기준에 따라 계산된 재생품 의무량을 재상품화해야 한다. 일본의 EPR은 우리나라와 거의 비슷한데 근거 법률인 「용기포장에 관한 분리수집 및 재상품화 촉진 등에 관한 법률」(容器包装に係る分別収集及び再商品化の促進等に関する法律)에 따라 수거 및 선별의 책임은 지방자치단체에 있고 선별 이후의 재활용 책임은 용

기포장 제조, 이용 또는 수입하는 특정사업자에게 있다. 그러나 개별 특정사업자는 해당 생산자기구(PRO)에 재활용 이행을 위한 비용을 납부하여 의무를 이행하고 있다. 좀 더 살펴보면, 지방자치단체는 포장폐기물을 수거 · 선별하는 의무를, 특정사업자는 용기포장에 대한 재활용의무를 부담하기 때문에 지방자치단체는 수거 · 선별된 포장폐기물을 플라스틱 PRO는 일본용기포장리사이클협회(JCPRA)과 인수계약을 맺어 인도한다.

중국에서는 2003년에 "순환경제"라는 개념이 대두된 이후 2009년에 「순환경제촉진법」(中华人民共和国循环经济促进法)의 시행으로 중국의 자원환경 정책의 중심 개념으로 자리하고 있다. 또한 2021년 국가발전개혁위원회의 제14차 5개년 '순환경제 발전계획'에서 5대 중점 공정[11]과 6대 중점 행동[12]을 발표하였는데 감소와 효율제고 등 지속발전이념의 경제성장 방식을 지향하여 대량생산 · 대량소비 · 대량폐기의 전통적 성장모델에 대한 근본적인 변혁을 추구하기로 하여 2050년까지 전반적으로 인류 · 사회 · 자연이 조화롭고 통일된 순환형 사회를 건설하기로 하였다. 중국의 순환경제 정책은 환경보호부에서 담당하는 것이 아닌데 중국의 국무원은 2017년 7월에 〈외국 쓰레기 입경을 금지하고 고체폐기물 수입 관리제도 개혁을 추진하는 실시방안〉이란 정책을 공표하여 생산자책임확대를 담은 제도를 추진하고 있다. 중국이 생산자책임확대제도 관련 법률을 완성하고, 생산자책임확대제도 추진방안을 확정하여 전기전자제품, 자동차, 납축전지, 복합 포장 등 영역에서 추진 중이나, 아직까지 엄밀하게 다른 나라에서 의미하는 범위까지 EPR이 확립되었다고 보기는 어렵다.

우리나라의 EPR은 위에서 살펴본 바와 같이 제품 생산자나 포장재를 이용한 제품의 생산자에게 그 제품이나 포장재의 폐기물에 대하여 일정량의 재활용 의무를 부여한 것으로 프랑스와는 달리 EPR 대상자를 포장재를 이용한

11 도시 폐기물의 순환 이용 체계의 건설, 단지(园区)의 순환화 발전 공정, 대종 고체폐기물(大宗固体废物, 대용량 고체 폐기물) 종합 이용 시범 공정을 실시, 건축 폐기물 자원화 이용 시범 공정의 실시임

12 재제조(再制造) 산업의 질적 발전 행동을 통해 재제조 산업의 규모를 키우고, 폐 전기 · 전자제품의 회수 이용에 대한 질적 제고 행동을 제시하고, 자동차의 전체 생명주기에 대한 관리 추진 행동을 제시하고, 플라스틱 오염의 전(全) 사슬 관리 전문 행동을 제시하고, 택배 포장의 녹색 전환 추진 행동을 제시하고, 폐배터리의 순환이용 행동으로 신에너지 자동차 배터리의 이력 추적관리 플랫폼의 구축을 강화함

제품의 생산자에 국한하고 있고, 이 또한 기업규모에 따라 면제조항을 두도록 하여 영세한 중소기업[13]에는 재활용의무를 면제시키고 있다. 또한대상품목도 4개 포장재군, 9개 제품군으로만 한정하고 있어 에어캡(일명 뽁뽁이), 세탁소 의류 비닐, 1회용 비닐장갑 등 재활용은 가능하나, 포장재가 아닌 경우나 담배, 배터리, 섬유 등과 같이 관련 단체의 반발이 있는 경우 등은 EPR 대상품목이 아니라는 점에서 차이를 보인다.

5 나가며: 요약 및 국내 정책에의 시사점

한국과 프랑스의 플라스틱 규제정책을 비교해서 보자면 다음과 같다. 우선 한국의 경우 자원순환기본법을 중심으로 자원순환 패러다임을 2018년에 확립한 이후, 2022년 12월 해당 법의 전면적인 개정을 통한 순환경제사회전환촉진법을 제정하여 2024년 1월 1일부터 순환경제 사회로의 전환을 위한 법적 근거를 마련하였다. 이를 이행하기 위한 구체적인 전략으로 탄소중립을 위한 K순환경제 로드맵을 발표하였다. 프랑스의 경우에는 순환경제를 위한 낭비방지법을 중심으로 법제적 기반을 마련하였으며 순환경제를 위한 로드맵과 이를 이행하기 위한 구체적인 전략으로서의 3R전략을 발표하여 안정적인 정책추진을 가능하게 하였다. 프랑스의 법제를 살펴볼 때 한국 사회에의 시사점을 몇 가지로 정리해볼 수 있다.

첫째, 강력한 단기적 정책목표의 설정이다. 프랑스의 플라스틱 규제에서 가장 특기할만한 점은 2025년이라는 구체적인 목표시한을 설정하고, 불필요한 1회용 플라스틱 포장지의 사용을 100%줄이는 계획을 추진하고 있다는 점이다. 이러한 다소 과감한 정책목표의 설정은 플라스틱 규제의 촉진이 주요 목적이다. 이행기간이 4년 내외로 길지 않을뿐더러 추상적인 감축 목표가 아니라

13 매출액 10억원 미만도 전액 면제, 중소기업은 매출액 30억원 이하는 100% 면제, 100억원 이하는 70% 면제, 200억원 미만은 50% 면제이며 300억원이 넘어야 100% 부과됨

100%줄이는 등의 야심찬 목표설정이 아니라면, 플라스틱 감축이 현실적으로 요원하기 때문이다. 이에 더해 기존에 유럽국가 내에서 자원순환 성적이 가장 초라했던 프랑스가 순환경제 체제에서는 선도적인 이니셔티브를 가지기 위함이다.

둘째, 시민참여를 통한 구체적인 정책목표의 법제화이다. 플라스틱 규제는 시민들의 생활과 가장 밀접한 관련성을 가지고 있는 정책분야이다. 때문에 플라스틱 규제가 성공하기 위해서는 시민들의 자발적인 협조와 성숙한 시민들의 환경의식이 전제되어야 하는 만큼, 야심한 정책목표를 법제화하기 위해서는 시민들의 bottom-up으로 제안하는 목표수렴과정이 필요하다. 앞서의 강력한 단기적인 정책목표 설정이 가능한 것도, 프랑스 국민들의 국민대토론(débat national)의 전통 아래, 이러한 강력한 정책추진에 대한 공감대가 형성되었기에 가능한 부분이다. 시민들 스스로가 정하는 규제의 내용과 방향성이 순환경제법제 수립의 기본이 되어야 한다는 점을 프랑스 사례가 보여주고 있다.

셋째, 정부에서 시민으로의 규제 주체의 전환이다. 순환경제사회에서의 환경규제의 주체는 정부가 아닌 시민임을 온전하게 인식하여야 한다. 플라스틱 규제 및 재활용, 재사용의 경우 정부가 일방적으로 정책을 추진한다고 성공가능성을 보장할 수 있는 것이 아니다. 더 이상 정부가 환경규제의 주체가 되는 것이 아니라, 기업과 시민들 스스로가 환경규제의 주체가 될 수 있도록 주인공의 자리를 내어주어야 한다. 정부가 할 일은 소비자인 시민이 사회적, 환경적 영향을 고려한 올바른 선택을 할 수 있도록 최대한의 정보를 공유하고, 플랫폼을 구축하고, 제도를 개선하고, 플라스틱 사용을 스스로 지양할 수 있는 환경을 제공하는 것이다. 또다른 정부의 할 일은 생산자인 기업이 사회적, 환경적 영향을 고려한 올바른 생산을 할 수 있도록 보너스-말러스 제도 등의 경제적인 인센티브를 마련하고, 연관산업의 행위자들이 협업할 수 있는 네트워크를 구성해주는 등의 제도적, 환경적 개선에 힘쓰는 것이다.

넷째, 생산자책임재활용제도 설계 시 재활용 재활용의무생산자와 재활용의무 대상품목에 대한 예외 없는 적용이 필요하다. 국내의 경우 EPR 재활용의무생산자는 경제적 논리에 따라 영세하면 예외로 둘 수 있고, 대상 품목

또한 포장재가 아니라면 재활용이 될 수 있음에도 불구하고 EPR에 해당되지 않아 규제의 사각이 발생하고 있기에, 프랑스 EPR에 비해 제도의 효과성이 미흡해지는 구조이다. EPR 재활용의무생산자를 폐기물을 발생시킬 수 있는 모든 대상으로 하여 예외를 두지 않고, 만약 경제적 지원이 필요한 기업이 있다면 필요한 지원을 공급하는 체계로의 전환이 필요할 것이다. 또한 재활용 의무 대상품목의 범위를 재활용이 필요한 모든 품목으로 확대해 나가도록 노력하여야 한다.

마지막으로, 순환경제 정책도 결과적으로 기후변화 대응과 탄소중립의 실현이라는 거시적인 틀 속에서 유관 정책목표들과 연계해서 추진되어야 한다는 점이다. 순환경제 역시 에너지 전환, 녹색성장, 탄소중립, 기후변화 대응(감축) 등의 환경정책의 대주제들과 별개의 정책목표가 될 수 없으며, 이들 모두가 연계되어 추진이 될 때 시너지효과를 기대할 수 있다.

참고문헌

국내 참고문헌

국회입법조사처, (2019), 독일의 '신 포장재법(VerpackG)'-German Packaging Act 2019: 포장재의 유통, 회수, 고품질 재활용에 관한 법을 중심으로

국회입법조사처, (2021), '식품용' 플라스틱 용기 · 포장재 재활용제도 도입 논의 현황과 활성화 방안

국회입법조사처, (2022), 순환자원인정제도 운영실태와 개선과제

김미경. (2021). 순환경제 관점에서 본 플라스틱 식품포장재 재활용의 안전성에 관한 고찰. 한국포장학회지, 27(3), 149-158.

대외경제정책연구원. (2021). 국제사회의 순환경제 확산과 한국의 과제

삼일회계법인 (2022). 순환경제로의 전환과 대응전략- 플라스틱과 배터리(이차전지)를 중심으로. pp.1-79.

서울연구원. (2022) 2022 코로나시대 폐기물 통계: 동향과 쟁점, 1-47.

서인석 · 이유현. (2022). 탄소중립 이슈에 대한 초국가적 정책주도자의 역할과 정책변동: 다중흐름모형 (MSF) 커플링효과의 실증적 접근. 한국행정학보, 56(4), 1-38.

세계경제 포커스. (2022). 국제사회의 플라스틱 규제 현황과 시사점

윤경준. (2020). 플라스틱폐기물 정책의 평가와 개선방안. 현대사회와 행정, 30(4), 1-28.

이소라. (2021). 포스트 코로나 시대의 자원순환 정책분석 연구. 도시연구, (20), 11-38.

이승진. (2022). 순환경제 실현과 소비자 권리 강화를 위한 법제 개선방안 - 프랑스의 수리가능성지수표시 사례를 중심으로 -. 경제법연구, 21(2), 205-224.

이승호. (2020). 순환경제를 위한 플라스틱 사용 및 재활용 관련규제, 규제동향지 여름호.

이준서. (2021). 기후위기 대응을 위한 탄소중립 · 녹색성장 기본법의 제정 의의와 그 이행을 위한 향후 과제. 환경법연구, 43(3), 243-277.

조지혜. (2022).국제사회의 순환경제 확산 및 국내 정책동향. 한국지역개발학회 학술대회,227-236.

최지연 · 이혜선. (2021). 순환경제 활성화를 위한 에코 패키지의 동향분석 및 시사점. 브랜드디자인학연구, 19(1), 197-210.

한국무역협회. (2018). 유럽의 순환경제 가속화와 우리의 대응

한국환경연구원. (2022). 국제 플라스틱 규제 동향

환경부 · 한국환경산업기술원, (2022). 순환경제 이행 핵심 기술개발사업

KOTRA (2021) 유럽 주요국의 탈플라스틱 정책 및 시사점.

해외 참고문헌

Ellen MacArthur Foundation(2013), "Toward the Circular Economy: Economic and Business Rationale for Accelerated Transition," p. 22, 온라인 자료(검색일: 2021. 5. 10)

CGEDD (2020). Les filières de recyclage de déchets en France métropolitaine. pp1-169.

Geissdoerfer, Martin, Paulo Savaget, Nancy M. P. Bocken, and Erik Jan Hultink. 2017. "The Circular Economy - A New Sustainability Paradigm?" Journal of Cleaner Production, Vol. 143.

Moon, Jin-Young and Park, Youngseok and Na, Seung Kwon and Lee, Sung Hee and Kim, Eunmi, 국제사회의 순환경제 확산과 한국의 과제 (Accelerating Transition towards a Circular Economy and Policy Implications for Korea) (December 30, 2021). KIEP Research Paper, 연구보고서 21-08, Available at SSRN: https://ssrn.com/abstract=4200254 or http://dx.doi.org/10.2139/ssrn.4200254

Chapter

기후변화 대응의 한 · 일 비교: 녹색기술 관련 정책을 중심으로

임은정

들어가며

한국과 일본은 지리적으로 인접하고 있을 뿐만 아니라 산업화와 경제 발전에 있어서 유사한 경로를 경험했기 때문에 기후변화 대응 시대에 직면하고 있는 도전들도 매우 흡사하다. 한국이 일본에 비해 근대화나 산업화가 늦기는 했지만, 두 국가 모두 20세기 고도성장을 통해 세계적인 경제 대국 반열에 올랐고 제조업을 기반으로 선진적인 경제를 운영하면서 화석연료에 크게 의존해 왔다. 이런 두 나라가 2020년 10월, 거의 동시에 “2050 탄소중립” 목표를 공식적으로 선언하고 또 이후 이를 각각 법제화했다. 그런데 근래 들어서 벌어지고 있는 굵직한 국제정치경제의 변화들은 두 나라의 기후변화 대응을 매우 어렵게 만들고 있다.

무엇보다 미국과 중국 간의 기술패권(technological hegemony)을 둘러싼 전략 경쟁이 심화하면서 공급망의 재편이 진행 중인 상황이 한 · 일 양국에게는 큰 도전이지 않을 수 없다. 두 나라 모두 군사적으로는 미국의 동맹이지만 중국의 급속한 경제 성장에 편승하여 중국과의 무역을 통해 부를 축적해 왔는데, 미·중 사이 기술 경쟁이 과도하게 되면서 기술민족주의(technonationalism) 경향마저 나타나며 한국과 일본 같은 제3의 국가들에게 전략적 딜레마 상황을 제시하고 있는 것이다(이승주 2021, 125, 149).

둘째로 러시아-우크라이나 전쟁으로 촉발된 에너지 가격 상승으로 인한 고물가가 지속되는 상황 역시 한국과 일본 모두에게 큰 도전으로 작동하고 있다. 한 · 일 모두 영토 내 천연자원이 거의 없다시피 하여 화석연료나 원자재 조달을 절대적으로 해외로부터의 수입에 의존하고 있는데, 에너지 가격의 고공행진 상황이 길어지거나 수급의 불안정한 상황이 계속될수록 두 나라가 치러야 하는 비용과 경제적 손해는 커질 수밖에 없기 때문이다. 우크라이나 전쟁 이후 한국과 일본은 모두 무역수지 적자에 시달리고 있다.

더군다나 미국이 인플레이션을 억제하고자 과감한 고금리 정책을 단행하면서 두 나라는 고환율에 고금리 상황까지 겹쳐 경기 침체에 대한 우려마저 하지 않을 수 없었다. 게다가 두 나라는 모두 (초)고령 사회[1]인데다가 인구가 줄어들면서 성장 동력을 점차 상실해 가고 있고, 수도권과 지방 간에도 격차가 갈수록 벌어지는 등, 여러 사회구조적인 문제도 공유하고 있다. 이렇게 저성장 국면에 처한 두 나라에 고환율, 고금리 상황은 국내 투자를 어렵게 하고 경기 활성화를 저해하는 요소로 작동한다.

이상과 같이 복합적인 경제 위기에 처해 있는 한국과 일본에게 기후변화 대응을 위한 녹색기술[2]을 개발하고 보급하는 것은 과거 경제 성장의 경험에서 굳어진 생산 구조와 공급망, 사회 기반 시설, 그리고 산업의 체질을 바꾸어야 하는 중대한 도전이다. 그러나 두 나라 모두 미래의 지속 가능한 성장을 위해서 녹색기술의 개발과 보급을 늦출 수 없다.

이 글은 한국과 일본이라는 아시아의 두 거대 산업국가들이 기후변화 대응을 위한 녹색기술의 개발과 보급을 위해 어떠한 목표를 세우고 있는지, 두 나라 정부가 수립한 관련 정책의 방향을 비교한다. 구체적으로는 태양광 발전과 전기차, 그리고 수소에너지에 초점을 맞춰 비교함으로써 한국과 일본의 녹색기술 정책이 어떤 점에서 유사한지, 차이가 있다면 그 차이는 무엇에서 비롯된 것인지 등을 해설하고자 하는 것이 이 글의 목적이다. 이 글의 분석은 에너지원을 수입에 의존할 수밖에 없는 두 나라가 복합적인 경제 위기 상황을 극복하기 위해 녹색기술을 어떻게 인식하고 활용하려는지를 보여줌으로써 장차 비슷한 도전에 직면하게 될 국가들에도 정책적 함의를 제시할 수 있으리라 기대하는 바이다.

---

1 유엔에 따르면 전체 인구에서 65세 이상이 차지하는 비율인 고령자 인구 비율이 7% 이상이면 고령화 사회, 14% 이상이면 고령 사회, 20% 이상이면 초고령 사회로 구분된다. 한국은 2022년 처음으로 65세 이상 고령인구가 900만 명을 돌파함으로써 국내 인구 중 고령자의 비중이 17.5%에 달했다. 2025년에는 고령인구 비중이 20%를 넘어서면서 초고령 사회로 진입할 것으로 전망되는데, 이는 일본보다도 빠른 속도이다. 일본은 65세 이상 인구가 전체 인구에서 30%에 육박하고 있다. 정영효, 강진규, 2022, "'노인대국' 치닫는 韓 2030년 日 넘어선다." 『한국경제』 (11월21일), https://www.hankyung.com/economy/article/2022111356481 (2023/04/10 검색).

2 유엔 아시아 태평양 경제사회위원회(United Nations Economic and Social Commission for Asia and the Pacific, ESCAP)는 '녹색기술에 대해 일반적으로 인정되거나 국제적으로 합의된 정의는 없으며, 상대적으로 다른 기술들에 비해 환경 측면에서의 성과를 크게 향상시킬 수 있는 잠재력을 가진 기술'로 광범위하게 정의된다고 하고 있다. ESCAP, "Green Technology." https://www.unescap.org/sites/default/files/34.%20FS-Green-Technology.pdf (accessed 11 March 2022).

한·일 에너지 및 기후변화 대응 현황 비교

녹색기술 관련 정책을 비교하기에 앞서 우선 여기에서는 한국과 일본의 전반적인 에너지 및 기후변화 대응 현황을 개괄하고자 한다. 한국의 1차 에너지 총공급은 2021년 기준으로 300,544천TOE(석유환산톤: Ton of Oil Equivalent)였는데, 그 중의 가장 큰 비중을 차지한 것은 석유(38.3%), 2위가 석탄(25.6%), 3위가 천연가스(19.8%), 4위가 원자력(11.2%), 5위가 바이오 및 폐기물(2.7%), 6위가 지열, 태양 및 기타(2.1%), 7위가 수력(0.2%)이었다(국가에너지통계종합정보시스템 2022). 한편 일본의 경우 동년도 1차 에너지의 국내 총공급이 18,575PJ(페타줄: Peta-Joule)[3]로, 그중에 가장 큰 비중을 차지한 것은 역시 석유(36.3%), 2위가 석탄(25.4%), 3위가 천연가스(21.5%), 4위가 수력을 제외한 재생에너지(7.1%), 5위가 수력(3.6%), 6위가 원자력(3.2%) 순이다(資源エネルギー庁 2022). 두 나라 모두 1차 에너지 공급에서 화석연료가 차지하는 비중이 83%대를 이루고 있는 것을 알 수 있다.

두 나라가 모두 이렇게까지 화석연료 의존도가 높은 것은 두 나라가 모두 제조업 강국이기 때문이기도 하지만, 전력 생산을 위해서도 엄청나게 화석연료를 소비하고 있기 때문이다. 에너지원별 발전량의 비중을 비교해 보면, 한국의 경우 2021년 기준 총발전량(575,786GWh) 중에서 가장 큰 비중을 차지한 에너지원은 석탄(32.8%)이고, 2위가 천연가스(22.8%), 3위가 원자력(27.5%), 4위가 수력을 제외한 신재생(6.8%), 5위가 수력(1.2%), 6위가 석유(0.4%) 순이다(국가에너지통계종합정보시스템 2022). 일본의 경우 같은 2021년 기준으로 총발전량(10,328억kWh) 중에서 가장 큰 비중을 차지한 것은 천연가스(34.4%), 2위가 석탄(31.0%), 3위가 신재생에너지 등(12.8%), 4위가 수력(7.5%), 5위가 석유 등(7.4%), 6위가 원자력(6.9%)이었다(資源エネルギー庁 2023, 106).

위와 같이 전력 생산을 위해 화석연료에 의존하는 비중이 매우 높은 두 나라이기 때문에 이 부분이 한·일 양국의 온실가스 배출에도 고스란히 반영되고 있다. 한국의 2021년 온실가스 잠정배출량은 6억7,960만톤으로, 코로

3 1 toe = 41.868 기가줄(GJ). 페타는 10의 15승.

나19 팬데믹이 발생한 2020년보다는 3.5% 증가했으나, 한국의 배출이 정점을 기록한 2018년보다는 6.5% 낮은 수치였다. 또한 단위 국내총생산(Gross Domestic Product, GDP)당 배출량은 356톤/10억원으로 2011년 이후 계속 개선되고 있다는 것이 환경부의 설명이다. 한국의 온실가스 배출에서 가장 큰 비중을 차지하는 것은 공공 전기 및 열 생산 부문(32.7%)이며, 2위가 수송 부문(14.4%), 3위가 철강 제조(14.3%), 4위가 그 외 에너지 분야(11.2%)이다. 에너지 관련 부문의 비중은 제조업 · 발전 · 수송 부문을 중심으로 생산량 및 연료 소비가 증가함에 따라 2020년 배출량에 비해 3.6% 증가, 총배출량에서 무려 87% 가까이를 차지한 것이다(환경부 2022).

일본은 2020년도 기준 총 11억5,000만톤의 온실가스를 배출했다. 이는 정점을 기록한 2013년도 총배출량(14억900만톤)에 비하여 18.4%가 줄어든 수치이다(環境省, 国立環境研究所 2022, 2). 일본의 이산화탄소 배출 구성을 살펴보면 에너지 기원 부문[4]이 대부분(92.6%)를 차지하는 가운데, 이 중에서도 에너지 전환 부문이 가장 큰 비중(40.4%)를 차지하고 있으며, 그 뒤를 산업 부문(24.3%), 운송 부문(17%) 등이 잇고 있다(Ibid. 5). 단위 GDP 당 배출량은 2013년에 정점에 도달한 이후 꾸준히 감소하여 2021년에는 182톤/1억엔[5]을 기록했다(資源エネルギー庁 2022). 요컨대 두 나라 모두 에너지 전환 부문, 그중에서도 전력 생산 부문의 탈탄소화 없이는 탄소중립의 실현은 불가능하다고 볼 수 있다.

한국에서는 2020년 10월 문재인 대통령의 '2050 탄소중립' 선언 이후, 「기후위기 대응을 위한 탄소중립 · 녹색성장 기본법(약칭: 탄소중립기본법)」이 2021년 9월에 공포되었다. 동 법은 7조에 "정부는 2050년까지 탄소중립을 목표로 하여 탄소중립 사회로 이행하고 환경과 경제의 조화로운 발전을 도모하는 것을 국가 비전"으로 한다고 되어 있어, 한국은 세계에서 14번째로 탄소중립을 법제화한 국가가 되었다. 한편 2022년 5월 초 윤석열 정부가 출

4 공장 같은 산업 부문과 자동차 등의 운송 부문, 상업이나 서비스 부문, 가정 부문, 발전소와 정유소와 같은 에너지 전환 부문을 포함한다.

5 환율의 변동성이 있기는 하지만 위에 언급한 한국의 해당 수치보다 상당히 낮다. 그만큼 일본의 에너지 소비 효율이 높다고 볼 수 있다.

범하면서 문재인 정부 당시 수립한 바 있는 〈제3차 에너지기본계획(에기본)〉(2019년 6월 확정)을 실질적으로 폐기하고, 집권 후 2달이 채 되지 않은 시점에서 전원구성에서 원자력에너지 비중을 30% 이상으로 확대하고 재생에너지 비중을 축소하는 등의 내용을 담은 '새 정부 에너지 정책 방향'을 발표한 바 있다. 탈원전 정책의 폐기를 공공연하게 한 동 정책 방향을 실질적인 4차 에기본으로 받아들이면 된다는 것이 당시 정부의 설명이었다(김부미 2022). 이후 윤석열 정부는 2023년 초 '전기사업법'에 따라 〈제10차 전력수급기본계획(2022~2036)〉을 발표한 바 있으며, 3월 21에는 〈탄소중립·녹색성장 국가전략 및 제1차 국가 기본계획-중장기 온실가스 감축목표 포함(이하 탄 · 녹 국가 계획)〉[6] 정부안을 발표하고 4월 10일 이를 최종적으로 확정한 바 있다. 이로써 한국이 국제적으로 내건 2030년 국가 온실가스 감축목표인 '(배출 정점이었던)2018년 대비 40% 감축' 달성을 위한 윤석열 정부의 세부 이행방안이 수립된 셈이다. 한편 2021년에 구성된 '2050 탄소중립 위원회'는 윤석열 정부 이후 '탄소중립 녹색성장 위원회(약칭 탄녹위)'로 개편되었다.

일본은 1997년 제3차 유엔기후변화협약 당사국총회(COP3)를 교토에서 주최한 바 있으며, 당시 '교토의정서'가 채택된 것을 계기로 「지구온난화 대책 추진법」을 수립한 바 있다. 이후 6번의 개정을 거쳤고, 2020년에 스가 요시히데(菅義偉) 총리가 '2050 탄소중립'을 선언한 것을 계기로 2021년 5월에 7번째의 개정안이 성립되었다. 개정된 법은 "2050년까지 탄소중립 실현"을 기본이념으로 명기하고 있어서 일본도 탄소중립을 법제화한 국가로 분류된다. 또한 일본 정부는 자국의 에너지 정책의 기본적인 방향성을 보여주기 위해 「에너지정책기본법」에 따라 3~4년에 한 번씩 〈에너지기본계획〉을 수립해 왔으며, 2021년 10월에 수립한 〈6차 에기본〉이 가장 최근 것이다. 6차 에기본은 2050 탄소중립 선언 및 법제화 이후에 발표된 것이므로 일본의 탄소중립 실현을 위한 기본적인 방침들이 반영되어 있다. 현재 일본은 2030년 국가 온실가스 감축목표를 배출이 정점을 찍은 2013년 대비 46%로 잡고 있다. 그리고 일본의 경우, 녹색기술과 관련한 정책을 살펴볼 수 있는 주요 자료가 되는 것

---

6 탄소중립기본법 7조에는 탄소중립을 달성하기 위하여 "국가 탄소중립 녹색성장 전략"을 수립하도록 되어 있어 상기 국가 계획 수립의 법적 근거가 되고 있다.

은 〈2050년 탄소중립에 수반하는 그린 성장 전략(2050年カーボンニュートラルに伴うグリーン成長戦略, 이하 그린 성장 전략)〉이다.[7] 따라서 다음에서는 이상에서 언급한 문서들을 중심으로 한국과 일본의 정책 방향을 비교하도록 하겠다.

한 · 일 녹색기술 관련 정책 비교

3.1. 한국

위에 언급하였다시피 한국의 녹색기술에 관한 정책을 살펴볼 수 있는 최신 정부 문건으로는 윤석열 정부 들어서서 수립된 '탄 · 녹 국가 계획'을 꼽을 수 있다. 동 계획은 국무조정실의 총괄 하에 관계부처[8]가 합동으로 작성하였다. 또한 동 계획은 탄소중립기본법 10조에 녹색기술 · 녹색산업 육성, 녹색금융 활성화 등 녹색성장 시책에 관한 사항을 포함하여 20년을 계획 기간으로 하는 녹색성장 기본계획을 5년마다 수립 · 시행하도록 되어 있는 것을 근거로 '2023년부터 2042년'까지를 목표 기간으로 설정하고 있는 것이다.

탄 · 녹 국가 계획은 추진 과제로 (1) 부문별 중장기 감축 대책, (2) 기후변화 적응 대책, (3) 환경과 공존하는 녹색산업 성장, (4) 정의로운 전환, (5) 지역 주도의 탄소중립 · 녹색성장 확산, (6) 탄소중립 · 녹색성장 인력양성 및 인식 제고, (7) 탄소중립 · 녹색성장 분야 국제협력, (8) 이행 및 환류 체계 운영, 이상 8가지를 꼽고 있다. 2030년 배출량 목표는 436.6백만톤으로, 2018년 배출량 대비 40%를 감축하겠다는 기존 방침을 고수하고 있다. 그러나, 기존의 2030 감축목표와 다른 부분은 〈표 8-1〉에서 보다시피 전환 부문을 상향 조

7 일본의 그린성장전략에 대해서는 이하 글에서도 자세히 다루고 있다. 임은정, 2021, "일본의 탄소중립과 그린뉴딜 정치," 환경정치연구회 엮음 『탄소중립과 그린뉴딜: 정치와 정책』 (서울: 한울 아카데미), pp. 477-506.

8 환경부, 기획재정부, 교육부, 과학기술정보통신부, 외교부, 통일부, 행정안전부, 문화체육관광부, 농림축산식품부, 산업통상자원부, 보건복지부, 고용노동부, 여성가족부, 국토교통부, 해양수산부, 중소벤처기업부, 산림청, 기상청, 그리고 방송통신위원회와 금융위원회가 참여하였다.

정한 것과 함께 기술의 상용화 시기 등을 고려하여 산업 부문을 하향 조정한 것, 수소 부분을 상향 조정한 것, 그리고 흡수원 부분에서 CCUS(탄소 포집 · 활용 · 저장 기술: Carbon Capture, Utilization, Storage) 부분과 국제감축을 상향조정하기로 한 점이다.

표 8-1 탄녹 국가계획이 제시한 부문별 배출량 목표

(단위: 백만톤CO_2e, 괄호는 '18년 대비 감축률)

구분	부문	2018 실적	2030 목표	
			기준 ('21.10)	수정 ('23.3)
배출량(합계)		727.6	436.6 (40.0%)	436.6 (40.0%)
배출	전환	269.6	149.9 (44.4%)	145.9 (45.9%)
	산업	260.5	222.6 (14.5%)	230.7 (11.4%)
	건물	52.1	35.0 (32.8%)	35.0 (32.8%)
	수송	98.1	61.0 (37.8%)	61.0 (37.8%)
	농축수산	24.7	18.0 (27.1%)	18.0 (27.1%)
	폐기물	17.1	9.1 (46.8%)	9.1 (46.8%)
	수소	(-)	7.6	8.4[2)]
	탈루 등	5.6	3.9	3.9
흡수 및 제거	흡수원	(-41.3)	-26.7	-26.7
	CCUS	(-)	-10.3	-11.2[3)]
	국제감축	(-)	-33.5	-37.5[4)]

※ 기준 연도('18) 배출량은 총배출량 / '30년 배출량은 순배출량 (총배출량 - 흡수 · 제거량)

1) 태양광, 수소 등 청정에너지 확대로 400만톤 추가 감축

2) 수소수요 최신화(블루수소 +10.5만톤), 블루수소 관련 탄소포집량은 CCUS 부문에 반영(0.8백만톤)

3) 국내 CCS 잠재량 반영(0.8백만톤), CCU 실증경과 등을 고려한 확대(0.1백만톤)

4) 민관협력 사업 발굴 및 투자 확대 등을 통해 국제감축량 400만톤 확대

출처: 관계부처 합동 2023, p.23.

그럼 위와 같은 목표를 세운 현재 한국의 에너지 믹스에서 태양광이 차지하는 비중은 얼마나 될까? 전술하였다시피 2021년 기준으로 에너지원별 발전량 내역에서 수력을 제외한 재생에너지[9]가 차지하는 비중은 고작 6.8%에 불과하다. 이 수치 안에는 태양광 발전은 물론이거니와 풍력 발전이나 바이오매스 등도 포함되기에 태양광 비중만 따로 떼어내면 더욱 작아진다. 집계하는 기관이나 자료에 따라 수치가 달라지긴 하지만 영국의 기후에너지 정책 연구소인 엠버(EMBER)의 평가에 따르면 2021년 한국의 전체 발전량에서 태양광과 풍력 발전이 차지하는 비중은 4.7% 정도에 그쳤다. 2020년 기준으로는 태양광·풍력 발전량은 21.5TWh였고, 이는 동년도 삼성전자가 사용한 전력량(26.95TWh)보다도 적었다(최나영 2022).

태양광 발전의 수치가 아직 매우 낮은 만큼 탄·녹 국가 계획도 태양광 발전 시설을 확충하려는 의지를 담고 있기는 하다. 한국의 태양광 발전소 누적 설비용량을 보면 2010년 이후 꾸준히 늘어나 2022년에는 20,224.31MW를 기록했다(재생에너지 클라우드플랫폼). 〈10차 전력수급기본계획〉에 따르면 2022년 현재, 사업용과 자가용을 합친 설비용량은 32,418MW 정도였는데, 탄·녹 국가 계획에서는 이를 2030년까지 79,201MW, 2036년까지 117,317MW로까지 확대하여 발전량에서 차지하는 비중도 12% 정도까지 끌어올리겠다고 하고 있다(산업통상자원부 2022, 84, 85). 이를 달성하기 위해 동 계획에서는 여러 방안을 제시하고 있는데, 태양광 재생에너지 공급 인증서(REC: Renewable Energy Certificate)의 가중치를 개선하고 태양광 입찰 평가 시, 규모별 입찰 구간 조정 등을 통해 중대형 태양광 중심의 개발을 촉진함으로써 비용 효율적인 보급을 추진하겠다고 하고 있다(관계부처 합동 2023, 27). 또한 RE100 펀드(잠정적으로 약 3천억원) 조성 등을 통해 RE100[10]용 발전사업에는 융자를 우선 지

---

9 「신에너지 및 재생에너지 개발·이용·보급 촉진법(약칭: 신재생에너지법)」의 2조(정의)에 따르면, "재생에너지"란 "햇빛, 물, 지열(地熱). 강수(降水), 물유기체 등을 포함하는 재생 가능한 에너지를 변환시켜 이용하는 에너지로서 다음 각 목의 어느 하나에 해당하는 것을 말한다." 태양에너지, 풍력, 수력, 해양에너지, 지열에너지, 생물자원을 변환시켜 이용하는 바이오에너지로서 대통령령으로 정하는 기준 및 범위에 해당하는 에너지, 폐기물에너지(비재생폐기물로부터 생산된 것은 제외한다)로서 대통령령으로 정하는 기준 및 범위에 해당하는 에너지, 그 밖에 석유, 석탄, 원자력 또는 천연가스가 아닌 에너지로서 대통령령으로 정하는 에너지.

10 RE100은 "재생에너지 전기(Renewable Electricity) 100%"의 약자로 기업 활동에 필요한 전력의 100%를 재생에너지를 이용해 생산된 전기로 사용하겠다는 기업들의 자발적인 선언이다.

원하고, RE100 및 산업단지 입주기업 중심으로 건물태양광 설치보조금을 지원하겠다고 하고 있다(Ibid. 28). 아울러 철도운영시설이나 유휴부지 등을 활용하거나 농작물 재배지 상부에 패널을 설치하는 방법 등을 구체적인 방법으로 제안하고 있으며, 폐패널을 재활용하는 부분에 대해서도 강조하고 있다(Ibid. 54, 61, 69).

전기차와 관련해서는 한국이 집중적으로 육성해야 하는 핵심 산업 중 하나라는 인식에 따라 2030년까지 420만 대(수소차는 30만 대여서 합쳐서 450만 대)를 보급하겠다는 목표치를 제시하면서, 보조금, 세제감면 등은 해외동향 및 친환경차 전환속도 등을 감안하여 운영방안을 마련하겠다고 하고 있다(관계부처 합동 2023, 50). 또한 이와 같은 전기 · 수소차 보급 목표와 연계하여 국내 전기 · 수소차 생산물량을 확대할 수 있도록 현재 반도체와 배터리, 백신에 국한되어 있는 '국가전략기술'에 미래차 기술을 포함할 것을 추진하고, 중형 3사가 전기차 국내 생산계획을 마련할 수 있도록 중점적으로 유도하겠다고 하고 있다(Ibid. 50). 또한 태양광 폐패널과 마찬가지로 전기차의 폐배터리를 활용하는 것에 대해서도 반복적으로 강조하고 있다(Ibid. 69, 124).

윤석열 대통령은 탄 · 녹 국가 계획을 확정한 다음 날인 4월 11일, 경기도 화성에 소재하고 있는 기아의 전기차 전용 공장을 방문하여 "2030년까지 국내 전기차 생산 능력을 5배로 높여 우리나라를 '글로벌 미래차 3강'으로 도약시킬 것"이라며 "(전기차 등)첨단 산업 분야의 민간 투자가 신속히 이뤄지도록 세제 지원을 빈틈없이 하라"고 지시하였다(서민우, 김기혁 2023). 현재 기획재정부는 전기차 공장의 핵심 공정 기술도 국가전략기술에 포함하는 것을 골자로 한 조세특례제한법 시행령 개정안에 대해 관련 부처와 협의를 마치고 2023년 상반기 중 입법 예고까지 끝마치는 방안을 검토 중이라고 전해진다(Ibid.).

수소에너지와 관련해서 한국 정부는 2019년 1월에 수소경제 활성화 로드맵을 발표한 바 있으며, 2021년 2월에는 세계에서 처음으로 수소법을 시행하며 컨트롤 타워인 수소경제위원회 발족시키기도 하였다. 2021년 11월에는 〈제1차 수소경제 이행 기본계획〉을 발표하였고, 이로부터 1년 뒤인 2022년 11월에 윤석열 정부도 '새 정부 수소경제 정책 방향'을 발표하였다. 이런 경위를 바탕으로 탄 · 녹 국가 계획에서는 수소를 크게 세 가지 관점에서 다루고 있다. 첫째는 수송 부문의 탈탄소화 관점에서 전기차와 함께 수소차 보급을 확충하겠다는 것이며, 둘째는 청정에너지원으로서의 수소를 국내외에서 어떻게 생산할 것인지, 생산기지 확보와 공급망 구축에 관한 것이며, 셋째는 충전소 같은 관련 인프라 구축과 관련된 것이다.

수송 부문과 관련해서는 승용·상용·특수차 뿐만 아니라 암모니아·수소선박, 수소기반 트램, 도심항공 기술개발이나 수소드론 등을 언급하면서, 공공분야 중심으로 수소 모빌리티를 다양하게 활용할 것이라고 하고 있다(관계부처 합동 2023, 75). 생산과 관련해서는 재생에너지 단지와의 연계를 통해 그린수소[11]생산 기반 구축을 위해 제도적인 지원을 강화하면서도 액화천연가스(LNG) 인수기지 인근에 블루수소 클러스터를 조성하고, 기술 개발을 통해 핑크수소 생산기반을 마련할 것이라고 하고 있는데(Ibid. 73), 이는 한국이 가지고 있는 기존에너지 인프라 시설과 연계하려다 보면 블루수소나 핑크수소를 생산하는 것이 효율적이라 판단하고 있기 때문이라고 추정할 수 있다. 〈표 8-1〉에서 보다시피 2018년에는 실적이 없었으나, 수소에너지 관련하여 발생하는 배출치를 기존 2030 목표치보다 상향 조정하여 반영했다는 것은 수소에너지 생산과 활용에 더욱 적극적으로 임하겠다는 의지로 읽을 수 있겠다.

3.2. 일본

일본의 '그린 성장 전략'은 2020년 12월 25일에 열린 성장전략회의에서 산업 및 무역정책의 주무 부처인 경제산업성이 관계성청[12]과 협의하여 발표한 뒤, 이듬해인 2021년 6월 18일에 최종 책정된 바 있다. 동 전략에서는 2050 탄소중립을 목표로 발전 부문의 탈탄소화를 대전제로 하면서 중요하

11 수소는 생산 방식에 따라 그레이수소, 블루수소, 그린수소, 핑크수소 등으로 구분되는데, 그레이수소는 천연가스의 주요 분인 메탄을 고온 · 고압 수증기와 반응시켜 추출한 수소이며, 블루수소는 그레이수소와 생산 방식은 동일하지만, 생산 과정 중 발생하는 이산화탄소를 대기로 방출하지 않고 포집 및 저장기술을 이용해 이산화탄소를 따로 저장하는 것다. 태양광 또는 풍력 같은 신재생에너지를 통해 얻은 전기로 물을 전기 분해하여 수소를 따로 분리하여 얻어지는 것이 그린수소이고, 원자력에너지를 통해 생산하는 수소는 핑크수소라 한다.

12 내각관방, 내각부, 금융청, 총무성, 외무성, 문부과학성, 농림수산성, 국토교통성, 환경성이 각각 담당 분야를 기재하는 방식으로 참여하였다.

게 육성해야 하는 산업 분야로 (1) 차세대 재생에너지, (2) 수소 · 연료 암모니아, (3) 차세대 에너지, (4) 자동차 및 축전지, (6) 반도체 · 정보통신, (7) 선박, (8) 물류 · 인류 · 토목 인프라, (9) 식료 · 농림수산업, (10) 항공기, (11) 탄소 주기 및 재료, (12) 주택 · 건축물 · 차세대 전력 관리, (13) 자원 순환 관련, (14) 라이프스타일 관련, 이상 14가지 산업을 꼽고 있다(〈그림 8-1〉 참조). 이들 산업과 관련한 기술 개발을 위해 예산 투입은 물론, 세제 혜택이나, 금융 지원, 규제 개혁이나 표준화, 국제 협력, 대학과의 연구 협력 추진 및 전문 인력 양성과 같은 정책적인 기제를 적극적으로 활용하겠다는 것이 기본 방침이다.

그림 8-1

2050 탄소중립을 수반하는 그린 성장 전략 개념도

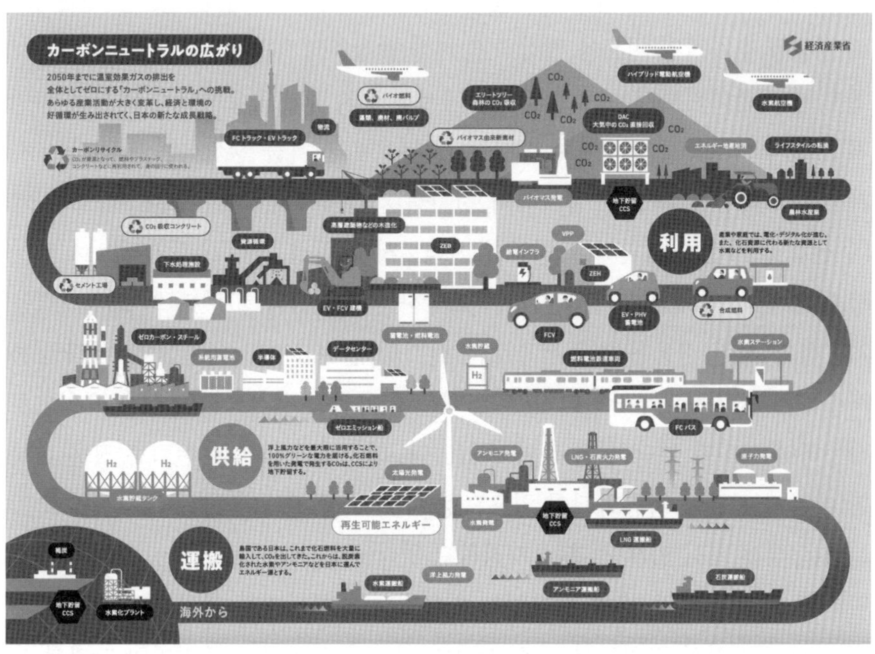

출처: 경제산업성 홈페이지, https://www.meti.go.jp/policy/energy_environment/global_warming/ggs/index.html.

우선 일본의 태양광 발전에 관한 정책을 살펴보자. 그린 성장 전략은 태양광 발전과 관련하여 차세대 기술 개발이 중요하다고 강조하고 있다. 예를 들어 일본의 태양광 패널의 변환효율은 24.9% 수준인데, 한국은 세계 최고 수준으로 25.4%를 달성하고 있으므로 기술 개발에 더욱 박차를 가하여 2030년에는 태양광 발전 비용을 14엔/kWh 수준으로 낮추어야 한다는 것이다(日本政府 2021, 34-35). 2050년에는 차세대형 태양전지 등의 기술로 인해 창출되는 시장이 세계 전체 시장의 50% 정도를 차지할 것이라고 가정할 때 차세대 태양 전지 관련 시장 규모는 약 5조엔 정도가 될 것이므로, 위와 같은 기술 개발을 추진함으로써 조기에 시장을 점유함으로써 태양광 시장이 급속도로 확대되었던 2010년 이후 일본 기업의 최고 점유율이 25%에 달했던 시절과 동등한 수준으로 끌어올려 1.25조엔의 경제효과를 노리겠다고 하고 있다(Ibid. 35).

또한 그린 성장 전략은 태양광 발전의 도입 확대를 추진하면서 사회적으로 발생할 추가적인 비용을 절감하기 위해 발전차액지원제도(Feed-in Tariff, FIT)[13]에 마냥 의존하기보다는 보조금 지원에서부터 자립이 필요하다는 인식을 내비치고 있다(Ibid. 35). FIT 제도는 태양광 발전으로 전기를 생산하는 사업자나 자가용으로 태양광 패널을 설치하여 전기를 시장에 파는 가정으로부터도 지역의 전기 송배전을 책임지는 권역별 전력회사가 일정 기간 고정가격으로 태양광 발전 전기를 매입해 준다는 것을 보장하는 제도이다. 그런데 이 고정가격을 제공하기 위한 비용을 최종적으로는 전기의 실수요자인 국민들이 '부과금'을 지불하는 방식으로 부담하고 있었기 때문에 이것이 전기요금의 상승 요인으로 작동하여 사회적 부담이 된 측면이 있었다. 더군다나 일본은 전력 시장을 비롯한 에너지 시장이 자유화되어 있으므로 자유 시장 경쟁과 FIT 제도는 맞지 않는다는 부분 역시 일본 정부는 지적하고 있다(資源エネルギー庁 2021b). 이런 이유로 일본은 2022년 6월, 태양광 발전을 비롯한 재생에너지를 전력 시장에 통합하기 위한 단계적인 조치로서 전력 시장의 가격과 연동하여 프리미엄 단가를 제공함으로써 발전을 촉진하는 '피드 인 프리미엄(Feed-in Premium, FIP)' 제도로 변경하기로 한 바 있으며, 2022년 4월부터 이를 실행하고 있다.

13 일본에서는 2012년 FIT를 도입하였는데, 전년도에 발생한 후쿠시마 원자력 발전소 사고(이하 후쿠시마 원전 사고)로 인해 원전 가동이 크게 위축되는 상황과 맞물려서 태양광 발전의 급성장에 기여한 바 있다.

한편 일본 국내에서의 태양광 발전 설비 도입량은 2021년 기준 56GW이며 FIT 제도에 의해 이미 인가를 받았으나 아직 가동하고 있지 않은 발전 설비가 18GW 정도이다. 이에 추가로 13.8GW 정도를 도입하려는 것이 일본 정부의 기존 목표치였다. 그런데 이 목표치를 26.2GW까지 끌어 올려서 2030년에는 태양광 발전 설비 총 도입량을 103.5~117.6GW까지 확대하겠다는 것이 상향 조정된 계획이다(資源エネルギー庁 2021a, 30~33).

전기차와 관련해서 그린 성장 전략은 전기차와 축전지 부문을 묶어서 목표를 세우고 있다. 승용차의 경우 2035년까지 신차 판매의 100%를 전기차로 하며 상용차의 경우 소형차는 2030년까지 20~30%, 2040년까지 전기차 및 수소차 같은 탈탄소 연료차가 100%가 될 것을 목표로 한다. 대형 자동차의 경우, 2020년대에 5,000대의 선행 도입을 목표로 함과 동시에, 2030년까지 2040년 전동차의 보급 목표를 설정할 것이라고 하고 있다(日本政府 2021, 60). 아울러 2030년까지 가능한 빠른 시기에 국내 자동차용 축전지의 제조 능력을 100GWh까지 높이고, 가정용, 업무 · 산업용 축전지의 누적 도입량을 2030년까지 약 24GWh까지 늘리겠다는 목표이다(Ibid. 69-70).

그린 성장 전략의 전기차 및 축전지 부문에서 특기할 만한 점은 자동차 부문의 탈탄소화는 반드시 에너지 믹스의 탈탄소화와 함께 추진할 필요가 있다고 강조하고 있는 부분이다. 가령 전기차의 보급이 목표하는 만큼 속도를 낼 수 있다고 하여도 그 전기차들을 충전하는 전기가 화석연료에 의해 생산된다면 탄소중립을 위한 노력의 의미를 상쇄시킬 것이기 때문이다. 따라서 동 전략은 재생에너지를 주력 전원으로 하면서도 비용을 절감하기 위해 원자력을 비롯한 다양한 저탄소에너지원을 함께 선택지로 추진하겠다고 밝히고 있다(Ibid. 63). 또한 일본의 자동차 산업과 관련이 깊은 아시아 국가들과 연계하여 인프라 확충을 포함하여 전기차 보급에도 힘쓰겠다는 목표를 세우고 있는 점도 눈에 띈다(Ibid. 65).

수소에너지와 관련해서 그린 성장 전략은 연료 암모니아 산업과 연결 짓고 있다. 수소는 활용에 따라 발전은 물론 수송 부문에서도 활용할 수 있으며, 제철, 화학, 석유 정제 등의 산업 분야에도 이바지할 수 있다. 따라서 일본 정부는 일본 기업이 뛰어난 기술을 보유하고 성장이 기대되는 수소 발전용 터빈, 연료전지(Fuel Cell, FC) 트럭 등의 상용 자동차, 수소 환원 제철 등의 분야를 중심으로 국제경쟁력을 강화해 나가겠다는 방침이며, 화석연료에 비교해도 충분한 경쟁력 확보할 수 있을 정도로 도입량을 늘리겠다고 하고 있다. 2030년에는 국내 도입량 최대 300만 톤, 2050년에는 공급 비용도 20엔/Nm^3 정도로 떨어뜨려 2,000만톤까지 늘리겠다는 목표이다(Ibid. 41).

아울러 그린 성장 전략은 국제표준화를 목표로 삼으면서 암모니아 혼소 기술 개발을 통해 동남아시아 시장으로의 수출도 촉진하겠다고 하고 있다. 해외로의 수출을 위해서는 암모니아의 연료로서의 사양이나 연소 시의 질소산화물의 배출 기준 등에 대한 표준을 검토할 필요가 있기에 국제기구나 화석연료 생산국 또는 재생에너지 생산기지가 될 만한 북미나 중동, 아시아 지역의 국가들이나 호주 등과 연대하여 국제 표준화를 함께 검토하거나, 혹은 내부적으로는 일본의 클린 연료 암모니아 협회(Clean Fuel Ammonia Association, CFAA)의 기준 등에 관한 전문 인력을 양성할 필요가 있다는 것을 강조하고 있다. 동남아시아 석탄화력발전소의 10% 정도에 이런 혼소 기술을 도입하게 되면 약 5,000억엔 규모의 투자가 있을 것이라 예상하고 있으며, 해외에서의 공급망 구축에서도 특정 지역에 의존하기보다는 국내 조달 비중을 늘려 가면서도 안정적인 공급망을 구축할 필요가 있다고 보는 것이다. 이와 관련하여 과거에 LNG 화력발전의 가격이 원유 가격 상승에 영향을 받은 것 같은 상황이 발생할 때 암모니아 화력발전이 가격 안정에 도움이 될 것이라는 인식도 담고 있다(Ibid. 46-49). 이는 에너지 안보 차원에서의 접근이라고 볼 수 있겠다.

4 한 · 일 간 유사점과 차이점

이상에서는 비슷한 도전에 직면하고 있는 한국과 일본이 녹색기술, 그중에서도 태양광 발전과 전기차, 그리고 수소에너지 부문에서 취하고 있는 개략적으로 비교해 보았다. 녹색기술 분야가 매우 광범위하지만, 유독 이 세 가지에 집중했던 것은 다음과 같은 이유에서 이다. 첫째, 한국과 일본 모두 발전 부문의 화석연료 의존이 높은 만큼 전력 생산 부문의 탈탄소화가 절실하다. 더군다나 4차 산업혁명과 함께 전기화가 더욱 가속화하고, 도시 과밀화대 지방 과소화, 인구구조의 변화로 1인 가구가 증가하고 등, 여러 사회적 변화들이 복합적으로 진행될 것을 생각하면 두 나라의 전기 수요 증가는 지금까지와는 전혀 다른 패턴으로 진행될 수 있다. 따라서 에너지 전환 부문의 탈탄소화와 더불어 인프라의 혁신이 기후변화 대응의 핵심 과제 중의 하나가 되는 것이며 이를 위해서는 재생에너지의 확충이 불가결하다. 재생에너지 중에는 물론 태양광뿐만 아니라 풍력이나 다른 여러 기술이 있지만, 가장 전통적이면서도 손쉽게 접근할 수 있는 태양광 발전에 대한 정책을 살펴봄으로써 양국이 재생에너지에 대해 어떤 관점을 취하고 있는지를 가늠할 수 있으리라 판단했다.

둘째로 전기차를 선택한 것은, 두 나라의 온실가스 배출에서 수송 부문이 차지하는 비중이 크기도 하거니와(한국 14.4%, 일본 17%), 두 나라 모두 세계적인 수준의 내연 기관 자동차 생산 기업들을 보유한 국가이기 때문이다. 2022년 판매 대수 기준으로 보면 일본의 토요타가 1위(9,566,961대), 현대-기아가 3위(6,848,198대), 혼다가 7위(4,074,372대), 닛산이 8위(3,225,478대), 스즈키가 13위(1,940,067대)를 차지했다(F&I Tools). 테슬라를 필두로 중국의 전기차 제조업체들도 빠르게 성장세를 보이는 가운데, 자동차 업계에서 최강자로 군림하던 기업들을 보유한 한국과 일본이 미래의 교통수단인 전기차에 대해 세우고 있는 정책을 비교함으로써 녹색기술을 통한 두 나라의 산업정책은 물론 무역정책의 방향을 추론할 수 있을 것으로 기대했다.

셋째로 수소에너지의 경우, 두 나라 모두 화석연료와 같은 천연자원이 부족한 국가이기 때문에 저탄소 청정에너지원이자 신에너지인 수소를 바라보는 관점을 비교하는 것은 한국과 일본이 탈화석연료 시대의 에너지원을 어떻게 보고 있는지, 그리고 수소에너지 생산을 둘러싼 새로운 지경학을 어떻게 보고 있는지를 엿볼 수 있게 할 것으로 생각했다.

이러한 목적을 가지고 세 분야의 정책 방향을 앞에서와 같이 분석한 결과, 우선 두 나라의 정책적 방향성의 공통점은 다음과 같이 정리해 볼 수 있겠다. 첫째, 한국과 일본은 모두 자원 빈국이면서도 기술을 기반으로 한 제조업을 통해 국부를 축적해 온 국가들이니만큼 미래 기술 분야인 녹색기술에도 적극적인 자세를 보인다. 이는 기술의 발전이 성장의 동력이라는 인식이 두 나라의 정책 결정 과정의 기저에 작동하고 있기 때문이라고 판단된다.

둘째, 두 나라 모두 녹색기술의 증진을 통해 경제성장과 수출증대와 같은 발전주의적 목표를 내걸고 있다는 점도 유사하다. 이는 한·일 모두 발전국가 모델의 성공 경험이 경로의존성을 강하게 만들고 있기 때문일 것이다.

셋째, 두 나라 모두 발전주의적인 목표를 제시하는 주체는 여전히 국가이며 국가가 공공정책을 통해 특정 산업 분야를 후원하고 성장시키려고 하는 면모를 보였다는 점도 비슷하다. 이 역시 두 나라의 과거 경험에 의한 부분이 크다고 하겠다.

그러나 다른 한편으로는 다음과 같은 차이점들을 보인다. 우선 태양광 발전과 관련해서는 한국보다는 일본이 더욱 공세적이다. 국내의 에너지 믹스에서 차지하는 비중 목표치를 한국보다 높게 잡은 것은 물론이거니와 세계 시장에서의 점유율 부분까지 염두에 두고 산업 및 무역 정책적 차원에서 접근하고 있는 태도를 보인다. 2018년과 2020년 사이에 무려 256개 태양광 회사들이 도산하면서(Lewis 2021) 위기에 처하기도 했지만, 오히려 이제는 패널 기술의 혁신을 통해 일본의 미쯔비시나 파나소닉, 샤프, 캐논, 후지필름 같은 기업들이 태양광 패널 관련 특허권 경쟁에서 선두 주자가 되는 추세이다(Ghantous 2023).

한국의 기업들(삼성, LG) 역시 약진하고 있긴 하지만, 국내 도입량을 늘리는 데 있어서 일본에 비해 상대적으로 공격적이지 못한 것은, 문재인 정부에서 윤석열 정부로 정권이 바뀌면서 정책의 기조가 재생에너지보다는 원자력

쪽으로 무게 중심이 이동하게 된 부분, 전력 시장과 거버넌스 구조가 수직적이고 경직된 상황, 한국전력의 만성적 적자 등이 작동했기 때문이라고 판단하는 바이다. 한국에서는 원자력에너지와 분산형 에너지원인 재생에너지가 전력 계통을 나눠 갖는 일종의 상충관계(trade-off)로 보는 경향이 강하다(Lim 2021). 한국과 달리 일본은 에너지 시장이 전면 자유화되어 있다. 물론 앞서 언급하였다시피 송배전과 관련해서는 여전히 권역별 전력회사가 담당하고 있기도 하고, 또 다른 한편으로는 시장 자유화가 오히려 원자력 정책이 후쿠시마 원전 사고 이전으로 회귀하는 원인이 되기도 했다(임은정 2018). 하지만 원자력 재가동이 기대만큼 속도를 내지 못하는 상황에서 FIT 제도에 힘입어 일본 국내에서 태양광 발전이 급속도로 성장한 상황도 한국과는 매우 다르다.

이런 차이는 전기차와 수소에너지 부문에서도 유사하게 나타난다. 전기차도 일본은 축전지와 함께 묶어서 접근하면서 아시아 국가들로의 진출과 표준 확산에 중점을 두고 있다. 한국 역시 무역정책 차원에서 전기차에 대한 정책적 지원에 적극적이긴 하지만, 국제적인 표준을 수립하겠다는 정도까지 정책의 지향점이 도달해 있지는 않다.

수소에너지에 관련해서도 탄 · 녹 국가 계획이 주안점으로 삼고 있는 것은 국내에서의 활용과 보급 확대에 대한 부분이다. 이에 비해 일본은 수소에너지로 인해 새롭게 짜일 지경학적 구도에 대해서도 많은 관심을 나타내고 있다. 일본 정부는 에너지 안보를 증진하고 아울러 자국의 강점으로 삼는 인프라 수출을 동시에 추진하기 위하여 에너지 효율 및 재생에너지 분야의 해외 진출을 지원하는 것이다. 특히, 아시아 지역의 신흥 및 개발도상국에 대해서는 일본의 기술과 경험에 기반한 제도 구축 및 기술 전개 부문의 지원을 통해 자국의 선진적인 기술을 보급하고, 재생에너지 관련 해외투자에 대한 공적 금융 지원책도 운영하고 있다(공지영 · 조일현 2021, 109). 이는 일본 외교의 전통적인 3원칙이라고 하는 '유엔 중심주의', '아시아의 일원으로서의 입장 견지', '자유주의 제국과의 협조'라는 기조가 이 분야에서도 투영되고 있다고 읽힌다. 요컨대 국제기구들, 아시아의 신흥국들이나 개발도상국들, 자유주의 국가들과의 협력을 강화하면서 새로 짜일 신에너지 분야의 지경학적 구도에서 주도권을 놓지 않으려는 전략적인 판단도 작동했을 것이다.

그렇다면 이런 차이, 즉 녹색기술 분야에서 일본이 보다 산업정책 차원에서 접근하고 있으면서 무역정책까지 접목하며 세계 시장에서 영향력을 키우고 표준화마저 놓치지 않겠다는 전략을 구사하려는 것에 비해 한국은 해외동향을 살피면서 대응하거나 국내 보급에만 보다 초점을 맞추는 것은 어디에서부터 비롯된 것일까? 첫째, 두 나라의 녹색기술 관련 정책을 수립하면서 컨트롤타워가 되는 부처의 성격에 차이가 있는 부분을 지적할 수 있겠다. 한국은 앞서 언급하였다시피 국무조정실이 주관하여 범부처에서 참여하는 방식으로 탄·녹 국가 계획을 수립했다. 국무조정실은 정부조직법상 모든 행정부처를 지휘·감독하는 권한을 가진 상급 기관으로서 국무총리를 보좌하는 중앙행정기관이다. 아울러 참여한 부처도 국방부를 제외하고는 고용노동부나 여성가족부까지 포함하여 중앙부처 대부분이 참여했다. 이에 비해 일본은 경제산업성이 주무 부처로서 주도권을 가지고 한국보다는 훨씬 직접적 상관관계가 있는 성청만 참여하는 방식으로 그린 성장 전략을 수립했다.

경제산업성(Ministry of Economy, Trade and Industry, 약칭 METI)은 일본의 산업 및 무역정책의 주무 부처로서 산하에 에너지 정책을 총괄하는 자원에너지청을 두고 있다. 그 전신인 통상산업성(Ministry of International Trade and Industry, 약칭 MITI)은 미국의 정치학자이자 일본학의 대부 격에 해당하는 찰머스 존슨(Chalmers Johnson)에 의해 일본의 기적적인 경제 성장을 주도한 조직이라 크게 주목받은 바 있다(1982). 한편 아시아의 후발주자였던 한국의 놀라운 경제발전은 산업정책은 물론 금융통제, 수입 보호 조치와 같은 정책적 도구들을 적극적으로 활용한 강력한 국가가 주도해서 이뤄졌다고 앨리스 암스덴(Alice Amsden)이 주장한 것은 한국학 분야에서 이미 고전이 되었다(1989). 한국과 일본 모두 이른바 '발전국가론(developmental state)' 모델이라는 점에서는 유사하지만, 일본에서는 경산성의 역할이, 한국에서는 대통령을 위시로 중앙집권적 국가 권력이 경제 발전을 주도해 왔다는 차이가 있다. 이런 차이가 지금까지도 일종의 관성처럼 남아 있는 경향이 있는 것이다. 일본에서는 산업정책과 무역정책을 주도하는 경제산업성이 녹색기술 관련 정책을 총괄한 데 비해, 한국에서는 정권의 정책 기조를 반영하면서도 범부처의 다양한 목소리를 조율할 필요가 있는 국무조정실에 의해 녹색기술 관련 정책이 완성되었다

5 나가며

이상에서는 비슷한 도전에 직면하고 있는 한국과 일본이 녹색기술, 그중에서도 태양광 발전과 전기차, 그리고 수소에너지와 관련하여 어떤 정책적 방향을 취하고 있는지를 비교하고 두 나라가 비슷한 도전에 직면하고 있음에도 불구하고 정책적 지향점에서 차이가 보이는 이유를 두 나라의 거버넌스 구조의 차이에서 찾아 해설하고자 하였다.

요컨대 한국은 아직 에너지 안보, 산업정책 및 무역정책, 국제적인 표준 확립과 같은 부분에는 일본보다 적극적이지 못한 듯하다. 이것은 한국이 후발주자로서 앞선 선진국 모델을 모방하고 추격하는 데 특화되어 있었던 경제 발전의 경로의존적 특성이 여전히 남아 있다는 것을 반영한다고 생각한다. 이런 정책적 경향성은 후발주자인 한국에게는 전략적인 선택이었으며, 압축적이고 효율적인 경제 성장을 달성하는 데 이바지한 측면이 있다. 그러나 앞으로는 이러한 정책적인 자세를 조정할 필요가 있다. 모두에 언급한 바와 같이 현재 글로벌 정치경제는 강대국들의 치열한 전략 경쟁 가운데 기술과 원자재를 둘러싼 새로운 지경학에 의해 공급망 재편이 진행 중이다. 이런 국면에서 녹색기술은 지경학적 경쟁의 구도를 가르는 소재이자 경쟁을 갈등 수준으로까지 끌어올릴 수 있는 기폭제가 될 것이기 때문이다. 한국이 기후변화 대응을 위한 녹색기술 분야를 국가 전략적 차원에서 다루고 글로벌 공급망 재편의 국면에서 더욱 공세적으로 대책을 마련해 나가기를 주문하는 바이다.

참고문헌

국문 참고문헌

공지영 · 조일현. 2021.『국제 신재생에너지 정책변화 및 시장분석』. 울산: 에너지경제연구원.

관계부처 합동. 2023.『탄소중립 · 녹색성장 국가전략 및 제1차 국가 기본계획』.

국가에너지통계종합정보시스템. 2022. "에너지통계연보(2022)." http://www.kesis.net/sub/sub_0003.jsp?M_MENU_ID=M_M_002&S_MENU_ID=S_M_012 (2023/04/10 검색).

김부미. 2022. "에기본 패싱한 윤 정부, '절차상 문제' 논란 불거지나."『전기신문』(7월8일), https://www.electimes.com/news/articleView.html?idxno=306476 (2023/04/10 검색).

산업통상자원부. 2022.『제10차 전력수급기본계획(2022~2036)』.

서민우 · 김기혁. 2023. "尹 "아낌없는 지원" 지시에…국내 전기차 공장도 반도체만큼 稅혜택."『서울경제』(4월13일), https://www.sedaily.com/NewsView/29OABMX03O (2023/04/13 검색).

이승주. 2021. "경제 · 안보 넥서스(nexus)와 미중 전략 경쟁의 진화."『국제정치논총』제61집 3호, 121-156.

임은정. 2018. "아베 시대의 일본 에너지 정책 변화: 에너지 시장 자유화와 원자력 회귀를 중심으로."『아세아연구』제61권 1호, 177-216.

______. 2021. "일본의 탄소중립과 그린뉴딜 정치." 환경정치연구회 엮음.『탄소중립과 그린뉴딜: 정치와 정책』. 서울: 한울 아카데미. 477-506.

정영효 · 강진규. 2022. "'노인대국' 치닫는 韓 2030년 日 넘어선다."『한국경제』(11월21일), https://www.hankyung.com/economy/article/2022111356481 (2023/04/10 검색).

최나영. 2022. "국내 재생에너지 비중 7.5%?…유의미한 수치는 '5% 미만'." 『뉴스펭귄』(9월21일), https://www.newspenguin.com/news/articleView.html?idxno=12412 (2023/04/10 검색).

환경부. 2022. "2021년 국가 온실가스 배출량, 6억 7,960만톤 예상." http://www.me.go.kr/home/web/board/read.do?boardMasterId=1&boardId=1533570&menuId=10525 (2023/04/10 검색).

기타 참고문헌

環境省（脱炭素社会移行推進室）, 国立環境研究所（温室効果ガスインベントリオフィス）. 2022. "2020 年度（令和2年度）の温室効果ガス排出量 (確報値) について." https://www.env.go.jp/content/900445425.pdf (2023/04/10 검색).

資源エネルギー庁. 2021a. "2030年度におけるエネルギー需給の見通し (関連資料)."

______. 2021b. "再エネを日本の主力エネルギーに！「FIP制度」が2022年4月スタート." (8月3日), https://www.enecho.meti.go.jp/about/special/johoteikyo/fip.html (2023/04/10 검색).

______. 2022. "令和3年度 (2021年度) エネルギー需給実績 (速報)." (11月22日), https://www.enecho.meti.go.jp/statistics/total_energy/pdf/gaiyou2021fysoku.pdf (2023/04/10 검색).

______. 2023.『令和4年度エネルギーに関する年次報告（エネルギー白書2023)』(東京: 経済産業省).

日本政府. 2021.『2050 年カーボンニュートラルに伴うグリーン成長戦略』.

Amsden. Alice. 1989. Asia's Next Giant: South Korea and Late Industrialization. Oxford: Oxford University Press.

ESCAP. "Green Technology." https://www.unescap.org/sites/default/files/34.%20FS-Green-Technology.pdf (accessed 11 April 2023).

F&I Tools. "Worldwide Car Sales by Manufacturer." https://www.factorywarrantylist.com/car-sales-by-manufacturer.html (accessed 11

April 2023).

Ghantous, Nour. 2023. "Japan's Solar PV Industry Is Set for Fresh Growth." Energy Monitor (February 17), https://www.energymonitor.ai/policy/japans-solar-pv-industry-is-set-for-fresh-growth/ (accessed 14 April 2023).

Johnson, Chalmers. 1982. MITI and the Japanese Miracle: The Growth of Industrial Policy, 1925-1975. Stanford, Stanford University Press.

Lewis, Leo. 2021. "Sun Fails to Shine on Japan's Solar Sector." Financial Times (July 22), https://www.ft.com/content/ea68d8af-b575-418d-8275-75bf922f2306 (accessed 14 April 2023).

Lim, Eunjung. 2021. "A Comparative Study of Power Mixes for Green Growth: How South Korea and Japan See Nuclear Energy Differently." Energies 14(18), 5681; https://doi.org/10.3390/en14185681.

Chapter

그린워싱에서 친환경으로: EU 녹색분류체계와 기업 지속가능성 보고지침

김민정

들어가며

기업의 환경적 책임은 탄소중립의 정치경제 측면에서 매우 핵심적이고 중요한 개념이다. 그러나 1980년대부터 이미 유엔 공식문건 등을 통해 기업이 환경 문제 해결의 주체가 되어야 함을 천명했고, 2000년대 들어서는 유엔 책임 투자 원칙(Principles for Responsible Investment, PRI)을 통해 기업의 비재무적 요소인 친환경적 경영을 기업 평가에 반영하도록 했음에도 불구하고 기업의 환경적 책임은 최근까지도 모호한 영역으로 남아있었다(김민정 2023). 이러한 모호성은 최근 지속가능한 발전과 친환경 경영에 대한 소비자 및 사회의 요구가 급증하면서 더욱 심각한 문제가 되었다. 기업의 지속가능성과 친환경적 기업 운영에 대한 명확하고 공통된 정의가 부재하고 이를 객관적으로 평가하는 기준도 마련되지 않은 상황에서 소비자와 투자자들을 속이는 거짓 혹은 과장 광고인 '그린워싱'이 만연하게 된 것이다(KOTRA 2022). 특히 주요 투자 기관들이 기업의 환경 리스크를 투자의 핵심적 기준으로 삼게 되면서, 실제로는 친환경 정책을 실천하지 않은 채 그린워싱을 하는 기업들이 급증하는 역설적인 현상이 전 세계적으로 나타나고 있다(Competition and Markets Authority 2021).

그린워싱은 소비자와 투자자를 기만한다는 윤리적 문제뿐 아니라, 여러 국가들이 탄소중립 목표 달성을 위해 친환경적 기업에 주는 각종 세제 혜택을 실제 탄소중립에 기여하지 않는 기업들이 받게 되는 문제도 야기한다. 그린워싱을 하는 기업들이 많아질수록 시민들은 친환경 기업 전반에 대한 신뢰를 잃게 될 수 있고, 이는 결과적으로 기업의 경영 행태 변화를 통한 탄소중립 목표 달성을 어렵게 만들 것이다. 주요 경영 컨설팅 업체들이 고객사들에 지속적으로 그린워싱 리스크를 경고하지만 기업들은 단기적인 실적을 위해 환경적 책임 이행을 위한 비용 지출을 감축하려는 경우가 많다(이현승 2022).

그렇다면 기업들의 그린워싱을 방지하고 실제로 친환경 경영을 하도록 만드는 가장 효과적인 방법은 무엇인가? 이 연구에서는 친환경 경영을 통해 기업들이 얻는 중장기적 이익 외에도 그린워싱을 할 경우 발생하는 단기적 비용을 설정하는 방식에 주목한다. 그리고 이러한 방법의 가장 대표적인 사례로써 유럽연합(European Union 이하 EU)의 녹색분류체계(EU taxonomy for sustainable activities)와 기업 지속가능성 보고지침(Corporate Sustainability Reporting Directive, CSRD)의 정치경제적 의미와 영향에 대해 분석한다.

EU 녹색분류체계는 환경적으로 지속가능한 경제 활동의 일관적이고 명확한 정의를 제공하여 투자자들을 그린워싱으로부터 보호하고 안전한 투자를 할 수 있도록 돕는 것을 목표로 2020년부터 발효됐다. 이 규정은 기후 변화 완화, 기후 변화 적응, 수자원의 지속 가능한 보전, 순환 경제, 환경 오염 방지 및 관리, 생물 다양성 보전이라는 6개의 환경 목표를 설정하고 경제 활동이 이 6개 환경 목표 중 한 개 이상의 달성에 기여하고, 다른 환경 목표에 심각한 피해를 주지 않으며, 최소한의 사회적 보호 장치인 법규를 위반하지 않고, 기술 심사 기준에 부합해야만 이를 환경적으로 지속 가능한 경제 활동으로 인정한다(Regulation (EU) 2020/852). EU 녹색분류체계는 명확하고 일관적인 지속가능성의 기준을 제공함으로써 그린워싱을 하는 기업들을 실제로 친환경적 경영을 하는 기업들과 구분할 수 있도록 한다. 유럽 외 국가들에서도 해당 분류체계와 유사한 나름의 녹색분류체계들을 도입하고 있기 때문에 유럽 내 기업들과 유럽 시장에 진출한 기업들은 물론이고 다른 국가의 국내 기업들 역시도 유사한 기준으로 평가받을 수 있다.

또한 EU의 기업 지속가능성 보고지침은 기업의 비재무지표인 환경, 사회, 지배구조를 아우르는 ESG 정보를 공시하도록 의무화한다. 해당 지침은 이미 EU에 존재하는 비재무 보고지침(Non-Financial Reporting Directive, NFRD)을 더욱 확대하고 구체화하여 기후변화 및 지속가능성 리스크를 투자자들에게 정확하고 투명하게 공개하는 것을 목표로 한다(European Commission, n.d. a). 이 지침은 유럽 내 대기업 및 중소기업은 물론 역내 순매출이 2.5억 유로 이상이며 역내 1개 이상의 자회사나 지사를 두고 있는 역외 기업들 모두 기존의 비재무 보고지침에 포함되었던 환경 보호 관련 정보는 물론, 장기적 목표와 정책, 기업 공급망에 대한 실사 정보, EU 녹색분류체계 규정에 부합하는 정보를 공시하도록 한다(Council of the EU 2022).

EU는 탄소중립 목표 달성에 가장 적극적인 지역인 동시에 거대한 시장으로, 전세계 정부의 환경정책과 통상정책에 영향을 주고, EU 시장과 거래하는 기업들의 전략에도 막대한 영향을 미친다. 따라서 본 연구는 EU 녹색분류체계와 기업 지속가능성 보고지침이 기업들을 직간접적으로 규제하고 평가하여 기업들의 단기적 손익계산 구조를 근본적으로 변화시킬 수 있는지를 한국 기업들의 최근 전략 분석 등을 통해 탐색하고자 한다.

2 친환경 경영의 모호성과 그린워싱

1980년대부터 환경 문제의 심각성과 그 해결의 시급성이 본격적으로 대두되고, 대부분의 중대한 환경 문제들은 국경과 상관없이 공공재적 성격 또는 초국경적 특성을 갖는다는 점(O'Neill 2017)이 드러나면서 전 세계는 산재한 환경 문제 해결이라는 공동의 목표를 갖게 되었다. 특히 환경 문제를 해결하기 위해 경제 발전이라는 목표가 희생되어야 하는지에 대해 다양한 이해관계가 충돌하는 양상이 두드러졌다. 이러한 상황 속에서 경제 발전은 "지속 가능한" 것이어야 한다는 새로운 목표가 설정되었다(World Commission on Environment and Development 1987). 지속가능한 발전(sustainable development)이라는 목표의 설정은 주요한 경제 행위자이자 환경 오염을 발생시키는 주체이기도 한 기업이 새로운 경제 활동 방식을 채택해야 함을 의미한다. 주로 "국가" 또는 "정부"와 같은 공적 행위자를 환경 관련 이슈의 주요 행위자로 설정했던 것에서 사적 행위자인 기업도 지속가능한 발전 목표를 이행하는 중심적 역할을 하도록 변화한 것이다.

이와 동시에 소비자들의 소비 양식도 변화하고 있다. 비슷한 제품들 중 가장 저렴한 물건을 구매하는 것이 합리적 선택이었던 과거와 달리 소비자가 제품의 가치를 판단하여 가장 만족감을 주는 상품을 선택하는 '가치 소비'가 젊은 세대를 중심으로 이루어지고 있다(김민정 2023). 미래의 소비를 주도할 MZ세대 소비자들이 환경에 부정적 영향을 미치는 제품을 선호하지 않는 경향이 증가하고 있는 것이다(이현승 2022). 이처럼 변화한 소비 행태에 기업들이 적극적으로 부응하면서 친환경적 경영을 목표로 하는 기업들도 늘어났다.

그러나 지속 가능한 발전의 목표와 기업의 환경적 역할 및 책임은 오랫동안 실질적인 구속력이 부족한 레토릭에 불과했다. 기업이 구체적으로 어떤 행동을 해야 하고 하지 말아야 하는지에 대한 기준 설정이 명확하게 이루어지지 못했고, 기업의 경제 활동을 어떻게 감시하고 규제할 것인지에 대한 합의도 부족했기 때문이다. 소비자들의 친환경적 상품에 대한 요구는 급격히 증가한 데 비해 기업들의 친환경 경영은 미미한 수준에 그쳤다. 기업의 실질적인 환경적 책임 이행의 부재 그 자체보다 더 심각한 문제는 '그린워싱(green washing)'이다. 그린워싱은 기업이 환경적 책임을 충분히 이행하지 않으면서 마케팅 등을 통해 친환경 경영을 하는 것처럼 거짓으로 꾸며내거나 과장하는 행위이다(김민정, 2023). 영국 경쟁시장청(Competition and Markets Authority, CMA), 네덜란드 소비자 시장 당국(Authority for Consumers and Markets, ACM), 국제소비자보호집행기구(The International Consumer Protection Enforcement Network, ICPEN)의 전 세계 온라인 웹사이트 합동 조사에 의하면 친환경 제품이나 서비스를 판매하는 웹사이트 중 소비자가 오해할 수 있는 그린워싱이 이루어지고 있는 곳이 약 40%였다(Competition and Markets Authority 2021). 구체적인 그린워싱의 종류와 예는 〈표 9-1〉과 같이 정리할 수 있다.

대부분의 일반 소비자들은 친환경적 기술이나 원재료 등에 대한 전문적 지식을 갖고 있지 않고, 기업이 홍보하는 내용을 그대로 신뢰하고 구매 결정을 한다. 투자자들 역시 기업이 자발적으로 공개하는 정보와 자료에 의존해 투자 결정을 내리는 경우가 많다. 이러한 한계를 이용해 소비자와 투자자를 기망하는 그린워싱은 기업의 홍보만을 믿고 구매 또는 투자를 한 사람들에게 경제적인 피해를 주는 행위이다(홍지연 2022). 특히 친환경 경영방식으로의 전환을 독려하기 위해 환경적 책임을 확대하는 기업들에게 정부가 세제 혜택을 주는 경우에는 국가의 예산이 그린워싱을 하는 기업에 낭비될 수 있다는 점에서 정치적 문제로도 볼 수 있다(김민정 2023; 홍지연 2022).

표 9-1 그린워싱의 7가지 죄악

감춰진 상충효과	극히 일부분의 상품 특성만을 근거로 친환경 상품이라고 말하지만, 해당 상품이 일으키는 다른 환경 문제들은 외면함. - 예시 1: 플라스틱 대신 종이를 사용해 친환경이라고 홍보하나 제지 과정에서 화석 연료 사용, 온실가스 배출, 수질오염 등이 발생 - 예시 2: 태양광 패널 설치를 위해 생태계 파괴, 벌목, 냉각수 사용으로 인한 수질 오염 발생
증거 없음	접근이 쉬운 근거 자료나 신뢰할 만한 제3자의 보증 없이 친환경 상품임을 주장함. - 예시: 재생지로 만들어진 키친타월이라고 홍보하나 실제 재생지가 사용되었는지 증거를 제시하지 않음
애매모호함	너무 광범위하거나 정의하기 어려운 단어를 사용해 소비자들이 오해할 가능성이 높음. - 예시: '전 성분 자연 유래 화장품'이라는 말로 친환경적인 상품이라고 오해하기 만드나, 실제로는 자연에서 유래한 독성 성분을 포함
관련성 없는 주장	거짓은 아니지만 친환경 상품 구분에 중요하지 않거나 도움이 되지 않는 정보를 제공함. - 예시: 2010년 완전히 금지된 성분인 CFC를 포함한 상품은 시장에 아예 없음에도 "CFC 프리"임을 강조해 친환경 제품이라고 광고
유해 상품 정당화	친환경적 요소가 있기는 하지만 제품군 자체가 환경에 유해함. - 예시 1: 유기농 담배 - 예시 2: 재활용 섬유를 사용하지만 엄청난 물량과 신상품 출시 주기 축소로 과도한 옷 생산, 구매, 폐기로 이어지는 SPA 패션 브랜드
거짓말	친환경 상품이 아닌데 친환경 상품으로 주장함. - 예시 1: 실제로 인증받지 않은 친환경 인증을 받았다고 광고 - 예시 2: 오염 물질 배출량이 법적 기준을 훨씬 초과하는 자동차를 배기가스 테스트를 조작을 통해 친환경 자동차인 것처럼 허위 광고 - 예시 3: 재활용이 불가능한 용기를 종이 등으로 가린 패키징을 통해 마치 친환경 패키징을 한 것처럼 거짓으로 홍보하는 화장품
허위 라벨 부착	공인된 인증서와 유사한 허위 라벨 또는 단어를 사용하거나, 존재하지 않는 친환경 인증 라벨을 부착함. - 예시: 환경부 인증 친환경 마크와 유사한 마크를 부착

출처: TerraChoice(2010)의 기준과 예시를 바탕으로 필자가 작성(김민정, 2023)

그린워싱이 야기하는 경제적 · 정치적 문제들도 심각하지만, 가장 근본적이고 중대한 문제는 그린워싱에 속은 소비자, 투자자, 시민들이 친환경 경영이나 기업의 환경적 책임 자체를 불신하게 되는 것이다. 이러한 불신은 친환경 제품에 대한 수요 감소 및 친환경적 기업에 대한 투자 의지 감소로 이어지게 되고, 기업들의 환경적 책임 이행에 대한 관심과 유인도 적어지는 악순환이 될 가능성이 크다. 기업의 경제 활동이 환경 문제에 미치는 막대한 영향을 고려해볼 때, 그린워싱이 만연하게 되면 결국 기업의 행동양식 전환을 통한 탄소 중립 달성은 어려워지게 된다(김민정 2023).

기후변화의 심각성과 지속가능한 발전의 중요성, 그리고 소비자의 친환경 기업에 대한 선호가 증가할수록 기업들이 그린워싱을 할 우려도 동시에 커진다. 기업들이 실질적인 친환경 경영으로의 전환 대신 그린워싱을 택하는 이유는 크게 두 가지로 생각해볼 수 있다. 첫째, 환경적 책임 확대는 기업에게 장기적 이익을 가져다줄 수 있지만 기업의 일반적인 손익 계산은 단기적 이익과 손해만을 산정하는 경우가 많기 때문이다(김민정 2023). 친환경 경영으로의 전환은 기업이 기존에 사용하던 생산과 유통 방식을 근본적으로 바꿔야 함을 의미하고, 필연적으로 추가적인 비용 지출로 이어진다. 또한 환경적 책임을 이행하고 있음을 기업 정보 공개를 통해 투자자와 소비자에게 알리는 것 역시 관련 전문가 고용, 데이터 측정 및 축적 등에 비용 투자를 해야 가능하다.

기업의 가장 중요한 목표가 비용 절감과 이익 극대화라는 점, 그리고 그 손익 계산은 가시적이고 단기적인 비용과 이익만을 고려하는 경우가 많다는 점(김민정 2023; 이현승 2022)에서 친환경 경영으로의 전환은 기업에 막대한 비용을 발생시키는 부담스러운 변화로 인식될 가능성이 크다. 많은 환경론자들은 기업이 환경적 책임 이행이라는 단기적 비용 투자로 장기적 이익을 창출할 수 있다는 것을 강조하지만, 구체적으로 어떤 이익이 얼마나 발생하는지 측정이 어려울 뿐 아니라 장기적 이익이 창출될 수 있다는 근거가 명확하지 못한 경우도 많다.

이러한 상황에서 기업은 투자자와 소비자의 친환경 경영에 대한 강력한 요구에 두 가지 방법으로 대응할 수 있다. 단기적 비용 지출을 감수하면서 실질적인 환경적 책임을 이행하는 쪽을 선택하든지, 아니면 실제로는 비용을 지출하지 않으면서 홍보나 마케팅을 통해 그린워싱을 하는 방법이다. 동일한 종류의 상품을 생산하는 두 기업이 있다고 가정했을 때, 한 기업은 실제로 비용을 투자하여 친환경적 생산 방식으로 전환하고 다른 한 기업은 비용 투자 없이 마케팅이나 자료 조작 등을 통해 그린워싱을 하면 전자의 기업이 생산한 상품은 시장에서 더 높은 가격에 판매될 가능성이 높다. 환경적 책임 이행을 위해 원재료 수급, 생산 공정, 유통 방식 등을 변화시키는 데 투자한 비용이 최종 상품 가격에 반영되는 경우가 많기 때문이다. 소비자들은 친환경적 제품을 원하기도 하지만 비슷한 친환경적 상품들 중에서는 당연히 더 저렴한 제품을 선택할 것이다. 따라서 그린워싱을 하는 기업은 시장에서 더 경쟁력을 갖게 된다. 또한 기업들은 투자를 유치하기 위해 그린워싱을 하기도 한다. 투자자들의 친환경 경영에 대한 관심이 높아지면서 기업들이 관련 성과를 실제보다 과장하거나 허위로 공시하는 것이다(김민정 2023; 홍지연 2022).

기업들이 그린워싱을 하는 두 번째 이유는 친환경 및 지속가능한 발전 개념 자체가 모호하기 때문이다. 친환경적인 경영이란 구체적으로 무엇을 의미하는지, 개별 기업의 입장에서 지속가능한 발전이 어떤 방식으로 이루어져야 하는지, 기업의 환경적 책임 이행 여부와 수준을 어떤 기준으로 어떻게 평가할 것인지, 그 평가 결과를 어떻게 투자자와 소비자들에게 공개할 것인지 등에 대한 명확하고 일관적인 원칙이 부재했던 것이다. 개념의 정의와 측정 기준이 모호하기 때문에 기업들은 앞서 언급한 의도적인 그린워싱 뿐 아니라 비의도적인 그린워싱을 하는 경우도 생기게 된다. 즉 구체적으로 그것이 무엇을 의미하며 어떻게 달성될 수 있는지 불명확하기 때문에 실질적인 전환이 이루어지지 못하는 것이다. 실제 한국의 여러 기업들이 지속가능한 발전을 기업의 주요한 목표로 천명하고 친환경적 생산 및 유통으로 전환하기 위해 생산설비 및 원재료를 변화시키고 전문인력을 고용하거나 내부적 모니터링 시스템을 도입하는 등의 시도를 하고 있으나, 현장에서는 "모호한 개념에 대한 혼란"이 가장 큰 걸림돌 중 하나로 작용하고 있다(전국경제인연합회 2022).

환경적 책임을 확대하려는 의지를 가진 기업들이 말뿐인 그린워싱이 아닌 실질적인 친환경 경영으로 전환하기 위해서는 이러한 혼란과 모호성을 반드시 해결해야 한다. 특히 정부와 산업계, 소비자가 모두 합의 가능한 일관적인 개념 정의와 평가 기준이 필수적이다(김민정 2023). 객관적이고 과학적인 근거에 기반한 정의, 분류, 모니터링과 평가가 그린워싱이 아닌 진정한 의미에서의 친환경 경영 전환을 가능하게 할 것이다.

3 그린워싱의 단기적 비용 설정: EU의 녹색분류체계와 기업 지속가능성 보고지침

기업의 환경적 책임을 구체적으로 정의하고 평가하려는 노력이 그동안 부재했다고는 볼 수 없다. 유엔 책임투자원칙(Principles for Responsible Investment, PRI)이 2006년부터 시작되어 투자자들이 기업의 매출, 이익, 비용과 같은 기존의 전통적인 재무요소들과 환경적 책임을 포함하는 비재무 요소들을 함께 고려하여 투자 결정을 하도록 했다. 이외에도 다양한 환경 지표 평가를 제공하는 사적 주체들도 존재한다.

그럼에도 불구하고 오랫동안 기업의 환경적 책임이 실질적 효력이 부족한 그린워싱에 머물러 있었던 이유는 무엇인가? 본 연구는 그 이유가 이러한 정보 공개가 구속력이나 강제성 없이 기업들의 자발적인 선택으로 제공되어 왔기 때문으로 본다. 친환경 경영으로의 전환에 들어가는 비용은 매우 즉각적이고 단기적인 것에 비해 그 이익은 모호하고 시간적으로 지연되는 이익이며, 그린워싱을 할 경우 기업들은 단기적 비용을 아끼면서 이익은 얻을 수 있었기 때문이다. 따라서 근본적으로 그린워싱을 방지하기 위해서는 기존의 손익 구조를 변화시켜야 한다. 이러한 맥락에서 환경적 책임을 이행함으로써 기업이 얻는 이익을 구체적으로 정의하는 한편 그린워싱을 할 경우 기업들이 시장에 진출하지 못하거나 투자 상의 불이익을 받는 등 실질적인 비용을 발생시켜 그린워싱의 단기적 비용을 설정하는 노력들이 시도되어 왔다.

특히 EU가 이러한 노력에 가장 적극적으로 나서고 있다는 점이 중요한데, 유럽과 같이 거대한 시장에 적용되는 원칙과 규제들은 역내 기업들은 물론 유럽 시장에 직접 진출하거나 수출하는 역외 기업들, 또는 하청을 받는 전 세계의 기업들에 영향을 미치기 때문이다. EU 녹색분류체계는 환경적으로 지속가능한 경제활동에 대한 일관적이고 명확한 정의를 제공하여 투자자들을 그린워싱으로부터 보호하고 안전한 투자를 할 수 있도록 돕는 것을 목표로 천명하여 2020년부터 발효됐다. EU는 2030년까지 온실가스 배출을 1990년 대비 55%까지 줄이려는 기후 및 에너지 목표와 유럽 그린딜의 2050년 탄소중립 실현, 자원 사용과 분리된 경제 발전 등 유럽 그린딜 목표 달성을 위해 지속가능한 기업 활동들에 대한 투자 증진이 필요하다는 인식 속에 녹색분류체계를 마련했다. 녹색분류체계를 통해 지속가능성에 대한 보편적 언어와 명확한 정의를 제공하고 지속가능한 경제활동의 보편적 분류들을 만드는 것이 목표이다(European Commission, n.d. b).

EU 녹색분류체계는 기후 변화 완화, 기후 변화 적응, 수자원의 지속 가능한 보전, 순환 경제로의 전환, 환경 오염 방지 및 관리, 생물 다양성과 생태계 보전이라는 6개의 환경 목표를 설정하고 경제 활동이 이 6개 환경 목표 중 한 개 이상의 달성에 기여하고, 다른 환경 목표에 심각한 피해를 주지 않으며, 최소한의 사회적 보호 장치인 법규를 위반하지 않고, 기술 심사 기준에 부합해야만 이를 환경적으로 지속 가능한 경제 활동으로 인정한다(Regulation (EU) 2020/852). 이처럼 EU 녹색분류체계는 명확하고 일관적인 지속가능성의 기준을 제공함으로써 그린워싱을 하는 기업들을 실제로 친환경적 경영을 하는 기업들과 구분할 수 있도록 한다. 또한 일관적이지 않고 서로 다른 기준을 통해 기업의 지속가능성을 평가하는 민간 평가 기관들의 한계를 EU의 보편적이고 일관적인 가이드라인을 통해 극복하려는 시도이다.

2023년 1월부터 효력을 갖게 된 EU의 기업 지속가능성 보고지침은 기업의 비재무지표인 환경, 사회, 지배구조를 아우르는 기업 정보를 공시하도록 의무화한다. 해당 지침은 이미 EU에 존재하는 비재무 보고지침(NFRD)을 더욱 확대하고 구체화하여 기후변화 및 지속가능성 리스크와 기회를 투자자들에게 정확하고 투명하게 공개하도록 한다. 이를 통해 투자자, 시민단체, 소비자 및 이해관계자들이 기업의 지속가능성 관련 성과를 평가할 수 있게 돕는 것이다(European Commission, n.d. a). 이 지침은 유럽 내 대기업 및 중소기업은 물론 역내 순매출이 2억5000만 유로 이상이며 역내 1개 이상의 자회사나 지사를 두고 있는 역외 기업들 모두 기존의 비재무 보고지침에 포함되었던 환경 보호 관련 정보는 물론, 장기적 목표와 정책, 기업 공급망에 대한 실사 정보, EU 녹색분류체계 규정에 부합하는 정보를 공시하도록 한다(Council of the EU 2022). 해당 지침의 적용을 통해 약 5만여 개의 기업들이 지속가능성 관련 정보 공시를 하게되었다(European Commission, n.d. a).

EU가 이처럼 다양한 방식으로 기업 지속가능성의 정의를 제공하고 관련 정보 공시를 의무화하여 그린워싱을 방지하고자 하는 주요한 이유는 파리기후협정에서 합의된 목표들을 정부의 투자와 노력만으로는 이룰 수 없다는 판단 때문이다(European Commission, n.d. b). 2021년부터 발효된 파리기후협정의 핵심 목표는 지구의 평균 온도 상승을 산업혁명 이전 대비 2℃ 이하, 가급적이면 1.5℃ 이하로 유지하려는 것이다. 이를 위해 각국은 온실가스 감축을 위한 여러 정책들을 만들고 관련 분야 투자에 나서고 있다(김민정 2023). 그러나 온실가스를 실제로 배출하는 주체는 기업들인 경우가 대부분이고 정부의 한정된 재원만으로 온실가스 저감에 필요한 투자 비용을 충당하는 것은 불가능에 가깝다. 따라서 오랫동안 환경 이슈에서 거의 유일하고 주요한 행위자였던 국가 정부뿐 아니라 개별 기업, 투자자, 소비자들의 경제 활동 행태가 모두 변화해야만 파리기후협정의 목표를 달성할 수 있을 것이다.

환경 이슈의 주요 행위자 다양화와 기업 역할에 대한 인식 변화는 파리기후협정과 EU 녹색분류체계 관련 주요 문건들, 그리고 기업 지속가능성 보고지침의 언어에 여실히 드러난다. 다음의 〈그림 9-1〉~〈그림 9-5〉는 파리기후협정, 2020년 EU 녹색분류체계의 규제와 그 부속서 1과 2, 그리고 EU의 기업 지속가능성 보고지침 문서의 단어들 중 출현 빈도가 높은 단어들을 시각화하여 보여주는 워드 클라우드들이다. 〈그림 9-1〉의 파리기후협정은 "국가(country, state), 국가의(national), 국가적으로(nationally)"와 같이 기후변화 문제에 대한 중심적 행위자가 국가라는 인식을 명확하게 보여준다. 또한 출현 빈도가 높은 단어들이 구체적인 행위들이 아닌 기후변화와 관련된 광범위한 목표들을 중심으로 나타난다는 점도 특징적이다.

그림 9-1

파리기후협정 (Paris Agreement, 2015)

한편 〈그림 9-2〉의 EU 녹색분류체계 규제 문서(Regulation (EU) 2020/852)는 특히 경제(economic) 분야를 중점적으로 다루고 있으며 지속가능성(sustainable)과 관련된 규제(regulation)를 중심으로 서술되어 있음을 발견할 수 있다. 또한 활동들(activities)에 대한 판단 기준(criteria)을 제공하고 기술적인(technical) 내용들과 금융(financial) 분야에 대한 내용들을 주로 다루고 있다. 이러한 규제를 더욱 구체화한 부속서 1〈그림 9-3〉(Annex I to the Climate Delegated Act (C/2021/2800 final))과 부속서 2〈그림 9-4〉(Annex II to the Climate Delegated Act (C/2021/2800 final)) 역시 비슷한 맥락의 단어들이 빈번하게 출현했다는 점이 관찰된다. 특히 부속서 1은 물, 숲, 에너지, 교통 등 다양한 환경 분야와 경제활동들에 대한 구체적인 규제를 다루는 내용임을 알 수 있으며, 부속서 2는 리스크(risk)와 평가(assessment), 해결방안(solution) 등을 특히 중심적으로 언급한다는 것을 알 수 있다.

그림 9-2

The Taxonomy Regulation 2020(Regulation (EU) 2020/852).

그림 9-3

The Taxonomy Regulation Annex 1(Annex I to the Climate Delegated Act (C/2021/2800 final))

그림 9-4

The Taxonomy Regulation Annex 2(Annex II to the Climate Delegated Act (C/2021/2800 final))

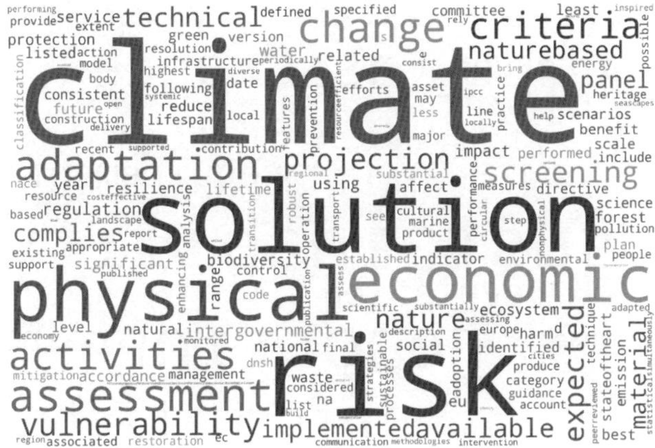

〈그림 9-5〉의 EU 기업 지속가능성 보고지침(Directive (EU) 2022/2464) 문건에서 출현 빈도가 높은 단어들을 살펴보면, 주로 금융(fiancial) 분야를 다루고 있으며 보고(report, reporting), 정보(information) 등 기업들이 제공해야 하는 자료들에 대한 내용이다. 또한 법령(statutory), 기준(standard), 감사(audit, auditor), 필수조건(requirement) 등 명확하고 강제성 있는 규제(regulation)를 주요한 내용으로 다룬다는 것을 발견할 수 있다. 국가(state)들이 해야 할 역할도 빈번하게 언급하였다.

그림 9-5

EU 기업 지속가능성 보고지침(Directive (EU) 2022/2464)

거대 시장인 EU가 이처럼 그린워싱 방지책들을 구체적으로 마련함과 동시에, 투자자들의 기업 평가 기준도 빠르게 변화하는 양상을 보이고 있다. 특히 2020년 자산 운용사인 블랙록(BlackRock)의 CEO 래리 핑크(Larry Fink)가 기업들에 보낸 연례 서한은 그러한 변화 양상의 가장 대표적인 사례이자 중대한 전환점이다. '금융업의 근본적 변화(A Fundamental Reshaping of Finance)'라는 제목이 붙은 서한은 기후 리스크가 곧 투자 리스크임을 명시하고 투자 대상 기업들이 지속 가능성 회계기준위원회(Sustainability Accounting Standards Board, SASB) 가이드라인에 부합하는 기업 정보, 기후 관련 재무 정보 공개 태스크포스(Task Force on Climate-related Financial Disclosures, TCFD) 기준에 따른 기후 리스크, 그리고 파리기후변화협약의 목표에 따른 기업 운영 계획을 공시하도록 요청했다. 또한 기업들이 지속 가능성에 대한 효과적인 공시를 제공하지 않거나 관리 프레임워크를 도입하지 않으면 이사회 구성원들에게 그 책임을 물을 것이라고 명시했다(Fink 2020). 블랙록 외에도 많은 자산 운용사들이 유사한 기준을 통해 비재무적 요소인 투자 기업들의 기후 리스크를 평가하고 이를 투자 결정의 중요한 근거로 삼고 있다. 또한 2022년 현재 유엔 책임투자원칙에 서명한 전 세계 투자 기관은 5,319개에 달한다(Principles for Responsible Investment 2022).

기업들이 비재무적 요소인 기후 관련 리스크를 잘 관리해야 재무적 요소인 비용 절감 및 생산성, 시장 및 자본 접근성, 영업 라이선스, 인수 대상으로서의 기업 가치 등도 증대되고 개선될 수 있게 된 것이다. 따라서 이러한 변화들은 기업의 가치와 이익에 중대한 영향을 미치는 한편(한국거래소 2021) 단기적 손익 계산 역시 재편하게 된다. 기업들은 이제 그린워싱과 같은 눈속임이 아니라 환경 레짐의 중심적 행위자로서 실질적인 환경적 책임을 이행해야 한다.

4 EU 정책들의 전세계적 영향: 한국의 정책 변화와 국내 기업들의 최근 전략 분석

전 세계 시장은 상호 긴밀하게 연결되어 있으므로 유럽과 같이 거대한 주요 시장에서 적용되는 규제와 정책들은 역내 기업은 물론 전 세계 정부와 기업들에 영향을 미칠 것으로 예상할 수 있다. 본 연구는 최근 한국의 정부 정책과 기업들의 전략 분석을 통해 EU 녹색분류체계와 기업 지속가능성 보고지침 등 기업의 환경적 책임을 구체화하고 규제하는 양상이 국내 정책과 기업 운영에 어떻게 반영되고 있는지를 분석하고자 한다.

한국 환경부는 2021년 '한국형 녹색분류체계(K-Taxonomy)'를 통해 녹색금융 활성화와 탄소 중립 사회로의 전환 목적을 명시했다(환경부 2021). 한국형 녹색분류체계는 EU의 녹색분류체계와 매우 유사하게 구성되어 있다. EU 녹색분류체계와 동일하게 6대 환경 목표를 세우고, 목표 달성에 기여하는 녹색 경제 활동을 세부적으로 분류해 명확한 원칙과 기준을 제공하는 것을 목적으로 한다. 이를 통해 민간과 공공 분야에서 녹색 사업이나 녹색기술에 더 많은 투자가 이루어질 수 있게 지원하고, 그린워싱으로 인한 피해를 예방하려는 의도이다. 특히 정부, 기업, 시민 등 관련 이해관계자들이 합의한 친환경 경영의 기준을 마련하기 위해 전문가들과 이해관계자들의 의견을 수렴하기도 했다. 또한 한국형 녹색분류체계는 '녹색부문'과 '전환부문'으로 카테고리를 구분하여 세부적인 분류를 제공했다(김민정 2023; 환경부 2021).

한국거래소가 2021년 발표한 「ESG 정보공개 가이던스」(한국거래소 2021)는 상장 법인들이 환경 관련 정보를 공시해야 할 필요성과 원칙을 제공한다. 이 가이던스는 EU의 기업 지속가능성 보고지침, 비재무 보고지침과 유사하게 개념 정의, 정보 공개의 필요성, 이사회와 경영진의 역할, 정보 공개의 원칙, 평가 절차, 보고서 작성 절차, 주요 정보 공개 표준 및 권장 공개 지표 등을 자세하게 제공한다.

또한 정부는 2022년 한국회계기준원에 지속가능성기준위원회를 설치하여 국제지속가능성기준위원회의 공시기준을 기반으로 국내 실정에 맞게 마련될 국내 기업의 지속가능성 공시기준을 2023년 하반기에 확정할 예정이다. 우선 2025년부터 자산규모 2조원 이상 코스피 상장 기업들의 공시를 의무화하고, 2030년까지 코스피 상장사 전체가 의무적으로 공시를 하도록 확대한다는 계획이다. 새로운 공시 기준은 유럽 등 주요국에서 기업들의 환경 관련 공시 의무를 강화하고 해외 기업에 대해서도 공시 의무를 부과함에 따라 국내 대기업 및 중소기업들이 받을 직간접적인 영향을 고려하여 만들어질 계획이다(임수정, 2023). 이와 별개로 금융감독원은 2023년 내로 ESG 펀드 공시 기준을 마련하기 위해 7개 자산운용사와 금융투자협회, 자본시장연구원 등과 함께 TF를 구성했다. 금융감독원은 EU를 비롯한 해외 주요국의 공시 규제 동향을 참고해 펀드의 공시 대상과 투자전략, 운용능력, 운용실적 등에 대한 공시 기준을 제시할 예정이다. 이를 통해 다양한 ESG 펀드들의 생성을 독려하는 동시에 투자자들의 정보 비대칭을 해소하여 그린워싱을 방지하고 정보의 투명성을 확보하려는 것이다(우연수 2023). 이처럼 한국 정부의 정책들은 EU의 정책과 규제들의 전반적인 방향성은 물론, 구체적인 목표와 기준 등에서도 매우 높은 유사성을 보이고 있다.

국내 기업들은 유럽의 정책들과 얼마나 유사하며 어떠한 영향을 받고 있는가? 본 연구는 이를 2022년 포춘 글로벌500 기업에 포함된 국내 대기업 16개 중 영문 지속가능성 보고서를 웹사이트 등에 게시한 15개 기업들의[1] 2021~2022년 지속가능성 보고서의 언어 분석을 통해 알아본다. 〈그림 9-6〉

1 16개 기업 중 삼성생명은 온라인 검색을 통해 접근 가능한 최근 발행의 영문 지속가능성 관련 보고서 없음.

은 포춘 글로벌500 한국 기업들이 공개한 지속가능성·ESG·환경 관련 지속가능성 보고서에 나온 단어들 중 출현 빈도가 높은 단어들을 시각화하여 보여주는 워드 클라우드들이다. 각 사의 보고서에서 공통적으로 많이 쓰인 단어들 중 ESG, 지속가능성(sustainability), 환경(environment, environmental), 기후(climate), 에너지(energy), 탄소(carbon), 배출(emission), 보고·보고서(report) 등은 지속가능성 보고서의 핵심 주제들이다. 그러나 이 단어들만으로는 EU 녹색분류체계와 기업 지속가능성 보고지침 등과의 연관성은 눈에 띄지 않는다. 기존에도 지속가능성 논의를 할 때 늘 등장하던 단어들이기 때문이다.

여러 보고서에서 공통적으로 빈번하게 출현한 단어 중 EU의 기후변화 관련 시장 제재 정책들과 연결할 수 있는 단어들은 우선 기업(corporate, corporation, company), 관리(management), 경영(business) 등 기업의 운영과 관련된 것들이다. 지속가능성의 가치와 목표가 기업 운영 및 기업 활동과 긴밀히 연결되어 있음을 단적으로 보여주는 단어들이기 때문이다. 특히 위험요소(risk), 전략(strategy), 성과(performance) 등의 단어들이 공통적으로 빈번하게 사용되었다는 점은 기업들이 지속가능성을 단순히 기업의 사회적 공헌이나 자발적 선행이 아닌 기업의 비용과 이익에 연계된 목표로 인식하고 있음을 시사한다. 이는 EU 녹색분류체계 부속서 2에서 위험(risk)과 평가(assessment), 해결방안(solution) 등을 주로 언급한 것과 일맥상통한다. 비재무적 요소인 기후 관련 리스크가 재무적 성과에 영향을 주도록 하여 환경적 책임의 단기적 손익 계산식을 바꾸려는 EU의 녹색분류체계 및 기업 지속가능성 보고지침과 궤를 같이한다고 볼 수 있다. 또한 정보(information), 데이터(data) 등의 단어들은 환경 보호 관련 정보, 기업 공급망에 대한 실사 정보, EU 녹색분류체계 규정에 부합하는 정보를 공시하도록 하는 기업 지속가능성 보고지침의 내용과 유사하다. 이처럼 전반적으로 국내 기업들은 EU의 환경 관련 여러 가지 시장 규제 도입 과정에서 나타난 기업의 환경적 책임에 대한 새로운 인식을 반영하고 있다.

그림 9-6

국내 기업들

삼성전자

현대자동차

SK

LG 전자_팩트북

POSCO

기아자동차

한국전력

한화

LG화학

SK 하이닉스

KB 금융그룹

현대 모비스

GS 칼텍스

CJ 제일제당

삼성물산

5 나가며

가깝게는 2015년 파리 기후협정, 멀게는 1980년대부터 지속적으로 논의되어온 지속가능한 경제 발전의 목표는 탄소를 발생시키는 주요 경제활동의 주체인 기업의 적극적인 경영 방식 전환 없이는 이루기 어렵다. 그러나 오랫동안 기업의 환경적 책임 이행은 이른바 "착한 기업"들이 자발적으로, 그리고 하지 않아도 되는데 하는 것으로 인식되어 왔다. 따라서 환경적 책임을 이행하지 않는 기업들에 실질적인 불이익을 주기도 어려웠고, 친환경 경영을 한다는 기업들이 실제 그러한 전환을 했는지 아니면 그린워싱같은 눈속임이나 과장인지를 가려내기도 힘들었다. 이러한 한계를 극복하고 최대한 빠른 시일 내에 탄소중립의 목표를 이루기 위해서 사적 행위자인 기업들이 손익 계산의 방식을 바꾸도록 한 사례들 중 대표적인 것들이 본 연구에서 다룬 EU 녹색분류체계와 기업 지속가능성 보고지침이다.

시장 기능을 활용해 기후변화 문제에 대응하려는 노력은 탄소배출권 등을 통해 이미 예전부터 시도되어왔다. EU가 최근 연이어 내놓은 기후변화 관련 기업 규제 방안들도 탄소 중립 달성을 위한 시장적 접근이라고 볼 수 있다. 그러나 시장의 기능만을 빌리는 탄소배출권과 같은 단순한 조치와 달리, 녹색분류체계는 무엇이 친환경이고 탄소 중립을 달성하려면 어떤 식의 산업 운영이 필요한지를 규정하고, 기업 지속가능성 보고지침은 기업들이 정보 공시를 투명하게 하도록 규제한다. 이러한 측면에서 이 규제들은 기업의 합리적 선택 자체를 근본적으로 변화시키려는 제도들이다.

EU 회원국뿐 아니라 한국을 비롯한 역외 국가들도 비슷한 맥락의 친환경 경영 정의 및 카테고리화, 지속가능성 관련 정보 공시 의무 법안 등을 도입하려는 전 세계적 추세가 예상된다. 따라서 이제 기업들은 환경적 책임을 이행하지 않을 경우 장기적인 비용 증가와 이익 감소 외에도 이러한 규제들로 인해 단기적 비용까지 추가로 떠안아야 한다(김민정 2023). 이러한 단기적 비용은 전 세계 주요 투자사들이 지속가능한 경영으로의 전환과 정보 공개를 요구하면서 더욱 커지고 있다. 또한 코로나19 팬데믹 경험 이후 소비자들의 환경에 대한 관심이 더욱 커지고 경제 회복이 친환경적인 방식으로 이루어져야 한다고 생각하는 소비자들이 증가한 것(Mohommad & Pugacheva 2022)은 물론, 기업들도 자체적으로 비재무지표들의 중요성을 인식하게 되었기 때문에 기업들의 그린워싱은 점점 더 어려워지고 실질적인 환경적 책임 이행의 필요성은 더욱 증대되고 있다(김민정 2023).

물론 EU의 시장 규제 조치들이 논란없이 모든 이해관계자들을 만족시킨 것은 아니다. 대표적으로 논란이 된 사안은 원자력 발전을 녹색분류체계에 포함할지의 여부였다. 원자력 산업계, 환경단체 등은 물론 각국의 정치적 행위자들도 이 사안을 두고 오랫동안 갈등과 대립을 하기도 했다. 최종적으로 원자력 발전도 녹색분류체계에 편입되면서 일단 그러한 갈등은 표면적으로는 마무리가 되었으나, 가까운 미래에 다시 논란이 재점화될 가능성도 크다.

또한 EU의 다양한 환경적 시장규제는 선진국들이 탄소중립을 핑계로 개발도상국 기업들의 시장 경쟁력을 사실상 무력화시킴으로써 보호주의 무역을 하는 것이 아니냐는 비판도 낳을 수 있다. 이미 친환경 기술들이 다양하게 개발되고 상용화된 선진국 기업들과 달리 개발도상국의 기업들은 막대한 비용을 투자해 새로운 기술 도입 등을 해야하는데, 이는 불가피하게 개발도상국 수출 물품들의 가격 인상으로 이어질 수밖에 없기 때문이다. 이러한 정치적 갈등들이 추후 어떻게 진행되고 최종적으로 합의되는지에 따라 직접적 이해당사자인 기업들은 물론 정부, 시민들도 영향을 받을 것이며, 궁극적으로는 탄소중립의 목표 달성에도 영향을 미칠 수 있으므로 추이를 지켜볼 필요성이 있다.

참고문헌

국내 참고문헌

김민정. (2023). 나도 살고 지구도 살 수 있을까. 『언박싱 코로나』. 서울: 페이퍼로드.
우연수. (2023.03.29.). "ESG펀드 그린워싱 방지한다"…금감원, 공시기준 TF 출범. 뉴시스, 출처: https://newsis.com/view/?id=NISX-20230328_0002244437&cID=10403&pID=15000
이현승. (2022.09.15.). [인터뷰] "자연 · 기후 놓치면 미래고객 잃는다" 딜로이트 '英 ESG 전문가'의 일침. 조선비즈, 출처: https://biz.chosun.com/distribution/channel/2022/09/15/W6UW6BTCSJBWVGYJO7MTR255NM/?utm_source=naver&utm_medium=original&utm_campaign=biz
임수정. (2023.01.27). 금융위 부위원장 "ESG 공시제도 구체화해야." 연합뉴스, 출처: https://www.yna.co.kr/view/AKR20230127052100002?input=1195m
전국경제인연합회. (2022.2.9.). 300대 기업 2022 ESG 사업 키워드: 매출 300대 기업, 올해 ESG 사업 더 키운다. 『전국경제인연합회 보도자료』.
홍지연. (2022). 글로벌 그린워싱(Greenwashing) 사례 및 규제 강화. 『자본시장포커스』, 2022-03호. 서울: 자본시장연구원.

해외 참고문헌

Annex I to the Climate Delegated Act (C/2021/2800 final).
Annex II to the Climate Delegated Act (C/2021/2800 final).

KOTRA. (2022). EU, 2024년부터 기업의 ESG 보고 의무화 예정. 출처: https://dream.kotra.or.kr/kotranews/cms/news/actionKotraBoardDetail.do?SITE_NO=3&MENU_ID=100&CONTENTS_NO=1&bbsGbn=322&bbsSn=322&pNttSn=196044

Competition and Markets Authority. (2021.1.28.). Global sweep finds 40% of firms' green claims could be misleading, Retrieved from https://www.gov.uk/government/news/global-sweep-finds-40-of-firms-green-claims-could-be-misleading

Council of the EU. (2022.11.28.). Council gives final green light to corporate sustainability reporting directive, Retrieved from https://www.consilium.europa.eu/en/press/press-releases/2022/11/28/council-gives-final-green-light-to-corporate-sustainability-reporting-directive/

Directive (EU) 2022/2464. The European Parliament and of the Council of of 14 December 2022 amending Regulation (EU) No 537/2014, Directive 2004/109/EC, Directive 2006/43/EC and Directive 2013/34/EU, as regards corporate sustainability reporting. Official Journal, L 322: 15-80.

European Commission. (n.d. a). Corporate sustainability reporting. Retrieved from https://finance.ec.europa.eu/capital-markets-union-and-financial-markets/company-reporting-and-auditing/company-reporting/corporate-sustainability-reporting_en

European Commission (n.d. b). EU taxonomy for sustainable activities. Retrieved February 5, 2023, from https://finance.ec.europa.eu/sustainable-finance/tools-and-standards/eu-taxonomy-sustainable-activities_en

Fink, Larry. (2020). 금융업의 근본적 변화. BlackRock, Retrieved February 5, 2023, from https://www.blackrock.com/kr/larry-fink-ceo-letter

Gerber, M.S., et al. (2020.11.12.). The New Normal: ESG Drivers and the COVID-19 Catalyst, Retrieved February 5, 2023, from https://www.

skadden.com/insights/publications/2020/11/the-new-normal

Mohommad, A., & Pugacheva, E. (2022). Impact of COVID-19 on Attitudes to Climate Change and Support for Climate Policies (No. 2022/023). International Monetary Fund.

O'Neill, K. (2017). The Environment and International Relations (2nd ed., Themes in International Relations). Cambridge: Cambridge University Press.

Paris Agreement, Conference of the Parties, (2015.12.12.). U.N. Doc. FCCC/CP/2015/L.9/Rev/1.

Regulation (EU) 2020/852. The European Parliament and of the Council of 18 June 2020 on the establishment of a framework to facilitate sustainable investment, and amending Regulation. Official Journal, L 198: 13-43.

World Commission on Environment and Development. (1987). Our common future. Oxford University Press.

Chapter

한국인의 기후변화 인식과 대응 행동*

김서용, 김선희

1 들어가며

기후변화는 새로운 현실이 되고 있다. 지구온난화가 기후 不正義 문제를 포함하고 있어서 개도국들은 기후변화라는 용어를 선호하며, 각종 국제협약도 공식적으로는 기후변화라는 개념을 채택하고 있다.

IPCC(2014)의 보고서에 따르면 1983-2012년의 지난 30년은 1400년 중 가장 따뜻한 기간이었다. 북반부를 기준으로 지난 1880-2012년 동안 육지와 해양을 통합하여 지구표면의 온도가 섭씨 0.85도 상승하였다. 이로 인해 전반적으로 강수량이 증가하였고, 북극의 얼음양과 빙하량이 줄어들었으며, 북반부에서 봄에 눈이 지속적으로 감소하다. 또한 CO_2 증가로 인해 해양의 산성화가 진행되었으며, 해수면은 지난 1901년에서 2010년 사이에 19cm가 상승하였다. 이와 같은 기후변화를 야기한 원인 제공자는 인간이며, 특히 인간들이 배출하는 역사상 가장 높은 수준의 온난화 가스가 주요인으로 지목되고 있다.

이러한 기후변화에 대처하기 위해서 전 세계적 차원에서 대응이 이루어지고 있다. 기후변화 대응 방법에는 완화와 적응 두 가지가 있다. 기후변화 문제를 해결하기 위해서 세계 각국은 1992년 일본 교토에서 기후변화에 관한 유엔 기본 협약(The United Nations Framework Convention on Climate Change)을 체결하였으며 협약의 시행을 위해 교토 의정서(protocol)를 1997년에 만들어 국가별 의무 배출량 감축 폭을 규정하게 되었다. 교토 의정서는 2008년부터 2012년까지 선진국 전체의 온실가스 배출량을 1990년 수준보다 적어도 5.2% 이하로 감축하도록 규정하였다. 다만 한국의 경우 멕시코와 함께 개발도상국으로 분류되어 비의무국(Non-Annex)으로 예외가 인정되었다. 2012년(Post-2012 체제 구축) 이후 감축 목표를 정하기 위해서 당사국 총회가 2009년 코펜하겐에서 열렸지만 선진국과 개도국간 의견 차이를 좁히지 못하여 Post-2012 체제 출범은 좌절되었다. 이후 2010년 칸쿤에서 열린 당사국 총회에서 국가별로 자발적 온실 감축 공

* 본 장은 「행정논총」 제54권제1호(2016. 3)에 실린 원고를 수정·보완한 것이다.

약을 이행하기로 하는 칸쿤 합의(Cancun Agreement)가 채택되고, 이후 2012년에는 2013년부터 2020년까지 감축기간을 설정하는 개정안(Doha Amendment)이 채택되었다. 2015년 파리에서 2020년 이후 기후변화체제(Post-2020) 수립을 위한 제21차 유엔 기후변화협약 당사국 총회(COP21)가 개최되어 파리협정이 채택되었다. 본 협정에서는 선진국뿐만 아니라 개도국에게도 온실가스 감축의무가 부여되었다. 따라서 우리나라는 개도국으로 분류되었지만 구체적인 감축목표를 이행해야 한다. 한국정부는 2015년 6월부터 2030년까지 배출량 전망 대비 37% 감축하는 안을 국무회의에서 결정한 바 있다.

이와 같은 한국정부의 적극적인 대응은 한국도 기후변화의 사각지대가 아니라는 인식에 근거한다. 한국도 지난 100년(1912~2010년)간 6대 도시 평균기온이 1.7°C 상승하였으며, 강우량은 19% 증가하였고, 해수면(1964-2006)은 8cm 상승하였다. 이로 인해 폭염 · 열대성 질환에 의한 인명피해가 증가하고, 한대성 어종 어획량이 급감하고 있으며, 풍수해 피해액이 10년마다 3.2배씩 증가하고 있다(환경부 등 2010).

이와 같은 기후변화 문제를 해결하기 위해서 한국정부는 범정부적 차원에서 기후변화에 대응하고 있다. 정부는 「저탄소 녹색성장기본법」에 근거하여 환경부 주관하에 13개 부처가 참여하는 범부처 차원의 국가 적응 종합계획으로 "제1차 국가 기후변화 적응대책('11~'15)"을 수립하였다. 본 계획은 건강, 재난/재해, 물관리, 해양 등 10개 분야 87개 과제로 구성되어 있다. 이와 같은 기후변화에 대한 적응대책의 성공을 위해서는 개인의 의식과 대응행동의 변화가 필요하다. 2010년 수립된 국가기후변화 적응대책 중 무더위 쉼터, 휴식 시간제, 풍수해 보험, 대기오염 예 · 경보 시 국민행동, 기후변화 적응 신품종의 보급, 저수지 수질관리, 병해충 발생 예찰 · 조기대응 체계 구축, 산림보전, 수산자원 관리, 생태계 보전 및 복원, 에너지 절약 등과 관련된 정책과 효과는 정책 대상인 국민들의 의식변화와 대응행동변화를 요구한다. 환경부는 2015년 12월 4대 정책부문과 20개 정책과제로 구성된 '제2차 국가 기후변화 적응대책(2016~2020)'을 확정하였다.

기후변화 적응정책의 성공적 이행을 위해 기후변화에 대한 개인들의 국가 의식과 이들의 실천행동에 대한 관심이 높아지고 있다. 기후변화가 큰 문제라는 의식이 개인에게 형성되지 않은 상태에서는 관련 정책에 대한 개인의 수용성과 순응도가 낮아질 수밖에 없다. 이는 기후변화 적응과 완화 정책의 실패를 가져올 수 있다.

이와 같은 현실적, 정책적 배경에 기초하여 본 연구는 한국민을 대상으로 수집된 설문조사를 바탕으로 기후변화 의식과 대응행동 의도의 결정요인을 분석하고 이론적 · 정책적 함의를 도출하는 데 목적이 있다.

2 이론적 배경

2.1. 기존 연구의 경향과 본 연구의 연구전략

기후변화에 대한 최근의 연구경향은 크게 보면, 기후변화 의식과 대응행동 의도에 초점을 둔 연구와 기후변화 의식과 대응행동의 결정요인에 초점을 둔 연구들로 구분할 수 있다.[1]

먼저 기후변화 의식과 대응행동 의도에 대한 연구들은 세부적으로 ① 특정국가 국민들을 대상으로 기후변화 의식, 대응행동 의도의 정도에 대한 연구, ② 의식과 대응행동 의도에서 국가 간 차이에 대한 연구, ③ 시계열적으로 의식과 대응행동의 변화에 대한 연구들로 분류할 수 있다.

첫 번째 특정 국가에 국한된 연구와 관련해 Reynolds et al.(2010)의 연구가 대표적인데, 미국인을 대상으로 한 연구에서 인간이 지구온난화에 기여하고 있는가라는 질문에 대해서 미국인들은 1992년에는 98%, 2009년에는 89%가 '그렇다'라고 답하고 있다. 아울러 응답자들은 지구온난화를 방지하기 위해서 개인이 기여할 수 있는 가장 효과적 대응행동을 차량운전 감소라고 답하고 있다. 미국인을 대상으로 한 Leiserowitz(2005)의 연구에서는, 지구온난

1 문헌검토에 관련해 본 연구는 기후변화 행동심리학에 초점을 두고 있어 타 학문영역의 연구결과를 반영하지 못하고 있다.

화가 누구에게 가장 큰 피해를 끼칠지에 대한 질문에 대해 응답자의 50%는 전세계 사람들이라고 답하였으며, 인간 이외 자연이라는 응답자 비율은 18%, 응답자 개인과 가족이라는 비율은 12%로 나타나고 있다. 송보경 등(2012)의 연구에 따르면 한국민의 경우 기후변화에 대한 인식 및 체감 수준은 높았으나 기후변화에 대응하는 실천행동 수준은 여전히 낮은 것으로 나타났다.

두 번째 국가 간 사이에 관한 연구경향과 관련해, Lorenzoni & Pidgeon (2006)의 연구에서는 동일한 유럽 국가들 내에서 기후변화에 대한 우려 수준에서 차이가 나타난다는 점을 보여주고 있는데, 그리스의 경우 63%인 반면 네덜란드의 경우 21%로 나타나고 있다. Capstick et al.(2014)는 2010년을 기준으로 10개 국가 간 기후변화에 대한 인식을 비교분석하고 있는데 기후변화를 위협이라고 응답한 비율이 에콰도르가 85%로 가장 높게, 수단이 26%로 가장 낮게 나타났다.

세 번째 시계열 분석 연구경향에서는 기후변화의 변화 양상에 대한 의식의 흐름을 설명하고 있는데, 미국인 사이에서 기후변화에 대해 심각한 문제라고 응답한 비율이 80년대 초반 40%에서 80년대 말 70% 이상으로 높아졌다(Capstick et al. 2015). 유럽인을 대상으로 한 설문조사 연구결과에서 다섯 가지 환경문제 중에서 기후변화가 가장 큰 문제라고 응답한 비율은 2007년 45%에서 2007년 57%로 높아졌다(Eurobarometer 2008). 한국의 경우 2011년 4월 한국리서치가 실시한 “과학기술위험에 대한 인식과 커뮤니케이션 조사” 결과에 따르면 응답자의 약 80%가 기후변화의 심각성을 인정하고 있으며, ‘기후변화의 심각성은 과장되었다’는 문항에 대해서는 가장 낮은 동의수준을 보이고 있다. 이러한 결과는 2008년 환경부의 “지구온난화에 대한 전국민 의식조사”에서 응답자의 90% 이상이 지구온난화가 심각한 수준이라고 응답한 결과나, 2010년 Pew 조사연구소에서 22개국의 비교조사에서 한국인들의 97%가 기후변화가 ‘매우’ 혹은 ‘다소’ 심각한 문제라고 응답한 결과보다는 상대적으로 낮지만, 여전히 한국인의 대다수가 기후변화를 심각하게 보고 있음을 보여준다. Pew 연구소의 22개국 비교분석에 따르면 한국인의 기후변화에 대한 우려수준은 조사대상 22개국 중 4번째로 높은 수준이었다(환경부 2008; Pew Research Center 2010; 박희제 · 허주영, 2012, 83 재인용).

이상의 세 가지 연구경향에 속한 연구들은 기후변화 의식과 대응행동 의도의 상태와 변화를 보여준다는 점에는 기여하였지만, 의식과 대응행동 의도의 차이가 발생하는 이유에 대해서는 적절한 답변을 제공하지 못하는 한계를 보이고 있다.

이와 같은 연구경향을 보완하기 위해 등장한 연구들에서는 기후변화 의식과 대응행동(의도)을(를) 결정하는 요인들을 분석하고 있다(Akerlof et al. 2013; van der Linden 2015; Milfont 2012). 대표적 연구로 van der Linden(2015)은 젠더, 정치적 정당, 지식, 기후변화와 영향과 반응, 사회적 규범, 가치정향, 감정과 극단적 날씨에 대한 경험 등과 같은 다양한 요소가 기후변화 인식에 영향을 미치고 있다는 점을 보여준다. Akerlof et al.(2013)도 개인적 경험, 문화적 세계관, 정치적 이념, 장소 애착, 사회인구통계학적 변수 등과 같은 다양한 변수가 지역적 차원의 기후변화 위험인식에 영향을 미친다는 점을 실증적으로 보여준다. Milfont(2012)는 생태적 가치, 정치적 이념, 자기평가적 지식, 지각된 효능감, 신뢰, 과학에 대한 확신, 사회인구통계학적 변수 등이 기후변화 위험지각을 설명하고 있다는 점을 보여준다.

이와 같은 기존 결정요인에 대한 연구들의 한계는 크게 세 가지로 정리될 수 있는데, 첫째, 기후변화 의식과 대응행동 의도 변수를 연구모형에 동시에 채택하여 이들 간 결정구조의 차이를 비교론적으로 접근하지 못하고 있다. 기후변화 의식과 대응행동(의도)간 비교연구의 필요성은 양자의 속성이 다르며 이로 인해 결정요인에도 차이가 발생할 가능성이 크기 때문이다. 이러한 속성의 차이와 관련해 Schaffrin(2011)은 환경주의를 태도와 행동 의도로 구분하고 전자는 감정적 차원, 후자를 인지적 차원으로 분류한다. 결정요인의 차이와 관련해 van der Linden(2015)은 기후변화 위험지각의 구조가 개인적 위험판단과 사회적 위험 판단으로 구분되며 이들 두 가지 차원이 각각 다른 요인에 의해 영향을 받고 있다는 점을 실증하고 있다. 더 나아가 이러한 의식과 대응행동간 속성과 결정요인의 차이는 결과적으로 의식과 대응행동간 非일관성(inconsistency: 예를 들어 의식은 높은 반면 대응행동은 낮은 경우, 의식은 낮지만 대응행동은 높은 경우) 문제로 귀착된다. Lorenzoni et al.(2007)는 질적 연구를 통해 인터뷰 참여자들이 기후변화 문제를 해결하기 위해 대응행동의 필요성에 대해서는 인정하지만 실제 삶의 양식을 변화시키는 데 소극적임을 보여준다. 이러한 결과는 의식과 행동간 非일관성이 존재함을 증명하고 있다.

둘째, 기존 연구에서는 기후변화 우려와 반응행동에 대한 결정요인들을 검증하는 과정에서 특정한 변수에만 초점을 두고 있어 변수선택에서 편향성을 보이고 있다. 예를 들어 Keary(2015)는 과학적 낙관주의, Carlton & Jacobson(2013), Mumpower et al.(2015)는 위험지각에, Milfont(2012)는 지식과 지각된 효능감에, Miranda et al.(2011)는 환경정의에, Yang et al.(2014)은 위험 정보추구 등에 초점을 두고 있다. 이와 같이 일부 변수에만 초점을 둔 연구는 결과에 영향을 미칠 수 있는 중요한 변수를 간과하고 있어 연구결과의 일반화가 제한된다는 한계가 있다.

셋째, 기존 연구에서는 독립변수와 관련해 주로 기후변화와 직접적인 관련을 가지는 위험지각(Carlton & Jacobson 2013), 기후변화에 대한 회의적 환경주의(Smith & Leiserowitz 2012), 기후변화관련 지식(Shi et al. 2015) 등과 같이 지각변수들을 중심으로 연구가 이루어졌다. 이와 같은 연구경향으로 인해 보다 근본적인 변수들에 대한 관심, 예를 들어 가치(value) 변수들에 대한 연구가 간과되었다. 최근 기후변화관련 쟁점에서 개인들이 가진 가치의 역할에 대해서 주목하는 연구가 등장하고 있다. Dietz et al.(2007)의 연구에 따르면 개인의 가치(이타성)가 기후변화정책에 대한 지지도에 영향을 미치고 있다.

이상의 기존 연구경향과 한계를 반영한 본 연구의 연구전략은 다음과 같다. 첫째, 기후변화 의식과 대응행동 의도 변수를 동시에 채택하여 두 변수간 관계와 결정구조를 비교분석한다. 둘째, 기후변화 의식과 대응행동 의도에 영향을 미치는 독립변수의 선정과 관련해 보다 보편적 인과모형 구성을 위해 기존 연구에서 논의가 많이 이루어졌던 대표적 변수 10개를 독립변수로 설정한다. 셋째, 이들 독립변수들을 선정함에서 있어 지각변수들뿐만 아니라 가치와 관련을 갖는 변수들(환경주의, 물질주의, 과학적 낙관주의, 평등주의)을 포함하여 연구모형을 균형있게 구성하고 지각변수들과 가치변수들의 역할을 비교론적으로 분석한다.

다음에서는 독립변수로 선정된 10개 변수들을 중심으로 기존 연구결과를 검토하고 본 연구의 연구가설을 설정한다.

2.2. 기후변화 의식과 대응행동 의도의 결정요인1: 지각적 요소

2.2.1. 지각된 위험과 편익

위험지각 또는 지각된 위험이란 하나의 특정한 환경문제로 인해 개인 또는 사회에 유발될 수 있는 부정적 결과의 발생 가능성 정도를 의미한다(O'Connor et al. 1999). O'Connor et al.(1999)는 기후변화와 관련된 위험지각이 행태적 의도를 예측하는 데 있어 중요한 역할을 수행하고 있다는 점을 실증하고 있다. 지각된 편익은 기후변화 해결로 인해 발생할 수 있는 긍정적 결과에 대한 개인적 차원의 지각을 의미한다. 지각된 편익은 기후변화 해결로부터 오는 이득에 대한 지각이다. Leiserowitz et al.(2012)는 미국인들을 대상으로 한 설문조사에서 지구온난화 저지로 인한 편익 문항에 대해 응답자의 과반수 이상이 기후변화 문제 해결이 석유 대외 의존도 탈피, 후손들에게 더 나은 삶 제공, 건강개선, 멸종위기 동식물 구조, 녹색 일자리와 강력한 경제 창출 등의 편익을 가져올 것이라고 답하고 있다.

기존 연구들은 기후변화로 인한 지각된 위험과 기후변화 저감으로 인한 편익이 높을수록 기후변화에 대한 의식과 대응행동(의도)의 강도가 높아진다는 점을 보여준다. Mumpower et al.(2015)는 기후변화가 가지는 위험에 대한 지각을 다양한 차원으로 구분하고 있는데, 기후변화와 관련된 두려움, 피해받는 숫자, 가능성, 이해의 정도라는 심리적 차원의 변수들이 기후변화에 대한 지각된 위험에 영향을 미치고 있다는 점을 보여준다. Whitmarsh(2008)의 연구는 위험과 관련된 경험이 존재할 때 기후변화에 대한 위험인식이 높아지고, 기후변화에 대한 대응행동이 높아짐을 보여준다. O'Connor et al.(1999)의 연구에 따르면 기후변화로 인한 부정적 결과가 예기되는 경우 기후변화와 관련된 대응행동이 증가한다. 특히 이들의 연구에서 위험지각은 일반적인 환경적 신념과는 별개의 독립된 설명력을 가지고 있다. 그러나 소수 연구에서는 위험지각이 기후변화 의식과 대응행동에 오히려 부정적 영향을 미치는 것으로 나타나고 있다. O'Neill and Nicholson-Cole(2009)의 초점집단 연구에 따르면 위기적 이미지가 기후변화에 대한 우려를 유도하지만, 기후변화에 대해 중요한 행동을 할 수 있는 지각을 낮추는 동시에 기후변화에 대한 심리적 부인과 무관심을 유도할 수 있다는 점을 보여준다.

지각된 편익은 개인적 차원에서 자기효능감을 통해 측정되었는데 자기효능감이 높아질수록 기후변화에 대한 우려 수준이 낮아진다(Kellstedt et al. 2008; Milfont et al. 2012).

- 연구가설1: 기후변화에 대한 지각된 위험이 높아질수록 기후변화 의식과 대응행동 의도는 높아진다.
- 연구가설2: 기후변화에 대한 지각된 편익이 높아질수록 기후변화 의식과 대응행동 의도는 높아진다.

2.2.2. 비난귀인

비난귀인(blame attribution)은 특정한 비난할 사안이 발생할 경우 책임의 소재를 누구에게 돌리는가의 문제이다. 각 문화에 따라서 그 비난양식(blame style)과 귀인양식(attribution style)에 차이가 나타난다. 일단의 재난과 불행이 존재하는 경우, 이의 책임과 원인을 설명하는데 있어 문화적 맥락에 따라 정해진 목록(fixed repertoire)을 가지고 있으며, 비난에 대한 귀인(attribution)은 이 목록 내에서 발생하며, 정보선택에 있어서도 자기집단 편향에 부합되는 것만 지지된다(Douglas 1992). O'Connor et al.(1999)는 역사적으로 극심한 기후관련 문제가 발생할 경우 특정대상에 대한 비난이 발생하는 것이 일반적이라고 주장하며, 지구온난화의 원인에 대한 인식은 기후변화에 대응하는 행동의사를 예측하는 강력한 변인이라고 주장한다.

사회적으로 비난이 존재하는 사건의 책임소재와 관련해 대중들은 자기보다는 타인에게 책임을 돌리고, 문제의 해결 책임에 대해서도 자기보다는 외부 행위자에게 귀속시키는 이른바 외귀인 성향이 강하다. Lorenzoni et al.(2007)가 영국인을 대상으로 실시한 설문조사 결과에 따르면 응답자의 53.9%는 (자기 자신보다는) 산업체의 오염이 기후변화 유발의 핵심인자라고 답하고 있으며, 35.1%는 기후변화와 관련해 (자기가 소속된 영국보다는) 미국이 가장 비난을 받아야 한다고 답하고 있다.

기후변화의 책임을 자기에게 책임을 돌리는 내귀인의 경우 책임을 밖으로 돌리는 외귀인의 경우에 비해 기후변화 의식과 대응행동 의도가 높아진다. 최근 이와 같은 귀인성향이 기후변화에 의식에 영향을 미친다는 점이 실증되고 있다. Jang(2013)의 연구는 문제의 소재가 타집단이 아닌 자신들 집단에 있다고 생각하는 집단은 기후변화를 인간보다는 자연에 있다고 귀인시킬 가능성이 크다는 점을 보여준다. 문제의 소재를 인간보다 자연에 귀인시키는 이들은 결과적으로 기후변화 의식과 정책에 대한 지지도가 떨어진다. 즉, 개인이 타인과 자연보다 자기 자신과 인간에게 비난을 귀인시키는 경우 이들의 기후변화 의식과 대응행동 의도가 상승한다.

- 연구가설3: 기후변화의 원인에 대해 자연보다 인간에게 책임을 귀인시키는 경우 기후변화 의식과 대응행동 의도가 높아진다.

2.2.3. 지식

계몽적 관점에서 기후변화에 대한 지식과 이해는 기후변화관련 의식과 대응행동 의도를 제고하는 기능을 수행한다. Shi et al.(2005)의 연구에서 기후변화에 대한 지식은 기후변화에 대한 우려와 유의한 상관관계를 가지며, 더 나아가 지식은 기후변화와 관련된 행동교정 의사, 기후변화 정책에 대한 수용성에도 正(+)의 영향을 미친다. Bord et al.(2000)의 연구도 지구온난화와 관련된 인과적 지식이 기후변화에 대한 믿음, 행태적 의도와 관련되어 있다는 점을 보여준다. 기후변화와 관련된 반응행동에 초점을 두고 있는 O'Connor et al.(1999)의 연구에서 지식은 행태적 의도를 설명하는 기능을 수행하고 있다. 지식이 많아질수록 기후변화 대응과 관련된 자발적 대응행동 의도가 높아진다. 특히 기후변화의 원인에 대한 정확한 인식이 이루어질수록 기후변화와 관련된 정책에 대한 지지도가 높게 나타난다.

하지만 현실에서 대중들은 기후변화에 대해 우려하고 있지만 문제는 이에 대한 지식이 많지 않다는 점에 있다. Lorenzoni et al.(2007)는 질적 연구를 통해 기후변화와 관련해 기후변화의 원인, 귀결, 가능한 해결책에 대한 일반인들의 지식이 부족하다는 점을 보여주고 있다. 이들이 영국 남부주민 1,771명을 대상으로 한 설문조사에 따르면 기후변화, 지구온난화에 대해서 알고 있느냐는 질문에 대해서 표본의 17% 정도는 아무것도 알고 있지 않다고 답하고 있다.

Tobler et al.(2012)의 연구는 기후변화에 대한 원인과 결과에 대한 지식이 기후변화 우려와 正(+)의 관계, 기후변화에 대한 회의주의적 시각과 負(-)의 관계를 가지고 있다는 점을 실증하고 있다. 이들의 연구는 단순히 지식의 보유뿐만 아니라 어떠한 지식을 가졌는지, 지식의 유형에 따라 영향력이 달라진다는 점을 보여준다. 이를 보다 정교화하고 있는 Shi et al.(2005)는 지식의 유형에 따라 효과가 다르다는 점을 보여주는데, 다른 지식유형에 비해 인과적 지식이 보다 효과적이며, 인과적 지식이 많아질수록 기후변화에 대한 우려 수준은 높아진다. 비슷한 유형의 연구에서 Tobler et al.(2007)에 따르면 행위와 관련된 지식은 기후변화 의식과 유의한 관계를 갖지 못하는 반면에, 물리적 지식은 기후변화 의식과 부(-)의 관계를 가진다. Mumpower et al.(2015)는 지식의 개념을 더욱 확대하고 있는데, 응답자가 개인적으로 기후변화에 대해서 가지고 있는 지식의 정도뿐만 아니라 과학자의 기후변화에 이해하는 수준에 대해 대중들이 평가하는 지각도 기후변화에 대한 위험지각에 영향을 미친다.

O'Connor et al.(1999)에 따르면 환경적 지식이 직접적 효과뿐만 아니라 간접적 효과를 가진다는 점을 보여준다. 지식은 환경문제에 대한 문제인식과 의무감을 높이거나 필요한 개선행동에 대한 단서를 제공하는 방식을 통해 환경적 행태에 영향을 미치는 직접효과뿐만 아니라 환경적 지식이 위험지각을 감소시키고 이것이 환경적 행동에 영향을 미치는 간접효과를 가진다. Kahan et al.(2012)의 연구에서 과학적 지식은 기후변화 우려와 약한 관계를 유지하는데 이와 같은 관계는 문화적 가치에 의해서 조절된다.

- 연구가설4: 기후변화에 대한 지식이 많아질수록 기후변화 의식과 대응행동 의도는 높아진다.

2.2.4. 회의적 환경주의

회의적 환경주의(skeptical environmentalism) 또는 환경적 회의주의(environmental skepticism)는 과학자들이 주장하는 환경위기가 과장되었고 이들이 제공하는 자료에 오류가 존재한다는 신념을 의미한다(김서용 · 김선희 2015). 물론 이와 같은 회의주의가 대중들의 보편적 시각을 반영하는 것은 아니다. 기후변화의 심각성을 부정하는 이러한 입장은 흔히 (기후변화) 회의론(skepticism) 혹은 (기후변화) 부인론(denial)으로 불리우고, 이러한 입장을 취하는 이들은 흔히 기후변화 회의론자(skeptic), 부인론자(denier)로 불리운다(박희제 · 허주영 2012, 72). 회의적 환경주의와 관련해 선도적 연구를 수행한 Lomborg(2001)는 『회의적 환경주의자(The Skeptical Environmentalist)』라는 책에서 기후변화를 비롯하여 환경위기를 주장하는 과학자나 분석가들이 내놓는 자료들에 많은 오류나 문제점이 존재한다는 점을 보여준다. Lorenzoni et al.(2007)가 영국 남부주민 1,771명을 대상으로 실시한 설문조사 결과를 보면 응답자의 24% 정도는 기후변화에 대한 증거들을 신뢰할 수 없다고 답변하고 있으며, 23.3%는 기후변화를 진짜 문제라고 말하는 것은 아직 시기상조라고 답하고 있어, 일부 대중들이 기후변화에 대한 회의주의적 시각을 가지고 있음을 알 수 있다. Whitmarsh(2011)의 시계열 조사에 따르면 기후변화가 과장되었다고 응답한 비율은 2003년과 2008년 사이에 두 배로 증가하였으며, 이와 같은 회의주의는 개인들이 가진 환경적, 정치적 가치관에 의해 영향을 받고 있다는 점에서 회의주의가 구조적 차원의 문제임을 시사한다.

Smith et al.(2012)의 최근 실증분석 결과를 보면 회의적 환경주의는 기후변화와 관련된 과학에 적대적 태도를 유도하고, 기후변화 정책에 대한 반대를 유도한다. 이들의 연구에서 극단적 회의주의는 지구온난화에 대한 위험 지각에 영향을 미치고 있다. 한국인을 대상으로 기후변화 의식에 대한 조사를 실시한 박희제 · 허주영(2012)의 연구에 따르면 한국인 대다수는 기후변화에 대한 내용 자체를 부정하지는 않지만 기후변화 문제 해결에 낙관적인 것으로 나타났다. 이들의 연구는 한국에서도 회의적 환경주의가 존재한다는 점을 보여주는데, 전체 응답자의 25%는 기후변화 옹호론자였고, 약 13%는 회의론자였으며, 절대 다수는 중도적인 입장을 보이고 있다. 이와 같은 옹호론자와 회의론자는 기후변화와 관련된 이슈에 대해 서로 다른 반응을 보여주는데, '이산화탄소나 다른 온실가스 배출은 기후변화에 미미한 영향을 미칠 뿐이다', '지구의 기후변화는 지금까지 늘 있어왔던 자연변화의 일부일 뿐이다', '기후변화의 심각성은 과장되어 있다'에 대한 진술에 대해서 옹호론자보다 회의론자들의 동의비율이 높게 나타나고 있다. 요컨대 회의주의가 강할수록 기후변화 의식과 대응행동 의도가 낮아질 가능성이 높다.

- 연구가설5: 기후변화에 대한 회의주의가 강할수록 기후변화 의식과 대응행동이 낮아진다.

2.2.5. 기후 不正義

기후 不正義(climate injustice)란 기후변화로부터 발생하는 피해가 사회적으로 불평등하게 분배된다는 점에서 주목한다. 본 개념은 기존 환경 不正義(environmental injustice) 개념에서 파생되었다. 기후정의란 기후변화로부터 발생하는 불평등한 부담(unequal burdens)을 해소 및 완화하자는 비전이라고 할 수 있다(Climate Institute 2015). 기후정의는 기후변화와 관련된 정책과 사업에서 차별의 해소와 공평한 대우를 의미한다. 이에 근거하여 추론할 때 기후 不正義(climate injustice) 의식이란 개인이 기후변화의 피해가 일부 계층이나 집단에 귀속된다고 지각하는 것을 의미한다.

윤순진(2002)은 환경문제는 환경자원의 분배와 관련해 불평등 요소를 내재하고 있다고 주장한다. 기후변화 영향의 파급력이 전 지구적 차원에서 발생한다는 점에서 피해는 무차별적인 것 같지만 실제로는 불평등적 측면을 내포하고 있다. 기후변화와 관련해 대응능력(예를 들어 대기 온실가스 흡수능력)을 기준으로 볼 때 물질적인 부가 많은 집단들은 그렇지 않은 집단에 비해 기후변화에 대한 대응능력이 높다. 특히 후자 집단의 경우 기후변화로 인한 피해에 훨씬 더 취약하고 기후변화에 대처할 능력이 없어 생존을 위협받을 가능성이 높다(윤순진, 2002). Miranda(2011)는 국가수준에서의 실증분석을 통해 기후변화 대응능력의 차이로 인해 개도국이 선진국에 비해 기후변화로부터 보다 심각한 영향을 받을 수 있다는 점을 보여준다. Satterfield et al.(2004)의 실증 연구는 개인적인 수준에서 환경위험의 사회적 분배상태가 정의롭지 않다고 생각할수록 개인들은 해당 위험을 높게 지각한다는 점을 보여준다. 이 연구에서는 환경不정의를 측정하고 있는데, '나는 위험시설이 소외계층이 거주하는 공동체에 많다고 생각한다', '경제적 이유로, 비소수자보다는 소수자 공동체는 산업적 오염을 수용을 강제받고 있다', '소수자 공동체는 거주지역에 위험시설을 저지하기 위한 정치적 힘이 부족하다', '정부는 위험시설의 입지를 소수자 거주지에 입지시키는 것을 제한해야 한다' 등에 대한 동의 정도를 통해 측정했다.

이와 같은 연구결과는 기후 不正義 의식이 높아질수록 기후변화에 의식, 대응행동 의도가 높아질 수 있음을 시사한다.

- 연구가설6: 기후 不正義 인식이 높아질수록 기후변화 의식과 대응행동 의도는 높아진다.

2.3. 기후변화 의식과 대응행동 의도의 결정요인2: 가치적 요소

2.3.1. 환경주의

환경주의는 인간중심적 가치보다 자연중심적 가치에 비중을 두는 근본적 정향을 의미한다. 이와 같은 가치는 근본적 속성을 가지기 때문에 태도차원의 기후변화 의식에 영향을 준다. Mumpower et al.(2015)의 연구는 관계적 요소보다는 '가치적 요소'가 중요함을 보여준다. 외부적인 성격이 강한 환경단체 회원 여부는 기후변화 위험지각에 영향을 미치지 않지만 신(新)생태주의패러다임(New ecological paradigm, NEP)은 유의한 영향을 미친다.

아울러 환경주의는 기후변화와 관련된 대응행동(의도)을(를) 촉진하는 요인이 된다. O'Connor et al.(1999)의 연구에서 일반적인 환경에 대한 신념은 행태적 의도를 설명하는 데 일정한 기능을 수행하고 있다. 이들의 연구에서는 세계가 연약하다는 신념이 강해질수록 환경관련 자발적 행동이 많아진다. Dietz et al.(2007)에 따르면 생태적 이타주의(biospheric altruism)라는 환경주의적 요소는 환경변화와 관련된 정책에 대한 지지도를 높인다. Whitmarsh(2008)의 연구에서 환경적 가치를 가진 이들은 기후변화를 아주 위험한 것으로 간주하며 이에 대해 적극적으로 대응하는 행동을 보인다. 이들 연구에서 환경주의는 이와 같은 직접적인 기능 외에도 위험과 관련된 부정적 경험과 기후변화에 대한 반응 간 관계를 매개하는 간접적 역할까지 수행한다. Carlton & Jacobson(2013)의 연구에서도 환경주의가 기후변화 위험인식에 영향을 미친다는 점을 보여주는데 이와 같은 영향력은 위험지각의 유형에 따라 달라진다. 기후변화가 물리적, 행태적 측면에서 위험하다는 의식의 근거에는 친환경주의가, 경제적인 측면에서 위험하다는 의식에는 反환경주의가 자리잡고 있다.

- 연구가설7: 환경주의가 높아질수록 기후변화 의식과 대응행동 의도는 높아진다.

2.3.2. (脫)물질주의

Inglehart(1977, 1995)는 개인들은 자신들의 선호를 결정하기 위해 목표를 선택해야 하는데 이 때 특정시점에서 가장 부족한 욕구를 충족시킬 수 있는 목표를 선택하는 것이 일반적이라고 설명한다. 개인들이 추구하는 목표는 산업화의 수준에 따라 달라지는데 산업사회가 완성되면 가장 기본적인 가치와 욕구인 경제적 성장/소비 욕구 즉, 물질주의적 욕구가 충족되었기 때문에 산업화 이후에는 탈물질주의적 욕구와 가치의 추구로 이동하게 된다. 따라서 산업화 이후에는 새로운 가치가 등장하게 되는데 삶의 질, 자기표현, 자아실현 등이 그 예이다.

환경주의도 이러한 탈물질주의적 고차욕구에 속하는 가치 중 하나이다(Inglehart 1995; 김서용·김선희 2014). 박종민·왕재선·김영철(2005)의 연구에서 탈물질주의는 환경주의의 한 차원인 생태위기 인식과 상관관계를 가지고 있다. 박희제 · 허주영(2012)의 연구는 기후변화와 경제적 가치관간 관계가 상충관계에 있다는 점을 보여준다. '기후변화의 원인이 밝혀지기 전까지 산업활동을 제한해서는 안 된다'는 문항에 응답자의 52.8%가 동의하고 있어 응답자의 과반이상이 기후변화 대응책으로서 산업활동을 제한하는 것에 반대하고 있다. Dietz et al.(2007)의 연구에서는 물질주의가 강할수록 기후변화와 관련된 정책 지지도가 낮아진다. 반대로 탈물질주의적 가치를 가지는 사람들의 경우 다양한 영역에서 (기후변화에 도움이 되는) 친환경적 행태(예: 출퇴근시 친환경적 교통수단 선택, 에너지 사용량 감소)를 보이고 있다(Dietz et al. 2005).

- 연구가설8: 물질주의가 높아질수록 기후변화 의식과 대응행동 의도는 낮아진다.

2.3.3. 과학기술 낙관주의

환경문제에서 과학기술은 아주 다른 두 가지의 역할을 동시에 수행하는데, 한편에서는 과학기술은 환경문제를 발생시키는 원인이 되며, 한편에서는 이와 같은 문제의 해결책이 된다. 후자를 강조하는 쪽이 소위 과학기술 낙관주의에 속한다. (과학)기술 낙관주의는 진보적 사고와 깊은 관계를 가지고 있으며, 자본주의적 생산양식을 유지하는데 결정적인 역할을 해왔다(Keary 2015). 과학기술 낙관주의는 과학기술에 대한 신뢰에 비중을 둔다. 박희제 · 허주영(2012)의 연구에 따르면 과학에 대한 높은 신뢰는 과학기술을 통해 기후변화 문제를 극복할 수 있을 것이라는 낙관적인 태도를 낳는다. 이들에 의하면 기후변화는 인간의 직접적인 경험 한계를 뛰어넘는 문제이기 때문에 과학과 과학기술자에게 의존할 수 밖에 없다.

Lorenzoni et al.(2007)의 질적 인터뷰에 참여한 이들은 기후변화로 인해 상상할 수 없는 큰일이 발생하더라도 기술이 이들 문제에 대응할 수 있기 때문에 살아남을 수 있다는 반응을 보이고 있다. Hmielowski et al.(2014)는 기술적 낙관주의를 과학자에 대한 신뢰를 중심으로 분석하고 있다. 이들 연구에서는 과학자에 대한 신뢰가 과학관련 주제에 대한 개인들의 견해를 결정하는데 일종의 방향타 역할(휴리스틱)을 수행한다. 과학기술에 대한 낙관론적 견해가 강해질수록 과학기술이 기후변화 문제를 해결할 수 있다고 믿기 때문에 기후변화로 인해 발생할 문제에 대해 우려 수준이 낮으며 대응행동 의도 수준이 낮아진다.

- 연구가설9: 과학기술 낙관주의가 높아질수록 기후변화 의식과 대응행동 의도는 낮아진다.

2.3.4. 평등주의

문화이론(Cultural Theory)에 따르면 평등주의, 계층주의, 개인주의, 운명주의 등 네 가지 문화적 가치가 개인들이 가지는 태도에 영향을 미친다(Douglas & Wildavsky 1982). Kahan et al.(2011)의 연구에서는 기후변화, 환경문제와 관련해 계층주의, 개인주의 가치를 가진 이들은 환경적 위험에 회의적인 반면에 평등주의적 가치를 가지는 이들은 지구온난화가 발생하고 있다는 점에 동의한다. 네 가지 문화적 가치간 기후변화에 대한 사고 차이는 자연(nature)에 대한 근본적인 시각 차이에서 출발한다.

Schwarz & Thompson(1990)에 따르면 계층주의는 '자연의 본성(nature of nature)'은 일정한 범위 내에서 지속성과 내구성을 갖춘 것으로 간주하며, 외부충격과 '오염'에 대해 자연은 일정한 범위 내에서 균형을 회복할 수 있는 자기 복원력(self resilience)을 가지는 것으로 본다. 개인주의에서 볼 때 자연은 은혜로운 존재로서 외부의 개발과 오염에도 견디어낼 수 있는 능력이 있다. 자원은 풍부하고, 어떻게 개발하느냐에 따라서 풍요의 뿔이 될 수 있다. 반면 평등주의 시각에서 볼 때 자연은 危弱性(vulnerability)을 가진 것으로 본다. 자연은 외부충격에 민감하기 때문에, 작은 충격에도 큰 혼란이 발생하며, 작은 오염이라도 위험은 민감한 자연에 치명적인 상처를 남긴다. 또한 이러한 위험이 일단 한 번 발생하면, 이를 해결하기 위한 기술적인 능력도 일정한 범위 내에서만 유효하기 때문에 엄청난 재앙을 가져온다고 본다. 따라서 오염의 원인이 될 수 있는 것들에 대해서는 사전에 차단하는 것이 좋다. 평등주의는 자연과 관련된 환경문제를 심각하게 받아들인다(Schwarz & Thompson 1990).

이와 같은 논의를 토대를 할 때 평등주의가 높아질수록 환경주의, 기후변화 의식과 대응행동(의도) 수준이 높아진다. 박종민 등(2005)의 분석에서도 평등주의는 환경주의에 正(+)의 영향을 미치고 있다. Smith et al.(2012)의 분석에서는 평등주의가 높아질수록 기후변화에 대한 위험인식이 높아지고 있다. Shi et al.(2005)는 평등주의와 유사한 공동체주의 효과를 검증하고 있는데 공동체주의는 지식과 기후변화 우려 간 관계를 조절하는 역할을 수행한다. 즉, 지식이 많아지면 기후변화 우려수준이 높아지는데, 이러한 효과는 공동체주의가 높을 때 더욱 촉진된다.

- 연구가설10: 평등주의가 높아질수록 기후변화 의식과 대응행동 의도는 높아진다.

3 표본 및 측정

본 연구에 활용된 자료는 2014년 4월 15일부터 5월 30일까지 전국의 일반국민을 모집단으로 하여 설문조사를 실시하여 수집되었다. 표본추출은 지역, 성, 연령에 따른 다단계 층화할당확률표집방법을 사용하였으며, 최종적으로 일반국민 1,500명을 대상으로 구조화된 설문지를 이용한 개별면접 조사를 실시하여 수집하였다. 주요 인구통계학적인 특성을 살펴보면 성별은 남성이 49.5%, 여성이 50.5%로, 연령대는 20대가 17.6%, 30대가 19.5%, 40대가 21.9%, 50대가 19.5%, 60대가 21.5%, 학력별로는 초·중등졸업자가 10.6%, 고졸자가 41.7%, 대졸자 이상이 47.7%로 나타났다. 각 측정문항은 〈표 10-1〉과 같다. 복수로 측정된 문항의 경우 신뢰도 분석을 실시하였다.[2] 기후변화 의식은 ISSP(International Social Survey Programme) 2010년 조사자료를

2 지식과 평등주의의 신뢰도가 상대적으로 낮다는 점에서 문항사용에 일정한 한계가 존재한다.

표 10-1 측정문항 및 신뢰도

개념 및 변수	질문내용 또는 진술문	평균	분산	신뢰도
기후변화 의식[3]	기후변화는 다른 어떤 위험과도 비교할 수 없는 아주 심각한 문제이다.	3.88	.445	.679
	기후변화는 한국 상황을 고려할 때 아주 심각한 문제이다.	3.82	.603	
	지구 온난화는 아주 심각한 문제를 가져올 것이다.	3.78	.663	
	지구 온난화는 인류의 생존을 위협하는 심각한 위험이다.	3.76	.680	
기후변화 대응행동 의도	온난화 문제를 해결하기 위한 운동에 참여할 의사가 있다.	3.50	.658	.678
	온난화 문제를 해결하기 위해 대중교통을 보다 더 이용할 의사가 있다.	3.66	.688	
	온난화 해결을 위해 세금을 더 낼 의사가 있다.	3.33	.764	
	온난화 해결을 위해 필요한 비용을 부담할 의사가 있다.	3.32	.679	
비난귀인	지구 온난화의 원인은 나를 포함한 인간들의 잘못이다.	3.72	.638	-
지각된 위험	지구 온난화가 나에게 미칠 부정적 영향을 걱정한다.	3.65	.622	.610
	지구온난화로 인해 발생하는 문제가 우리 가족에 피해를 줄까 걱정이다.	3.70	.607	
지각된 편익	지구 온난화 문제가 해결되면 우리에게 엄청난 이익이 있다.	3.61	.692	.633
	지구 온난화 문제의 해결이 경제발전을 가져온다.	3.60	.728	
지식	지구 온난화 문제에 대해 잘 알고 있다.	3.28	.666	.532
	지구 온난화 문제에 대해서 남들에 비해 지식이 많다.	3.12	.715	

3 '기후변화의식' '기후변화대응행동' '과학기술낙관주의'간 중복가능성이 존재할 수 있어 요인분석을 통해 타당도 분석을 실시하였으며, 분석결과 이들 문항들이 세 요인으로 분리되어 있음을 확인하였다.

회의적 환경주의	기후변화가 실제로 발생할지는 확실하지 않다.	3.25	.932	.687
	기후변화는 과장되었다.	3.07	.975	
기후 不正義	지구 온난화로 인해 못사는 사람들만 피해를 본다.	3.28	.672	.628
	지구 온난화로 인해 선진국보다 후진국들만 피해를 본다.	3.44	.644	
환경주의	현재 지구는 심각한 환경위기, 생태위기에 직면해 있다.	3.91	.491	.602
	지구는 스스로 견딜 수 있는 한계를 이미 넘어섰다.	4.35	3.452	
	동물과 식물도 인간과 똑같이 평등하게 생존할 권리를 가지고 있다.	3.77	.572	
	자연은 매우 민감해서, 쉽게 파괴된다.	3.76	.712	
물질주의	환경보존보다 경제발전이 우선이다.	3.14	.733	.684
	경제발전이 된 다음에 환경보호를 하는 것이 순서이다.	3.19	.709	
과학기술 낙관주의	과학기술은 우리의 삶을 보다 건강하고 편리하게 만든다.	3.83	.458	.622
	과학기술의 진보 덕택에 지구상 에너지 자원은 무궁무진하게 되었다.	3.69	.682	
	과학기술은 우리의 삶을 보다 쉽고, 편안하고, 건강하게 만든다.	3.67	.562	
	과학기술 덕분에 미래세대는 더 많은 기회를 가질 것이다.	3.75	.654	
평등주의	우리에게는 부를 평등하게 나누기 위한 전반적 개혁이 필요하다.	3.60	.627	.575
	우리 사회가 평등해지면 많은 문제들이 해결될 것이다.	3.53	.616	

참조하여, 기후변화 대응행동 의도는 기존 연구들(O'Connor et al. 1999; Shi et al. 2005)을 참조하여 직접행동보다는 행동의사에 초점을 두고 측정하였다. 변수들의 합성(composite)을 위해서는 복수문항의 평균값을 사용하였다. 측정문항과 관련해 환경주의는 Dunlap et al.(2000)의 NEP(New Ecological Paradigm), 물

질주의는 Inglehart(1977; 1990)의 脫물질주의 측정문항, 과학기술낙관주의는 Eurobarometer 2010 조사문항, 문화편향은 Dake(1990)의 문화이론 측정문항을 참조하였다. 기타 문항들의 경우 이론적 논의 내용을 반영하여 연구자가 설계하였다.

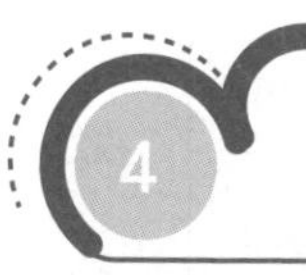

4 분석결과 및 해석

4.1. 기초분석

기후변화 의식과 대응행동 의도에 대한 전반적인 특징을 살펴보기 위한 기초분석으로써 성별, 소득별, 연령별, 교육별 수준에 따라 평균값(5점 만점) 차이를 정리하였으며 결과는 〈표 10-2〉와 같다.

표 10-2 사회인구통계학적 변수와 기후변화 의식, 대응행동 의도

		기후변화 의식		기후변화 대응행동 의도	
전체		3.81		3.45	
성별	남성	3.81	.006	3.45	.077
	여성	3.81		3.46	
월 가구소득	399만원 이하	3.78	2.837*	3.41	6.102**
	400만원 이상	3.83		3.49	
연령	30대 미만	3.82	.438	3.44	.294
	30-39세	3.78		3.47	
	40-49세	3.82		3.45	
	50-59세	3.80		3.43	

	60세 이상	3.83		3.48	
교육	고등학교 이하	3.78	5.966**	3.44	.955
	대학 이상	3.85		3.47	

*p〈.05, **〈p.01, ***〈p.001

전체적인 평균값을 볼 때 기후변화 의식은 3.81점, 기후변화 대응행동 의도는 3.45를 보이고 있어 의식보다는 대응행동 의도가 낮다는 점을 알 수 있다. 이는 개인의 입장에서 태도가 대응행동으로 이어지지 못하는 非일관성 문제가 존재한다는 점을 보여준다.

성별로 볼 때 남성과 여성 간에 의식 차이가 나타나지 않고 있다. 이와 같은 결과는 여성들이 남성들에 비해 기후변화에 대한 우려 수준이 높다는 O'Connor et al.(1999), Shi et al.(2005)의 기존 연구결과와 대비된다.

다음으로 소득별로 볼 때 기후변화 의식 측면에서 400만원 미만 집단에 비해 이상 집단에서 기후변화 의식이 높게 나타나고 있으며, 이와 같은 패턴은 대응행동 의도에서도 나타나고 있다. 이와 같은 결과는 소득이 높아질수록 기후변화관련 정책에 대한 지지도가 높아진다는 연구결과(Dietz et al. 2007)를 지지한다.

연령대별로 볼 때는 기후변화 의식과 대응행동 의도 모두 연령 간 차이가 거의 발생하지 않고 있다. 다만 60대 이상이 다른 집단에 비해 상대적으로 약간 높은 값을 보이고 있다. 이는 연령이 높아질수록 기후변화 정책에 대한 지지도가 높아진다는 Dietz et al.(2007)의 결과와 유사하다.

마지막으로 교육수준별로 볼 때 교육수준이 높아질수록 기후변화 의식이 높아지는 경향을 보이고 있다. 이와 같은 패턴은 기후변화 대응행동 의도에서도 나타나지만 통계적으로 유의하지는 않다. Shi et al.(2005)는 학력이 높은 집단에서 기후변화 정책에 대한 수용도가 높다는 결과를 보여준다.

다음으로 기후변화 의식, 대응행동 의도와 사회구성변수들 간 상관관계 분석을 실시하였으며 그 결과는 〈표 10-3〉과 같다. 대각선을 축으로 아래는 단순상관계수, 위는 성별, 소득, 연령, 학력 등을 통제한 상태에서의 편상관계수이다.

〈표 10-3〉에서 우선 주목할 점은 기후변화 의식과 대응행동 의도 간 상관관계 계수값의 크기가 크지 않다는 점이다. 둘 간의 관계는 단순상관관계의 경우 .220, 편상관계수의 경우 .216로 나타나고 있다. 이와 같은 낮은 상관계수값은 두 변수의 속성이 동일, 유사하지 않다는 점을 시사한다. 즉, 환경의식이 높아지더라도 대응행동 의도로 이어질 가능성이 그리 높지 않다는 점을 제시한다. 이는 의식과 행동간 非일관성이 존재할 가능성이 높다는 점을 시사한다.

우선 기후변화 의식의 경우 비난귀인, 지각된 위험, 지각된 편익, 환경주의, 과학기술낙관주의, 평등주의, 기후 不正義와 正(+)의 관계를 가지는 반면에, 회의적 환경주의, 물질주의와는 負(-)의 관계를 보이고 있다. 지식과는 유의한 관계를 가지지 못하고 있다. 관계의 강도 측면에서는 기후변화 의식은 지각된 위험 〉 환경주의 〉 비난귀인 〉 과학기술낙관주의 순으로 높은 관계를 보이고 있으며, 회의적 환경주의, 물질주의와는 약한 관계를 보이고 있다.

기후변화 대응행동 의도의 경우 비난귀인, 지각된 위험과 편익, 지식, 환경주의, 과학기술낙관주의, 평등주의, 기후 不正義 등과 正(+)의 관계를 보이고 있다. 이들 변수 중 지식 〉 지각된 편익 〉 기후 不正義 순으로 높은 관계를 보이고 있으며, 평등주의, 비난귀인, 과학기술낙관주의와 약한 관계를 보이고 있다. 주목할 점은 회의적 환경주의, 물질주의와는 유의한 관계를 가지지 못하고 있다는 것이다.

상관관계에서 주목할 점은 기후변화 의식과 대응행동 의도의 상관관계 구조에 일부 공통점이 존재한다는 것이다. 두 변수 모두 지각된 위험, 환경주의, 과학기술 낙관주의, 평등주의, 기후 不正義 등과 유의한 관계를 보이고 있다. 이러한 공통점과 달리 다음의 세 가지 점에서 차이도 존재한다.

먼저 상관관계의 통계적 유의성 여부와 관련해 회의적 환경주의, 물질주의의 경우 기후변화 의식과는 유의한 관련성을 갖지만, 기후변화 대응행동 의도와는 유의한 관계를 갖지 못하고 있다. 반면에 지식의 경우는 기후변화 의식과는 관련이 없지만 기후변화 대응행동 의도와는 유의한 관계를 가지고 있다.

둘째, 변수들 간 관계의 강도 측면에서 기후변화 의식은 지각된 위험 〉 환경주의 〉 비난귀인 순으로 이들과 높은 상관관계를 보이고 있는 반면에, 기후변화 대응행동 의도는 지식 〉 지각된 편익 〉 기후 不正義 순으로 이들과 높은 상관관계를 보이고 있다.

셋째, 두 변수가 특정변수와 가지는 관계가 대조적이다. 비난귀인, 지각된 위험과 편익, 환경주의, 회의적 환경주의, 물질주의, 과학기술낙관주의, 평등주의는 기후변화 의식보다 기후변화 대응행동 의도와 높은 상관관계를 보이는 반면에 지식, 기후 不正義 경우는 기후변화 의식과 높은 관계를 보이고 있다.

대각선을 축으로 위는 성별, 가구소득, 연령, 교육 등을 통제한 상태에서 편상관관계 계수들이다. 편상관관계의 경우도 계수값이 약간 작아진 것을 제외하면 관계의 강도, 방향, 유의성 등에서 단순상관관계에서 나타났던 구조가 그대로 유지되고 있다.

이상의 결과는 기후변화 의식과 대응행동 의도가 일부 유사한 속성을 가지고 있지만 상당히 다른 속성을 가지며 이로 인해 두 변수가 다른 변수들과 가지는 관계구조가 동일하지 않음을 제시한다.

표 10-3 상관관계 분석

		1	2	3	4	5	6	7	8	9	10	11	12
기후변화	1 기후변화 의식	1	.216***	.352***	.437***	.291***	.023	-.101***	.112***	.410***	-.093***	.294***	.128***
	2 기후변화 대응 행동 의도	.220***	1	.124***	.200***	.227***	.241***	.033	.206***	.136***	.003	.133***	.120***
지각변수	3 비난 귀인	.358***	.130***	1	.281***	.272***	.025	-.041	.064**	.205***	.009	.158***	.146***
	4 지각된 위험	.441***	.204***	.290***	1	.156***	.085	-.038	.138***	.302***	-.017	.181***	.089
	5 지각된 편익	.298***	.233***	.282***	.165***	1	.177***	.071***	.180***	.184***	.046*	.293***	.153***
	6 지식	.031	.244***	.037	.093***	.185***	1	.227***	.278***	.045*	.176***	.065**	.136***
	7 회의적 환경 주의	-.103***	.033	-.044*	-.040	.068***	.223***	1	116***	-.066**	.339****	.037	.082***
	8 기후 不正義	.118***	.210***	.073***	.144***	.187***	.283***	.113***	1	.102***	.160***	.083***	.164***
가치변수	9 환경 주의	.414***	.141***	.216***	.310***	.194***	.054	-.068	.109***	1	-.058**	.295***	.205***
	10 물질 주의	-.098***	-.001	.001	-.022	.038	.168***	.340***	.153***	-.063**	1	.129***	.162***
	11 과학 기술 낙관 주의	.299***	.136***	.169***	.189***	.299***	.073***	.034	.089	.302***	.123***	1	.252***
	12 평등 주의	.133***	.122***	.152***	.094***	.158***	.141***	.079***	.168***	.208***	.155***	.255***	1

*p〈.05, **〈p.01, ***〈p.001

4.2. 전체 회귀분석

다음으로 기후변화 의식과 대응행동 의도를 결정하는 인과구조를 살펴보기 위해서 회귀분석을 실시하였으며 그 결과는 〈표 10-4〉와 같다. 소득과 연령의 경우 자연로그를 취하였으며, 성별과 교육수준은 더미로 처리하였으며, 준거집단은 성별의 경우 남성, 교육의 경우 대졸 미만이다.

기후변화 의식에 대한 독립변수의 영향력과 관련해 먼저 주목할 점은 네 개의 사회인구통계학적 변수들의 영향력이 통계적으로 유의하지 않다는 점이다. 지각변수들에서 비난귀인, 지각된 위험, 지각된 편익 등은 기후변화 의식에 正(+)의 영향을 미치는 반면에 회의적 환경주의는 負(-)의 영향을 미치고 있다. 지식과 기후 不正義는 유의미한 영향을 미치지 못하고 있다. 이와 같은 결과는 지식의 역할을 확인한 Bord et al.(2000)의 연구결과와 상반된다. 표준화된 회귀계수값을 기준으로 해서 볼 때 기후변화 의식에 영향력을 미치는 변수는 지각된 위험 〉 비난귀인 〉 지각된 편익 〉 회의적 환경주의 순으로 나타나고 있다.

가치변수에서는 환경주의와 과학기술 낙관주의는 기후변화 의식에 正(+)의 영향을, 물질주의는 負(-)의 영향을 미치고 있다. 평등주의의 영향력은 유의하지 않은 것으로 나타났다. 이와 같은 결과는 기술적 낙관주의가 과학기술이 기후변화의 해결책을 제공할 수 있다는 신념을 강화시킨 결과로 해석되며, 물질주의의 부적 영향은 기후변화를 위한 대응행동이 기업활동에 일정한 규제와 제한이 가해질 수 있다는 점을 반영한 결과로 해석된다. 이와 같은 결과는 평등주의와 공동체주의의 유의미한 역할을 실증한 Smith et al.(2012), Shi et al.(2005)의 연구결과와 상반된다. 표준화된 회귀계수값을 볼 때 영향력의 크기는 환경주의 〉 과학적 낙관주의 〉 물질주의 순으로 영향을 미치고 있다.

기후변화 대응행동 의도의 결정구조를 볼 때 소득이 높아질수록 기후변화 대응행동 의도 수준이 높아지고 있다. 지각변수 중에서는 지각된 위험, 지각된 편익, 지식, 기후 不正義는 기후변화 대응행동 의도를 촉진하고 있는 것으로 나타나고 있다. 비난귀인과 회의적 환경주의의 영향력은 유의하지 않은 것으로 나타나고 있다. 표준화된 회귀계수값을 볼 때 지식이 가장 큰 영향력을 미치고 있다. 가치변수 중에서는 물질주의만이 유의한 영향을 미치고 있는데, 물질주의가 높아질수록 기후변화 대응행동 의도는 낮아지고 있다.

모형1과 모형2는 기후변화 의식과 대응행동 의도 간 결정구조에서 공통점과 차이점을 보여준다. 두 모형 간 공통점으로는 지각된 위험, 지각된 편익, 물질주의가 의식과 대응행동 의도 모두에 영향을 미치고 있다는 점이다. 차이점으로는 첫째, 모형의 설명력을 R^2를 기준으로 해서 볼 때 기후변화 의식은 36.6%를 보인 반면에 기후변화 대응행동 의도는 14.3%를 보이고 있다. 이러한 결과는 현재 모형에서 채택된 변수들이 주로 기후변화 의식을 설명하는데 적합하다는 점을 시사한다.

둘째, 유의한 변수들을 기준으로 해서 볼 때 비난귀인, 회의적 환경주의, 환경주의, 과학기술 낙관주의 등은 기후변화 의식에만 영향을 미치는 반면에, 소득, 지식, 환경주의는 기후변화 대응행동 의도에만 영향을 미치고 있다. 이러한 결과는 주로 주관성과 가치지향성이 강한 변수들의 경우 이와 속성 차원에서 관련성을 가지는 '의식'에 영향을 미치고, 소득과 지식과 같이 객관적 특성이 강한 경우(환경주의 제외) '행동'에 영향을 미치고 있기 때문으로 해석된다.

셋째, 변수들의 영향력을 표준화된 회귀계수값을 기준으로 해서 볼 때 기후변화 의식의 경우는 '지각된 위험 〉 환경주의 〉 비난귀인' 순으로 영향을 미치고 있는 반면에, '지식 〉 지각된 편익 〉 지각된 위험' 순으로 영향을 미치고 있다.

변수들의 영향력 정도를 탐색하기 위해서 전진법, 후진법, 단계선택법을 통해 분석하였다. 기후변화의 의식의 경우 전진법 선택시 7개 모형에서 지각된 위험, 환경주의, 비난귀인, 지각된 편익, 과학기술 낙관주의, 물질주의, 회의적 환경주의 순으로 모형에 추가되었으며, 후진법 선택시 8개 모형에서 평등주의, 교육수준, 성별, 소득, 회의적 환경주의, 교육, 연령, 지식, 환경 부正義 순으로 제거되었다. 단계적 방법 선택시 지각된 위험, 환경주의, 비난귀인, 지각된 편익, 과학기술적 낙관주의, 물질주의, 회의적 환경주의 순으로 진입되면서 최종모형으로 제시되었다. 이와 같은 결과를 종합할 때 지각된 위험, 환경주의, 비난귀인의 설명력이 높으며, 반대로 평등주의, 교육수준, 성별, 소득 등의 설명력이 낮음을 알 수 있었다.

기후변화 대응행동 의도의 경우 전진법 선택시 6개 모형에서 지식, 지각된 편익, 지각된 위험, 기후 不正義, 물질주의, 평등주의 순으로 진입되었으며, 후진법 선택시 8개 모형에서 회의적 환경주의, 연령, 성별, 비난귀인, 환경주의, 교육수준, 평등주의 순으로 제거되었으며, 단계적 방법 선택시 지식, 지각된 편익, 지각된 위험, 기후 不正義, 물질주의, 평등주의 순으로 진입되면서 최종모형으로 제시되었다. 이와 같은 결과를 종합할 때 지각된 지식, 지각된 편익, 지각된 위험의 설명력이 높으며, 반대로 회의적 환경주의, 연령, 성별 등은 설명력이 낮음을 알 수 있었다.

사회인구통계학적 요인, 지각요인, 가치요인간 설명력을 비교를 위해서 각 요인별로 회귀분석을 실시하였으며 그 결과는 〈표 10-4〉 하단의 F1, F2, F3와 같다. 사회인구통계학적 요인의 결정계수값은 8%와 7%로 매우 낮게 나타나고 있다. 지각요인의 경우 종속변수가 기후변화 의식인 경우 29%, 기후변화 대응행동 의도의 경우 13.3%로 나타나고 있다. 가치요인의 경우 기후변화 의식에서는 21.6%, 기후변화 대응행동 의도에서는 3.6%로 나타나고 있다. 이와 같은 값에서 도출할 수 있는 결론은 첫째, 의식과 대응행동 의도 모두에서 가치요소보다는 지각요소가 큰 역할을 수행하고 있다는 점이다. 둘째, 현재의 요소들은 대응행동 의도보다는 기후변화 의식에 대한 설명력이 높다는 점이다. 셋째, 기후변화 의식과 대응행동 의도를 설명할 때 가치변수의 설명력 격차가 크다는 점이다. 이러한 결과는 가치요인이 대응행동 의도보다는 기후변화 의식을 설명하는데 기능적 강점이 존재한다는 점을 시사한다. 물론 이와 같은 해석은 지각요인과 가치요인을 대변하는 변수들의 수가 다르다는 점, 또한 이러한 요인이 결정계수값을 결정하는데 영향력을 미친다는 점에 유의할 필요가 있다.

〈표 10-4〉 기후변화 의식과 대응행동 의도 결정요인 다중공선성 문제와 관련해 다중공선성 검증을 실시하였으며 공차(Tolerance). 1이하, VIF 10 이상일 때 다중 공선성 문제가 존재하지만 본 모형에서는 이와 같은 값이 도출되지 않았다. 아울러 고유근(Eigenvalue)이 1,000보다 큰 경우, 생태지수(condition index)가 30 이상인 경우 다중 공선성이 의심되지만 본 모형들의 경우 이와 낮게 나와 다중공선성이 없는 것으로 나타났다.

표 10-4 기후변화 의식과 대응행동 의도 결정요인[4]

		기후변화 의식			기후변화 대응행동 의도		
		B	S·E	Beta	B	S·E	Beta
사회 인구 통계학 요인	(Constant)	1.176	.279		.983	.351	
	성별(여성)	-.008	.023	-.007	.011	.029	.009
	ln소득	.021	.028	.016	.083**	.035	.060
	ln연령	-.053	.043	-.032	.015	.054	.008
	교육수준(대졸)	-.032	.029	-.029	-.042	.036	-.035
지각 요인	비난귀인	.119***	.016	.173	.019	.020	.026
	지각된 위험	.227***	.019	.274	.110***	.024	.123
	지각된 편익	.101***	.018	.131	.108***	.022	.131
	지식	-.023	.018	-.029	.155***	.023	.179
	회의적 환경주의	-.034**	.015	-.052	-.005	.018	-.007
	기후 不正義	.027	.018	.034	.097***	.022	.112
가치 요인	환경주의	.235***	.025	.222	.033	.031	.028
	물질주의	-.061***	.017	-.081	-.046*	.021	-.057
	과학기술 낙관주의	.132***	.024	.126	.043	.030	.038
	평등주의	-.002	.019	-.003	.033	.023	.037
F 값		61.218			17.669		
R^2		.366			.143		
Adjusted R^2		.360			.135		

4 다중공선성 문제와 관련해 다중공선성 검증을 실시하였으며 공차(Tolerance) .1이하, VIF 10 이상일 때 다중 공선성 문제가 존재하지만 본 모형에서는 이와 같은 값이 도출되지 않았다. 아울러 고유근(Eigenvalue)이 1,000보다 큰 경우, 생태지수(condition index)가 30 이상인 경우 다중 공선성이 의심되지만 본 모형들의 경우 이와 낮게 나와 다중공선성이 없는 것으로 나타났다.

사회 인구 통계적 요인 (F1)	F 값	2.838	2.802
	R^2	.008	.007
	Adjusted R^2	.005	.005
지각 요인 (F2)	F값	103.291***	38.071***
	R^2	.293	.133
	Adjusted R^2	.290	.129
가치 요인 (F3)	F값	102.774***	13.794***
	R^2	.216	.036
	Adjusted R^2	.214	.033

*p〈.05, **〈p.01, ***〈p.001

5 나가며: 연구요약 및 함의

기후변화에 대한 전 지구적 관심이 높아지고 있는 시점에서 이를 해결하기 위해 개인들이 가진 기후변화 의식과 대응행동의 중요성이 높아지고 있다. 기후변화 의식과 대응행동이 가지는 중요성에도 불구하고 국내에서 그동안 이에 대한 체계적인 연구가 이루어지지 않았다. 이에 본 연구는 기후변화 의식과 대응행동 의도의 결정요인을 분석하였다. 본 연구의 주요결과를 요약하면 다음과 같다.

첫째, 기후변화 의식과 대응행동 의도를 결정하는데 있어 지각된 위험, 지각된 편익은 正(+)의 영향을 미치고 있으며, 물질주의는 負(-)의 영향을 미치고 있는 것으로 나타났다. 세 변수의 설명력은 지각된 위험 〉 지각된 편익 〉 물질주의 순으로 나타나고 있어 기후변화에 대한 지각된 위험이 의식과 행동의도를 촉진하는 데 결정적 역할을 수행하고 있다는 점을 알 수 있었다.

둘째, 의식과 대응의도 간 결정요인에 있어 차이점이 존재하는데, 비난귀인(+), 회의적 환경주의(-), 환경주의(+), 과학기술낙관주의(+)는 기후변화 의식에만, 지식(+), 물질주의(-)는 대응행동 의도에만 영향을 미치고 있다. 아울러 설명력의 순위에서도 기후변화 의식의 경우 지각된 위험 〉 환경주의 〉 비난귀인 순으로, 대응행동 의도는 지식 〉 지각된 편익 〉 지각된 위험 순으로 나타난다는 점에 차이를 보이고 있다.

이상의 결과에서 볼 때 가설로 제시한 10개 가설 중 지각된 편익과 위험(가설1, 2), 물질주의(가설8)은 채택되었으며, 비난귀인(가설3), 지식(가설4), 회의적 환경주의(가설5), 기후 不正義(가설6), 환경주의(가설7)는 부분적으로 채택되었으며, 과학기술 낙관주의(가설9), 평등주의(가설10)는 기각되었다. 과학기술 낙관주의는 가설과 반대되는 결과인데 과학기술에 대한 낙관주의가 기후변화 의식과 행동을 저해하기보다는 제고시키고 있다는 점에 주목할 필요가 있다.

셋째, 기후변화 의식과 대응의도 설명에 사회인구통계학적 요소들의 영향력이 거의 존재하지 않았으며, 지각요소뿐만 아니라 가치요소가 영향력을 가지고 있다. 지각요소와 가치요소만을 비교할 때 지각요소가 보다 큰 역할을 수행하고 있었다. 가치요소에 속하는 변수들은 기후변화 대응 의도보다는 기후변화 의식에만 영향을 미치고 있었다.

이상의 분석을 통해 환경의식과 대응의도의 결정구조와 그 차이를 파악할 수 있었으며, 지각요소와 가치요소의 역할을 이해할 수 있었다. 이상의 결과에 근거하여 향후 이론적 · 정책적 과제를 정리하면 다음과 같다.

첫째, 본 연구에서는 기후변화 의식과 대응행동의 결정구조가 다르다는 점을 발견하였지만 보편적인 결과로 받아들여지기 위해서는 독립변수와 종속변수 측정문항들에 대한 재검증, 다른 표본을 대상으로 한 조사, 전제 모형의 적합성에 대한 분석 등 추가적 연구가 이루어져야 한다. 둘째, 사회인구통계학적 변수의 영향력보다는 지각요소와 가치요소가 영향력을 가진다는 결과는 이들 지각요소와 가치요소를 대표할 수 있는 변수들의 추가적 발견과 검증이 필요함을 시사한다. 셋째, 환경주의, 탈물질주의, 과학적 낙관주의 등을 포함하여 가치가 의식과 대응행동 의도에 영향력을 미치고 있다는 점을 알 수 있었다. 가치는 지각보다는 근본적인 속성을 가지고 있다. 가치적 요소는 형성되는데 시간이 소요되며, 형성된 가치는 잘 변화하지 않는다. 이들 변수의 변화흐름을 장기적 관점에서 모니터링하는 작업이 필요하다.

참고문헌

국내 참고문헌

박종민 · 왕재선 · 김영철. (2005). 환경가치와 신념의 근원: 脫물질주의, 정치이념 및 문화편향. 한국행정학보, 39(4): 369~387

김서용 · 김선희, (2014). 환경주의 결정구조의 보편성과 특수성: 32개국 비교분석과 정책적 함의. 한국정책학회보, 23(4):335-370.

박희제 · 허주영. (2012). 누가 기후변화회의론자인가? : 정보획득노력, 과학신뢰도, 정치성향이 기후변화인식에 미치는 영향. 환경사회학연구 ECO, 16(1): 71-100.

송보경 · 이은영 · 김건희 · 박기환. (2012). 기후변화와 식품안전에 대한 소비자 인식에 관한 연구. 한국소비자학회, 한국소비자학회 학술대회 , 2012.11, 185-190.

윤순진. (2002). 기후변화와 기후변화정책에 내재된 환경불평등. 환경사회학연구 ECO 통권 3호, 8-42.

환경부 등. (2010). 저탄소 녹생성장 기본법 시행에 따른 국가기후변화 적응대책. 서울: 환경부.

환경부. (2008). 기후변화 대응 대국민 인식도 조사 결과보고서. 서울: 환경부.

해외 참고문헌

Akerlof, K., Maibach, E. W., Fitzgerald, D., Cedeno, A. Y. & Neuman, A. (2013). Do People “Personally Experience” Global Warming, and If So How, Does It Matter? Global Environmental Change, 23(1):

81-91.

Bord, R. J., O'Connor, R. E. & Fisher, A. (2000). In What Sense Does the Public Need to Understand Global Climate Change? Public Understanding Of Science, 9(3): 205-218.

Capstick, S., Whitmarsh, L. Poortinga, W., Pidgeon, N. & Upham, P. (2015). International Trends in Public Perceptions of Climate Change over the Past Quarter Century. Wiley Interdisciplinary Reviews: Climate Change, 6(1): 35-61,

Carlton, S. J. & Jacobson, S. K. 2013. Climate Change and Coastal Environmental Risk Perceptions in Florida. Journal of Environmental Management, 130: 32-39.

Climate Institute. (2015). Climate Justice Movements. Http://Www.Climate.Org/

Dake, K. (1990). Technology on Trial: Orientating Dispositions Toward Environmental and Health Hazards. Ph. D. Dissertation at University of California at Berkeley.

Dietz, T., Dan, A. & Shwom, R. (2007). Support For Climate Change Policy: Some Psychological and Social Structural Influences. Rural Sociology, 72(2): 185-214.

Dietz, T., Fitzgerald, A. & Schwon, R. (2005). Environmental Values, In P. Matson Et Al., Eds., Annual Review of Environment and Resources, 30: 335-372.

Douglas, M. & Wildavsky, A. (1982). How Can We Know the Risks We Face? Why Risk Selection Is a Social Process? Risk Analysis, 2(2):49-58.

Douglas, M. (1992). Risk and Blame: Essays in Cultural Theory. New York: Routledge.

Dunlap, R. E., Van Liere, K. D., Mertig, A. G., Jones, R. E. (2000). Measuring Endorsement of the New Ecological Paradigm: A Revised Nep Scale. Journal of Social Issues, 56(3): 425-442.

Eurobarometer. (2008). Attitudes of European Citizens Towards the Environment. Http://Ec.Europa.Eu.

Hmielowski, J., Feldman, L., Myers, T., Leiserowitz, A. & Maibach, E. (2014). An Attack on Science? Media Use, Trust in Scientists, and Perceptions of Global Warming. Public Understanding of Science, 23(7): 866-883.

Inglehart, R. (1977). The Silent Revolution: Changing Values and Political Styles Among Western Publics. Princeton, Nj: Princeton University.

Inglehart, R. (1995). Public Support For Environmental Protection: The Impact of Objective Problems and Subjective Values in 43 Societies. PS: Political Science and Politics, 28: 57-71.

IPCC. (2014). Climate Change 2014 Synthesis Report Summary For Policymakers. Https://Www.Ipcc.Ch

Jang, S. M. (2013). Framing Responsibility in Climate Change Discourse: Ethnocentric Attribution Bias, Perceived Causes, and Policy Attitudes. Journal of Environmental Psychology, 36: 27-36.

Kahan D. M., Jenkins-Smith, H. & Braman, D. Cultural Cognition of Scientific Consensus. Journal of Risk Research, 14(2):147-174.

Kahan D. M., Peters, E., Wittlin, M., Slovic, P., Ouellette, L. L., Braman, D. & Mandel, G. (2012). The Polarizing Impact of Science Literacy and Numeracy On Perceived Climate Change Risks. Nature Climate Change, 2(10):732-735.

Keary. M. J. (2015). Message in A Model: Technological Optimism in Climate Change Mitigation Modelling. Environmental Values, Forthcoming.

Leiserowitz, A. A. (2005). American Risk Perceptions: Is Climate Change Dangerous? Risk Analysis, 25(6): 1433-1442,

Leiserowitz, A., Maibach, E., Roser-Renouf, C., Feinberg, G. & Howe, P. (2012) Public Support For Climate and Energy Policies in September, 2012. Yale University and George Mason University. New Haven, CT: Yale Project On Climate Change Communication. Http://Environment.Yale.Edu/Climate/Publications/Policy- Support -September-2012/

Lomborg, Bjørn. (2001). The Skeptical Environmentalist: Measuring the Real State of the World. Cambridge: Cambridge University Press.

Lorenzoni, I,, Nicholson-Cole, S. & Whitmarsh, L. (2007). Barriers Perceived to Engaging With Climate Change Among the UK Public and Their Policy Implications. Global Environmental Change, 17: 445-459

Lorenzoni, I. & Pidgeon, N. F. (2006). Public Views On Climate Change: European and USA Perspectives. Climatic Change, 77(1): 73-95

Milfont, T. L. (2012). The Interplay Between Knowledge, Perceived Efficacy, and Concern about Global Warming and Climate Change: A One-Year Longitudinal Study. Risk Analysis, 32(6): 1003-1020.

Miranda, M. L., Hastings, D. A., Aldy, J. E. & Schlesinger, W. H. (2011). The Environmental Justice Dimensions of Climate Change. Environmental Justice, 4(1): Doi: 10.1089/Env.2009.0046

Mumpower, J. L., Liu, X. & Vedlitz, A. (2015). Predictors of the Perceived Risk of Climate Change and Preferred Resource Levels For Climate Change Management Programs, Journal of Risk Research, Doi: 10.1080/13669877.2015.1043567

O'Connor, R. E., Bord, R. J. & Fisher, A. (1999). Risk Perceptions, General Environmental Beliefs, and Willingness To Address Climate Change. Risk Analysis, 19(3): 461-471.

O'Neill, S. & Nicholson-Cole, S., 2009. "Fear Won'T Do It" Promoting Positive Engagement With Climate Change Through Visual and Iconic Representations. Science Communication, 30(3): 355-379.

Pew Research Center. (2010). Obama More Popular Abroad Than at Home, Global Image of U.S. Continues To Benefit. Http://www.

Pewglobal.Org/Files/2010/06/Pew-Global-Attitudes- Spring-2010-RepoRt.Pdf.

Poortinga, W., Spence, A., Whitmarsh, L., Capstick, S. & Pidgeon, N. F. (2015). Uncertain Climate: An Investigation into Public Scepticism about Anthropogenic Climate Change. Global Environmental Change: Human and Policy Dimensions. Http://Dx.Doi.Org/10.1016/J.Gloenvcha.2011.03.001.

Reynolds, T. W., Bostrom, A., Read, D. & Morgan, G. (2010). Now What Do People Know about Global Climate Change? Survey Studies of Educated Laypeople. Risk Analysis, 30(10): 1520-1538,

Satterfield, T. A., Mertz, C. K. & Slovic, P. (2004). Discrimination, Vulnerability, and Justice in the Face of Risk. Risk Analysis, 24(11): 115-129.

Schaffrin, A. (2011). No Measure Without Concept. A Critical Review On the Conceptualization and Measurement of Environmental Concern. International Review of Social Research, 1(3): 11-31.

Schwarz, M. & Thompson, M. (1990). Divided We Stand: Redefining Politics, Technology and Social Choice. Hemel Hempstead: Harvester Wheatsheaf.

Shi, J., Visschers, V. H. M. & Siegrist, M. (2015). Public Perception of Climate Change: The Importance of Knowledge and Cultural Worldviews. Risk Analysis, Doi: 10.1111/Risa.12406

Smith, N. & Leiserowitz, A. (2012). The Rise of Global Warming Skepticism: Exploring Affective Image Associations in the United States over Time. Risk Analysis, 32(6):1021-1032.

Tobler, C., Visschers, V. H., Siegrist, M. (2012). Consumers' Knowledge about Climate Change. Climatic Change, 114(2):189-209.

Whitmarsh, L. (2008). Are Flood Victims More Concerned about Climate Change Than Other People? The Role of Direct Experience in Risk Perception and Behavioural Response. Journal of Risk

Research, 351-374.

Whitmarsh, L. (2011). Scepticism and Uncertainty about Climate Change: Dimensions, Determinants and Change over Time. Global Environmental Change, 21(2): 690-700

Yang, Z. J., L. N. Rickard, T. M. Harrison, & M. Seo. 2014. "Applying the Risk Information Seeking and Processing (Risp) Model To Examine Support For Climate Change Mitigation Policy." Science Communication. Advanced Online Publication. Doi: 10.1177/1075547014525350.

Yang, Z. J., Seo, M., Rickard, L. M. & Harrison, T. M. (2015). Information Sufficiency and Attribution of Responsibility: Predicting Support for Climate Change Policy and Pro-Environmental Behavior. Journal of Risk Research, 18(6): 727-746.

Chapter

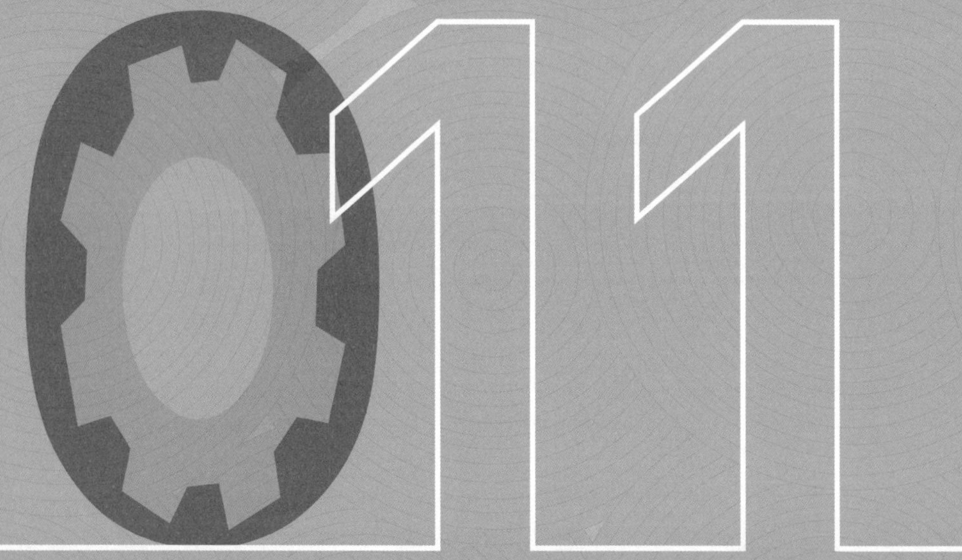

탄소포집과 활용 기술

최원용, 박진원

들어가며

2015년, 제21차 당사국총회(COP21)에서는 195개 당사국이 온실가스 감축 목표를 자발적으로 설정하고 이행하는 파리협정(Paris Agreement)이 채택되어 국제사회는 "모든 당사국은 지구 온도 상승을 산업화 이전 대비 2℃보다 훨씬 아래로 유지하고, 더 나아가 1.5℃까지 제한하도록 노력해야 한다."는 목표에 합의하였다. 우리나라 또한 2020년 10월, 2050년까지 탄소 중립(Net Zero)을 달성하는 목표를 선언하고, 2030년 국가 온실가스 감축목표인 NDC(Nationally Determined Contribution)을 기존 26.3%에서 40%로 상향하는 등 정부의 강력한 정책 의지를 반영하고 있다. 이렇게 2050 탄소중립의 실현을 위해서 발전, 산업, 수송, 건물, 폐기물, 농축수산 등의 부문에서의 탄소 저감 노력이 이루어지고 있으며, 더 나아가 기존의 산업현장에서의 기술의 전환을 포함하여 과학기술의 혁신이 무엇보다 중요하다.

세계적으로 '탄소'가 새로운 기준으로 등장하며, 탄소배출권, 탄소국경세, RE100과 같은 적극적인 정책들이 도입되고 있다. 이러한 정책들로 탄소배출량을 제한하거나 감소시키기 위해 탄소세와 같은 세금이 도입되어, 국제적인 경쟁에서 탄소배출량이 중요한 역할을 하며 배출량이 많은 국가들은 경제적 불이익을, 배출량이 적은 국가들은 경제적으로 이익을 취할 수 있다. 이에 발 맞춰 국내에서도 탄소배출에 대한 정부의 규제강화 및 기업들의 탄소중립 선언이 이어지고 있고, 탄소 배출권의 가격이 2022년 기준 1년 사이에 36%까지 급등하는 현상도 이루어 지고 있다. 상기에 언급하였듯이, 탄소중립 기본법에 따라 기업들은 2030년 까지 온실가스 배출량을 2018년 대비 40%를 감축하여야 하며, 각 기업에 제공된 온실가스 무상 할당량 또한 대폭 줄어들게 된다. 이미 온실가스 다 배출 사업장 내 에너지 효율은 최고 수준으로, 더 이상의 탄소 배출량을 줄일 수 있는 수단이 없으며, 이로 인해 추가적인 온실가스 저감시설 및 기술에 대한 요구치가 높아지고 있는 실정이다.

국제 에너지기구(International Energy Agency, IEA)가 〈그림 11-1〉과 같이 2020

년 발표한 에너지 기술전망(Energy Technology Perspective, ETP)의 지속가능발전 시나리오에 따르면 탄소 중립 달성을 위해서 필요한 이산화탄소 감축량 중 19% 가량은 CCUS(Carbon Capture Utilization and Storage, CCUS) 기술을 통해 확보해야 한다고 설명하고 있다. 온실가스 감축 기여도는 Electrification이 가장 높고 재생에너지, CCUS 순이다. 이는 탄소배출을 줄이기 위한 다양한 기술 중 CCUS 기술이 중요한 역할을 담당하게 됨을 의미하고 있다. IEA 보고서에 따르면, 단기간 안에 화석연료로의 완전한 탈피는 불가능하며, 탈탄소 경제로의 전환을 위한 가교역할을 위한 기술로서 대기로 방출되는 이산화탄소를 저감하는 기술인 CCUS 기술이 필수적으로 동반되어야 한다고 한다. 이 글에서는 탄소배출을 줄이기 위해 다양한 기술들의 개념과 원리에 대해 설명하고, 특히 이산화탄소 저장 기술을 통해 기후변화 문제를 해결하기 위한 국제적인 노력과 온실가스 감축 기술에 대한 최신 동향을 살펴보고자 한다. 이를 통해 이산화탄소 감축을 위한 기술적 함양의 중요성에 대해 논의하고자 한다.

그림 11-1

지속 가능한 개발 시나리오에서 에너지 부문의 CO_2 배출량 감소량

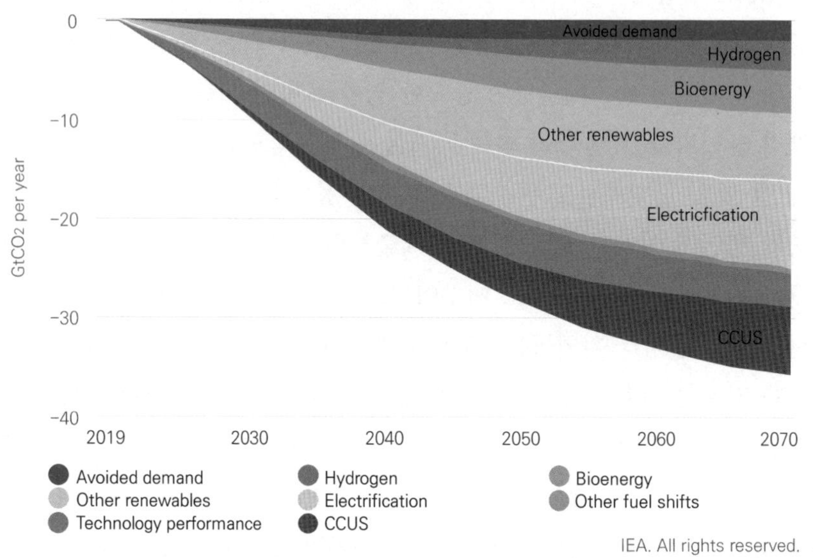

출처: IEA, 2020

CCUS 기술개요

CCUS 기술이란 Carbon Capture Utilization and Storage로, 이산화탄소를 포집하여 저장하거나 재활용하는 기술을 말한다. CCUS 기술은 이산화탄소를 다량 배출하는 발전시설, 제철소, 석유산업단지와 같은 분야에서 저감을 위한 중요한 대책으로 각광받고 있으며, 각 단어의 앞글자를 따서 만들어진 약어이다. 이산화탄소 포집 기술은 공정의 순서 또는 혼합가스의 종류에 따라 크게 3가지로 구분될 수 있으며 내용은 다음과 같다. '연소 후 포집기술'은 연료의 연소 후 배출되는 연도가스 내에서 이산화탄소를 분리하는 방법이고, '연소 전 포집기술'은 가스화 및 개질반응을 통해 수소 및 일산화탄소로 이루어진 합성가스를 생산하고 제조 공정시 발생하는 이산화탄소를 포집하는 기술로서 수소생산과 연계되는 핵심기술이며, '순산소 포집기술'은 연소시 산소의 투입을 통해 질산화물의 배출을 방지하고 후단에서 별도의 공정없이 이산화탄소를 분리해낼 수 있게 한 기술이다.

연소 전 포집기술은 수소 에너지의 이용과 더불어 IGCC 석탄가스화 복합발전과 같은 공정기술과의 응용이 가능하다는 장점이 있으나, 고온 고압 조건에서 운전이 이루어 짐에 따라 연소 시설에 대한 내열성의 강화가 필요하다는 단점이 있다. 순산소 포집기술은 연소 효율 향상과 함께 별도의 회수 기술 없이 이산화탄소의 분리가 가능하다는 장점이 있으나 질소 분리를 위한 전력 비용이 많이 들어간다는 단점을 가지고 있다. 연소 후 포집기술의 경우 상대적으로 저온, 대기압에서 공정이 운용되어 비교적 상용화에 가장 근접해 있다는 장점이 있으나, 이산화탄소 회수 단가를 낮추기 위한 에너지 비용의 문제를 해결해야 한다는 단점을 보유하고 있다.

연소 후 포집기술 중 대표적인 세부 분리기술을 〈표 11-1〉에 요약하여 정리하였다. 세부 기술들은 액상 흡수제와 기상의 이산화탄소와의 반응을 유도하는 '습식 흡수 기술', 가격이 저렴한 알칼리금속 계열의 화학흡수제 또는 실리카 지지체에 아민을 고정시킨 흡수제 등을 사용하는 '건식 흡수기술', 활성탄(Activated Carbon), 제올라이트, 유기골격체 (Metal-Organic Framework, MOF) 와 같은 다공성 흡착제의 선택도를 활용한 '흡착 기술', 분리막 특성에 따라 투과율 'Permeability' 및 선택도 'Selectivity'에 의한 '분리막 기술' 4가지로 나눌 수 있다. 흡수기술은 연구의 응용성과 다양성이 높으며, 대용량 이산화탄소 분리회수에 적합한 기술이며 기술의 신뢰성이 높다는 장점을 보유하고 있어, 본 챕터에서는 습식 흡수기술에 중점을 두어 서술하고자 한다.

표 11-1 이산화탄소 포집기술 세부기술

세부기술	기술 내용
습식 흡수기술	• 가스를 액상 흡수제와 접촉시킴으로써 액상에 대한 용해도와 화학적 반응성을 이용 • 벌크 상의 산성가스 확산에 의해 기 · 액 계면으로 전달되어 액상에서 흡수됨
건식 흡수기술	• 건식 고체 흡수제 (Dry Solid Sorbent)를 이용한 이산화탄소 회수기술 • 습식흡수기술의 단점인 폐수처리, 흡수제 변성, 높은 재생에너지등의 개선
흡착기술	• 흡착제가 CO_2 가스에 노출되었을 때 기체분자들이 고체표면에 에너지적으로 부착 • CO_2 가 포함된 배가스에서 CO_2가 다른 성분보다 흡착제에 강하게 결합하는 원리
분리막 기술	• 기체를 선택적으로 분리할 수 있는 얇은 필름형태의 막을 이용하여, 물질 회수 및 농축을 진행 • 상전이가 없기 때문에 에너지 절감효과가 탁월하며 장치의 소형화가 가능.

습식 흡수기술은 이산화탄소를 포함하고있는 배가스에서 액상의 흡수제와의 접촉을 통해 이산화탄소만 선택적으로 분리시키는 방법이다. 이산화탄소의 용해도나 화학적 반응성을 통해 배가스 내에서 선택적으로 분리하는 기술로서 상온 상압에서의 공정 운용이 가능하다는 장점이 있으므로 매우 효율적이며, 현재 실증단계로 접어들고 있다. 하지만 흡수제 재생에 대량의 에너지가 소비되며, 흡수제 열화 및 재료 부식에 대한 문제점으로 인해 공정의 개선이 필요한 상황이다.

보편적으로 습식 흡수공정에 사용되는 흡수제로는 알카놀 아민계열

(Alkanol-Amine)의 흡수제를 사용하게 되고, 산성가스인 이산화탄소는 흡수제와의 직접반응 또는 산-염기 중화반응을 통해 이온성 중간체(ionic-intermediate)를 생성하게 된다. 알카놀 아민계 흡수제는 물에대한 용해도가 높고 이산화탄소의 선택도가 높아 이산화탄소 흡수공정에 보편적으로 사용이 되고 있으며 아민 그룹의 차수에 따라 1차, 2차, 3차 아민으로 분류하여 사용을 하고 있다. 1차 아민인 모노에탄올아민(Monoethanol Amine) MEA는 저렴한 가격과 높은 안정성을 갖고있지만 부식성이 높고 재생에 필요한 에너지가 크다는 단점을 보유하고 있다. 2차, 3차 아민인 DEA(Diethanol Amine), MDEA(Methyl diethanolamine)은 1차 아민에 비해 낮은 부식성을 갖고 있다는 장점이 있으나 비교적 반응성이 낮고 재생이 어렵다는 단점들을 가지고 있다.

이와 관련하여 CO_2 포집공정의 효율 및 경제성 향상을 위해, 기존 상용 아민계 흡수제가 가지는 부식성, 열화성, 높은 재생에너지, 낮은 경제성 등의 문제점을 개선하고자 다양한 측면에서의 흡수제 개선 연구가 진행되고 있다. 한국전력공사(KEPCO)에서는 이산화탄소를 저비용 고효율로 분리 가능한 Kosol-6 흡수제를 개발하여 10MW 급 습식 이산화탄소 포집플랜트를 기반하여 3,000시간 장기연속운전에 성공한 바 있으며, 한국전력연구원(KEPRI)에서는 염수를 전기분해 얻은 수산화나트륨(NaOH)과 화력발전소 배가스내 CO_2와 반응시켜 중탄산나트륨을 생산하는 기술을 개발한 바 있다. 또한 한국에너지기술연구원(KIER)에서는 포타슘기반의 흡수제를 개발하여, 산소 내 산화성이 강한 반응 촉진제가 혼합되어 있는 신규 흡수제를 개발한바 있다.

2.1. CCS(Carbon Capture and Storage) 기술소개

이산화탄소 포집 및 저장 기술(이하 CCS)은 보편적으로 포집(Capture), 압축(Compression), 수송(Transport), 저장(Storage), 모니터링(Monitoring)의 단계로 이루어지게 된다. 이산화탄소 대량 배출시설인 산업시설 또는 발전소에서 발생하는 이산화탄소를 포집하고 저장하는 기술로서, 포집된 이산화탄소를 압축 및 수송하여 지하 깊이 800~2,000m에 있는 적합한 지질층 내부에 주입을 하여 저장하게 된다. 이산화탄소를 지층에 저장하기 위해서는 먼저 저장소의 안정성이 고려되어야 한다. 덮개암 형태의 지하 암반층 또는 원유나 가스를 채굴하고 난 후 비어있는 폐 유전 및 탄광에 이산화탄소를 분사하여 저장을 하게된다. 이러한 CCS 지층저장 기술은 원유회수증진기술인(Enhanced Oil Recovery, EOR)과 연계가 가능하여 두 기술이 결합 된 CO_2-EOR 에 대한 관심이 증가하고 있다. CO_2-EOR 기술은 대개 석유 생상 공정의 마무리 단계에서 사용되며, 이산화탄소를 지하에 저장함과 동시에 내부의 압력을 상승시켜 유류의 흐름을 촉진, 생산량을 증가시키는 기술이다. 이를 통해 CCS 기술의 발생비용을 줄이고, 추가적인 가치를 창출할 수 있다. CCS 기술의 다른 저장소로는 이산화탄소를 심해 해저 지반에 저장하는 기술이 있다. 압력이 높고 온도가 낮은 해저에 초임계 상태의 이산화탄소를 투입하여 물보다 비중이 높은 액상의 이산화탄소가 해저 지반에 안정적으로 저장이 가능하다. 해저 지반 저장은 지하 저장에 비해 저장 용량이 크고 지리적 제약이 적다는 장점을 가지고 있다. 하지만 두 저장장소 모두 이산화탄소 누출시 주변 환경에 심각한 영향을 끼칠 수 있기에 지속적인 모니터링을 통해 안정적인 보존 여부를 확인해야 한다는 단점을 가지고 있다.

2.2. CCU(Carbon Capture and Utilization) 기술소개

이산화탄소 포집 및 활용 기술(이하 CCU)은 포집한 이산화탄소를 화학적 또는 생물학적 등의 전환과정을 통해 다양한 산업에서의 재사용이 가능한 제품 또는 원료로서 재활용 하는 기술이다. 대표적으로 이산화탄소를 제품으로 활용하는 방법으로는 '생물학적 전환' , '화학적 전환', '광물탄산화'로 구분할 수 있다. '생물학적 전환'은 이산화탄소를 유기화합물로 전환하는 기술로서, 미세조류 등 미생물을 활용하여 바이오매스를 생산하고 이를 바이오연료로서 재활용 하는 기술이다. '화학적 전환'의 경우 기체상태의 이산화탄소는 안정적인 분자이기에 반응을 유도하기 위해 촉매 및 열에너지를 활용하여 화합물로 전환하는 기술이다. 대표적인 화합물로서는, 메탄, 메탄올, 개미산 등이 있으며 화석연료를 대체하는 에너지원으로서의 역할을 할 수 있다는 점에서 큰 기술적 의의가 있다. 마지막으로 광물탄산화 기술은 산화물 및 수산화물 형태의 알칼리 토금속 성분을 함유한 광물 및 산업체 발생 부산물과 이산화탄소와의 반응을 유도하여 탄산칼슘(CaCO$_3$), 탄산마그네슘(MgCO$_3$) 또는 중탄산나트륨(NaHCO$_3$)과 같은 탄산염의 형태로 고정화시키는 기술이다. 광물탄산화 기술은 이산화탄소가 안정적인 금속탄산염으로 전환되어 저장됨으로써 저장 능력이 크고, 이산화탄소를 반 영구적인 형태로 저장이 가능하여 누출의 위험성이 적다는 장점을 가지고 있다. 또한 습식 흡수기술과 접목시 이산화탄소와 광물의 빠른 반응시간 및 자발적 반응(Spontaneous reaction)을 유도하여 대용량 저감에 용이하다는 장점을 보유하고 있다.

3 광물탄산화 기술 소개

광물탄산화 기술은 크게 원료 물질과 이산화탄소를 직접 반응 시키는 직접 탄산화(Direct Carbonation)와 원료 물질에서 반응성이 높은 금속원을 추출 또는 용출하여 반응 시키는 간접 탄산화(Indirect Carbonation)로 구분할 수 있다. 직접탄산화의 경우 알칼리 토금속인 Ca 또는 Mg을 함유하고 있는 원료 물질에 직접적으로 이산화탄소를 투입하여 반응시켜 고정화 하는 기술이다. 직접 탄산화는 공정의 간단성으로 인해 대용량 전환에 적합하나, 상온 상압에서는 이산화탄소와의 반응이 매우 느리기 때문에 고온, 고압 조건을 필요로 한다는 단점이 있다. 이러한 문제의 해결점을 위해 원료 물질내에서 금속원을 추출 또는 용출하여 이산화탄소와의 반응을 유도하는 간접 탄산화 기술이 제언되었다. 간접탄산화 기술은 원료 물질의 전처리 공정이 필요하여 공정의 비용이 상대적으로 높다는 단점이 있으나, 고순도의 탄산염을 수득할 수 있다는 장점을 보유하고 있다.

광물탄산화의 반응 매커니즘(Reaction Mechanism)을 간단하게 기술하면 다음과 같다.

이온성 이산화탄소 (CO_3^{2-}, HCO_3^-)	+	금속 양이온 (Ca^{2+}, Mg^{2+}, Na^+)	=	광물탄산화 ($CaCO_3$, $MgCO_3$, $NaHCO_3$)

광물탄산화 기술은 원료 물질에 따라 세부적인 기술이 달라지기 때문에 신중할 필요가 있다. 이를 위해서는 원료물질의 무기계 금속이온 함유량, 발생량, 분순물 함유량에 따른 전처리 공정 필요여부, 적용에 따른 환경영향, 최종생성물의 재사용방안 등이 선결적으로 고려되어야 한다. 천연광물인 규회석이나 사문암을 광물탄산화의 원료로 사용할 경우 채광과정에서 발생하는 이산화탄소 및 공정비용의 상승으로 인해 경제적, 환경적 부담이 가중될 수 있다. 이에 따라 최근에는 산업에서 발생하는 부산물 또는 폐기물에서 에서 무기계 자원을 회수하는 연구가 활발하게 진행되고 있다. 광물탄산화 기술에 적용이 가능한 산업 폐기물로는 주로 제철 슬레그, 시멘트 페이스트, 소금공정 폐수, 소각재 등 Ca 또는 Mg 함유량이 높은 폐기물들이 채용될 수 있으며, 이와 함께 처리가 어려웠던 산업 폐기물의 저감 및 안정화도 가능하여 경제적 및 환경적 의의가 있다. 따라서 안정적인 산업 부산물 기반 금속 양이온 공급원을 선택하는 것이 지속가능한 발전을 위해 가장 중요한 결정이다. 이는 안정적인 광물 탄산화물 공급원을 찾음과 동시에 산업 폐기물의 안정화를 통해, 지구 환경을 최대한 보존하면서 산업적인 요구를 충족시키는 것을 의미한다.

3.1. 금속 양이온 공급원으로서의 해수 유래 산업부산물

〈표 11-2〉와 같이 해수 유래 산업 부산물은 천연 해수 대비 고농도의 Mg^{2+}, Ca^{2+} 이온이 포함되어 있어 농축수 그대로 연안으로 배출할 경우, 고농도로 존재하는 양이온들로 인해 화학적 오염이 발생하고 바다 생태계의 교란이 일어날 수 있다. 이를 방지하기 위해, 바다로 방류하기 전 고농도의 금속 양이온을 제거하는 전처리 과정을 대체하여 광물 탄산화기술에 접목할 수 있다. 해수 농축수에는 Mg^{2+}, Ca^{2+} 이온 외에도 K^+, Li^+ 등이 녹아 있다. 특히 금속 이온 중 가장 많이 함유되어있는 Mg^{2+} 및 Ca^{2+}을 고체 형태로 침전

및 분리하는 pH-Swing법을 적용하여 고순도의 Ca 및 Mg 수산화물의 수득이 가능하다. pH별 금속이온의 침전율 차이에 따라 해수 내 금속이온을 $Ca(OH)_2$, $Mg(OH)_2$, Na^+의 형태로 분리가 가능하며 이를 통해 고순도의 탄산염 생성이 가능해진다.

표 11-2 해수 유래 자원 내 금속이온 함유량

		Ca^{2+}	Mg^{2+}	Na^+	Ba^+
Concentration(ppm)	Natural seawater	400	1270	10550	0.05
	Industrial wastewater	21286	20968	22631	0.709

해수를 활용하여 이산화탄소를 포집하여 최종적으로 95% 이상의 고순도 금속탄산염이 생성 가능하며, 이러한 고순도 수득물을 기반으로 생성된 경질탄산칼슘(Precipitated Calcium Carbonate), 탄산마그네슘, 중탄산나트륨을 다양한 산업에서의 효율적 재활용이 가능하다. 일반적으로 사용되는 중질탄산칼슘(Ground Calcium Carbonate)의 경우 낮은 순도로 인해 주용도가 배연탈황, 아스팔트 충진재등으로 사용이 되나 고순도의 경질탄산칼슘의 경우 고무, 제지 코팅 산업등에도 적용이 가능하다.

3.2. 금속 양이온 공급을 위한 산업 폐기물의 재활용

해수 이외의 산업폐기물의 활용으로는 대표적으로 칼슘의 순도가 높은 철강슬래그, 시멘트 슬래그 또는 소각재 등의 활용이 가능하다. 고체 형태의 금속이온 공급원을 활용할 시, 이온의 추출을 위해 염산, 질산, 황산 등과 같은 강산 또는 아세트산과 같은 약산과 같은 용매를 통한 전처리 공정이 필수적이다. 이때 산 추출과정에서 중금속 및 기타 불순물들이 동시에 용출되어 이산화탄소의 반응이 유도되는데 이는 폐기물의 중금속 안정화 측면에서의 장점을 가지지만, 최종생성물의 순도 및 재이용에 악영향을 끼쳐 공정의 개선이 필요한 상황이다.

탄소중립 기술동향

4.1. 국내 이산화탄소 포집기술 동향 및 사례

최근 탄소중립을 위한 대안으로 CCUS 기술이 각광 받고 있다. 이산화탄소 포집시설을 기존 인프라에 추가 및 적용함으로써 저탄소 산업으로 전환해 나가려는 노력 및 연구를 진행하고있으나, 여전히 높은 포집비용으로 인해 실증화에 어려움을 겪고 있다. 이러한 문제를 해결하기 위해서는 공정의 효율성을 높이고 규모를 증대함으로서 경제성을 확보해야만 하며, 이를 위해서는 국가적 차원의 대규모 실증사업 및 프로젝트를 위한 정책 및 지원의 확대가 필요한 상황이다. 이하에서는 국내 이산화탄소 포집기술 동향 및 사례에 대해 살펴보고자 한다.

기술	기관	세부 내용
습식 포집	한전/ 중부발전	• 자체개발 신규 흡수제인 Kosol-6를 적용하여 화력발전 배가스 CO_2 습식포집 실증운전 • 3,000시간 장기연속운전에 성공하였으며 90% 이상의 포집효율 달성
건식 포집	한전/ 남부발전/ 에너지연원	• 10MW급 연소후 건식 CO_2 pilot plant 준공 • 저가의 탄산칼륨 고체 흡수제를 사용하였으며 분무 건조법 “Spray Drying”을 이용해 대량생산이 가능.
전환	부흥산업사/ 화학연구원	• 이산화탄소의 건식개질 및 촉매전환을 통해 일산화탄소/에스트산 생성 • 5,000톤급 실증상용화 단계

전환	현대오일크/ 화학연구원	• 이산화탄소 기반 촉매반응을 통해 메탄올 제조 실증 (현대오일뱅크 서산플랜트) • 일 10ton 생산가능하여 연간 100만t 이상 수입되던 메탄올의 국산화가 가능
생물 전환	한국지역난 방공사	• 차별화된 필름형태의 광반응기 독자개발 • 1톤 규모의 실증연구 추진
광물화	대우건설	• 배가스 내 CO_2 직접광물화를 통해 건설소재 생산 실증 (40톤/일) • 화학반응을 통해 안정된 탄산칼슘 ($CaCO_3$)로 전환
광물화	RIST	• 제철슬래그 간접탄산화 탄산칼슘/중탄산나트륨 실증 (100kg/일)

출처: 이산화탄소 포집 활용 기술혁시 로드맵, 과학기술정보통신부. 참조 재정리

4.2. 국외 이산화탄소 포집기술 동향 및 사례

국외 이산화탄소 포집기술의 경우 미국을 필두로 본격적인 상용화 및 대규모 사업화가 진행되고 있다. 기존에 미국에서는 EOR을 이산화탄소 핵심 저감기술로 고집하였으나, 최근 CCU기술의 중요성을 인지하여 기존 CCS 기술개발 포트폴리오에 재사용 기술을 포함하기 시작했다. 미국 외 주요국들에서도 CCUS 기술 개발 로드맵을 마련하고, 기술력 강화에 주력하며 글로벌 시장 선점을 위한 R&D 투자를 확대하는 추세이다. Climeworks社는 카본 네거티브 기술, 촉매전환 으로는 Sunfire社 등이 기술시장을 선도하고 있다. 이하에서는 국외 이산화탄소 포집기술 동향 및 사례에 대해 살펴보고자 한다.

기술	기관/국가	기술 내용
포집	Climeworks (스위스)/ Carbon Engineering (캐나다)	• 대기직접포집 (Direct Air Capture, DAC) 기술 실증 • 아이슬란드의 Carbfix社 와 협업을 통해 연간 4000톤 CO_2 포집이 가능한 "Orca" 출시 • 팬을 통해 공기를 흡입 후 이산화탄소를 선택적으로 포집
전환	Sunfire (독일)	• Power to Liquids (PtL) 공정에서 70%의 높은 에너지 변환 효율 기술 보유 • 8,000톤급 PtL 공정 상용화 발표를 통해 연간 21,000톤 이산화탄소 저감이 가능할 것으로 기대
광물화	Twence (네덜란드)	• 폐가스 소각시 발생하는 배가스를 가성소다와 반응시켜 중탄산소다($NaHCO_3$) 생산 • 연간 6,000톤 이산화탄소 저감 및 8,000톤 규모의 중탄산소다 생산
포집	Petro Nova Project (미국)	• 세계 최대규모 CCS 실증 플랜트 (240MW 급) • 92.4%의 포집 효율을 기록하며 자체 목표를 충족달성 및 장기적 신뢰성도 확보
광물화	Calera (미국)	• 전기화학적 공정을 통해 얻은 가성소다와 해수로부터 얻은 칼슘 및 마그네슘 양이온과 반응시키는 (Mineralization via Aqueous Precipitation, MAP) 기술 개발
광물화	Skyonic (미국)	• 해수의 전기분해를 통해 얻은 가성소다와 배가스와 반응을 시켜 중탄산나트륨을 생성 • 생성된 중탄산나트륨은 가축의 소화제로 활용
포집	SaskPower (캐나다)	• Boundary Dam CCS 프로젝트를 통해 Enhanced Oil Recovery 기술에 접목
전환	Mitsui Chemical (일본)	• CO_2 메탄올 생산 실증 (100톤/년)
전환	Mitsubishi (일본)	• LNG 액화 플랜트의 배기가스 내 CO_2 회수시스템 패키지 제공 • 연간 500만톤의 이산화탄소 절감효과

출처: 이산화탄소 포집 활용 기술혁시 로드맵, 과학기술정보통신부 참조 및 재정리

5 나가며

현재는 탄소중립 및 이산화탄소 넷제로(Net Zero)를 실현하는 것이 절실한 시대이며, 이를 위한 대안으로 CCUS 기술이 각광을 받고 있다. 그러나 아직은 기술적, 비용적 한계로 인해 실용화에는 어려움이 있어, 지속적인 연구 개발과 범 국가적인 R&D 투자 및 지원이 필요한 상황이다. 이 글에서는 이산화탄소 저감기술의 방법론과 세부기술들에 대해 설명하고, 국내외 탄소중립 실현을 위한 각 국가들의 노력, 기술개발 동향과 주요 국가들의 정책소개를 통해 온실가스 저감 연구의 중요성을 제시하고자 한다.

참고문헌

국내 참고문헌

과학기술정보통신부 (2021) 이산화탄소 포집 활용 (CCU): 기술혁신 로드맵

김한해 · 배준희 · 정지연 (2018) 이산화탄소 포집 · 저장 · 활용기술, 한국과학기술평가원(KISTEP)

윤순진 (2022) 한국의 2050 탄소중립 시나리오: 내용과 과제. KEEI, 에너지경제연구원

이유진 (2021) 탄소중립은 경제 생존전략이다. 녹색전환 연구소, 경제정보센터 KDI https://eiec.kdi.re.kr/publish/naraView.do?fcode=00002000040000100001&cidx=13241&sel_year=2021&sel_month=05&pp=20&pg=1

해외 참고문헌

A review of optimization and decision-making models for the planning of CO_2 capture, utilization and storage (CCUS) systems, Sustainable Production and Consumption, Volume 13, 2018, Pages 1-15, ISSN 2352-5509, https://doi.org/10.1016/j.spc.2017.10.001.

Giuseppe Bagnato, Aimaro Sanna, Conceptual evaluation of an integrated CCU technology based on Na-salts pH swing mineral carbonation, Journal of CO_2 Utilization, Volume 66, 2022, 102286, ISSN 2212-9820, https://doi.org/10.1016/j.jcou.2022.102286.

Han, Kun-Woo, et al. “Feasibility of Mineral Carbonation Technology as a CO_2 Storage Measure Considering Domestic Industrial Environment.” Korean Chemical Engineering Research, vol. 49, no. 2, 2011, pp. 137-150.

John Frederick D. Tapia, Jui-Yuan Lee, Raymond E.H. Ooi, Dominic C.Y. Foo, Raymond R. Tan,

Lee BJ, Lee JI, Yun SY, Lim C-S, Park Y-K. Economic Evaluation of Carbon Capture and Utilization Applying the Technology of Mineral Carbonation at Coal-Fired Power Plant. Sustainability. 2020; 12(15):6175. https://doi.org/10.3390/su12156175

Lee, J.H., Lee, J.H. Techno-economic and environmental feasibility of mineral carbonation technology for carbon neutrality: A Perspective. Korean J. Chem. Eng. 38, 1757-1767 (2021). https://doi.org/10.1007/s11814-021-0840-2

Mohammad Rahmanihanzaki, Azadeh Hemmati, A review of mineral carbonation by alkaline solidwaste, International Journal of Greenhouse Gas Control, Volume 121, 2022, 103798, ISSN 1750-5836, https://doi.org/10.1016/j.ijggc.2022.103798.

M. Wang, A. Lawal, P. Stephenson, J. Sidders, C. Ramshaw, Post-combustion CO_2 capture with chemical absorption: A state-of-the-art review, Chemical Engineering Research and Design, Volume 89, Issue 9, 2011, Pages 1609-1624, ISSN 0263-8762, https://doi.org/10.1016/j.cherd.2010.11.005.

Neeraj, Shashikant Yadav, Carbon storage by mineral carbonation and industrial applications of CO_2,Materials Science for Energy Technologies, Volume 3, 2020, Pages 494-500, ISSN 2589-2991, https://doi.org/10.1016/j.mset.2020.03.005.

Park, Jung Hoon and Il Hyun Baek. "Status and Prospect of Pre-combustion CO_2 Capture Technology." (2009).

Yoo, Seung Yeon, and Ho Bum Park. "Membrane-Based Direct Air Capture Technologies." Membrane Journal, vol. 30, no. 3, 2020, pp. 173-180., https://doi.org/10.14579/membrane_journal.2020.30.3.173.

나가며

이태동

이 책의 서론에서는 기후변화의 정치경제를 이해하기 위한 세 가지 질문을 물었다. 기후변화의 정치경제 논의, 특히 국제 협약, 탄소가격제는 어떻게 진행되고 있는가? 기후변화에 대한 정치경제 정책이 성공하기 위한 조건은 무엇인가? 기후변화 대응은 순환경제와 기업 활동에 어떤 영향을 끼치는가?

1 기후변화의 국제정치경제의 논의는 어떻게 진행되고 있는가?

기후변화의 국제정치경제는 심화되고 있는 미중 경쟁과 선진국-개도국 간의 격차를 파리협약과 같은 국제 레짐이 봉합하려는 형국이다. 지구 대기와 환경이라는 공유재의 고갈과 악화를 막기 위한 집단 행동이 패권 경쟁과 지정학, 기후변화 대응을 명목으로 한 보호무역정책으로 인해 난관에 봉착해 있다. IPCC의 보고서는 기후위기의 경고를 상향하고 있지만, 현재 당면한 다양한 문제에 기후변화 대응 국제협력은 우선 순위에서 밀리기 십상이다.

제1장에서 파리협약의 정치 경제에 대한 연구는 파리협약 출범 이후 기후재정 및 기술이전의 흐름을 종합적으로 평가할 때, 일부 성과에도 불구하고 여전히 다수 개도국의 기대 수준을 충족시키기에는 부족하다고 결론 내리고 있다. 2017-2018년 총 기후재정 흐름은 5천9백억 달러 정도이며, 이마저 비양허성 차관이 대거 포함된 수치로 추산된다. 비양허성 차관을 제외한 수치는 1900억불에 불과한 것으로 추정하는 보고 역시 존재한다.

기술이전 조항의 이행 부문에서는 선진국들의 '선택성'이 친환경 기술 확산에 제약요인으로 작용할 수 있다는 점이 두드러진다. 기후기술센터네트워크(Climate Technology Center, CTCN)과 WIPO Green 등 기술이전 조항을 실현하기 위해 구축된 플랫폼들은 개발도상국이 기후변화 관련 프로젝트 단위의 사업을 신청하면, 해당 기구가 이를 중개하여, 선진국이 이를 지원하는 방식으로 운영되고 있다. 이러한 메커니즘은 엄밀히 말하자면 기후변화 대응을 위한 '시설'의 선택적 이전을 담보할 수는 있어도, 개도국이 동 조항의 협상

단계에서 요구한 '기술' 자체의 이전을 담보하기는 어렵다. 또한, 친환경기술에 대한 소수 기술선도국의 과점 현상이 지속되고 있고, 이들 국가 간 경쟁이 치열하게 전개됨에 따라, 친환경기술의 확산은 예상보다 더디게 진행될 위험성이 있다.

최근, 구테헤스 유엔사무총장은 기후변화 위기에 대한 효과적 대응을 위해 배터리 기술과 같은 친환경 기술이 국제적 공공재로 인식되어야 한다는 주장을 제시하기도 하였다. 그러나, 상기한 양질의 면에서 제한적인 기후재정의 흐름, 기술이전의 선택성 문제 등을 고려할 때 그 실현 여부는 불투명하며, 기후재정 및 기술이전 문제는 향후 당사국총회에서도 갈등 의제로 자리매김할 개연성이 크다.

제2장에서는 주요국 탄소가격제 도입동향 및 시사점을 살펴보며, 배출된 탄소에 가격을 부여해 탄소배출 주체에게 탄소배출로 인한 비용을 부담하게 하는 탄소가격제(Carbon Pricing)를 기후변화 대응을 위한 효율적인 온실가스 감축 정책으로 강조하고 있다. 파리협정의 체결을 계기로 각 국이 탄소중립 목표를 세우면서 탄소가격제의 활용 필요성은 더욱 부각되고 있다. 대표적인 탄소가격제 제도로는 배출권거래제(Emission Trading System, ETS)와 탄소세(Carbon Tax)가 있다. 일반적으로 배출권거래제(ETS)는 정부가 탄소 배출의 총량을 정하고 거래를 통해 시장에서 탄소가격이 결정되도록 하는 제도를 의미한다. 최근에는 정부가 법률에 근거하여 배출권을 할당하는 의무적 배출권거래제와는 달리, 법적 의무 없이 민간에서 자발적으로 형성되는 자발적 배출권거래시장도 활성화되고 있다. 탄소세는 정부가 세금 부과를 통해 직접 탄소에 가격을 부과하는 제도로, 나라에 따라서는 의무적 배출권거래제도와 탄소세 중 하나를 선택하거나 이행 대상 범위를 달리하여 두 제도를 병행하여 시행하는 경우도 있다.

탄소가격제의 도입은 경제적 필요성에도 불구하고, 정치적인 어려움에 직면할 가능성이 높다. 의무적인 배출권거래제의 경우 제도 도입이나 유상할당의 확대 논의에 있어 할당 대상 기업의 강한 반발이 있을 수 있으며, 할당방식에 대한 분쟁도 있을 수 있다. 탄소세의 경우는 조세저항이 강하여, 탄소세를 도입하는 나라의 경우는 탄소세 수입을 배당하는 방식이나 탄소세를 높인 만큼 다른 세수를 줄여주어 세부담을 일정하게 유지하는 방식을 사용하여 조세저항을 줄이려고 노력하기도 한다.

제3장은 미중 간의 기후변화 협력과 갈등을 다루며, 협력보다는 갈등 요소가 부각되고 있음을 보여주고 있다. 중국은 이산화탄소보다 온난화 효과가 최대 80배 높은 메탄가스 배출량을 2030년까지 30% 줄이겠다는 약속인 국제 메탄 서약에는 동참하지 않았다. 국제 메탄 서약은 미국과 EU가 작년 COP26에서 발족하여 한국을 비롯한 100여 개국이 서명했지만 중국과 인도 등은 끝내 서약에 동참하지 않았다. 이처럼 중국은 기후변화협상에서 국제사회에서 중국의 책무를 강조하면서도 메탄가스감축과 같은 자국 경제에 큰 타격을 주는 의무에 대해서는 회피하면서 생물다양성 협력, 남남협력과 친환경 일대일로 등 자국 주도의 대응에 더 많은 에너지를 쏟고 있다. 미국 또한 행정부의 성향에 따라 기후변화정책의 적극성이 극적으로 변하는 행태를 보인다.

제4장은 기후변화에 대응한 개발도상국가의 정치경제를 제안하고 있다. 전 지구적 현상이자 글로벌 이슈인 기후변화는 국제사회의 토대를 이루는 구성원인 국가에 다양한 영향을 미치며 다양한 경험으로 인식된다. 그러나 기후변화의 부정적 영향은 선진국에 비해 개발도상국과 최빈국 등을 포함한 글로벌 사우스(Global South), 즉 남반구 국가들에 더 큰 피해와 영향을 미친다. 물론 여기에는 글로벌 사우스 국가들의 지리적 위치도 작용한다. 그러나 보다 결정적으로 재정적, 인적 자원 등을 포함한 가용 자원의 부족, 기후 적응(adaptation) 기술 및 역량의 결핍은 남반구 국가들의 기후변화에 대한 피해와 위협에 대한 취약성을 높인다. 일례로 2022년 유례없는 홍수로 최빈국인 파키스탄 국토의 삼분의 일이 물에 침수되었고 경제, 사회적 인프라가 파괴되고 3천3백만이 살 곳을 잃게 되는 등 수많은 인명 피해를 겪었다. 그러나 파키스탄이 기후변화의 원인인 온실가스 배출에 기여한 바는 전 세계에서 0.8% 정도이다.

이렇듯 오늘날 남아시아, 아프리카, 라틴아메리카와 태평양 소도서국가 등은 기후변화로 인해 더 높은 빈도와 강도의 홍수, 가뭄, 해일, 태풍 등 피해를 겪고 있으며 이는 글로벌 남반구의 기초적 인간안보, 경제 및 사회 발전, 그리고 지속가능발전의 미래를 위협하고 있다. 이들 남반구 국가들에 더 가

혹한 피해로 작용하는 기후변화 위협에도 기에도 불구, 기후변화의 국제정치, 특히 기후변화의 정치경제학은 이 문제를 충분히 다루고 있지 않다. 기후변화 문제를 다루는 정치학(특히 국내 학계의) 분석은 파리협정 등 국제레짐, 미국과 EU 등 선진국의 기후변화 정책 변화와 동향, 기후변화 대응을 위한 제도, 정책, 기술의 발전 등에 집중한다. 이러한 논의와 현실에서 간과된 것은 글로벌 사우스가 처해 있는 현 상태(지리, 경제 및 기술 발전 수준 등)에서 기후변화가 이들에 미치고 있는 영향과 이들의 대응 및 반응 양상이다. 기후변화의 국제정치는 선진국으로부터 기술과 재정 지원과 이전을 통해 자국의 기후변화 대응역량을 강화하고 경제 및 사회적 지속가능발전을 추구하고자 하는 글로벌 사우스의 목소리에 충분한 주의를 기울이지 않고 있음을 강조한다.

제5장은 국제적인 개발-환경 규범의 발전은 개발원조의 규모와 효과에 실질적 변화를 가져왔는가?라는 질문에 답하고 있다. 지난 20년간 환경원조(aid to environment) 규모의 꾸준한 상승은 국제개발에서 환경적 관점의 저변이 느리지만 꾸준히 확대되고 있음을 방증한다고 볼 수도 있으나 대부분의 개도국에서 환경은 여전히 경제발전에 비해 후순위임을 부인하기는 어렵다. 그런 점에서 2000년대 이후 본격화 되기 시작한 지구기후변화에 대한 국제적 대응책 논의는 탄소중립이라는 새로운 규범을 통해 국제개발에서 환경주류화가 진일보할 수 있을만한 획기적 전기를 마련하는 듯 하다. 문제는 기후원조(climate aid) 또는 기후재원(climate finance) 조성을 둘러싼 선진국과 개도국의 셈법에 큰 격차가 있다는 것이다. 다수 공여국들은 기후원조를 늘리면서 다른 분야(환경 외 분야)의 원조를 줄이는 양태를 보이고 있으며 이는 '기후재원의 추가적 마련(additionality)'이라는 국제협약 상의 의무를 사실상 위배하는 것에 다름 아니라는 것이다. 또한 온실가스 완화(mitigation)는 일종의 지구공공재(global public goods)로서 수원국 내의 환경문제 해결에 초점을 맞춘 기존의 환경원조와 결을 달리 하고 있지만 OECD-DAC에서 기후원조의 데이터 축적에 사용하고 있는 리우마커(Rio marker) 체제는 이를 반영하지 못하고 있다는 것이다. 이는 기후변화에 대한 선진국의 역사적 책임에 대한 배상과 개도국의 환경문제에 대한 지원책을 구분하지 않아 비롯된 문제이다.

기후변화에 대한 정치경제 정책이 성공하기 위한 조건은 무엇인가?

기후변화의 정치경제에서 빼놓을 수 없는 문제가 에너지 전환이다. 네트워크된 분산형 에너지는 연계되어야 효율성과 안정성이 높아진다. 제6장은 전력망 연계의 성공 조건을 탐구했다. 유럽은 지역적 협력과 통합을 가장 열정적으로 추진해온 지역이다. 특히 에너지 시스템의 통합과 전력망 연계를 통해 에너지 안보와 경제적 효용의 시너지 효과를 추진하고 있다. 연구는 거버넌스, 즉 지역 송전 시스템 운영자 네트워크 제도 운영이 전력망 연계 협력에 긍정적으로 영향을 끼치고 있음을 밝히고 있다. 지리적 근접성과 무역 부분의 경제적 이익과 함께 '협력의 경험과 제도'가 실질적 전력망 연계를 증가시킨다.

제8장은 한국과 일본은 여러 측면에서 공통적인 도전에 직면하고 있음을 지적한다. 두 국가 모두 아시아의 경제 대국이자 고도화된 산업국가로서 선진적인 경제를 운영해 왔고 2020년에는 두 나라 모두 "2050 탄소중립" 목표를 공식 선언했지만, 근래 들어서 벌어지고 있는 굵직한 국제정치경제의 변화들은 두 나라의 기후변화 대응을 더욱 어렵게 만들고 있다. 무엇보다 미국과 중국 간의 기술패권을 둘러싼 경쟁이 심화하며 공급망의 재편이 진행 중인 상황이 한일 양국에게 도전이지 않을 수 없다. 두 나라 모두 군사적으로는 미국의 동맹이지만 중국의 급속한 경제 성장에 편승하여 중국과의 무역을 통해 부를 축적해 왔는데, 미중 사이 경쟁과 갈등이 심화할수록 한국과 일본 모두 무역에 타격을 입을 수 있기 때문이다. 둘째로 러시아-우크라이나 전쟁으로 촉발된 에너지 가격의 상승으로 인한 고물가가 지속되는 상황 역시 한국과 일본 모두에게 큰 도전으로 작동하고 있다. 한일 모두 부존자원이 전무하다시피 하여 연료나 원료 조달을 절대적으로 해외로부터의 수입에 의존할 수밖에 없는데, 에너지 가격의 고공행진 상황이 계속될수록 두 나라가 치러야 하는 비용과 경제적 손해가 커질 수밖에 없기 때문이다.

더군다나 미국이 인플레이션을 억제하고자 과감한 고금리 정책을 단행하면서 두 나라는 이제 고환율에 고금리 상황까지 대응하며 경기 침체에 대한 우려마저 하지 않을 수 없게 된 상황이다. 두 나라는 모두 고령사회인데다가 인구가 줄어들면서 성장 동력을 점차 상실해 가고 있고, 수도권과 지방경제 간에도 그 격차가 갈수록 심해지는 등 여러 사회적인 문제들 역시 안고 있다. 이렇게 저성장 국면에 처한 두 나라에게 고환율, 고금리 상황은 국내 투자를 어렵게 하고 경기 활성화를 저해하는 요소로 작동한다.

이렇게 복합적인 경제 위기 상황에 처해 있는 한국과 일본에게 기후변화 대응을 위한 녹색기술의 개발 및 보급은 과거의 경제성장을 통해 굳어진 생산 구조와 산업의 체질을 바꾸는 데 있어서 불가결한 도전이자 미래의 지속가능한 성장을 위해서도 달성하지 않을 수 없는 중대한 목표이다.

3 기후변화 정치경제 대응은 순환경제와 기업 활동, 기술 발전에 어떤 영향을 끼치는가?

기후변화의 정치경제는 타 환경분야, 기업 활동, 기술 발전과 밀접한 관련이 있다. 7장에서는 한국과 프랑스에 대한 플라스틱 규제정책에 대한 비교와 주요국 제도에 대한 분석을 통해 정책적인 시사점을 도출하고, 함의를 제시한다. 첫째, 강력한 단기적 순환 경제 정책목표의 설정이다. 둘째, 시민참여를 통한 구체적인 순환경제 정책목표의 법제화이다. 셋째, 정부에서 시민으로의 환경규제의 주체 전환이다. 넷째, 생산자책임재활용제도상 재활용 의무의 예외없는 적용이다. 마지막으로, 탄소중립 등의 유관 정책목표와 순환경제의 연계적 추진이다.

기후변화의 정치경제에서 주요한 주체는 9장에서 다루고 있는 기업이다. 기업의 환경적 책임은 탄소중립의 정치경제 측면에서 매우 핵심적이고 중요한 개념이다. 1980년대부터 이미 유엔 공식문건 등을 통해 기업이 환경 문제 해결의 주체가 되어야 함을 천명했다. 2000년대 들어서는 유엔 책임 투자 원칙(Principles for Responsible Investment, PRI)을 통해 기업의 비재무적 요소인 친환경적 경영을 기업 평가에 반영하도록 했음에도 불구하고 기업의 환경적 책임은 최근까지도 모호한 영역으로 남아있다. 이러한 모호성은 최근 지속가능한 발전과 친환경 경영에 대한 소비자 및 사회의 요구가 급증하면서 더욱 심각한 문제가 되었다. 기업의 지속가능성과 친환경적 기업 운영에 대한 명확하고 공통된 정의가 부재하고 이를 객관적으로 평가하는 기준도 마련되지 않은 상황에서 소비자와 투자자들을 속이는 거짓 혹은 과장 광고인 '그린워싱'이 만연하게 된 것이다. 특히 주요 투자 기관들이 기업의 환경 리스크를 투자의 중심적 기준으로 삼게 되면서 실제로는 친환경 정책을 실천하지 않으면서 그린워싱을 하는 기업들이 급증하는 역설적인 현상이 전 세계적으로 나타나고 있다(Competition and Markets Authority 2021).

그린워싱은 소비자와 투자자를 기만한다는 윤리적 문제뿐 아니라, 여러 국가들이 탄소중립 목표 달성을 위해 친환경적 기업에 주는 각종 세제 혜택을 실제 탄소중립에 기여하지 않는 기업들이 받게되는 문제도 야기한다. 그린워싱을 하는 기업들이 많아질수록 시민들은 친환경 기업 전반에 대한 신뢰를 잃게될 수 있고, 이는 결과적으로 기업의 경영 행태 변화를 통한 탄소중립 목표 달성을 어렵게 만들 것이다. 주요 경영 컨설팅 업체들이 고객사들에 지속적으로 그린워싱 리스크를 경고하지만 기업들은 단기적인 실적을 위해 환경적 책임 이행을 위한 비용 지출을 감축하려는 경우가 많다. 결국 시장과 국가가 이 문제에 대한 해결 방안을 논의하고 제도화하여, 기업의 기후변화 대응을 적극적으로 추동해야 한다. 특히 기후변화 대응이 비용 뿐만 아닌 미래의 성장 부문으로써 기업 매출과 이미지 향상에 도움이 되는 실질적인 전략을 계획하고 실행해야 한다.

제11장에서는 화학공학과 연구진이 탄소포집과 활용(CCU) 기술을 소개하고 있다. 과학기술 혁신은 기후변화 대응의 핵심 요소이다. 특히 온실가스 저감의 방안 중 하나로 논의되고 있는 탄소포집과 활용은 사회과학과 정책 분야에서 면밀히 검토하고 이해해야 하는 기술이다. 기후변화 정치경제는 융복합적 접근이 요구되기 때문이다. 아직 기술적, 경제적 한계로 인해 실용화에 어려움을 겪고 있지만, 탄소 중립을 실현하는 기술로 지속적인 투자와 적용이 필요하다.

기후변화 문제는 해결하기 어려운 사악한(wicked) 문제이다. 시장과 국가의 상호작용을 통해, 국제, 지역, 국가, 기업, 기술이 각 분야에서 총체적인 노력을 기울여야 한다. 한 치 앞을 보기 힘들고, 나를 넘어선 지구적 문제를 인식하기는 어려움이 따른다. 그럼에도 불구하고, 각자의 자리에서 협력을 통해 기후 변화의 문제를 해결하는 방법 밖에 없다. 이 책도 그러한 노력에 조금이라도 일조하기 바란다.

참고문헌

국내 참고문헌

이태동. 2021. 에너지 전환의 정치. 서울: 사회평론 아카데미

이태동. 2022. 기후변화와 국제정치: 경제, 안보, 개발, 행위자 연구 어젠다. 국제정치논총 62 (1): 271-303.

이태동. 2023. 기후변화와 도시. 서울: 명인문화사

환경정치연구회. 2022. 탄소중립과 그린뉴딜: 정치와 정책. 서울: 한울

찾아보기

ㅅ

ㅇ

ㅈ

ㅋ

ㅌ

ㅍ

ㅎ

집필진(가나다 순서)

김경민

국회입법조사처 입법조사관
연세대학교 공학 박사
논저: Heterogeneous Value of Water: Empirical Evidence in South Korea (2019)
폐기물 재활용 활성화를 위한 재활용기준비용 개선방안(2020)
순환자원인정제도 운영실태와 개선과제(2022)
『국가생존기술』(2019, 공저)

김민정

연세대학교 정치외교학과 강사
미국 Florida State University 정치학 박사
논저: Public deliberation on nuclear power plant construction: The impact of values, processes, and personal attributes. Journal of Cleaner Production(2022, 공저)
『탄소중립과 그린뉴딜: 정치와 정책』(2021, 공저)
『언박싱 코로나』(2023, 공저)

김서용

아주대학교 행정학과 교수
고려대학교 행정학 박사
논저: Willingness to pay for what? Testing the impact of four factors on willingness to pay for facilitating and sanctioning energy policy instruments(2023).
『에너지전환정책의 이론과 현실』(2023, 공저)

김선희

한경대학교 인문융합공공인재학부 교수
고려대학교 행정학 박사
논저: Multilevel Analysis of Social and Policy Acceptance of Immigrants across European Countries and Its Implications for Comparative Policy(2020).
『신제도주의와 정책분석: 이론과 실제』(2020)

김유철

덕성여대 정치외교학과 조교수
(前)통일연구원 부연구위원, 고려대 · 연세대 연구교수, 외교부 국립외교원 전문경력관
미국 뉴욕주립대(올버니교) 정치학 박사
논저: 남북한 환경협력의 전망과 이행전략: 내재적 특성과 구조 변동을 중심으로(2018)
중국 기후변화외교의 변동요인: 제도적 권력, 이해관계, 규범의 확산을 중심으로(2018)
인도-태평양 전략의 진화와 신흥안보협력: 기후변화 · 보건 · 원자력 안전관리 의제를 중심으로(2023)

박진원

연세대학교 화공생명공학과 교수
동경공업대학 화학환경공학 박사
국립과학원장(2015-2018)
논저: Carbon capture and utilization using industrial wastewater under ambient conditions(2017)
『이산화탄소 포집 및 저장기술』(2008, 공저)

박혜윤

세종대학교 공공정책대학원 강사
이화여자대학교 국제학 박사
논저: 국제개발원조의 문제점과 대안: 신제도주의적 접근(2013)
『지구환경정치의 이해』(2018, 공저)
『탄소중립과 그린뉴딜: 정치와 정책』(2021, 공저)

손효동

University of Colorado Boulder 정치학 박사과정 재학
연세대학교 정치학 석사
논저: 동북아 오일허브정책의 지정학적 위험요인 분석: 싱가포르 사례와의 비교를 중심으로(2014, 공저)
거버넌스 다중이해당사자의 목적 합치성과 참여: 도시 에너지 전환 '에누리'사례를 중심으로(2016, 공저)
『Renewable Energy Statistics 2018』(2018, 공저)

이유현

아주대학교 행정학과 조교수
파리1대학교 팡테옹 소르본느 법학 박사
논저: Typologies of policymakers' perception toward energy transition in Korea: philosophy and resources INTERNATIONAL REVIEW OF PUBLIC ADMINISTRATION(2022, 공저)
Evaluating hydrogen risk management policy PR: Lessons learned from three hydrogen accidents in South Korea, INTERNATIONAL JOURNAL OF HYDROGEN ENERGY(2023, 공저)
『Local Energy Governance: Opportunities and Challenges for Renewable and Decentralised Energy in France and Japan, ROUTLEDGE』(2022, 공저)

이재영

통일연구원 평화연구실 연구위원
서울대학교 국제학 박사
논저: 미중 신흥안보 전략적 경쟁: 환경·보건안보 체제 경쟁사례를 중심으로(2022)
시진핑 시대 중국의 환경정치이념 연구: 서양 환경정치 사상적용과 한계(2022)
『미세먼지의 과학과 정치』(2023, 공저)

이태동

연세대학교 정치외교학과 교수
환경-에너지-인력자원 연구 센터장
미국 University of Washington 정치학 박사
논저: 『환경-에너지 리빙랩』(2019, 공저)
『에너지전환의 정치』(2021)
『시민정치와 NGO』(2023)
『기후변화와 도시』(2023)

이혜경

국회입법조사처 입법조사관
뉴욕주 변호사
서울대학교 법학 박사
논저: 기후정상회의의 의의와 과제(2021)
기업의 탄소배출정보 공시 해외 논의 동향 및 시사점(2022)
미국 인플레이션감축법(IRA)이 국내 자동차업계의 정의로운 전환에 미칠 영향과 과제(2022)

임은정

국립공주대학교 국제학부 부교수
한국원자력통제기술원(KINAC) 비상임이사
미국 Johns Hopkins University 국제관계학 박사
논저: Multilateral Approach to the Back End of the Nuclear Fuel Cycle in the Asia-Pacific?(2016)
일본 전력산업의 현황과 변화 방향에 대한 비판적 고찰: 4차 산업혁명과의 적합성 관점에서(2021)
미·중·러 삼극체제와 인도: 태평양 지역의 에너지 안보-천연가스와 원자력을 중심으로(2023)
『탄소중립과 그린뉴딜: 정치와 정책』(2021, 공저)

최원용

연세대학교 기후변화에너지융합기술협동과정 강사
연세대학교 화공생명공학과 박사과정 재학
논저: Performance prediction and evaluation of CO_2 utilization with conjoined electrolysis and carbonation using desalinated rejected seawater brine(2021)

한희진

국립부경대학교 글로벌자율전공학부 교수
미국 Northern Illinois University 정치학 박사
논저: Varieties of Green Stimulus Policies: Comparative Analysis of the Green Growth and Green New Deal Policies in South Korea(2023, 공저)
『탄소중립과 그린뉴딜: 정치와 정책』(2021, 공저)
『기후변화의 국제정치』(2023)
『미세먼지의 과학과 정치』(2023, 공저)

기후변화의 정치경제

초판발행 2023년 8월 25일

엮은이 이태동 외 14인
펴낸이 안종만·안상준

편 집 양수정
기획/마케팅 장규식
표지디자인 Ben Story
제 작 고철민·조영환

펴낸곳 (주) 박영사
서울특별시 금천구 가산디지털2로 53, 210호(가산동, 한라시그마밸리)
등록 1959. 3. 11. 제300-1959-1호(倫)
전 화 02)733-6771
f a x 02)736-4818
e-mail pys@pybook.co.kr
homepage www.pybook.co.kr
ISBN 979-11-303-1800-4 93340

정 가 27,000원